Teppiche der Welt

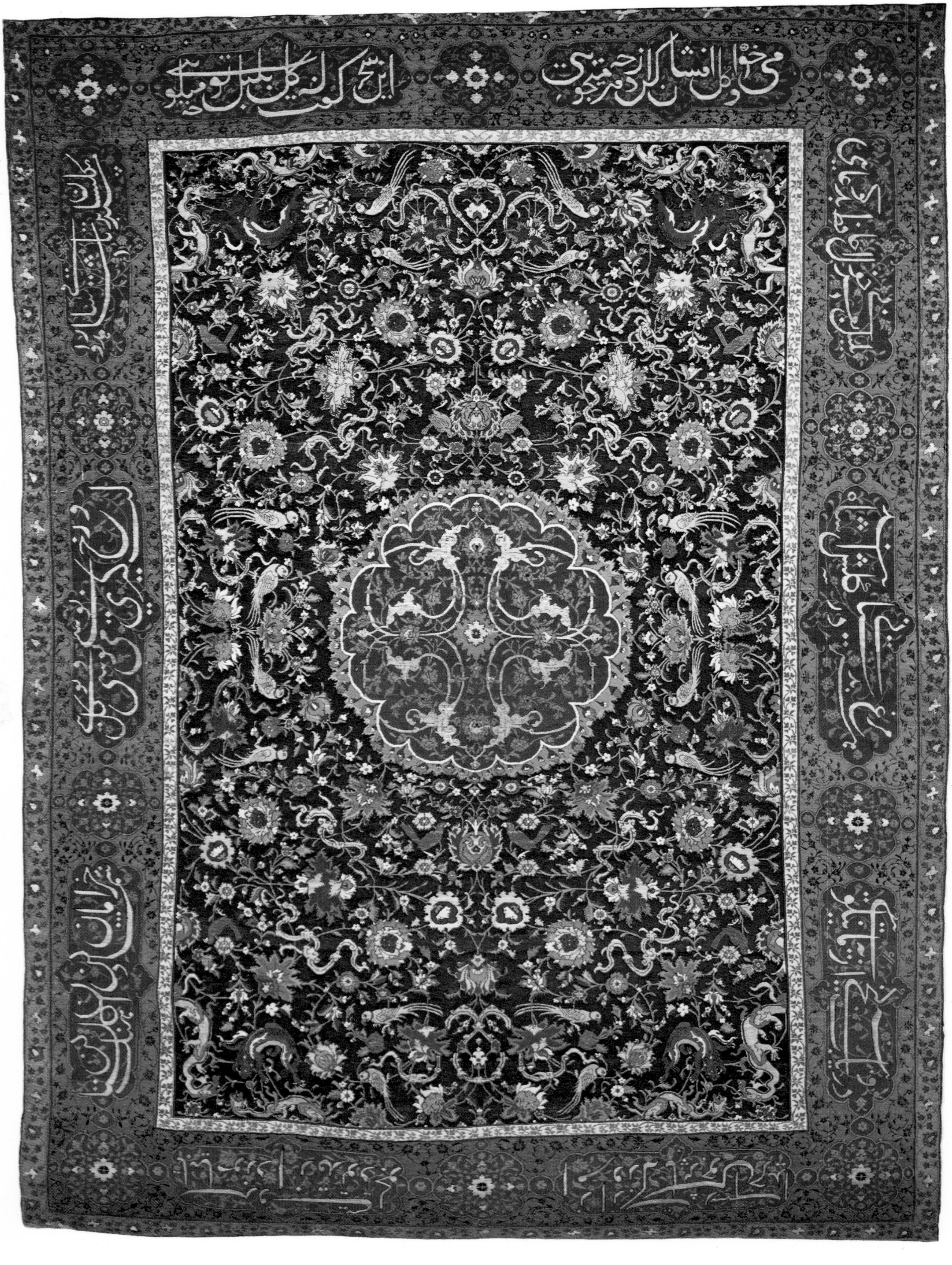

Teppiche der Welt

Herausgegeben von Ian Bennett

Orbis Verlag

Abbildung auf S. 2: Der Salting-Teppich. Wolle mit Metallfäden. Dieses hervorragend gearbeitete Stück wurde in den achtziger Jahren des vorigen Jahrhunderts, als es bekannt wurde, für eines der Meisterwerke safawidischer Kunst aus dem 16.Jh. gehalten. Heute weiß man, daß es sich um eines der ungewöhnlichen Exemplare im persischen Stil handelt, wie sie in den kaiserlich-osmanischen Werkstätten in Istanbul, Bursa und Hereke angefertigt wurden. Wahrscheinlich entstand der Teppich in Hereke in der ersten Hälfte des 19.Jh. 223×163 cm.
Victoria and Albert Museum, London.

Titel der Originalausgabe:
Rugs and Carpets of the World
Designed and produced by Quarto Publishing Limited
London
Bildauswahl: Anne-Marie Ehrlich

© Quarto Publishing Limited 1977

Ins Deutsche übertragen von Rainer Bosch

© Mosaik Verlag GmbH, München
Sonderausgabe 1989 Orbis Verlag
für Publizistik GmbH, München
Alle Rechte vorbehalten
Satz: Mohndruck Reinhard Mohn GmbH, Gütersloh
Printed and bound in Hong Kong
ISBN 3-572-03440-X

Inhalt

*Spanischer Teppich
aus Alcatraz,
frühes 16. Jh.
259 × 162,5 cm.*

Einleitung

Mit diesem Buch soll der Versuch unternommen werden, einen Gesamtüberblick über Teppiche und andere Webartikel aus den bedeutenden Herstellungszentren der Erde von den Anfängen bis heute zu geben. Natürlich kann ein Thema von solch riesigem Ausmaß in einem einzigen Buch nicht in allen Einzelheiten abgehandelt werden. Dafür erhält der Leser einen umfassenderen Einblick in die Materie, als dies gewöhnlich bei Teppichbüchern der Fall ist, da sich diese in ihrer Mehrheit auf die Orientteppiche beschränken. Es ist in der Tat verwunderlich, wie wenig aktuelle Literatur über europäische und amerikanische Teppiche es gibt, ganz zu schweigen von lokalen Sonderentwicklungen wie den Navajo- oder den marokkanischen und tunesischen Teppichen. Darüber hinaus scheint es, als sei – im Vergleich zu den zahlreichen Büchern über persische und neuerdings auch über turkmenische Teppiche – auch der übrige Orient von den meisten Autoren recht oberflächlich behandelt worden. So fehlen noch immer umfassende Darstellungen der Teppiche der Türkei und aus dem Indien der Mogulzeit.

Das Hauptziel des Kapitels über die orientalische Weberei war es, dem Leser einen Weg durch die Welt des Teppichs zu bahnen, durch eine Welt, die leider immer mehr zu einem Gewirr sich widersprechender Meinungen wird, die den Laien eher verwirren als ihm Klarheit verschaffen. Tatsächlich erweckt die Mehrzahl der heute erhältlichen Teppichbücher den Eindruck, als seien sie nicht nur *von* Fachleuten, sondern auch ausschließlich *für* Fachleute geschrieben. Eine der wesentlichen Schwierigkeiten liegt darin, daß der Fachmann auf nur sehr wenige Beweise und Dokumente zurückgreifen kann, wenn er Ursprung und Herkunft der orientalischen Teppichstile ergründen will. Da die Weberei im Nahen und Mittleren Osten als reine Warenproduktion betrachtet wurde (die gleiche Einstellung bestand bei der europäischen Aristokratie gegenüber den Künsten vom Mittelalter über die Renaissance bis zum Barock), gab es keinerlei Grund, irgendwelche Einzelheiten über Muster und Entwerfer, Weber und Manufakturen aufzuzeichnen. So ist der Fachmann gezwungen, sich mit einem Minimum an harten Tatsachen ein hypothetisches Gerüst zu bauen. Dies gilt ganz besonders für die safawidische Weberei. Problematisch wird die Sache dadurch, daß viele Fachleute ihre eigenen Hypothesen für erwiesene Tatsachen halten und auf dieser Grundlage mit großem Selbstvertrauen Dogmen errichten. Eine solche Wissenschaft steht natürlich auf sehr wackligen Füßen.

In vieler Hinsicht hat sich unser Wissen über Teppiche seit der letzten Jahrhundertwende nur unwesentlich vermehrt. Immerhin brachten Fortschritte in der Völkerkunde, der Archäologie und der Linguistik uns tiefere Einsichten in das Leben und die Kultur der östlichen Reiche. Durch die intensive Beschäftigung mit europäischen Quellen – alten Gemälden, Dokumenten u. a. – gelangten wir zu neuen Erkenntnissen über frühe Webstile, die aus den erhaltenen Teppichen allein nicht zu gewinnen waren. Auch die Knüpftechniken sind in den letzten zwanzig Jahren gründlicher erforscht worden, so daß die Aussagen über Datierung und Herkunft zunehmend zuverlässiger werden. Diese relativ junge Wissenschaft von den technischen Details der Teppiche steckt zwar noch in ihren Kinderschuhen, doch hat sie schon eine Reihe von wichtigen Beiträgen geleistet. Denken wir nur an die turkmenische »S-Gruppe« oder an die kritische Neubewertung der persischen Vasenteppiche.

Besondere Fortschritte wurden bei der Datierung erzielt: Viele Teppiche, die man früher dem 16. oder 17. Jh. zugeschrieben hatte, werden heute in das 18. oder 19. Jh. datiert. R. G. Hubel, einer der Pioniere auf dem Gebiet der technischen Analyse, ließ 1970 in seinem *Teppichbuch* eine Bombe hochgehen, als er behauptete, selbst die »allerheiligsten« aller frühen Teppiche, der Berliner »Drachen-und-Phönix«-Teppich und der Stockholmer Marby-Teppich, seien keineswegs die einzigen Überlebenden eines einst großen und verbreiteten Stils aus dem 15. Jh., sondern geschickte Kopien aus dem späten 16. oder frühen 17. Jh. Wie man aus diesem und aus vielen weiteren Beispielen sehen kann, gibt es im Bereich der Orientteppichkunde nur sehr wenig, was man auf Treu und Glauben hinnehmen kann. Leider muß man hinzufügen, daß der Fachmann in 50 oder 100 Jahren bei der stilistischen oder zeitlichen Zuordnung zwar etwas weiter sein dürfte, doch ohne irgendeinen aufsehenerregenden archäologischen Fund – wie etwa demjenigen aus dem Altaigebirge – wird er aller Wahrscheinlichkeit nach mit demselben Minimum an eindeutigen Fakten vorliebnehmen müssen wie sein Kollege von heute.

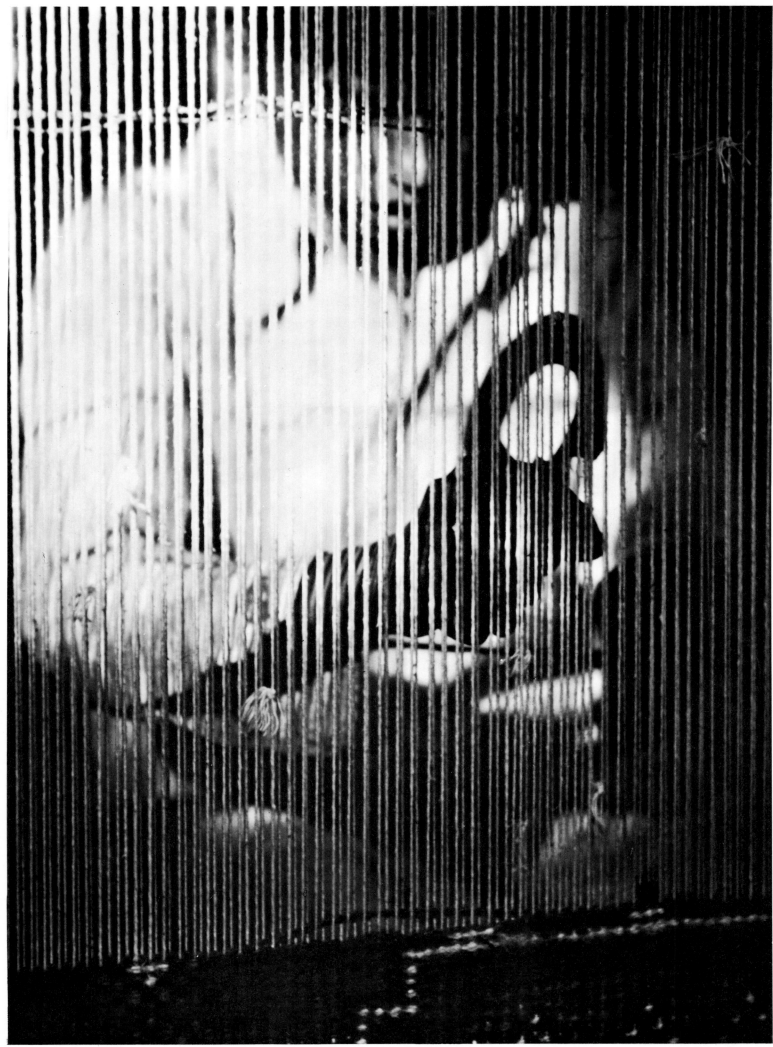

Teppichweberei in Jaipur.

Techniken und Materialien der Teppich-herstellung

Weber in Schiras kopieren an einem festen horizontalen Webstuhl das Muster eines fertigen Teppichs von dessen Rückseite.

Teppiche, die dem Sonnenlicht ausgesetzt wurden, damit sie älter erscheinen.

10

Techniken und Materialien der Teppichherstellung

Die bei der Herstellung geknüpfter Teppiche angewandten Verfahren sind sehr verschiedenartig. Sie entwickelten sich im Laufe der Zeit unter dem Einfluß natürlicher und historischer Umstände. Die meisten stammen aus der Zeit nach Beginn des 16. Jh., als die persische Weberei einen großen Wandel durchmachte und viele neue Techniken entstanden. Teppichknüpfen war ursprünglich ein nomadisches Handwerk. Noch heute wird es von nomadisierenden Stämmen Südwestasiens in traditioneller Weise betrieben. Obwohl vielleicht schon vor der seldschukischen Invasion im Jahre 1037 bekannt, schlug die Teppichweberei unter der Herrschaft dieses türkischen Geschlechts feste Wurzeln in den Ländern des Nahen Ostens. In der Türkei gab es zumindest ein Zentrum, wo sie kommerziell betrieben wurde. Schon zu Zeiten Marco Polos hatten die seldschukischen Teppiche einen beachtlichen Ruf.

Technisch unterscheiden sich die noch existierenden Seldschukenteppiche kaum von den dörflichen Erzeugnissen, die bis ins 19. Jh. hinein hergestellt wurden. Ihre Kettfäden sind aus ungefärbter zweifädiger Wolle, der Schuß aus roter mehrfaseriger Wolle. Sie sind mit türkischen Knoten ziemlich locker geknüpft. Obwohl bei den späteren türkischen Teppichen die Muster äußerst mannigfaltig sind, ist ihre Technik streng konservativ und homogen geblieben.

Zur Zeit Timurs waren persische und türkische Muster sich noch sehr ähnlich. Es überwogen geometrische Motive, die immer wiederholt wurden. Gegen Ende des 15. Jh. wurden die Muster allmählich runder. Es entstanden die ersten Blumenmotive. Mit dem Beginn der safawidischen Periode schließlich wurde die Weberei dem höfischen Niveau angepaßt. Man verwendete Buchillustrationen und Miniaturmalereien als Vorlagen für die Entwürfe.

Um den neuen Ansprüchen gerecht zu werden, wurden auch technische Neuerungen erforderlich, zu denen es auch gehörte, daß man nur noch Material von allerbester Qualität verwendete. Die neuen Muster konnten nicht mehr aus dem Kopf oder nach Augenmaß geknüpft werden; sie erforderten komplizierte Vorlagen. Man verwendete nur noch den persischen Knoten, da dieser sich besser zur Wiedergabe feinster Details eignete. Vielfach wurde Seide als Kettenmaterial gewählt, da sie im Verhältnis zu ihrer Dicke sehr viel fester ist als Wolle. Die Werkstätten, die diese Teppiche produzierten, standen unter dem Schutz des Hofes. Viele wurden auch unter direkter Leitung des Hofes errichtet. Unter Schah Abbas dem Großen (1587–1629) wurde von den königlichen Manufakturen von Isfahan der Export organisiert. Neue Zentren entstanden u. a. in Schirwan und Karabagh im Kaukasus.

Auch im Osmanischen Reich wurden Hofwebereien in Ushak, Bursa und Istanbul errichtet. Mit dem Zusammenbruch der Safawidendynastie zu Beginn des 18. Jh. ging auch die Teppichproduktion Persiens im großen Stil zu Ende. Erst in der zweiten Hälfte des 19. Jh. kam es mit steigendem Export zu einem erneuten Aufschwung.

Die Entwicklung in Indien verlief ziemlich parallel mit der in Persien, obwohl darüber nur wenig bekannt ist. Viele Stücke der frühen Periode sind nur schwer von persischen Erzeugnissen, namentlich denjenigen aus Herat, zu unterscheiden. Ihre Herkunft ist noch heute nicht eindeutig zu bestimmen.

Trotz der Entwicklung der Hofwerkstätten blieb die Weberei auch bei den Nomaden erhalten. In den Städten und Dörfern entstand eine eigenständige Kleinindustrie, die ihre lokalen Techniken und Muster entwickelte. Während die Muster in Persien sich weitgehend dem Geschmack des Hofes anpaßten, blieben im Kaukasus und in der Türkei die geometrischen Muster erhalten. In Westturkistan, das bis zum 19. Jh. von der Außenwelt fast völlig abgeschnitten war, haben die Muster sich über Jahrhunderte praktisch nicht verändert. Anders verlief die Entwicklung in Spanien und in Ägypten, wo man technisch sehr deutlich unter dem Einfluß des Ostens stand.

AUFBAU DER TEPPICHE

Die Knoten werden reihenweise in ein Grundgewebe aus Kette und Schuß geknüpft; sie bilden den Flor. Die Kette, also die Längsfäden des Gewebes, und deren Dicke bzw. ihr Abstand zueinander bestimmen die Feinheit des fertigen Teppichs. Wegen der Festigkeit müssen sie aus besonders kräftigem Material bestehen. Nach Fertigstellung des Teppichs werden ihre Enden verflochten und zu kunstvollen Quasten, den Fransen, gebunden.

Während des gesamten Webvorgangs muß die Kette auf gleichmäßiger Spannung gehalten werden, damit das Gewebe sich nicht verzieht. Die äußersten Fäden werden umgenäht und bilden den Saum. Der Schuß wird quer, von einer Seite des Teppichs zur anderen, unter und über den Kettfäden hindurchgeführt. Er besteht aus sehr locker oder gar nicht gedrehtem Garn, um möglichst fest auf die einzelnen Knotenreihen gekämmt werden zu können.

Zu Beginn des Webvorgangs werden mehrere Schußreihen als Fundament gesetzt. Darauf werden dann die Knoten um die Kettfäden geknüpft. Zwischen den Knüpfreihen werden jeweils ein oder mehrere Schußfäden eingezogen. Die Feinheit des Gewebes hängt von der Dichte der Knoten ab; sie liegt zwischen 250 und 8000 Knoten pro Quadratdezimeter, bisweilen auch erheblich höher.

MUSTER

Die Weber der Dörfer und die Nomaden verwenden traditionell überlieferte Muster, die aus dem Gedächtnis geknüpft werden. Dabei handelt es sich oft um Totems und Symbole oder um Abwandlungen, deren ursprüngliche Bedeutung längst vergessen ist. Bei den städtischen Produktionen sind die Muster komplizierter. Sie werden nach genau ausgearbeiteten Musterzeichnungen gefertigt, wobei der Vorarbeiter den Rhythmus regelt und die Farbe angibt. Da die Entwürfe sehr teuer sind, werden sie natürlich nicht nur einmal verwendet.

WEBSTÜHLE

Sie unterscheiden sich vorwiegend in ihrer Größe und in ihrer technischen Vollkommenheit, funktionieren aber alle nach dem gleichen Prinzip. Für die Qualität des Gewebes spielt die technische Konstruktion des Webstuhls nur eine untergeordnete Rolle. Wichtigste technische Voraussetzung ist, daß der Webstuhl die nötige Spannung aufrechterhält und daß die Kettfäden zur Fachbildung auseinandergeteilt werden können. Dadurch kann der Weber den Schuß durch die Kettfäden hindurchschießen und muß ihn nicht mühsam ein- und ausfädeln.

In seiner einfachsten Form besteht der Webstuhl aus einem horizontalen Rahmen, der in die Erde gepflockt wird. Die nötige Spannung läßt sich mit Hilfe von Spreizpfählen erzeugen. Diese Vorrichtung ist ideal für die Nomaden, denn sie kann leicht ab- und wieder aufgebaut werden. Die auf den horizontalen Webstühlen hergestellten Teppiche sind meist ziemlich klein, da ihre Breite sich nach der Länge des verwendeten Baumes richtet. Dieser muß kurz genug sein, um transportiert werden zu können.

Zweifellos leichter zu handhaben sind vertikale Webstühle. Sie lassen sich jedoch nur schwer transportieren, sind also ungeeignet für Nomaden. Man kann auf ihnen Teppiche in praktisch unbegrenzter Größe anfertigen, da sie in Länge und Breite beliebig erweitert werden können. Vor allem in Indien hat man mit sehr großen Webstühlen gearbeitet.

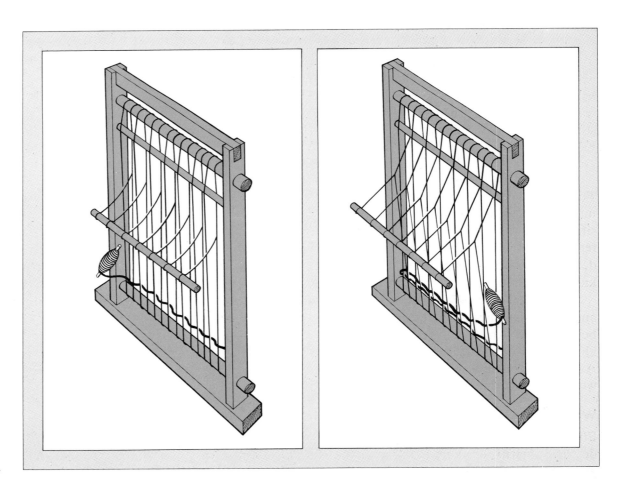

Vertikal-Webstuhl, bei dem die Fachbildung der Kettfäden zu erkennen ist. Die Vorrichtung zur Fachbildung ist sehr einfach.

Links: Weber beim Anschlagen des Gewebes mit Hilfe eines Stahlkamms. Rechts: Dorfweber in Kirman an einem einfachen Horizontal-Webstuhl, der in den Boden gepfählt ist.

Unter den Vertikal-Webstühlen gibt es drei Gruppen, die gebietsweise noch stark abgewandelt sind: den festen Dorfwebstuhl, den Täbris- oder Bünyan-Webstuhl und den Rollbaum-Webstuhl.

Der feste Dorfwebstuhl ist vor allem in Persien weit verbreitet. Er besteht aus einem feststehenden Ober- und einem beweglichen Unterbaum. Die erforderliche Spannung wird durch Keile erzeugt, die in die Querbalken getrieben werden. Der oder die Weber sitzen auf einer verstellbaren Bohle, die während des Arbeitsprozesses immer höher wandert.

Der Täbris-Webstuhl ist in Nordwestpersien und in den kommerziellen Zentren der Türkei gebräuchlich. Er verwendet fortlaufende Kettfäden, die hinten um den Webstuhl herumgehen. Auch hier wird die Spannung durch Anbringung von Keilen erreicht. Die Weber sitzen auf einem feststehenden Brett, so daß die Spannung von Zeit zu Zeit gelockert und der fertige Teil des Teppichs unter dem Webstuhl hindurchgezogen werden muß. Am Ende werden die Kettfäden abgeschnitten, so daß der Teppich vom Webstuhl genommen werden kann.

Der Rollbaum-Webstuhl wurde in den türkischen Dörfern entwickelt. Man findet ihn auch in Persien und Indien. Er besteht aus zwei beweglichen Bäumen, an denen die Kettfäden befestigt sind. Arretiert werden die beiden Bäume mit Hilfe von gezähnten Sperrstangen oder ähnlichen Haltevorrichtungen. Das fertige Gewebe wird auf den unteren Baum aufgerollt. Auf diese Weise lassen sich sehr lange Teppiche herstellen. In einigen Gegenden der Türkei webt man sogar mehrere Teppiche hintereinander, quasi als »Meterware«.

WERKZEUGE

Für seine Arbeit benötigt der Weber verschiedene Werkzeuge: ein Messer zum Abschneiden des Knüpfgarns, ein kammartiges Instrument zum Anpressen der Schußfäden sowie eine große Schere zum Trimmen des Flors. In der Gegend von Täbris ist das Messer zusätzlich

mit einem Haken versehen, der zum Knüpfen des Knotens verwendet wird, während man sonst nur die Finger benutzt. Bisweilen wird der Flor nach jeder Knüpfreihe mit einem kleinen Stahlkamm ausgekämmt, um das Gewebe fester und das Muster klarer werden zu lassen.

In einigen Gebieten Persiens, die für ihre besonders kompakten Gewebe bekannt sind, verwendet man neben dem Schlagkamm noch zusätzliche Instrumente zur Festigung des Gewirks. In Kirman wird ein säbelartiges Gerät in das Fach geschoben, während man in Bidjar eine Art schweren Nagel verwendet. Je nach Art der Trimmtechnik werden auch verschiedene Scheren benutzt. Manche trimmen den Flor gleich während des Webvorgangs, andere erst danach, wenn der Teppich fertig ist. Chinesische Teppiche werden erst am Ende getrimmt, wobei der Flor an den Farbrändern abgeschrägt wird, so daß ein reliefartiger Eindruck entsteht.

DIE KNOTEN

Es gibt vor allem zwei Arten von Knoten, den türkischen oder Gördes-(Ghiordes-)Knoten und den persischen oder Senneh-Knoten. Zur besseren Unterscheidung spricht man auch von »symmetrischen« bzw. »unsymmetrischen« Knoten. Der türkische Knoten ist in der Türkei, im Kaukasus, in Turkistan und unter den türkischen und kurdischen Volksgruppen Persiens gebräuchlich. Der persische Knoten wird in Persien, Indien, Turkistan, Ägypten und vereinzelt auch in der Türkei verwendet. Beide Arten werden um zwei nebeneinanderliegende Kettfäden geknüpft, obwohl es auch da Ausnahmen gibt.

Beim türkischen Knoten fädelt man das Garn zwischen zwei nebeneinanderliegenden Kettfäden ein, geht hinten um einen der Fäden herum, wickelt es dann um beide und kommt in der Mitte wieder nach vorn, so daß beide Enden zwischen den Kettfäden nach vorn stehen.

Beim persischen Knoten wickelt man das Garn nur um einen Kettfaden und führt es dann offen hinter dem nächsten Kettfaden hindurch, so daß die beiden Enden durch einen Kettfaden getrennt sind.

Der spanische Knoten wird alternierend nur um einen Kettfaden geschlungen, so daß beide Enden an einer Seite nach vorn stehen.

Der Dschufti-Knoten schließlich, den man vor allem in Khorasan verwendet, wird um vier statt um zwei Kettfäden geknüpft.

MATERIAL UND PRÄPARIERUNG

Normalerweise wird für den Flor gefärbte Wolle verwendet, die von recht unterschiedlicher Qualität sein kann. Bei den frühen safawidischen Teppichen findet man nur sehr weiche Wolle der allerbesten Qualität, wogegen z.B. die türkischen oder kaukasischen Dorferzeugnisse nicht selten aus grober und harter Wolle bestehen. Seide wird nur für die kostbareren Teppiche verwendet. Man findet sie dementsprechend selten in den Produkten ländlicher Gegenden. Vereinzelt allerdings sind auch turkmenische, kaukasische und türkische Exemplare durch geringe Mengen von Seide verschönt.

Baumwolle ist häufig für Details bei den frühen safawidischen und indischen Teppichen verwendet worden, später auch bei den Gördes-Teppichen, den turkmenischen Sarykbrücken und den osmanischen Bursateppichen. Gewöhnlich hat man sie ungefärbt belassen, nur in den Bursateppichen ist sie bisweilen auch blau gefärbt. Silberfäden und versilberte Fäden, die um einen seidenen Kern gewickelt sind, wurden in einige safawidische Teppiche und in türkische

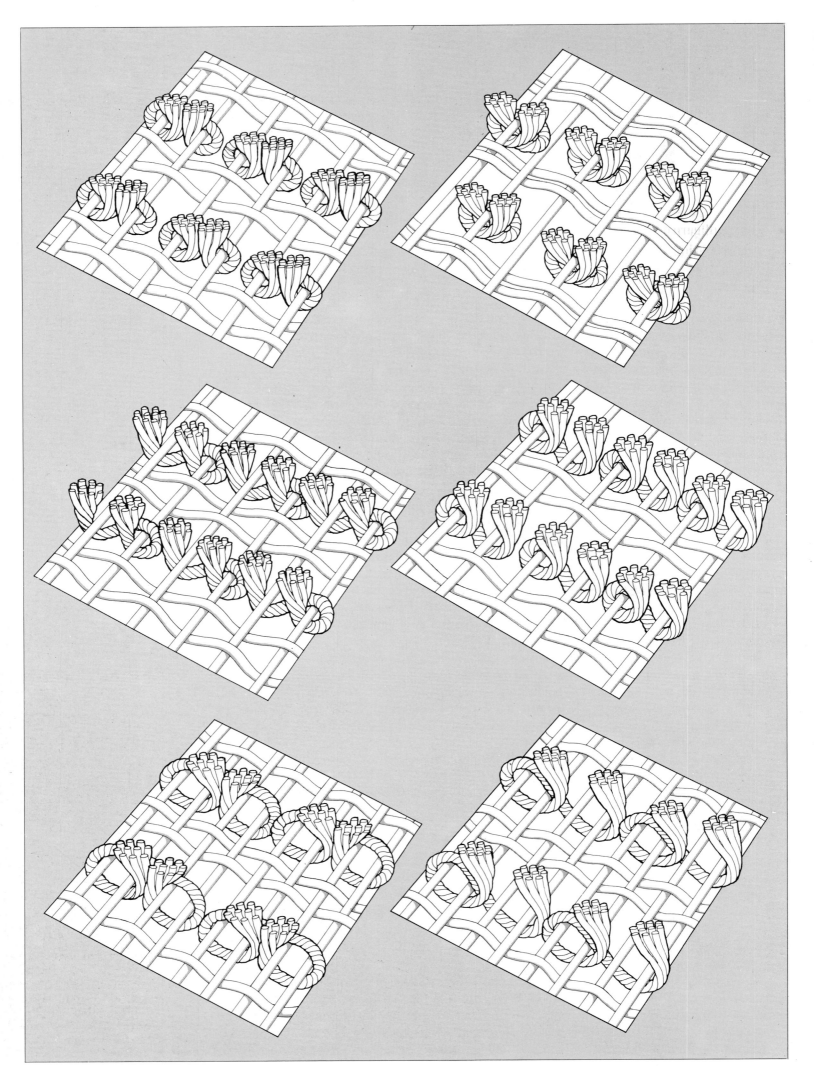

Hofteppiche – wie in Hereke und Kum-Kapu – verwebt. Bei manchen späten Perserteppichen hat man auch einfachen Silberdraht verarbeitet.

GRUNDGEWEBE

Bei den türkischen und den Nomadenteppichen, einschließlich der westturkistanischen, ist die Kette fast ausschließlich aus ungefärbter Wolle. Sie ist fest gesponnen und oft von sehr dunkler Farbe, die zum Färben ungeeignet ist. In Ushak und Siebenbürgen ist es üblich, nur die Enden der Kette zu färben, so daß die Fransen später rot bzw. gelb sind.

Der Schuß besteht normalerweise aus locker gedrehter Wolle; nur im Kaukasus und in einigen anderen Gebieten verwendet man auch Baumwolle. In der Türkei ist der Schußfaden meist gefärbt, vorwiegend rot. Bei den frühen safawidischen Stücken sind Kette und Schuß aus Seide. In Indien und Persien wurde die Seidenkette allmählich durch industriell gesponnenes Baumwollgarn ersetzt. Da viele der späten safawidischen und indischen Teppiche eine sehr komplizierte Schuß-Struktur besitzen, findet man hier auch mehrere Materialien gleichzeitig. Bei Mogul- und Vasenteppichen verwendete man oft Wolle und/oder Baumwolle mit Seide vermischt.

Jute ist besonders bei den späten indischen Erzeugnissen ein gebräuchliches Schußmaterial. In neuerer Zeit findet allgemein die Baumwolle (oft gefärbt) eine immer stärkere Verbreitung, außer bei den Seidenteppichen aus Täbris, Heris und Kashan. Für den gröberen Perser wie den Hamadan verwendet man handgesponnene Baumwolle. In Spanien und in Ägypten nahm man gefärbte Wolle, in Zentralasien sind sowohl Wolle als auch Seide und Baumwolle gebräuchlich.

DRALL UND DREHUNG

In den meisten Herstellungsgebieten wird das Garn mit einem gegen den Uhrzeigersinn gerichteten Drall gesponnen und dann im Uhrzeigersinn gedreht. Zur Bezeichnung dieser Drehrichtungen werden die Symbole S (im Uhrzeigersinn) und Z (gegen den Uhrzeigersinn) verwendet: Die diagonalen Rippen des gedrehten Garns entsprechen den Diagonalen der Buchstaben S und Z. Nur in Kairo und Bursa (osmanische und Seidenteppiche des 19. Jh.) wurde umgekehrt gesponnen bzw. gedreht.

FÄRBEMITTEL

Das Färben der Wolle wurde in den meisten orientalischen Teppichgebieten vom – oft jüdischen – Dorffärber besorgt, der seine Kunst wie ein Geheimnis bewahrte. Obwohl die verwendeten Farbstoffe im gesamten Nahen Osten überwiegend die gleichen waren, gab es doch im Ergebnis erhebliche Unterschiede, da die Farbe nicht nur von den Zutaten, sondern auch von der Qualität der Wolle und vor allem von der Beschaffenheit des Wassers bestimmt wird.

Linke Seite: Knotenarten
Links oben: Türkischer, Gördes- oder symmetrischer Knoten.
Rechts oben: Spanischer oder einfädiger symmetrischer Knoten.
Links Mitte: Persischer, Senneh- oder asymmetrischer Knoten, nach rechts geöffnet. Rechts Mitte: Persischer Knoten, nach links geöffnet. Links unten: Türkischer Dschuftiknoten, um vier Kettfäden geknüpft. Rechts unten: Persischer Dschuftiknoten, nach rechts geöffnet.

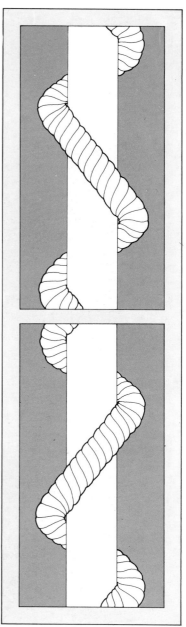

Oben: Im Uhrzeigersinn gedrehtes Garn bildet eine S-Diagonale, gegen den Uhrzeigersinn gedrehtes Garn eine Z-Diagonale.

Links: Das zur Herstellung der Farbstoffe benötigte Material in der Weberschule von Schiras, in der nur natürliche Farben verwendet werden: Krappwurzel (Rot), Gelber Rittersporn (Gelb), Walnußschalen (Hellbraun) und Granatapfelrinde (Dunkelbraun).

Vorbereitungen zum Färbevorgang in einer Fabrik in Jaipur in Indien. Oben: Das Garn wird zum Färben vorbereitet. Nächste Seite: Das Garn wird in ein Faß mit Indigofarbstoff eingetaucht (oben links); Betätigung des Eintauch-Mechanismus (oben rechts); Ballen gefärbten Garns (unten).

Dadurch kann man bei einiger Erfahrung von der Farbe sehr oft auch auf die Herkunft eines Teppichs schließen.

Bis zur Einführung der synthetischen Farben in der zweiten Hälfte des 19. Jh. verwendete man ausschließlich natürliche Farbstoffe wie die Krappwurzel (rot) und die Indigopflanze (blau). Diese Grundfarben konnten mit anderen Grundfarben gemischt werden und ergaben so ein breites Spektrum von Farbtönen. In den meisten antiken Teppichen wurden etwa sechs bis zwölf verschiedene Farben verarbeitet. Andere Farbstoffe wurden aus Beeren, Pflanzen, Früchten, Rinde und Pilzen gewonnen. Die zur Herstellung bestimmter Farben, wie z. B. Braun, verwendeten Materialien haben eine ätzende Wirkung, so daß die damit gefärbte Wolle häufig schneller zerstört wird.

Obwohl natürliche Farben im allgemeinen sehr beständig und haltbar sind, verblassen sie doch im Laufe der Zeit durch die Einwirkung von Licht und Alkalien. Dies ergibt einen angenehm harmonisierenden Effekt, den man mit chemischen Farben nicht erzielen kann.

Vor dem eigentlichen Färben wird die Wolle noch besonders behandelt. Zuerst wird sie mit heißem Wasser entfettet und dann in eine Beize getaucht. Erst danach kommt sie in die Küpe, den Bottich mit dem vorbereiteten Färbemittel, und wird gekocht. Anschließend wird sie in – möglichst fließendem – Wasser gespült.

Die meisten Farbstoffe, mit Ausnahme von Indigo und Cochenille, wurden in der jeweiligen Gegend angebaut oder gesammelt. Indigo kam in konzentrierter Form aus Indien und wurde dann in eigenen Fermentationsbottichen aufbereitet. Cochenille wurde im 19. Jh. sehr viel in Khorasan und Kirman verwendet, gegen Ende des 19. Jh. auch in Turkmenien.

Die synthetischen Farben lassen sich in zwei Gruppen einteilen, die jedoch beide den natürlichen Farben weit unterlegen sind. Die einen sind die Anilinfarben; sie sind sehr lichtempfindlich und verblassen schnell. Dagegen sind die Indanthrenfarben allzu lichtecht.

STRUKTUR

Jede Gegend und jede Werkstatt hat ihre eigenen charakteristischen Merkmale, an denen sich ihre Erzeugnisse erkennen lassen. Wichtigste strukturelle Kennzeichen sind die Art, in der Kette und Schuß miteinander verbunden sind, sowie der verwendete Knotentypus. Darüber

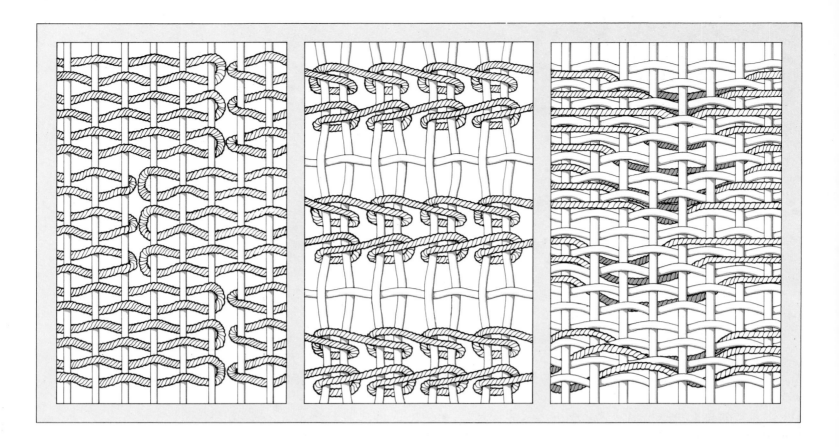

hinaus sind noch andere Faktoren wie die Verarbeitung des Saumes oder die Abschlüsse bzw. das Vorhandensein diagonaler Linien im Grundgewebe für die Identifizierung eines Teppichs von Bedeutung. Auch Farbe und Muster können zur Herkunftsbestimmung herangezogen werden, doch sollte man diese Kriterien niemals isoliert von den strukturellen Gegebenheiten betrachten. Nur wenn alle Faktoren übereinstimmen, ist eine eindeutige Zuordnung des betreffenden Stückes möglich. Viele Teppiche des 16. und 17. Jh. wurden geschickt kopiert.

Die Anordnung der Kettfäden kann ganz verschieden – einreihig oder zweireihig – sein. Jedes Kettensystem wird durch ein entsprechendes Schußsystem gestützt. Wo der Schuß allzu straff um abwechselnde Kettfäden gespannt ist, wird er diese nach unten verzerren; ist er locker eingezogen, bleibt die Kette gleichmäßig und glatt. Daraus ergibt sich, daß je nach der Straffheit des Schusses die Untergrundstruktur eines Teppichs glatt oder reliefartig ist. Letzteres trifft vor allem für türkische Dorfteppiche zu. Der türkische Knoten kommt nie gleichzeitig mit einer zweireihigen Kette vor.

Die meisten Teppiche mit glattem Untergrund sind mit Mehrfachschuß gewebt, d. h., zwischen den einzelnen Knüpfreihen sind bis zu sechs Schußfäden eingezogen. Teppiche mit reliefartigem Untergrund wie die Ushaks, Ladiks, Kulas und Gördes haben meist einen Doppelschuß, wobei der erste Faden straff, der zweite locker gewebt ist.

Bei einigen türkischen Teppichen, wie Gördes, Siebenbürgen und Ushak, sind die Schußfäden nicht durchgehend, so daß auf der Rückseite diagonale sog. »Faulheitslinien« erkennbar sind. Sie zeigen, daß der Weber seine Position nicht verändern wollte und die Schußfäden nicht über die ganze Breite des Teppichs, sondern nur über den Teil geführt hat, an dem er gerade arbeitete. Bei den Kopien der Siebenbürgen- und Ushakteppiche besteht der Saum aus zwei bis vier Kettfäden, wobei der Grundschuß entweder nur um den ersten Kettfaden oder um den ganzen Saum geschlungen ist. Den Abschluß bildet meist ein Kelimstreifen.

Osmanische Hofteppiche aus Bursa, Hereke und Kum-Kapu haben eine Seidengrundlage mit reliefartiger Struktur. Mit Ausnahme der Kasaks, die mit glattem Untergrund und Mehrfachschuß gewebt sind, haben die kaukasischen Teppiche eine reliefartige Unterseite mit Zwei- oder Dreifachschuß. Das gebräuchlichste Kettenmaterial ist Wolle; bisweilen werden auch Seide und Baumwolle verwendet. Die Enden sind meist mit einer Litze versehen.

Die persischen Teppiche des 16. Jh. wurden gewöhnlich mit dreifachem Schuß, versenkter Kette und linksseitigem Perserknoten gewebt. Der Untergrund war meist aus Seide. Im 17. Jh. ging man dazu über, mit Doppelschuß zu arbeiten, und im Nordosten ist eine zunehmende Verbreitung des türkischen Knotens zu beobachten.

Während bei den meisten safawidischen Teppichen die Kette versenkt ist, wurden die Kirman-Vasengruppe und die Sanguszkogruppe mit dem System der zweireihigen Kette gewebt. Der Schuß besteht aus drei Fäden, wobei der erste und dritte aus Wolle und straff gewebt sind; der mittlere ist aus Seide oder dünner Baumwolle und locker gewebt. Dies ergibt zwar ein sehr festes Gewebe, doch der Nachteil besteht darin, daß der zweite Schußfaden bei Benutzung des Teppichs freiliegt, dadurch leicht bricht und die obere Kettenreihe sich löst. Dasselbe System ist auch bei den Kirmanteppichen des 19. Jh. verwendet worden.

Unter den späteren Produkten sind persische Teppiche sehr viel heterogener als die türkischen. Sie sind normalerweise mit dem persischen Knoten geknüpft, nur in Täbris, Belutschistan und Gashgai werden beide Knotenarten verwendet. Ausschließlich mit dem türkischen Knoten und nur mit einem einfachen Schußfaden sind die kurdischen Teppiche aus Senneh, Hamadan und Malayer gewebt. Die meisten städtischen Produkte sind mit doppeltem Schuß und versenkter Kette gearbeitet. Der Saum besteht mit Ausnahme der Belutschistan-, Täbris- und Heristeppiche aus nur einer Schnur.

Die indischen Teppiche sind in technischer Hinsicht den persischen sehr nahe verwandt. Ähnlich wie die Vasengruppe sind die Hofteppiche der Mogulzeit mit einer zweireihigen Kette gearbeitet. Der erste und dritte Schußfaden sind gewöhnlich aus gefärbter Baumwolle, der zweite aus roter Seide.

In Ägypten ist das Grundgewebe meist aus Wolle. Man verwendet den persischen Knoten. Der Schuß ist dreifach, wobei man für jeden einzelnen Schuß zwei bis drei ungedrehte Garne verwendete. Die spanischen Teppiche sind mit einfachem Schuß gearbeitet.

Bemerkenswert vielfältig sind die Techniken, die für turkmenische Teppiche angewandt wurden. So kann man in einem Stück bisweilen den türkischen und den persischen Knoten gleichzeitig finden. Der Untergrund ist teilweise glatt und teilweise mit zweireihiger Kette gewebt. Im allgemeinen sind diese Teppiche sehr kompakt und fein gearbeitet. Der Saum besteht aus einer einzigen umgenähten Kordel. An den beiden Enden haben die älteren Stücke einen breiten Kelimstreifen. Sie sind vorwiegend ganz aus Wolle; nur bei den Sarykbrücken wurde auch Baumwolle verwendet. Ganz vereinzelt findet man sogar Seide.

SONSTIGE TECHNIKEN

Als *Kelims* werden glattgewebte Orientteppiche ohne Flor bezeichnet. Ihre Technik erzeugt ein Gewebe, bei dem die Kette vom Schuß völlig verdeckt ist. Der Schuß ist nicht wie gewöhnlich durchgehend von einer Seite des Teppichs zur anderen gewebt, sondern er ist da unterbrochen, wo das Muster bzw. die Farbe wechselt, so daß zwischen zwei nebeneinanderliegenden Farben ein Schlitz entsteht. Man bezeichnet diese Art als sog. Schlitzgewebe. Nur ganz vereinzelt werden die Schußfäden zweier aneinanderstoßender Farben um denselben Kettfaden herumgeführt, so daß kein Durchbruch entsteht. In diesem Fall spricht man von verbundenem Gewebe.

Auch *Sumakh* ist ein glattes Gewebe ohne Flor, bei dem nur der Schuß sichtbar ist. Eine besonders dünne Variante ohne Grundgewebe wird als Sumakhdecken bezeichnet. Eine andere Art, die mit einem Grundgewebe ausgestattet ist und in die zusätzliche nicht-durchgehende Schußfäden eingearbeitet sind, nennt man Sumakhbrokat.

Beim *Brokat* wird, ähnlich wie bei den Sumakhbrokatteppichen, das Muster durch zusätzlich in das Grundgewebe eingefügte verschieden lange Schußfäden gebildet.

Osmanischer Hofteppich mit floralem Muster aus Kairo. Erdmann ist der Ansicht, die Motive in den Mittelmedaillons dieser Teppiche seien mamlukischen Ursprungs. Traditionell wird der Teppich Kairo zugeschrieben, er stammt jedoch wahrscheinlich aus Anatolien. Spätes 16. oder frühes 17.Jh. 269 × 165 cm. Victoria and Albert Museum, London.

Orientalische und afrikanische Teppiche

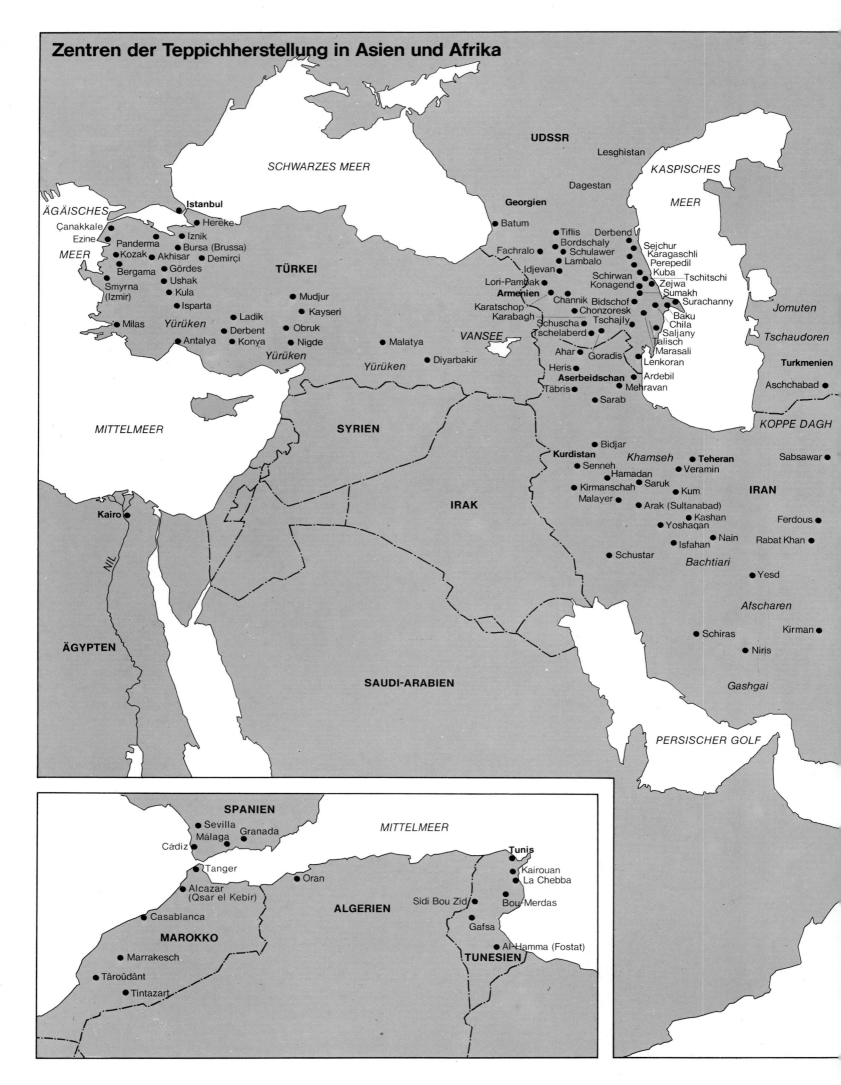

Zentren der Teppichherstellung in Asien und Afrika

SCHWARZES MEER

ÄGÄISCHES

MEER

UDSSR

Lesghistan

KASPISCHES

MEER

Dagestan

Georgien

● Batum

● Istanbul

● Hereke

Çanakkale

Ezine

Panderma

Kozak ● Akhisar ● Demirçi

Bergama ● Gördes

Smyrna ● Ushak

(Izmir) ● Kula

● Isparta

● Milas

Yürüken

● Iznik

Bursa (Brussa)

TÜRKEI

● Ladik

Derbent

Konya

● Antalya

Yürüken

● Mudjur

● Kayseri

● Obruk

● Nigde

● Malatya

● Diyarbakir

Yürüken

VANSEE

● Tiflis Derbend

Fachralo ● Bordschaly

● Schulawer

Lambalo

Idjevan

Lori-Pambak

Armenien

Karatschop

Karabagh

Channik Bidschof

Chonzoresk

Schuscha Tschajly

Tschelaberd

Ahar ● Goradis

Heris

Aserbeidschan

Täbris ●

● Sarab

● Mehravan

Ardebil

Lenkoran

Sejchur

Karagaschli

Perepedil

Kuba ● Tschitschi

Schirwan ●

Konagend ● Zejwa

Sumakh

Baku ● Surachanny

Chila

Saljany

Talisch

Marasali

Jomuten

Tschaudoren

Turkmenien

● Aschchabad

KOPPE DAGH

MITTELMEER

SYRIEN

IRAK

Kairo ●

NIL

ÄGYPTEN

● Bidjar

Kurdistan

● Senneh

Hamadan

Kirmanschah ● Saruk

Malayer

Khamseh

● Teheran

● Veramin

● Kum

● Arak (Sultanabad)

● Kashan

Yoshaqan

● Isfahan ● Nain

● Schustar

Bachtiari

● Teheran

IRAN

● Sabsawar

Ferdous ●

Rabat Khan ●

● Yesd

Afscharen

● Schiras

● Niris

Kirman ●

Gashgai

SAUDI-ARABIEN

PERSISCHER GOLF

SPANIEN

● Sevilla

Málaga ● Granada

Cádiz ●

● Tanger

Alcazar

(Qsar el Kebir)

● Casablanca

MAROKKO

● Marrakesch

● Târoûdânt

● Tintazart

● Oran

ALGERIEN

MITTELMEER

Tunis

● Kairouan

● La Chebba

Sidi Bou Zid ●

● Bou Merdas

● Gafsa

● Al-Hamma (Fostat)

TUNESIEN

24

ARALSEE

Kasachstan

chaudoren

Karakalpakische ASSR

Arabatschen

SYRDARJA

Usbekistan

Jomuten

Saloren

Ersaren

AMUDARJA

● Taschkent

Kirgisistan

● Buchara

● Samarkand

● Kaschghar

● Yarkand

Sinkiang

KARAKORUM

Loulan ● ● Lop-Nor

CHINA

Tekke

Tschaudoren

Neisshabur

● Merw

hed ●

Torbat-e Heidariye

Torbat-e Dscham

orusch

schend

● Herat

● Sabsawar

Sistan

AFGHANISTAN

Saryken

Saloren

● Khotan

Kaschmir

Lahore ●

● Amritsar

Tibet

Lhasa ●

PAKISTAN

Belutschistan

NEPAL

● Delhi

Jaipur ● ● Agra

MT. EVEREST

BHUTAN

INDIEN

BANGLA
DESH

Peking ●

CHINA

Honan

Nanking ●

Szetschuan

Yünnan

Fukien

BIRMA

VIETNAM

MONGOLEI

»Bagdad bei Hochwasser«, *aus einem persischen Manuskript von 1468. Seit 750 war Bagdad die Hauptstadt des Abbasidenkalifats. British Library, London.*

Historische Einführung

Jede Untersuchung orientalischer Teppiche muß sich auch mit der Geschichte und der Kultur eines riesigen Gebietes befassen, das sich vom Schwarzen Meer bis nach China erstreckt und zu dem Teile der heutigen Sowjetunion, die Mongolei, Tibet, China selbst, die Türkei, Mesopotamien (Irak), Persien (Iran), Afghanistan, Belutschistan im heutigen Pakistan und Indien gehören. Auch Marokko und Ägypten sind zu berücksichtigen. Mit Ausnahme von China und Tibet, deren Teppiche eine eigene Gruppe für sich darstellen, sind alle übrigen Gebiete durch ethnographische Bande und insbesondere durch ihre gemeinsame Religion, den Islam, verbunden.

Die Entwicklung der Teppichkunst in den islamischen Ländern muß in ihren Grundlagen als Wechselwirkung zwischen religiösen und ethnischen Strukturen gesehen werden, die schon lange vor Einführung des Islam wirksam waren. Diese Kunst ist durch wirtschaftliche, soziale und politische Bewegungen geformt worden, die ihre Ursache in der Verbreitung eines Glaubens und in militärischen Eroberungszügen hatten. Die Kultur der moslemischen Welt beruht auf der Geschichte zweier großer Völker, der Mongolen und der Araber, und ihrer Verbreitung in den islamischen Großreichen.

DAS KALIFAT

Der Prophet Mohammed starb im Jahre 632, nachdem er zehn Jahre zuvor seinen Hauptsitz von Mekka nach Medina verlegt hatte. Das Jahr dieser Verlegung, das Jahr der Hedschra, ist der Ausgangspunkt des islamischen Kalenders. Im Todesjahr des Propheten wählten seine Anhänger ein geistliches Oberhaupt, das auch politische Macht ausüben sollte. Sie gründeten das Kalifat, dessen Bedeutung einige Jahrhunderte lang derjenigen des christlichen Papsttums gleichkam. Von ihrer Hauptstadt Medina aus verbreiteten die sog. Vier Großen Kalifen Abu Bakr, Omar, Othman und Ali zwischen 632 und 661 den Islam über Syrien, Mesopotamien, Persien und Ägypten. Für die nächsten hundert Jahre verlegte das omajjadische Kalifat seinen

Links: »Der Triumph Schapurs II.« von Naqsch i Rustem aus der Zeit der Sassanidendynastie in Persien. Oben: Bronze-Wasserkanne. Darstellungen wie die Tierhenkel sind typisch für sassanidische Metallarbeiten. Victoria and Albert Museum, London.

»Die Einsetzung von Ardaschir I.«, *Steinrelief von Naqsch i Rustem aus der Zeit der Sassanidendynastie in Persien.*

Sitz nach Damaskus und bekehrte die »Ungläubigen« in Nordafrika, Turkistan und Spanien.

Unter den Abbasiden mit Bagdad als Hauptstadt (750–1258) löste sich die weltliche Macht der Kalifen immer mehr auf. Der Islam zerfiel ähnlich wie das Christentum in mehrere Untergruppen und Sekten. Im Jahre 756 errichtete einer der Omajjaden in Córdoba (Spanien) ein Emirat, das später zum Gegenkalifat wurde. In Nordafrika wurde 909 die Berberdynastie der Schiitensekte gegründet (die Schiiten erkannten die ersten drei Kalifen nicht an), die sich bis 969 über ganz Ägypten ausbreitete und als Fatimidendynastie bekannt wurde. Sie herrschte bis zur normannischen Invasion im Jahre 1071 auch in Sizilien. Die Verbreitung von Kultur und Lehre war schon Anfang des 11. Jh. nicht mehr in erster Linie eine Sache der religiösen Mission, sondern wurde durch Siege und Niederlagen in politischen Kämpfen bestimmt.

Im Jahre 642 ist die persische Sassanidendynastie, die mehr als 400 Jahre lang geherrscht hatte, von den Arabern überwältigt und das Land dem Islam unterworfen worden. Die Herrschaft übernahm das Omajjadenkalifat, das Persien bis etwa 750 direkt regierte. Später folgten verschiedene Dynastien, die meist nur Teilgebiete beherrschten und ausnahmslos die nominelle Oberhoheit des Abbasidenkalifats anerkannten: Saffariden und Tahiriden

(821–873), Samaniden (892–999), Sijjariden (928–932), Bujiden (932–1055) und Ghasnawiden (977–1037). Seit 1037 wurde das Land schrittweise von den Seldschuken unterworfen, einer turkmenischen Horde unter Seldschük-Ibn-Dakak, die aus den kirgisischen Steppen Westturkistans stammte.

SELDSCHUKEN

Unter den Seldschuken entstand das erste politische Großreich des Islam, das freilich nur von

Rechts oben: Steinrelief eines knienden Gefangenen aus Bischapur (Sassanidendynastie, Persien). Links und rechts: Unglasierter Keramiktopf und bronzenes Räuchergefäß, beide aus Persien (12.–13. Jh.). Vor allem die Motive des Keramiktopfes sind später auf vielen persischen Teppichen zu finden.

kurzer Dauer war. Es umfaßte Persien, Mesopotamien, Kleinasien und Syrien. Im Jahre 1055 wurde der Seldschukenführer Togril-Beg durch den abbasidischen Kalifen von Bagdad zum Sultan ernannt; doch schon 1150, nach dem Tod des Sultans Sandschar, wurde das Reich in mehrere Kleindynastien aufgespalten, zuerst durch seine Erben und später durch Militärführer. Einige dieser Staaten konnten sich bis ins 14. Jh. halten. Die Mamlukendynastie, die 1252 von Abkömmlingen der Seldschuken-Militärs in Ägypten gegründet wurde, herrschte sogar bis 1517.

DIE INVASION DER MONGOLEN

1220 wurde Persien unter Tschingis Khan von den Armeen der Mongolen angegriffen. 1256 errichtete Hülägü, der Enkel Tschingis Khans, die neue Dynastie der Ilkhane. Zwei Jahre später eroberte Hülägü Bagdad. Er ließ die von ihm selbst zerstörte Stadt wieder aufbauen und machte sie zu seiner Hauptstadt und Winterresidenz. Täbris in Persien war sein Sommersitz. In dieser Periode begann die Blüte der persischen Kunst.

In der zweiten Hälfte des 14. Jh. war die Autorität der Dynastie schon ziemlich zerrüttet, als 1380 Timur (Tamerlan) seine Eroberungszüge begann. Timur war selbst Mongole und ein Nachfahre Tschingis Khans. Er und seine Nachfolger vereinigten Persien und Turkistan

Tschingis Khan (aus einem persischen Manuskript von 1397). Zu beachten sind der typisch mongolide Ausdruck auf den Gesichtern des Khans und der Mitglieder seines Hofes sowie die naturalistische Wiedergabe der Blumen im Hintergrund. British Library, London.

und errichteten ihre Hauptstädte in Täbris und Samarkand. Timur regierte bis 1405; sein Sohn Schah Roch (Rukh) starb 1447. Unter ihm wurde die Macht auf mehrere seiner Söhne aufgeteilt. Einer von ihnen, Bai Sonkor, gründete die große Bibliothek in Herat; ein anderer, Sultan Ibrahim, stiftete in Schiras eine Universität.

Gegen Ende von Schah Rochs Regierung wurde Persien erneut von Turkistan her angegriffen. Die Kara-Kuyunli, ein Stamm aus dem Norden, eroberten Täbris unter ihrem Führer Jehan Schah und erbauten dort die großartige Blaue Moschee. Nach den Kara-Kuyunli, die nach ihrem Wappen auch »Schwarze Hammel« genannt wurden, kamen im Jahre 1469 die Ak-Kuyunli oder »Weiße Hammel« an die Macht. Ihr Führer hieß Uzun Hassan (gest. 1478). Auch er wählte Täbris als Hauptstadt. Uzun und seine Nachfolger regierten bis 1502, als sie von den Safawiden, Abkömmlingen des persischen Scheichs Safi-ad-Din von Ardebil, gestürzt wurden. Unter der Safawidendynastie, die bis 1722, dem Jahr des Einfalls afghanischer Stämme, herrschte, erlebte Persien wohl die bedeutendste Phase seiner Geschichte.

MESOPOTAMIEN

Ähnlich verworren war der historische Ablauf in den übrigen Teilen der islamischen Welt. Wir wollen versuchen, die Chronologie wenigstens so weit zu skizzieren, daß spätere Hinweise

Links: Mit Gold und Silber eingelegte Messingschale mit einem Fries aus berittenen Jägern und Hunden. Der dichte, mit Blättern übersäte Grund ist typisch für die späteren persischen Medaillon- und Jagdteppiche. Persisch, 14.Jh. Unten: Zwei Szenen aus dem Leben Timurs, aus persischen Manuskripten des 15. und 16.Jh. Die Szene, in der Timur in seinem Zelt dargestellt ist (links unten), wurde 1552 gemalt. Sie zeigt einen Teppich mit durchgehendem Blumenmuster, der natürlich nicht bereits zu Lebzeiten des Herrschers entstanden sein muß.

Rechts oben: »Bahram-Gur-Jagd«, *Miniatur im turkmenischen Stil aus Nordwestpersien, etwa um 1490. Kämpfende Tiere wie im Vordergrund sind auf vielen späteren Jagdteppichen zu finden. Bemerkenswert ist die deutlich chinesisch inpirierte Wolke in der linken oberen Ecke. Victoria and Albert Museum, London. Links oben: Kämpfende Kamelreiter, ein Symbol für die Stammesfehden jener Zeit, aus einem persischen Manuskript von 1493. British Library, London. Unten: Die Kuppel über dem Grab des Dichters Hafis in Schiras (Südpersien) zeigt die typische Struktur eines komplizierten geometrischen Ornaments, die mit den sich überlagernden Medaillons vieler Orientteppiche vergleichbar ist.*

auf einzelne Dynastien und besondere Ereignisse in unserem Kapitel über die Orientteppiche verstanden werden können.

Westlich des Iran lagen zwei wichtige Länder, Mesopotamien und Kleinasien. Mesopotamien erstreckte sich über etwa 600 Kilometer von Diyarbakir im Norden, heute einer kleinen Stadt im Südosten der Türkei, bis nach Bagdad im Süden, der heutigen Hauptstadt des Irak. Es war geographisch in drei weitgehend autonome Gebiete unterteilt: Diyarbakir, Jazira (heute Al-Djasira) und Irak. Das Kalifat der Abbasiden bestand seit 750. Bagdad wurde – vor allem unter dem berühmten Harun al-Raschid (786–809) – zu einem bedeutenden religiösen und kulturellen Zentrum.

Im 10. und in der ersten Hälfte des 11. Jh. entstanden mehrere Emirate unter arabischer, persischer und kurdischer Führung, die den Niedergang der politischen Macht des Kalifats bewirkten. Der Einfall der Seldschuken griff 1055 auch auf Mesopotamien über. Die Herrschaft dieser Dynastie währte hier sogar noch dreißig Jahre länger als in Persien. Um die Mitte des 13. Jh. allerdings war die Macht der Seldschuken in viele Lokaldynastien aufgespalten.

1256 kam Mesopotamien unter die Herrschaft der mongolischen Ilkhane Persiens. 1336 wurde es mit Aserbeidschan vereint, der damals nördlichsten Provinz von Persien, die jedoch bis zur Machtübernahme durch die Safawiden unter der autonomen Regierung turkmenischer Fürsten stand. Es war dies eine Zeit großer Umwälzungen. Städte und Länder gingen von einer Hand zur anderen. Bagdad wurde 1393 von Timur erobert und einige Zeit besetzt gehalten. 1623 kam Mesopotamien unter den Safawiden zu Persien, bis es 1638 von Sultan Murad IV. erobert und dem Osmanischen Reich endgültig einverleibt wurde. Dabei blieb es bis nach dem Ersten Weltkrieg, als die Grenzen des Mittleren Ostens in Versailles neu gezeichnet wurden.

DIE TÜRKEI UND DIE OSMANEN

Die Türkei selbst umfaßte ursprünglich nur das heutige Anatolien. Sie war bis zum Fall von Konstantinopel ein christliches Imperium. Zwischen 1071 und 1300 gehörte Anatolien zum Territorium der Seldschuken von »Rum« (einer Verballhornung von »Rom«, da das Land früher Teil des Heiligen Römischen Reiches gewesen war). Deren Hauptstadt war Konya, etwa 600 Kilometer südöstlich von Konstantinopel. In der zweiten Hälfte des 13. Jh. geriet die Türkei teilweise in die Hände der in Persien herrschenden Mongolen, doch um das Jahr 1300 wurde sie von den Osmanen erobert. Diese waren ursprünglich die Herren eines der vielen kleinen Emirate gewesen, in die sich das Seldschukenreich aufgeteilt hatte.

Die Dynastie der Osmanen wurde die langlebigste und vermutlich größte aller politischen Mächte des Islam im Nahen Osten. Sie bestand bis 1924. Zwischen 1450 und 1650, als ihre Macht am größten war, erstreckte sich ihr Reich über Osteuropa mit Griechenland und Ungarn bis buchstäblich vor die Tore Wiens, über Mesopotamien, Kurdistan, Syrien und Ägypten sowie über die Piratenstaaten Algeriens und Tunesiens, die Anfang des 16. Jh. mit ihrer Hilfe entstanden waren.

Ägypten wurde von den Arabern 641 unter Amir Ibn al-Ass den Byzantinern entrissen. Während der nächsten 200 Jahre stand es unter der Herrschaft omajjadischer und abbasidischer Kalifen, die ihren Sitz in Fostat hatten. Tulunidische Emire regierten Ägypten von 868 bis 905. Sie entstammten einer turkmenischen Dynastie und waren von den Kalifen eingesetzt, hatten jedoch weitgehende Entscheidungsfreiheit. Nach ihnen kamen im Jahre 935 die Ichschididen, eine autonome Dynastie türkischer Abstammung.

969 eroberten die Fatimiden das Land und beherrschten es bis 1171. Sie erbauten Kairo und machten es zu ihrer Hauptstadt. Mit Errichtung des ajjubidischen Sultanats kehrte das Land 1171 unter die Oberhoheit der Kalifen zurück. Die Ajjubiden waren kurdischer Abstammung. Wahrscheinlich ist es nur dem militärischen Genie ihres Führers Salah ad-Din, bei uns als Saladin bekannt, zuzuschreiben, daß sie Ägypten einnehmen konnten. 1252 erschienen dann die Mamluken, eine türkische Militärkaste, deren Sultane das Land bis 1517 beherrschten. In jenem Jahr wurde es von den Osmanen erobert und blieb bis zu den Napoleonischen Kriegen türkische Kolonie.

INDIEN

Wenngleich der Höhepunkt islamischer Kunst in Indien in die Zeit der Mogulkaiser fällt, waren es doch schon die Araber, die als erste dem Islam den Weg durch Afghanistan freikämpften und im 8. Jh. die neue Religion auf den Subkontinent trugen. Um 900 herum wurde Kabul in Afghanistan von den Samaniden regiert. Von 962 bis 1168 herrschten die Ghasnawiden, die ihren Namen von Ghazna, dem heutigen Ghasni etwa 130 Kilometer südlich von Kabul, herleiteten. Sie erkannten die Autorität des Abbasidenkalifats an. Ihr größter Sultan, Mahmud (998–1030), war Herr über ein Gebiet, das vom heutigen Ostpersien über den Pandschab bis nach Indien reichte.

Während der folgenden 300 Jahre wurde die Macht der Ghasnawiden immer mehr aufgespalten. Im Jahre 1161 geriet Ghazna unter die Kontrolle der Ghoriden, die unter Sultan Muhammed den größten Teil des ghasnawidischen Sultanats eroberten und 1186 Lahore einnahmen. Sie regierten bis etwa 1206, als das Sultanat von Delhi gegründet wurde, das seinerseits Anspruch auf dieselben Gebiete erhob. Es entstanden jedoch mehrere Kleindynastien, und schließlich vereinigte sich Afghanistan mit Westturkistan, das zu der Zeit von den Seldschuken regiert wurde.

1526 dann stürzte Babur, der mongolische König von Afghanistan und Abkömmling Timurs in der fünften Generation, das Sultanat von Delhi und gründete das Mogulreich, das das Gebiet von Afghanistan, Pakistan und Nordindien umschloß. Es endete erst, als Disraeli Königin Victoria zur Kaiserin von Indien erklärte (»Mogul« ist natürlich eine Ableitung von »Mongole«).

Die bedeutendsten Mogulherrscher waren neben Babur selbst, der 1530 starb, dessen Sohn Humajun (1530–1556), der die letzten fünfzehn Jahre seiner Regierungszeit im persischen Exil verbrachte; Akbar (1556–1605); Dschahangir (1605–1627); Schah Dschahan (1628–1658) und Aurangseb (1658–1707). Während dieser langen Periode erreichte die islamische Kunst den Höhepunkt ihrer Blüte in Indien.

CHINA, TIBET UND DIE MONGOLEI

Wer etwas über chinesische Teppiche sagen will, darf sich nicht nur mit China selbst beschäftigen, sondern er muß sich auch mit jenen Ländern befassen, die politisch, ethnisch und kulturell mit China verbunden waren. Es wäre daher ein großer Fehler, die chinesischen Teppiche aus ihrem Zusammenhang mit mongolischen, tibetischen und ostturkistanischen Produkten zu reißen. Geographisch reicht dieses Kulturgebiet von Taschkent und Samarkand im Westen über die südlichen Sowjetrepubliken Kirgisistan und Tadschikistan sowie über Sinkiang bis Kansu in Zentralchina.

Seit der Einnahme Pekings im Jahre 1215, etwa zur selben Zeit, als ihre Armeen auch nach Westen drängten, eroberten die Mongolen China und gründeten dort die Yüan-Dynastie (1206 bzw. 1279–1368). Ihr großer Kaiser Kublai-Khan machte Peking zu seiner Hauptstadt, die er Khanbaliq – »Stadt der Khane« – nannte. Als die Mongolen 1368 von dem Buddhisten Tschu Yüan-tschang besiegt wurden, war ihre Kultur schon unentwirrbar mit chinesischen Elementen durchsetzt. Tschu Yüan-tschang bestieg den Thron und nannte sich T'ai Tsu oder Hung Wu; er war der Gründer der Mingdynastie, die bis 1644 herrschte.

In den letzten Jahren ihrer Herrschaft waren die Mingkaiser sehr geschwächt; ihre Macht stand nur noch auf dem Papier. Nach dem Freitod des letzten Mingkaisers, Tschuang Lieh Ti, rief die chinesische Armee die Mandschu ins Land, um die Ordnung wiederherzustellen. Die Mandschu kamen – und blieben! Schun-Tschi, der erste Kaiser der von ihnen begründeten Ts'ing-Dynastie, bestieg den Thron im Jahre 1644. Bis 1912, als die Republik ausgerufen wurde, wurden sämtliche Herrscher Chinas von den Mandschu gestellt.

DIE TURKMENISCHEN STÄMME

Wir haben im Verlauf dieser kurzen Chronologie der wichtigsten Teppichherstellungsgebiete schon des öfteren auf die Turkmenen oder Turkvölker hingewiesen. Diese Völker stammen ursprünglich wahrscheinlich aus Turkistan, jenem schwer einzugrenzenden Gebiet, das sich von der Ostküste des Kaspischen Meeres über die Sowjetrepubliken Turkmenien, Usbekistan, Kasachstan, Tadschikistan, Kirgisistan bis nach Sinkiang erstreckt. Ostturkistan entspricht demnach dem Gebiet von Sinkiang zwischen der Ostgrenze der Sowjetunion und Kansu, während Westturkistan das heutige Turkmenien und den Westteil von Usbekistan bis nach Buchara umfaßt.

Im Laufe der letzten hundert Jahre, als die politische Macht Rußlands immer größer wurde, versuchten zuerst die Zaren und später die Sowjets, den unabhängigen Nomadenvölkern ihres Riesenreichs ein starres autoritäres Regime aufzuzwingen. Viele der turkmenischen Stämme entzogen sich jedoch diesem Zugriff und gingen über die Grenzen nach Persien, Afghanistan und bis nach Pakistan. Nach ihren heutigen Teppichen zu schließen, scheint das ethnische und kulturelle Gleichgewicht der Turkvölker seit dem Zweiten Weltkrieg verlorengegangen zu sein.

Man ist heute allgemein der Ansicht, daß die in den südlichen Sowjetrepubliken beheimateten ethnischen Gruppen – Turkmenen, Usbeken, Kasachen und Kirgisen – von den Mongolen abstammen und entweder aus der Mongolei selbst oder aus Sinkiang, das die Mon-

Miniatur aus dem zweiten Band einer handgeschriebenen Ausgabe des »Akbarname« von etwa 1590. Die von Miskina entworfene und von Tulsi dem Jüngeren ausgeführte Malerei zeigt das Rote Fort in Agra, das 1566 vollendet wurde. Es war Akbars erster großer Bauauftrag. Victoria and Albert Museum, London.

golen auf ihrem Zug nach Westen besetzt hatten, eingewandert sind. Die Turkvölker selbst besitzen keinerlei Aufzeichnungen ihrer Geschichte. Alles, was wir über sie wissen, wurde von arabischen Historikern aufgeschrieben, die im 10. und 11. Jh. eine Geschichte aller Völker des Islams verfaßten.

In den frühesten Aufzeichnungen über die Turkvölker wird als ihre Heimat das Gebiet östlich des heutigen Usbekistan, die Gegend um Taschkent, angegeben. Man bezeichnete sie auch als Ogusen, denn für die Araber gab es keinen Zweifel, daß die weiter im Westen lebenden Völker gleichen Ursprungs waren wie das Volk, das sie Toghuz-Oghuz nannten und das zur damaligen Zeit in Sinkiang und in der Mongolei lebte.

Die Araber ihrerseits hatten auf ihren Eroberungszügen das Gebiet östlich des Kaspischen Meeres in zwei Provinzen aufgeteilt: Khorasan, südlich des Oxus (heute Amudarja), das etwa dem heutigen Turkmenien entspricht, und Transoxanien, das sich nördlich des Oxus im Gebiet von Usbekistan bis zum Jaxartes (heute Syrdarja) erstreckt.

Da beide Provinzen jedoch sehr weit von den Zentren der Macht in Bagdad und Damaskus entfernt waren, genossen sie praktisch uneingeschränkte Autonomie. Ihre beiden Gouverneure verbrachten viel Zeit damit, sich gegenseitig zu bekämpfen. Anfang des 10. Jh. schließlich gelang es Ismail, dem Gouverneur von Samarkand, der Hauptstadt Transoxaniens (die Hauptstadt von Khorasan war Merw), das ganze Gebiet unter seine Herrschaft zu bringen. Er machte Buchara zur Hauptstadt beider Provinzen und gründete die Dynastie der Samaniden, die von den Kalifen unabhängig regierte.

Zu jener Zeit waren die Turkmenen noch vorwiegend umherziehende Schafzüchter, die sich als Nomaden nie wirklich zu einer einheitlichen nationalen Gruppe entwickeln konnten.

Zwar waren sie eindeutig mongolischer Abstammung, doch sie kamen nicht als Eroberer; ebensowenig jedenfalls, wie die Armeen Tschingis Khans andererseits sich als »Kulturbotschafter« für jene Länder begriffen, die sie im Sturm nahmen. Trotzdem ist nicht zu leugnen, daß diese beiden Ableger ein und derselben Wurzel einen tiefgreifenden Einfluß auf die politischen und kulturellen Verhältnisse aller Völker ausübten, mit denen sie in Berührung kamen.

Gegen Ende des 10. Jh. sah sich die arabische Regierung von Buchara von Aufständischen bedroht. Man wandte sich um Hilfe an Seldschuk, einen zum Islam bekehrten Führer der Turkmenen. Von da an standen die Seldschuken unter dem besonderen Schutz der Samanidendynastie. Zum erstenmal überschritt ein Stamm der Turkmenen den Jaxartes und zog nach Khorasan in die Nähe von Buchara. Weitere folgten im Laufe der nächsten hundert Jahre: Saloren, Tschaudoren, Ersaren, Saryken, Jomuten, Tekke und Afscharen (wir werden später noch auf sie zurückkommen).

Die Seldschuken hatten bis zur Mitte des 11. Jh. ihre Macht schon so weit gefestigt, daß sie ihre eigene Dynastie in Persien, Mesopotamien, Kleinasien, Syrien und später auch in Ägypten errichten konnten. Als im 13. Jh. die Mongolenstürme heranbrausten, kam es zu einer Spaltung zwischen den turkmenischen Stämmen Westturkistans: Während die einen für die Invasoren kämpften, stellten die anderen sich gegen sie.

DER MONGOLISCHE EINFLUSS

Schon aus diesem kurzen historischen Überblick läßt sich ersehen, daß die Mongolen als ethnische Gruppe einen bestimmenden Einfluß auf alle Bereiche von Politik und Kunst in Zentralasien ausgeübt haben. Es wird noch deutlich werden, daß viele scheinbar bodenständige Stilelemente in Wahrheit aus dem Fernen Osten importiert worden sind. Die Mongolen eroberten China und drängten nach Westen. Schon zuvor waren ihre nomadisierenden Brüder auf der Suche nach neuen Weidegründen ebenfalls nach Westen gezogen, so daß gegen Ende des 13. Jh. fast alle Länder zwischen dem Schwarzen und dem Ostchinesischen Meer von Völkern mongolischer Herkunft beherrscht waren.

Ein führender Vertreter des Londoner Teppichhandels hat einmal erzählt, daß er in seinen jüngeren Jahren häufig mit seinem Vater, der schon seit Jahrzehnten im Teppichhandel tätig war, über die Geschichte der Teppiche diskutiert habe. Dabei habe dieser ihm erzählt, daß er als junger Lehrling, wo immer er die Frage nach der Herkunft dieses oder jenes Musters stellte, stets zur Antwort bekommen hätte: »Aus dem Osten.« – »Es schien, als wäre die Frage überall, ob in Saloniki, Istanbul, Täbris oder Kabul, gleich beantwortet worden: Aus dem Osten.« Angesichts der Geschichte und der Ethnographie dieses riesigen Gebiets ist diese Antwort, wie instinktiv sie auch kommen mag, fast immer unbestreitbar richtig.

Die Anfänge der Teppichknüpfkunst

Bis heute wissen wir noch nicht, wo und wann die ersten geknüpften Teppiche entstanden sind. Vieles spricht für die Vermutung, daß Nomaden die ersten waren, die solche Teppiche herstellten: Zum einen haben Nomaden seit jeher Schafe gezüchtet, die wichtigsten Lieferanten von Teppichwolle, und zum anderen ist es sehr leicht denkbar, daß ein Volk, das unter extremer Winterkälte zu leiden hatte, als erstes auf die Idee kam, dicke Decken zu weben, um sich vor Wind und Kälte zu schützen.

Zwar finden sich in antiken Schriften und bei klassischen Autoren mehrere Hinweise auf die Existenz von Teppichen, doch ist es unsicher, ob es sich dabei um geknüpfte Teppiche handelte. Von Fragmenten, die man in altägyptischen Grabkammern gefunden hat und die teilweise aus dem zweiten Jahrtausend vor Christus stammen, wissen wir, daß verschiedene Formen von Glattwebereien schon damals sehr hoch entwickelt waren. Geknüpfte Teppiche aber waren sehr wahrscheinlich noch unbekannt.

Allerdings stehen wir in der Entwicklung der Teppichforschung heute noch sehr am Anfang. Abgesehen von einigen technischen Fortschritten unserer Wissenschaft stützt sich unser heutiges Wissen doch im wesentlichen auf das, was schon vor Jahrzehnten erarbeitet und erkannt worden ist. Obwohl unsere Theorien inzwischen verfeinert worden sind und einige der gröbsten Irrtümer korrigiert werden konnten, haben wir doch vergleichsweise wenig dazugelernt seit den Zeiten von Martin, Kendrick, Tattersall, Bode, Kühnel und anderen Forschern des beginnenden 20. Jh.

DER PAZYRYK-TEPPICH

Die größte Entdeckung der neueren Forschung war der Fund eines Knüpfteppichs aus dem 5. Jh. v. Chr. Der russische Archäologe Rudenko fand dieses mit dem Gördesknoten geknüpfte Stück 1947 in Pazyryk im Altaigebirge bei den Ausgrabungen eines Skythengrabes. Weitere an der gleichen Stelle entdeckte Fragmente sind mit dem Sennehknoten gearbeitet. Der Pazyryk selbst ähnelt in seinem schematischen Aufbau weitgehend den späteren Orientteppichen: großes Mittelfeld, umgeben von schmalen und breiten Bordüren. Auf dem krapproten Grund des Feldes befinden sich in Reihen angeordnete Quadrate mit schematisierten Blumenmotiven. Um die Quadrate herum läuft ein Kranz von Oktogonen, die den Güls (Blumen) der späteren Turkmenenteppiche ähneln. Die erste breite Bordüre enthält eine Prozession von Elchen; darauf folgt eine schmale Bordüre mit Blumenmotiven, ähnlich wie in den Quadraten, nur mit umgekehrter Farbgebung. In der zweiten breiten Bordüre sieht man auf rotem Grund eine Prozession von Pferden, die z. T. geritten und z. T. von Knechten geführt werden. Interessant dabei ist, daß jedes Pferd eine reichbestickte Satteldecke trägt, deren Muster fast genau demjenigen des Teppichs selbst entspricht. In der äußersten Bordüre wiederholt sich das Oktogonmuster des Feldes.

Nach Ansicht von Maurice Dimand besteht der Pazyryk aus einer Mischung von assyrischen, achämenidischen und skythischen Motiven. Er schließt daraus, daß es sich um ein persisches Erzeugnis handeln müsse, da man ähnliche Muster auf den Alabasterplatten der Paläste von Sanherib (704–681 v. Chr.) und Assurbanipal (668–631 v. Chr.) gefunden habe. Ganz instinktiv würde ich diese Ansicht für falsch halten. Das Altaigebirge liegt mehr als 3000 Kilometer nordöstlich von Persien, nördlich von Sinkiang und der Mongolei. Damals wie heute war dieses Land von mongolischen Völkern bewohnt. Die Skythen selbst kamen ursprünglich aus der Mongolei. Wie alle ihnen verwandten Völker hatten sie eine Vorliebe für Tierdarstellungen. Zwar werden wir nie mit absoluter Sicherheit sagen können, woher der Pazyryk nun wirklich stammt, doch es spricht einiges dafür, daß er etwa in der Gegend hergestellt wurde, wo man ihn fand, wahrscheinlich von Skythen, die mit der großen Völkerwanderung der Mongolen nach Westen gezogen waren. Da wir wissen oder doch zumindest annehmen können, daß die ersten Knüpfteppiche in der Gegend Ostturkistan–Mongolei entstanden sind, einem Gebiet, das vorwiegend von nomadisierenden Schafhirten bevölkert ist, wäre es absurd anzunehmen, so wie Ulrich Schürmann es getan hat, der Pazyryk sei in Aserbeidschan oder einem anderen Teil Persiens geknüpft worden. Das würde bedeuten, daß ausgerechnet jenes Volk, das jahrzehnte-, wenn nicht jahrhundertelang nach *Westen* strebte, diesen Teppich mehrere tausend Kilometer weit nach *Osten* verschleppt hätte.

FRÜHE FRAGMENTE

1920 fand Sir Aurel Stein vom Britischen Museum bei seinen Ausgrabungen in Loulan, einer ostturkistanischen Stadt an der alten Handelsroute, eine ganze Reihe von Teppichfragmenten.

Die meisten davon waren mit dem Gördesknoten geknüpft, einige wenige auch mit dem spanischen Knoten. Natürlich könnte man argumentieren, es handle sich dabei um die Überreste von Handelsware *aus* dem Westen. Es ist aber viel wahrscheinlicher, daß diese Stücke an Ort und Stelle entstanden sind, etwa zwischen dem 2. und 3. Jh. Daraus ist zu schließen, daß das Teppichknüpfen in Ostturkistan und der Mongolei eine hochentwickelte und weitverbreitete Kunstform war, lange bevor es seinen Weg nach Westen fand.

Andererseits haben wir auch Zeugnisse dafür, daß schon zur Zeit der Sassaniden (224–642) Knüpfteppiche in Persien und anderen Teilen des Mittleren Ostens hergestellt worden sind. Fragmente von Knüpfteppichen, die in Doura-Europos ausgegraben wurden, lassen sich anhand von eindeutig identifizierten Bauwerken in das dritte vorchristliche Jahrhundert datieren; sie sind mit dem Senneh- und dem Gördesknoten geknüpft. Persische Wollteppiche werden auch in den Sui-Annalen (590–617) erwähnt. Im Jahre 638, als der Sassanidenkönig Chosroes II. durch den byzantinischen Kaiser Heraklios geschlagen wurde, fand man in seinem Palast in Ktesiphon einen riesigen Teppich, den man den »Frühlingsteppich des Chosroes« nannte. Den überlieferten Berichten zufolge war dieser Teppich mit Gold- und Silberfäden durchwirkt und mit Perlen und Juwelen besetzt. Seine Größe und einige andere Merkmale lassen jedoch vermuten, daß er nicht geknüpft, sondern glatt gewebt war. Nach neuesten Berechnungen muß dieses Stück mindestens zwei Tonnen gewogen haben und aus mehreren Teilen zusammengesetzt gewesen sein. Fragmente von echten Knüpfteppichen mit

Der Pazyryk-Teppich wurde 1947 von S. R. Rudenko in Hügel 5, dem Grab eines skythischen Prinzen, im Altaigebirge in Sibirien ausgegraben. Er entstand etwa im 5. Jh. v. Chr. und hat mehr als 3200 Knoten pro Quadratdezimeter. Das Fragment eines anderen in derselben Gegend entdeckten Teppichs hatte sogar etwa 7200 Knoten pro Quadratdezimeter. 189 × 200 mm. Eremitage, Leningrad.

Ausschnitt aus einem großen Wandbehang aus mit Mustern benähtem Filz, der ebenfalls in Hügel 5 in Pazyryk gefunden wurde. Die Darstellung zeigt einen Prinzen zu Pferd und eine sitzende Göttin. Obwohl das Stück nur noch als Fragment existiert, mißt es noch immer 450 × 650 cm. Eremitage, Leningrad.

spanischen Knoten sind in Ägypten ausgegraben worden. Sie stammen aus dem 5. Jh. und sind wahrscheinlich koptischen Ursprungs.

DIE ERSTEN PERSERTEPPICHE

Nach dem Fall der Sassanidendynastie und der Errichtung des Kalifats werden die Zeugnisse persischer Webekunst zahlreicher und eindeutiger, vor allem weil arabische Geschichtsschreiber und Geographen Sitten und Gebräuche der Völker des Islam untersuchten und beschrieben. Von da an besitzen wir eine Fülle von schriftlichen Berichten. So wissen wir, daß Teppiche in Fars, Masenderan und Gilan hergestellt wurden und den Muhddasi-Schriften des 10. Jh. zufolge auch im Qainat. Obwohl die arabischen Chronisten uns nichts über die Webart der von ihnen beschriebenen Teppiche berichten, darf man als sicher annehmen, daß es sich dabei um Knüpfteppiche handelte, die höchstwahrscheinlich von Nomadenstämmen erzeugt wurden, die auf der Suche nach neuen Weiden in den Süden gezogen waren. Vergleicht man die Symbole dieser frühen Nomadenteppiche mit denjenigen der Turkmenen, Belutschen, Yürüken und Gashgai des 19. Jh., so wird eine gemeinsame Wurzel all dieser Bilder und Formen deutlich. Diese Wurzel dürfte, wie schon erwähnt, sehr wahrscheinlich im Fernen Osten und insbesondere in der Mongolei zu suchen sein.

Nach der Eroberung Persiens durch die Seldschuken, etwa um 1037, wurde das Land von vielen Türken bevölkert, die ihre eigene Sprache und Kultur mitbrachten. Sie kolonisierten Aserbeidschan und Hamadan, wo sie noch heute zu finden sind. A. Cecil Edwards jedoch hat unrecht, wenn er behauptet: »Die Seldschukenfrauen waren Weberinnen und brachten den türkischen Knoten in diese Provinzen«; denn die Perser verwendeten den Gördesknoten schon im 3. Jh. (folgt man der Theorie, wonach der Pazyryk aus Persien stammt, sogar schon seit dem 6. Jh. v. Chr.). Ebenso war der persische Knoten schon seit Anfang des 10. Jh. in Ostturkistan bekannt.

Von den persischen Seldschukenteppichen sind keine kompletten Stücke erhalten. Es existieren jedoch einige aus Kleinasien, die wohl denjenigen vergleichbar sind, die unter türkischem Einfluß in Persien entstanden sind. Bei den erhaltenen Stücken können wir drei Gruppen unterscheiden: zunächst die drei ganzen Teppiche und fünf Fragmente, die man 1905 in der Ala-ed-Din-Moschee in Konya, der Hauptstadt der Seldschuken, gefunden hat, eine weitere Gruppe, die 1929 (nach Dimand 1930) in der Eshrefoglu-Moschee in Beyshehir entdeckt wurde, und eine dritte Gruppe, bestehend aus sieben Fragmenten, die man in den Ruinen von Fostat in Ägypten ausgrub. Die Ala-ed-Din-Moschee wurde 1220 erbaut, die Eshrefoglu-Moschee 1296 (nach Erdmann 1298). Da man wahrscheinlich diese beiden heiligen Stätten mit neuen Teppichen ausgestattet hat, stammen die Konya-Fragmente also aus dem 13. Jh.

Die Seldschuken waren turkmenischen Ursprungs. Auf allen Fragmenten ihrer Teppiche findet man stilisierte geometrische Blumenmuster, die bis ins 14. und 16. Jh. in den »Holbein-« und »Lotto-Teppichen« gebräuchlich waren. Auf einigen Fragmenten sieht man auch Reihen von roten Oktogonen, die offensichtlich zu jener gemeinsamen Tradition gehören, über die wir im Zusammenhang mit den Turkmenen des 19. Jh. gesprochen haben. Auch eine gewisse Verwandtschaft zu frühen Mongolen- und Chinateppichen ist deutlich erkennbar. Eines der Beyshehir-Stücke hat einen hellblauen Grund, auf dem dunkelblaue Rauten mit scharlachroten Sternen zu sehen sind. An den Rautenseiten wechseln verschiedene Hakenmotive sich ab. Es handelt sich dabei um eine Abwandlung des chinesischen Mäandermusters, wie man sie auch auf mongolischen Teppichen des 12. oder 13. Jh. aus Ostturkistan finden kann.

Zwei der Stücke, darunter ein fast fünf Meter langer vollständiger Teppich aus Beyshehir, tragen auf dunkelblauer Grundfarbe hellblaue geometrische Blumenkränze mit Hakenmotiven und Lotuspalmetten. Derartige Muster sind von chinesischen Seidenteppichen abgeleitet, die im 13. Jh. nach Persien und in die Türkei gelangt waren. Die Bordüre des vollständigen Teppichs zeigt auf malvenfarbigem Grund ein streng geometrisches Geflecht aus schwarzen Dreiblattmotiven. Das Dreiblatt war ein sehr beliebtes Motiv auf chinesischen Textilien aus der Zeit der Han-Dynastie (206 v. Chr.–220 n. Chr.). Man findet es auch sehr häufig auf den Satteldecken aus Filz mit aufgenähten Mustern, die die mongolischen Reiter im 12. und 13. Jh. verwendeten.

So kann also bei den frühesten uns bekannten Beispielen islamischer Webereien ein deutlicher Zusammenhang mit fernöstlichen Stilen festgestellt werden. Das ist natürlich nicht verwunderlich, da die Hersteller dieser Stücke selbst aus dem Fernen Osten stammten. Eine enge stilistische Verwandtschaft läßt sich auch zu den turkmenischen Nomadenteppichen des 19. Jh. erkennen: Diese zeigen die Oktogon-, Rhomben- und Hakenmotive, die fast genau den »Dyrnak«-Rosen (Gül) der Jomuten entsprechen, oder die geometrischen Rosetten auf einem der Ala-ed-Din-Fragmente, die so deutlich an die »Kepse«-Rosen der Jomuten erinnern, sowie viele weitere Motive, die jahrhundertelang auf türkischen und kaukasischen Teppichen wiederkehrten. Selbst in den schöpferischsten und fruchtbarsten Perioden blieb man also diesen tiefverwurzelten Traditionen verhaftet und bediente sich eines Bestands an Motiven, der in Jahrhunderten gereift und entwickelt worden war. Auch heute sind diese Traditionen noch lebendig, wenn auch in z.T. bedauernswert verflachter Form.

Mehr dokumentarische Hinweise – wenn auch keine erhaltenen Beispiele – haben wir aus der Zeit der Dynastie der Ilkhane von etwa 1220 bis 1380. Für knapp 300 Jahre, von 1155 bis 1424, war das Gebiet der Bachtiari westlich von Isfahan von den Atabegs der Faslujiden-Dynastie beherrscht. Ibn Battuta berichtet, nachdem er ihre Hauptstadt Idhej besucht hatte, man habe ihm zu Ehren einen grünen Teppich vor ihm ausgerollt. Von dem Herrscher Ghasan Khan wissen wir, daß er seine Verwaltungsgebäude in der Nähe von Täbris mit Fars-Teppichen auslegen ließ und daß er ähnliche Stücke als Geschenk an das Mausoleum von Sayf-ad-Din Khalid ibn Khalid in Damaskus schickte. Von noch größerer Bedeutung für die Forschung jedoch ist eine Reihe von gut erhaltenen farbigen Miniaturen, auf denen Teppiche und Brücken abgebildet sind.

Als Marco Polo das mongolisch-persische Kaiserreich im 13. Jh. besuchte, war er erstaunt über den Reichtum an Seide, Wandbehängen und Teppichen. Hülägü, der erste Ilkhan, errichtete seine Sommerresidenz in Täbris. Unter seinem Nachfolger Ghasan wurde die Stadt zu einem bedeutenden Kulturzentrum. Ghasans Kanzler Raschid-ad-Din (gest. 1318) erbaute am Rande der Stadt das Rab-i-Raschidi, eine Akademie für Kunst und Wissenschaft. Dort hat er zahlreiche Manuskripte in Auftrag gegeben, von denen uns eines erhalten ist. Es trägt den Titel »Dschame ot-Tawarikh« (Universalgeschichte) und ist mit den islamischen Jahreszahlen 707 und 714 (also 1307 und 1314) datiert. Es muß uns nicht verwundern, daß die Illustrationen dieses Werks sehr stark chinesisch beeinflußt sind.

Von noch größerer Bedeutung ist das berühmte Demotte-Manuskript des »Schahname« (Königsbuch) von Firdausi aus der Mitte des 14. Jh. Es wurde nach dem New Yorker Händler Demotte benannt, der es – da er es im Ganzen nicht verkaufen konnte – Anfang des Jahrhunderts auseinandergeteilt hat. Dimand hielt das Buch für eine Arbeit aus Täbris. Heute ist man jedoch der Meinung, daß es aus Bagdad, der Hauptstadt und Winterresidenz der Ilkhane, stammt. Auf drei der darin enthaltenen Miniaturen sind Teppiche abgebildet. Zwei davon zeigen im Mittelfeld ein Muster aus ineinandergreifenden Ovalen, wie man es auf keinem der späteren Perserteppiche finden kann. Erst in jüngerer Zeit wurden vergleichbare Muster im Kaukasus verwendet. Auf dem dritten Teppich ist ein stilisiertes Tiermuster in Doppel-Oktogonen zu sehen, das wir auch von türkischen Teppichen des 14. Jh. her kennen. Das etwas später entstandene »Buch der Gedichte« oder »Diwan«, das von Sultan Dschunaid Nakhasch al-Sultani in Auftrag gegeben wurde, enthält ebenfalls eine beachtenswerte Miniatur zweier Teppiche. Der eine zeigt auf blaßgelbem Grund ein Muster aus Sternen und Oktogonen, der andere trägt ein Muster aus verschiedenfarbigen Rechtecken.

Zu jener Zeit waren die persischen Teppiche – soweit sich das aufgrund der erhaltenen Stücke sagen läßt – sehr stilisiert und geometrisch gehalten. Doch dann kam mit den mongolischen Eroberern auch eine Vorliebe für den Naturalismus der chinesischen Kunst auf, die sich unter den Ilkhanen und noch deutlicher unter der darauffolgenden Timuridendynastie prägend auf den persischen Stil auswirkte.

Timurs Angriff begann 1380. 1405 starb er als Beherrscher Persiens. Mit dem 15. Jh. begann die klassische Periode der persischen Kunst: Aus den letzten beiden Jahrzehnten dieses Jahrhunderts stammen die ältesten noch erhaltenen Exemplare persischer Teppichkunst. Sie zeigen deutlich den Wandel von den streng geometrischen Formen zur floralen Asymmetrie. Dieser Wandel ist jedoch nicht nur auf den Einfluß chinesischer Motive zurückzuführen. Großen Anteil daran hatte auch die Errichtung königlicher Manufakturen, die von nun an zu den Nomaden in Konkurrenz traten. Der neue Stil der timuridischen Periode, der sich zuerst in Buchillustrationen und Bucheinbänden bemerkbar machte, zeigte sich vor allem durch die Verwendung von Girlanden aus Blättern und Blumen – Pfingstrosen, Granatäpfeln, Palmetten und Pilzen – aus, die mit geometrischen Mustern und Arabesken kombiniert sind. Daneben werden auch Tiere und Fabelwesen wie Drachen und Phönixe dargestellt.

Die ersten sichtbaren Zeugnisse timuridischer Teppichkunst finden wir heute in Buchillustrationen aus jener Zeit. Die Herrscher Schah Roch (1405–1447) und Bai Sonkor erweiterten die großen Lehr- und Kulturstätten in Bagdad und Täbris und gründeten ähnliche Akademien in Samarkand, Buchara und Schiras (letztere wurde von Schah Rochs Sohn Sultan Ibrahim erbaut). Hauptstadt der Timuriden war Herat in Khorasan, der östlichsten Provinz Persiens (heute Afghanistan). Weder in den neuen noch in den alten Akademien je-

Steinplatte, die einem Teppich aus dem Nordpalast von König Assurbanipal in Ninive nachempfunden ist, etwa 640 v. Chr. Aufgrund gewisser Ähnlichkeiten zwischen diesem und ähnlichen an derselben Stelle gefundenen Mustern und dem Muster des Pazyryk-Teppichs vermuten einige Experten, daß auch dieser ursprünglich aus Persien oder Mesopotamien stammt. 246 × 304,6 cm. British Museum, London.

doch ist in den Anfangsjahren des 15. Jh. ein großer Stilwandel auf dem Gebiet der Malerei zu erkennen. Der chinesische Einfluß war stark. Der Handel mit China florierte. Ming-Porzellan ist auf vielen Miniaturen jener Zeit zu sehen. Von wenigstens einem der führenden Künstler Persiens – Ghiyat ad-Din – wissen wir, daß er sogar selbst im Fernen Osten gewesen ist. Fast scheint es, als sei China für die persischen Maler des 15. Jh. ebenso bedeutsam gewesen, wie es Italien für die europäischen Künstler des 18. und 19. Jh. war.

Ebenso wie in der Malerei hat auch der Stil der Teppiche sich anfangs nur sehr geringfügig geändert, soweit wir das heute beurteilen können. Wahrscheinlich war Herat das Hauptteppichzentrum, denn die meisten Teppichdarstellungen erscheinen auf den Herati-Miniaturen. Die abgebildeten Stücke sind den streng geometrischen Prototypen aus der Türkei so enorm ähnlich, daß einige Fachleute an deren persischem Ursprung Zweifel geäußert haben. Teppiche mit rein geometrischen Mustern finden sich häufig auf den Miniaturen aus jener Zeit. Dimand führt mehrere Beispiele dafür an, darunter eines aus dem »Schahname« (1429/30) aus dem Gulistan-Palast in Teheran. Der darauf abgebildete Teppich hat ein

»Der Katafalk von Iskandar«, Miniatur aus dem Demotte-»Schahname«, das in Täbris oder Bagdad im 14. Jh. entstand. Der abgebildete Teppich hat ein durchgehendes Feldmuster aus verschlungenen Ovalen und eine kufische Bordüre. Freer Gallery of Art, Washington.

Muster aus abwechselnd roten und grünen Oktogonen, die aus geknüpften Bändern gebildet werden und in ihrem Inneren ein Arrangement aus verschiedenen Blättern tragen. Ähnliche Beispiele finden sich auch auf frühen italienischen Gemälden, doch möglicherweise handelt es sich bei diesen nicht um geknüpfte Teppiche, sondern um Stickereien. Zwei – dem Beispiel von Dimand sehr ähnliche – Teppiche hat Taddeo Gaddi auf seinem »*Marien-Polyptichon*« dargestellt, das sich in der Kirche San Giovanni Fuorcivitas in Pistòia befindet. Es trägt die Jahreszahl 1353. Eine andere von Dimand dargestellte Miniatur aus Sadis »*Gulistan*« zeigt Sadi und seinen Lehrer auf einem Teppich sitzend, dessen Muster aus Kreuzmotiven und Sternen besteht, die durch verschlungene Bänder verbunden sind. Das Manuskript ist 1426/27 entstanden. Im Britischen Museum befindet sich eine italienische Handschrift von etwa 1335–1340, eine Eingabe der Bewohner von Prato an Robert von Anjou, den König von Neapel; auf einer der Illustrationen sieht man den König auf dem Thron, der von einem Teppich oder einer Stickerei mit ähnlichem Muster wie das Stück auf der Gulistan-Miniatur bedeckt ist: Rote und blaue Kreuze auf hellgrünem Grund formen umgekehrt blaue und rote achteckige Sterne.

Derartige Muster, wie sie vielfach auf italienischen Gemälden des 14. und 15. Jh. abgebildet sind, gab es natürlich nicht nur auf Teppichen. In Seidenausführung hat man sie auch als Draperien und Altardecken verwendet. Das ist keineswegs verwunderlich, denn die europäischen Webereien stellten damals fast ausschließlich einfache Gebrauchsstoffe aus Wolle und Leinen her. Erst gegen Ende des 14. Jh. fand die Seidenweberei auch in Italien Verbreitung, insbesondere in Venedig, Genua, Lucca und Florenz. Bis dahin importierte man Seidenstoffe und -stickereien aus China, dem Mittleren Osten, Byzanz und dem maurischen Spanien. Dafür gibt es zahlreiche Belege, nicht nur in der Literatur, sondern vor allem auch durch mehrere interessante Funde in mittelalterlichen Grabstätten. Das Grabgewand des Cangrande della Scala, Herrn von Venedig, der 1329 starb, bestand überwiegend aus zentralasiatischer Seide. In der Gruft des Herzogs Rudolf von Österreich (gest. 1365) fand man Seide, in die der Name des persischen Herrschers Abu Said eingewebt war.

In einem Artikel über den mittelalterlichen Stoffhandel zwischen Europa und dem Orient schreibt Donald King, daß die romanischen Künstler und Architekten zweifellos von islamischen Seidenwebereien beeinflußt worden seien. Wie wir später im Zusammenhang mit den Freskos von Pintoricchio in Siena sehen werden, sind auf vielen Gemälden des Mittelalters die Fußböden von Kirchen und Schlössern mit orientalisch beeinflußten Mosaikmustern ausgelegt.

Bei den gemalten Stoffen scheint der Endlos-Knoten, umgeben von einem Quadrat, das beliebteste Muster gewesen zu sein. Im Britischen Museum befindet sich eine italienische Miniatur aus dem frühen 15. Jh., auf der eine Genueser Bankierszene dargestellt ist. Das Muster des Mosaikfußbodens ist fast identisch mit einem der Teppiche aus dem Demotte-Manuskript des »*Schahname*«. Etwa um 1480 kamen die ersten Kartuschenmuster sowie Blumen- und Tierdarstellungen auf. Belege dafür finden wir auf mehreren Miniaturen wie z. B. in einem Manuskript von Sadis »*Bustan*« (»Früchte des Gartens«, 1487) und vor allem in einem »*Safarname*« (»Buch der Siege Timurs«), wo zum erstenmal ein Medaillonteppich dargestellt ist. Beide Miniaturen werden dem Künstler Bihzad (Behzad) zugeschrieben.

Italienische Gemälde deuten jedoch darauf hin, daß florale Arabeskenmuster schon sehr viel früher bekannt waren, als man aufgrund der orientalischen Buchillustrationen vermuten möchte: Zwei Werke des florentinischen Meisters der Straus-Madonna, die »*Madonna mit Kind und vier Heiligen*« (Privatsammlung) und das Polyptychon »*Madonna mit Kind, acht Heiligen und zwei Engeln*« (San Donato, Citille) zeigen auf dem Boden zu Füßen der Jungfrau Stickereien oder Teppiche mit floralen Arabesken: Die Schaffensperiode dieses Meisters lag zwischen 1380 und 1420.

Natürlich darf man nicht vergessen, daß Aserbeidschan, die nordwestliche Provinz Persiens, während der timuridischen Periode von Turkmenen beherrscht war, zuerst von den Kara-Kuyunli (»Schwarze Hammel«) und nach 1469 von den Ak-Kuyunli (»Weiße Hammel«). Deren Hauptstadt war Täbris. Europäische Besucher am Hofe von Uzun Hassan, unter ihnen der venezianische Gesandte Giuseppe Barbaro (1471) bestätigten, daß die königlichen Paläste mit Teppichen ausgestattet waren. Die Blaue Moschee in Täbris, die unter den »Schwarzen Hammeln« erbaut wurde, legt Zeugnis dafür ab, daß florale Ornamente zu jener Zeit sehr wohl bekannt waren. Nicht wenige Fachleute sind sogar der Meinung, daß einige der Teppiche, die wir heute der frühen safawidischen Periode zuschreiben, ebenso schon gegen Ende des 15. Jh. in Täbris entstanden sein könnten. Im übrigen war Täbris ja auch das politische und kulturelle Zentrum der ersten Safawiden-Schahs, bevor die Türken die Stadt 1514 erstmals eroberten.

Teppiche der Safawidenzeit

1499 begannen die Safawiden Persien zu erobern. Schah Ismail I. wurde 1502 gekrönt und regierte bis 1524. Seine Nachfolger waren Tahmasp (1524–1576), Ismail II. (1576–1587), Abbas I. (1587–1629), Safi I. (1629–1642) und Abbas II. (1642–1674). Diese Periode von 175 Jahren war das Goldene Zeitalter persischer Kunst und besonders der Teppichweberei. Die safawidischen Herrscher, vor allem Tahmasp und Abbas I., der selbst ein hervorragender Weber war, richteten mehrere königliche Werkstätten (Karkhanehs) zur Herstellung aller Arten von Wirkwaren ein. Die größten befanden sich in Kashan, Kirman, Isfahan (der Hauptstadt von Schah Abbas), Joshaqan (Dschouschegan) und Täbris. Weitere lagen in Yesd, Schiras und im Osten in Herat und Sabsawar.

Die Teppiche der safawidischen Periode sind in verschiedene Kategorien aufgeteilt worden, die sich vorwiegend auf die Motive, bisweilen aber auch auf historische oder technische Gegebenheiten beziehen. Die Hauptkategorien sind Medaillon-, Vasen-, Garten-, Jagd- und Figurenteppiche, große und kleine Seidenka'shans und »Polenteppiche«. Daneben gibt es noch weitere Untergruppierungen, von denen einige wie die »Portugiesenteppiche« völlig aus dem Rahmen der genannten Kategorien fallen, obwohl man sie manchmal zu den Medaillonteppichen zählt. Andere, wie die Sanguszko-Gruppe, die Baum- und Staudenteppiche und die floralen Herat-Teppiche – von denen einige auch »Isfahans« genannt werden –, sind den Hauptkategorien sehr nahe verwandt. Auch manche der Hauptgruppen stehen miteinander in enger Verbindung. Gebetsteppiche spielen in Persien keine so große Rolle wie in der Türkei.

Durch die Einrichtung der Hofmanufakturen wurde ein großer Teil der Teppiche unter kaiserlicher Protektion hergestellt. Die Entwürfe stammten von den führenden Künstlern des Landes. Dadurch entwickelte sich die ursprünglich rein nomadische und dörfliche Teppichweberei zu einer hochstilisierten Kunstform. Dieser Wandel äußerte sich im 16. Jh. in der Bevorzugung geschwungener Linien und abgerundeter Muster vor den geradlinigen Formen – ein Wandel, der sowohl den veränderten sozialen Ursprung als auch die neue künstlerische Gestaltung der Teppiche verrät. Eine weitere Folge war die wachsende Zahl neuer Muster und Designs. Die Künstler ließen nicht nur ihrer Phantasie freien Lauf und befreiten sich von den Zwängen der Tradition und der Stammessitte; sie wurden auch vom Hof immer wieder aufgefordert, neuartige Teppiche für die kaiserlichen Paläste, für Regierungsgebäude, Diplomatengeschenke und als Tauschobjekte zu schaffen. Seit der Mitte des 16. Jh. wurden Teppiche auch im Auftrag des europäischen Adels hergestellt.

DIE ARDEBILTEPPICHE

Eines der ersten unter den neuen Mustern war der Medaillonteppich. Es sind drei Perserteppi-

Medaillonteppich mit Jagdszenen, signiert »Gyath u-din Jamai« (oder »Ghiyath al-din Jami« oder »Ghyias ed din Sami«) und datiert auf das Jahr 929 oder 949 der Hedschra (1522/23 bzw. 1542/43). Die Echtheit der Datierung wird neuerdings bezweifelt. 570 × 365 cm. Poldi-Pezzoli-Museum, Mailand.

che bekannt, die eindeutig vor dem Jahr 1600 geknüpft wurden, die beiden Medaillonteppiche, die möglicherweise aus der Moschee von Ardebil stammen und sich heute im Victoria and Albert Museum in London und im Los Angeles County Museum of Art befinden (letzterer ist ein Geschenk von J. Paul Getty), und der Jagdteppich im Poldi-Pezzoli-Museum in Mailand (dessen Echtheit erst kürzlich sorgfältig geprüft wurde). Das italienische Stück trägt ein Datum, das nur sehr schwer zu entziffern ist: Entweder ist es das Jahr 929 der Hedschra (1522/23) oder 949 (1542/43). Die meisten Fachleute schließen das erste Datum aus. Die vollständige Inschrift des Teppichs lautet:

>>*Durch den Fleiß des Gyath u-din Jamai wurde dieses berühmte Werk vollendet, das uns durch seine Schönheit besticht. Im Jahre 949.*<<

Die Inschrift der Ardebil-Teppiche wurde erstmals von Edward Stebbings in seiner 1892 erschienenen Monographie über den Teppich im Victoria and Albert Museum übersetzt:

>>*Ich habe in der Welt keine andere Zuflucht als Deine Schwelle.*
Es gibt keinen Schutz für mein Haupt als diese Tür.
Das Werk des Sklaven der Schwelle. Maqsud von Kashan, im Jahre 946.<<

Eine neuere Übersetzung von Rexford Stead vom Los Angeles County Museum of Art dagegen liest sich so:

>>*Außer Deinem Himmel gibt es keine Zuflucht für mich in dieser Welt.*
Wenn nicht dort, so gibt es keinen Platz für mein Haupt.
Das Werk eines Dieners des Hofes. Maqsud von Kashan, 946.<<

Nach Stead kann das persische Wort *dargah*, das Stebbings als >>Heiliger Ort<< übersetzt hat, auch >>Hof<< bedeuten (ob >>Vorhof<< gemeint ist, wird jedoch nicht klar, denn es gibt mehrere Übersetzungen, die *dargah* als >>Schwelle<< wiedergeben). Ähnlich verhält es sich mit dem Wort *bandah-i*, das Stebbings mit >>Sklave<< übersetzt hat, das aber zutreffender mit dem weniger belasteten Wort >>Diener<< ausgedrückt wird. Die beiden ersten Zeilen der Inschrift stammen aus einem Ghasel, einer Ode von Hafis, dem führenden Dichter des 14. Jh.

Die Ardebil-Teppiche wurden von Ziegler's, einer Firma in Manchester, nach London gebracht, die schon um 1880 als erste europäische Teppichhändler und -hersteller in Persien tätig waren. Den Verkauf eines Stücks an das Victoria and Albert Museum besorgte 1893 die Handelsfirma Robinson's für die damals enorme Summe von 2000 Pfund (nicht im Jahre 1892 für 2500 Pfund, wie in Erdmanns >>*Siebenhundert Jahre Orientteppich*<< behauptet wird). Man verschwieg damals nicht, daß es ursprünglich zwei identische Stücke gab und daß der Teppich, den das Museum erwarb, durch große Teile seines Pendants ausgebessert und vervollständigt wurde. Von den übrigen Teilen des zweiten Teppichs befindet sich heute ein Stück, das den größten Teil des Mittelfeldes umfaßt, in Kalifornien, einige kleinere Fragmente sind in öffentlichen und privaten Sammlungen.

Der Teppich im Victoria and Albert Museum mißt 10,52 m × 5,33 m. Kette und Schuß sind aus Seide, der Flor aus Wolle; geknüpft wurde er mit 4750–5180 Knoten je Quadratdezimeter (nicht mit 5600, wie gewöhnlich behauptet wird). Der Teppich in Los Angeles fällt dadurch auf, daß er dichter gewebt ist, mit 6080–6720 Knoten je Quadratdezimeter. Da die Fertigstellung eines jeden der beiden Stücke mindestens dreieinhalb Jahre gedauert haben dürfte und es sehr unwahrscheinlich ist, daß sie beide gleichzeitig gewebt wurden, sieht man in der feineren Knüpfung des amerikanischen Teppichs einen Hinweis darauf, daß dieser der etwas ältere ist. Das würde bedeuten, daß der Londoner Teppich einige Jahre nach 946 fertiggestellt wurde, man ihn aber trotzdem mit dieser Jahreszahl versehen hat, da er als >>Zwilling<< zu dem ersten gedacht war.

Der Londoner Teppich hat ein Innenfeld, zwei innere Umrandungen, eine Bordüre und eine äußere Umrandung. Im Zentrum des Mittelfelds befindet sich ein rundes Medaillon, das von 16 S-förmigen Palmetten umgeben ist. Von den zentralen Palmetten der Längsachse hängen Moscheelampen an vier Ketten. Das zentrale Arrangement mit Medaillon und Palmetten ist diagonal in vier Teile gegliedert. Die Farbe des Mittelfeldes ist ein tiefes Mitternachtsblau. Das Medaillon ist gelb. Es ist von Arabesken umgeben, die in breiten blaugrünen und roten Blättern enden. Über das Feld ist ein sehr vielfältiges Muster von Stielen und Blüten verteilt, das sich in der breiten Bordüre fortsetzt. Außerdem wechseln in dieser Bordüre rechteckige rote Kartuschen mit gelben runden Medaillons. Die erste der inneren Umrandungen zeigt grüne und gelbe Blumen auf rotem Grund; die zweite hat ein rot-blaues Ranken- und Wolkenbandmuster auf gelbem Grund. Das Muster der äußeren Umrandung besteht aus Arabesken, die auf rotem Grund mit leuchtendgrünen Blüten abwechseln. An dem zuletzt gewebten Ende des Teppichs befindet sich die Inschrift in einer rechteckigen gelben Kartusche.

Über den Ort der Herstellung der Ardebil-Teppiche ist sich die Fachwelt nicht einig. Nach der herkömmlichen Meinung wurden sie im Auftrag von Schah Tahmasp für das Mau-

Der Ardebil-Moscheeteppich,
signiert »Maqsud von Kashan«
und datiert auf das Jahr 946 der
Hedschra (1539/40). Das
Parallelstück, dessen Bordüren
zerstört sind, befindet sich im
Los Angeles County Museum
und ist ein Geschenk von
J. Paul Getty.
1051,56 × 533,40 cm. Victoria
and Albert Museum, London.

soleum des Safi Ad-Din in Ardebil erzeugt. Maqsud dürfte der Aufseher der Manufaktur gewesen sein. Die neuere Forschung bezweifelt diese These. Ob Maqsud der Weber oder der Stifter der Teppiche war, ist nicht zu klären. Auch gibt es viele Gründe, die dagegen sprechen, daß die Teppiche für die Moschee in Ardebil gewebt wurden. Nach Rexford Stead gab es in der Moschee von Ardebil keinen Raum, der groß genug war, um die Teppiche aufhängen oder auslegen zu können. Es gibt auch eine offenbar vollständige Liste der Teppiche und des sonstigen Inventars der Moschee von Ardebil, die der Verwalter der Moschee im Jahre 1759 bestätigt hat. Darin ist die Größe aller Teppiche verzeichnet, und es ist keiner darunter, der auch nur so groß wie das Ardebil-Fragment ist. Ein Teppich mit Inschrift wird nicht erwähnt.

Stead berichtet auch von dem Besuch des Majors R. Jackson im Victoria and Albert Museum im Jahre 1966. Major Jackson hatte 1919 in Persien W. L. Flynn, einen Angestellten des Hauses Ziegler's, kennengelernt. Nach den Angaben von Flynn hatte seine Firma den Ardebil in Täbris gekauft. Dabei habe man erfahren, daß der Teppich aus der Moschee des Imam Resa in Meshed stammte. Diese Moschee ist eines der bedeutendsten islamischen Heiligtümer in Persien und ein beliebter Wallfahrtsort. Das Bekanntwerden des Verkaufs dieses Teppichs nach England hätte also zweifellos zu erheblichen diplomatischen Verwicklungen geführt. Schah Tahmasp war – wie später Schah Abbas – ein großer Förderer dieser Moschee, in der es genügend Räume gibt, die groß genug waren, um beide Ardebils unterzubringen. Die Firma Ziegler's bekam den zweiten, stärker beschädigten Teppich später angeboten und verwendete ihn zur Restaurierung des Londoner Exemplars.

Nun gibt es aber auch Zeugnisse, die der beschriebenen Herkunftsgeschichte widersprechen. 1845 veröffentlichte der englische Reisende Richard Holmes seine »Notizen an der Küste des Kaspischen Meeres«, in denen er von seinem Besuch in der Moschee von Ardebil im Jahre 1843 berichtet:

»Auf dem Boden (der langen stattlichen Vorhalle zu den Fürstengräbern) sah man die verblaßten Überreste eines einstmals vorzüglichen Teppichs, dessen Verarbeitung alles übertraf, was in neuerer Zeit hergestellt wurde. An dem einen Ende war das Datum seiner Herstellung vor etwa dreihundert Jahren eingewebt.«

Stead nimmt an, daß dieser »lange, stattliche Raum wahrscheinlich das Hauptschiff der Bethalle war, das als Ghandil Khaneh oder Lampenraum bekannt ist, da in ihm goldene und silberne Lampen aufgehängt sind. Die Bodenfläche dieser Halle mißt jedoch nur 8,76 m × 5,71 m. Es wäre also unmöglich gewesen, auch nur einen der Ardebil-Teppiche auszulegen, geschweige denn ein Paar!« Aus Fairneß zu Holmes muß man einräumen, daß er auch nur einen Teppich gesehen hat, nicht zwei, und schließlich wissen wir, daß die Stücke nach den von Ziegler's ausgeführten Restaurierungsarbeiten heute eine andere Größe haben als im Jahre 1843 (die Diskrepanz zwischen der Länge der Halle und der heutigen Länge des Londoner Ardebils beträgt nur 1,80 m). Es ist auch nicht auszuschließen, daß es im 16. Jh. in dieser Moschee einen Raum gab, der groß genug war für beide Teppiche.

Im Zusammenhang mit Major Jackson bringt Kurt Erdmann in »Siebenhundert Jahre Orientteppich« eine andere, ebenfalls unbewiesene Erzählung, die von Reparaturarbeiten am Gewölbe der Bethalle spricht, für deren Bezahlung man einige Teppiche verkauft habe.

Vorausgesetzt, daß das Gebäude, an dem die baulichen Veränderungen vorgenommen wurden, das gleiche ist, in dem Holmes vierzig Jahre zuvor einen der Teppiche gesehen hat, kann seine heutige Größe nicht als Beweis dafür dienen, ob das Bauwerk ursprünglich groß genug für einen oder beide Teppiche gewesen ist. Deshalb kann, wenn Erdmanns Bericht zutrifft, die überlieferte Zuordnung der Teppiche nach Ardebil nicht als ernstlich widerlegt angesehen werden. Unbestreitbar bleibt, daß die Bethalle restauriert worden ist. Deshalb ist Steads Beweisführung, die sich an ihren gegenwärtigen Ausmaßen orientiert, nicht schlüssig.

Unterschiedlich sind auch die Meinungen über den Ort, an dem die Ardebils hergestellt wurden. Erdmann nimmt Täbris oder Kaswin (Qasvin) an. Dimand spricht sich in seinem Katalog des Metropolitan Museums ganz entschieden für Täbris aus. Von den früheren Experten meinten Kenrick und Tattersall, daß Ardebil selbst der Herstellungsort war, während Bode und Kühnel kategorisch erklärten, es müsse Täbris gewesen sein. Pope, Sarre und Trenkwald waren derselben Meinung. Arberry und Edwards neigten dagegen zu Kashan. Die Verfasser des Katalogs der Ausstellung islamischer Kunst in London 1976 äußern sich weniger eindeutig. Nach ihren Ausführungen könnte der Poldi-Pezzoli-Teppich aus Täbris oder Kaswin stammen, während sie die Ardebils Zentralpersien, wahrscheinlich Kashan, zuordnen. Rexford Stead akzeptiert Täbris als Herkunftsort, doch nach den neuesten Verlautbarungen des Victoria and Albert Museums scheint man nun wieder Kashan den Vorzug zu geben. Dimands Argumente für Täbris sind gewiß etwas zu dogmatisch. Denn es gibt keine stichhaltigen Beweise dafür, daß die Weber von Täbris fähiger gewesen wären, eine so hochwertige Arbeit wie die Ardebil-Teppiche auszuführen, als die Weber von Kashan, Kirman oder Herat. Weshalb hätte man Maqsud, falls er wirklich der Oberaufseher war, aus Kashan holen sollen, wenn die Weber von Täbris so gut waren?

In der Tat spricht ein wesentliches historisches Faktum gegen Täbris: A. Cecil Edwards gibt zu bedenken, daß Täbris 1533, also etwa sechs Jahre vor der Fertigstellung der Ardebils, neuerlich von den Türken erobert wurde. Er meint deshalb, daß es sehr unwahrscheinlich sei, daß Schah Tahmasp seine Manufaktur in der von den Türken besetzten Stadt zurückgelassen habe.

Täbris war 1514 erstmals von den Türken erobert worden. Für fast ein halbes Jahrhundert blieb es Schauplatz kriegerischer Auseinandersetzungen. Edwards deutet an, daß die Ardebils in Kaswin hergestellt sein könnten, falls Tahmasp seine Manufaktur dorthin verlegt hat. Allerdings hält er wie die meisten Fachleute diese Annahme für sehr unwahrscheinlich, da diese Stadt keine große Webetradition besitzt. Auch Erdmanns Ansicht, der Meisterweber Maqsud habe seinen Geburtsort angegeben, während er in einer anderen Stadt arbeitete, läßt sich nicht beweisen. Dies wird noch deutlich werden, wenn Popes Zuordnung einiger Baumteppiche nach Joshaqan diskutiert wird. Ebenso unsicher ist die Vermutung, daß man Kashan als zusätzliche Identifizierungsmarke für diesen besonders wichtigen Auftrag eingewebt hat. Die logischste Erklärung wäre natürlich, daß die Ardebils in Kashan angefertigt wurden, doch auch dafür gibt es keine Beweise.

MEDAILLONTEPPICHE

Die Ardebils sind die berühmtesten Exemplare aus einer großen Gruppe von Medaillonteppichen, deren Herstellungsorte unsicher sind. Dimand stuft einige davon als Täbris-, andere als Kashanteppiche ein. Allerdings wurde ein Stück, der Medaillon- und Tierteppich des Instituto de Valencia de Don Juan in Madrid, den Dimand für einen Täbris hielt, in neuerer Zeit von mehreren Autoren Kashan, Isfahan, Yesd und Kaswin zugeordnet! Dieser Teppich gehört zu einer Gruppe von etwa zwölf Exemplaren, die als Sanguszko-Gruppe bezeichnet wird. Den Anlaß für diese Bezeichnung gab ein besonders schönes Stück in der Sammlung des Prinzen Roman Sanguszko in Paris. Über diese Teppiche wird später noch eingehender berichtet werden.

Einer der frühesten Medaillonteppiche aus Täbris befindet sich heute im Metropolitan Museum in New York. Er trägt ein hellblaues Medaillon auf terrakottafarbenem Grund und ist von einer Arabeskenbordüre umgeben. Wie die meisten Teppiche, die während der Safawiden-Zeit in Nord- und Mittelpersien entstanden sind, ist er mit dem Sennehknoten geknüpft; Schuß und Kette sind aus Baumwolle (bei einigen Exemplaren sind sie aus Seide, oder die Kette ist aus Baumwolle und der Schuß ist aus Seide). Nach Dimand stammt dieses Stück aus dem späten 15.Jh., was vor allem durch das Fehlen des von China beeinflußten Wolkenbandmusters nahegelegt wird, das im 16.Jh. sehr weit verbreitet war.

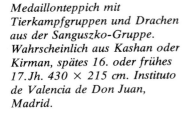

Medaillonteppich mit Tierkampfgruppen und Drachen aus der Sanguszko-Gruppe. Wahrscheinlich aus Kashan oder Kirman, spätes 16. oder frühes 17.Jh. 430 × 215 cm. Instituto de Valencia de Don Juan, Madrid.

Eine ganze Reihe von Medaillonteppichen, die wahrscheinlich Anfang des 16. Jh. zu Zeiten Schah Ismails und Schah Tahmasps hergestellt wurden, tragen im Mittelfeld ein Arabeskenmuster oder Tier- und Figurenmotive. Nach den Aussagen mehrerer Fachleute kamen in den ersten beiden Jahrzehnten des 16. Jh. viele führende Künstler aus Herat und anderen kulturellen Zentren in die Hauptstadt Täbris. Mirah, Mirza Ali, Sultan Muhammed und Mir Sayyid Ali sind einige der Namen. Behzad kam 1510 nach Täbris und wurde 1522 zum Leiter der Bibliothek und der königlichen Malakademie ernannt. Wahrscheinlich sind durch diese Künstler die Teppichmuster in den ersten Dekaden der Safawidenherrschaft so merklich verfeinert worden. Andererseits dürfen wir nicht vergessen, daß Täbris zwischen 1533 und 1555 von den Türken regiert wurde. Deshalb ist die Existenz einer blühenden safawidischen Hofkunst in jener Zeit politisch zumindest sehr unwahrscheinlich.

Einer der schönsten Medaillonteppiche, der sich ebenfalls im Metropolitan Museum befindet, gehörte der Überlieferung nach zur Beute des Herzogs von Anhalt, nachdem die Türken 1683 die Belagerung Wiens aufgegeben hatten. Daß dieser Teppich im Besitz der Türken war, deutet darauf hin, daß er möglicherweise während der türkischen Besetzung von Täbris gewebt wurde. Die Türken gestatteten also den Werkstätten Tahmasps, weiterzuproduzieren, und behielten einen Teil der Produktion für sich. Über diese »Beuteteppiche« schrieb Erdmann in einem Artikel, es sei auffällig, daß alle 1683 erbeuteten Teppiche persischen Ursprungs waren. Dies sei wahrscheinlich kein Zufall, da die Sultane und hohen Würdenträger – obwohl die Türkei ihre eigene Teppichproduktion besaß – eine Vorliebe für persische Brücken hatten und sie den heimischen Produkten vorzogen.

Erdmann wies auch die Behauptungen über das Alter der erbeuteten Teppiche zurück. Er schrieb, im Orient seien Teppiche nie als Raritäten angesehen worden; es sei unwahrscheinlich, daß ein osmanischer Wesir bei der Belagerung von Wien 150 Jahre alte Teppiche mit sich herumgetragen habe. Es gibt jedoch genügend Gründe, die dafür sprechen, daß der Metropolitan-Teppich aus der Beute der Wiener Belagerung stammt, daß also die Wesire sehr wohl alte Stücke »mit sich herumtrugen«.

Selbst wenn man Erdmanns Datierung des Anhalt-Teppichs in das 17. Jh. akzeptiert, was schwerfällt, wäre das Stück zur Zeit der Wiener Belagerung immerhin nicht »neu« gewesen. Auch ein Teppich, der mit Sicherheit nach der Belagerung erbeutet wurde, ein Seiden-Polenteppich aus der Zeit von Schah Abbas, der sich heute in einer Privatsammlung befindet und auf der Rückseite eine mit Tinte geschriebene Inschrift aus dem 17. Jh. trägt, die seine Herkunft erläutert, muß über fünfzig Jahre alt gewesen sein, bevor er nach Europa kam.

Wenn also Täbris wirklich der Ort war, in dem die Ardebil-Teppiche geknüpft wurden, müßten folgende Annahmen zutreffen: Der Auftrag zu ihrer Herstellung wurde vor dem Einmarsch der Türken im Jahre 1533 gegeben; die Türken gestatteten die Ausführung der Arbeiten während eines Zeitraums von fast zehn Jahren, und sie erlaubten, daß diese Meisterwerke der Teppichkunst an ihren Bestimmungsort in Persien gebracht wurden, möglicherweise aus Respekt vor der Heiligkeit der Moschee. All dies ist aber mehr als unwahrscheinlich.

Nun sollen einige Medaillonteppiche beschrieben werden, die den ersten zwanzig Jahren der Safawidendynastie, d. h. der Regentschaft Schah Ismails, zugeordnet werden: Dazu gehören ein Medaillon- und Eckenteppich im Metropolitan Museum (die Bezeichnung »Ecken« bezieht sich auf die Viertelkartuschen in den Ecken des Feldes), mit dunkelblauen Medaillons und Wappenschilden, die auf rotem Grund zu beiden Seiten der Längsachse angebracht sind, und ein weiterer Teppich im Metropolitan Museum, der in Zeichnung und Farbe dem vorigen ähnelt. Weitere Exemplare befinden sich im Victoria and Albert Museum, in der Joseph V. McMullan-Sammlung und in der Gulbenkian-Stiftung in Lissabon. Ein Exemplar gehörte dem Staatlichen Museum in Berlin, doch es wurde im Zweiten Weltkrieg fast völlig zerstört.

Dimand rechnet auch den Medaillon-Jagdteppich des Poldi-Pezzoli-Museums zu dieser Gruppe, wobei er dessen sehr angezweifelte frühere Datierung als richtig annimmt. Er vergleicht die Zeichnung der Figuren mit einer Herati-Miniatur des Scheichs Zad im »Khamsa« des Dichters Nisami im Metropolitan Museum. Allerdings ist dieses Stück nicht so schlicht, wie es scheinen mag. Bode und Kühnel weisen in diesem Zusammenhang auf die erstaunlich nüchterne Zeichnung und die völlig ungleichmäßige Behandlung der Ecken hin. Andere Experten erwähnen den plumpen Schraffierungseffekt, der mit gekreuzten Blütenstengeln auf dem Grund erzielt wird. Auch die Art, in der die Eckmuster nicht nur Teile des Zentralmedaillons, sondern auch Teile des Stab- und Palmetten-Anhangs wiederholen, ist äußerst ungewöhnlich. Man findet diese Zeichnung bei Ushak-Teppichen, jedoch nicht in Persien.

Erdmann glaubt, daß die Kritik an der Derbheit der Zeichnung daher rühre, daß man diese mit dem Wiener Seiden-Jagdteppich vergleicht, der sehr viel dichter gewebt ist und aus feinerem Material besteht.

Trotzdem hat die Eigenart des Poldi-Pezzoli-Teppichs heutige Fachleute dazu veranlaßt, die Aussage seiner Inschrift zu bezweifeln. Es kann sehr gut sein, daß dieses Stück, das übrigens bis 1925 völlig unbekannt war, sehr viel jünger ist, als bisher angenommen wurde.

Eine kleine Gruppe von Teppichen mit ähnlichem Design stammt wahrscheinlich aus dem zweiten Viertel des 16. Jh., aus der Zeit des Übergangs vom Schah Ismail I. zu Tahmasp. Der beste Vertreter dieser Gruppe ist die sogenannte Krönungsbrücke, eine Stiftung von J. Paul Getty, die sich heute im Los Angeles County Museum befindet. Auf weißem Grund trägt sie in der Mitte ein großes Medaillon, an dessen Enden jeweils ein Wappenschild steht. Die mit Sternen versehenen Eckpaneele enthalten Huri-Figuren, und das Mittelmedaillon zeigt vierzig fliegende Kraniche und zwei ruhende Gazellenpaare. Das Feld ist mit floralen Arabesken und – teilweise kämpfenden – Tieren bedeckt. Als der Teppich 1976 auf der Londoner Ausstellung »Kunst des Islam« gezeigt wurde, beschrieb man ihn so:

»Dieser Teppich stellt die persische Auffassung des Paradieses dar. Für den safawidischen Designer lag das Paradies in einem fruchtbaren Garten mit blühenden Bäumen, Vögeln und Tieren, von denen einige – wie die Kraniche in der Mitte – tatsächlich existierten, während andere – wie die Phönixe und Drachen – aus der chinesischen Mythologie entlehnt waren.«

In der Form der Medaillons und der Paneele wie auch in einigen der Schmuckmotive ähnelt der Teppich von Los Angeles deutlich dem Poldi-Pezzoli-Stück. Es sind jedoch noch weitere Exemplare bekannt, die dem Krönungsteppich (den man oft »Getty-Kranich-Teppich« nennt) verwandt sind.

Der Teppich aus der Kathedrale von Nantes, den man heute im Louvre besichtigen kann, trägt in einem sternförmigen Zentralmedaillon die Darstellung eines Kampfes zwischen Drachen und Phönix. Ein weißgrundiger Teppich ist in Hälften zerschnitten, von denen die eine sich in Krakau, die andere im Pariser Musée des Arts befindet. Auch das Museum of Arts in Philadelphia besitzt ein Fragment. Zwei blaugrundige Exemplare sind der Prinz-Schwarzenberg-Teppich und der fragmentarische Steiglitz-Teppich in der Eremitage in Leningrad.

Eine andere Gruppe, die der vorigen stilistisch sehr nahe steht, weist als charakteristisches Merkmal ein Wiederholungsmuster aus Kartuschen und gelappten Medaillons auf. Ein Exemplar des Metropolitan Museums zeigt acht gelappte Medaillons mit dem Drachen-und-Phönix-Motiv. Kartuschen und Medaillons sind rot, blau, grün und braun auf weißem Feld. Weitere Exemplare befinden sich im Musée des Tissus in Lyon, im Düsseldorfer Kunstmuseum (ein Fragment), im Kunsthistorischen Museum in Wien und in einer privaten New Yorker Sammlung. Die beiden letzteren bilden ein Paar.

Auch bei diesen Teppichen ist es fraglich, ob sie in Täbris geknüpft wurden. Im Katalog der Ausstellung »Carpets of Central Persia« bemerkt May Beattie, der Steiglitz-Teppich zeige in Farbe und Webart sehr große Ähnlichkeit mit der Technik vieler Vasenteppiche. Warum sollte dieses Muster nicht in mehreren Zentren hergestellt worden sein.

Lange Zeit glaubten die Fachleute, u. a. auch Dimand, daß die Teppichhälften in Paris und Krakau aus Täbris stammten, obwohl sie ganz aus Seide gewebt sind. Erst in neuester Zeit rechnet man sie einem ostpersischen Produktionsort zu.

Angesichts all dieser Unklarheiten scheint es, daß es keinerlei tatsächliche Beweise, sondern nur Indizien und vor allem Vermutungen gibt für die Herkunft der frühen safawidischen Teppiche aus Täbris oder Kashan, aus Kirman oder – wie bei den Pariser und Krakauer Fragmenten – aus der Provinz Khorasan oder Herat.

Die bedeutendsten Wollteppiche aus der Zeit Schah Tahmasps sind die Ardebil-Teppiche, der Anhalt-Medaillonteppich mit goldgelbem Feld, roten Kartuschen und Wappenschilden sowie kleinen Pfauen, die in mosaikartigen Mustern gewebt sind; ferner eine rotgrundige Medaillonbrücke des Poldi-Pezzoli-Museums mit blauem Zentralmedaillon, blühenden Bäumen, Blattwerk und Tieren sowie zwei chinesischen Vasen auf der Längsachse. Dieses Stück trägt eine Inschrift, nach der es für den »Darius der Welt« hergestellt wurde. Außerdem sind

Oben links: Der Berliner Kranich-Teppich, der im Zweiten Weltkrieg fast völlig zerstört wurde. Islamisches Museum, Berlin. Oben Mitte: Der Chelsea-Teppich (Ausschnitt) aus Zentralpersien, Mitte 16. Jh. 541 × 315 cm. Victoria and Albert Museum, London. Oben rechts: Medaillonteppich mit Tieren, laut Inschrift eine Anfertigung für den »Darius der Welt«, aus Zentralpersien, Mitte 16. Jh. 505,5 × 239 cm. Poldi-Pezzoli-Museum, Mailand.

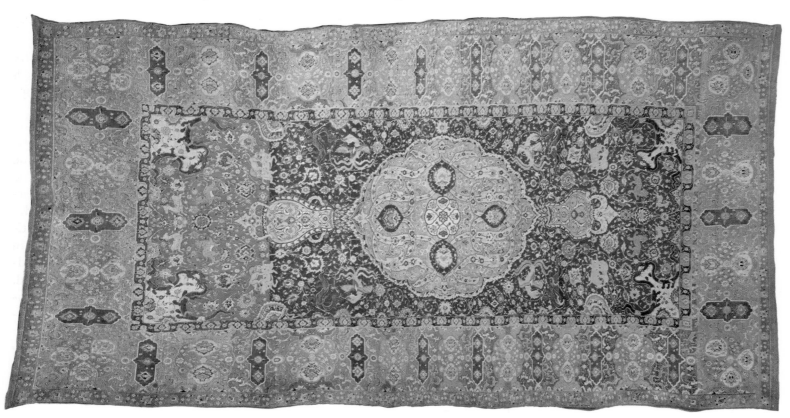

Rechts: Fragment eines Medaillonteppichs mit Tieren, 16. Jh. 300 × 292 cm. Museo Civico Bardini, Florenz. Unten links: Medaillon- und Kassettenteppich aus Zentralpersien, 16. Jh. 737 × 370 cm. Österreichisches Museum für angewandte Kunst, Wien. Unten rechts: Fragment eines gelbgrundigen Medaillonteppichs mit Arabesken und Vögeln, wahrscheinlich aus Kashan, 16. Jh. 370 × 240. Musée des Gobelins, Paris.

der großartige Chelsea-Teppich im Victoria and Albert Museum mit blauem Medaillon auf rotem Feld, mit Blattwerk und Tieren neben blühenden und fruchttragenden Bäumen sowie eine Medaillonbrücke im Metropolitan Museum, die teilweise mit Metallfäden durchwirkt ist und in der Zeichnung eine chinesische Schale und Pfauendarstellungen zeigt, und der datierte Poldi-Pezzoli-Teppich zu erwähnen, sofern wir das spätere der beiden möglichen Daten für richtig halten.

In die gleiche Zeit gehören die kleinen und großen Seidenteppiche aus Kashan. Vier große Stücke sind erhalten, die alle um 1530 gewebt worden sein dürften. Der berühmteste unter ihnen ist zweifellos der Jagdteppich mit Rosengrund im Österreichischen Museum für angewandte Kunst in Wien.

Zwei weitere befinden sich im Besitz des schwedischen Königshauses in Stockholm und im Museum of Fine Arts in Boston. Dieses Stück stammt aus der Sammlung Rothschild. Ein vierter Teppich dieser Art gehörte früher der polnischen Regierung.

JAGDTEPPICHE

Der Wiener Jagdteppich, der sich einst in der Sammlung des Hauses Habsburg befand, gehört zu der Gattung der Medaillon- und Eckenteppiche. Seine Größe beträgt 6,81 m × 3,20 m. Geknüpft ist er mit etwa 12 500 Knoten pro Quadratdezimeter. Sein Gewebe ist mit silbernen und goldenen Fäden durchwirkt. In der Mitte trägt er eine grüne Kartusche; das Feld ist mit zahlreichen kleinen Jägerfiguren, teils zu Pferde, teils zu Fuß, übersät. Die Pferde sind grau, schwarz, nußbraun oder weiß. Die Jäger jagen mit Schwertern, Speeren, Pfeil und Bogen nach allen Arten von Wild, Leoparden, Löwen, Wölfen, Rehen, Gazellen, Hasen u. a. Zwischen den beiden Umrandungen ist auf einer außergewöhnlich breiten Bordüre das Paradies dargestellt mit dem geflügelten Wesen, das – wie im Koran geweissagt – von den Huris erwartet wird, umgeben von floralen Arabesken und fliegenden Vögeln. Die Grundfarbe dieser Bordüre, die heute in blassem Lachsrosa schimmert, muß einstmals ein tiefes Karmesinrot gewesen sein.

Das Muster des Wiener Teppichs ist von außerordentlicher Schönheit und zeugt von der absoluten Meisterschaft seines Entwerfers. Schon 1908 äußerte F. R. Martin in seinem Pionierwerk »A History of Oriental Carpets before 1800« die Ansicht, der Entwurf müsse von Sultan Muhammed (gest. 1555), dem Hofmaler Schah Tahmasps, stammen. Dieser Auffassung stimmen die meisten Fachleute zu.

Der Bostoner Teppich, der sich einst in der Sammlung der Rothschilds befand und den das Museum of Fine Arts 1966 erworben hat, dürfte von dem gleichen Künstler entworfen sein. Auch hier zeigt das zentrale Medaillon einen Kampf zwischen Phönix und dem Drachen. Das Feld ist von Jägern bevölkert.

Das Gesamtkonzept der Bordüre gleicht dem Wiener Teppich, doch stellen hier die Figuren, die mit ihren verschiedenen Gaben zwischen Bäumen und fliegenden Vögeln sitzen und keine Flügel haben, eine irdische Szene – nach der Sicht von Dimand eine »prinzliche Gartengesellschaft« – dar. In der äußeren Umrandung des Bostoner Teppichs wechseln sich Vögel, die Gänsen ähneln, mit Blütenranken ab. Wie der Wiener Teppich ist auch er mit dem Sennehknoten und eingeflochtenen Silber- und Goldfäden geknüpft und weist etwa 11 600 bis 13 000 Knoten pro Quadratdezimeter auf. Sein Format ist mit etwa 4,80 m × 2,25 m kleiner als beim Wiener Jagdteppich.

Das dritte Beispiel, der Branicki-Teppich, war strenggenommen kein Jagdteppich, denn es sind keine Jäger abgebildet, nur Tiere, entweder einzeln oder in Kampfszenen. Wahrscheinlich war er ein Beutestück aus der Belagerung von Wien. Er wurde bei der Bombardierung von Warschau im Zweiten Weltkrieg zerstört. Der Teppich hatte ein blaßgrünes Feld, ein großes vierblättriges Medaillon, Palmettenschilde und Eckstücke; seine Maße waren 7,6 m × 3,5 m. In seiner Zeichnung glich er sehr den Sanguszko-Teppichen, vor allem demjenigen, der dem Prinzen Sanguszko selbst gehörte und der sich viele Generationen lang in Polen befunden hat.

Das vierte Exemplar, der Jagdteppich im königlichen Schloß zu Stockholm, ist wahrscheinlich etwas später, gegen Ende des 16. Jh., entstanden. Die Zeichnung auf rotem Grund ist weniger fein, obwohl die Figuren, nach Erdmanns Worten, eine »große Kraft in der Bewegung« vermitteln. Seine Größe beträgt 5,55 m × 2,85 m.

KASHAN-SEIDENTEPPICHE

Zahlreicher sind die kleinen Seidenteppiche aus Kashan. Sie wurden von mehreren Fachleuten, u. a. von Erdmann, eingehend untersucht. Man unterscheidet zwei Hauptgruppen, die eine mit einem Zentralmedaillon, die andere mit einem Gesamtmuster aus bildhaft angeord-

Der Kaiserliche Seiden-Jagdteppich, das schönste noch erhaltene Exemplar eines Kashan-Seidenteppichs aus dem 16. Jh. Wahrscheinlich nach einem Entwurf von Sultan Muhammed, dem Hofmaler von Schah Tahmasp. 681 × 320 cm. Österreichisches Museum für angewandte Kunst, Wien.

neten Tieren. Es sind zehn Medaillon- und vier Tierteppiche bekannt. Sie befinden sich an folgenden Orten:

Metropolitan Museum, New York	3 Medaillon- und 1 Tierteppich
Art Institute, Detroit	1 Tierteppich
Gulbenkian-Stiftung, Lissabon	1 Medaillonteppich
Bayerisches Nationalmuseum, München	1 Medaillonteppich
Musée des Gobelins, Paris	1 Medaillonteppich
Louvre, Paris	1 Tierteppich (Der »Peytel«)
Textilmuseum, Washington	1 Medaillonteppich
Rijksmuseum, Amsterdam	1 Medaillonteppich
Museum für angewandte Kunst, Wien	1 Medaillonteppich
Coimbra-Museum, Portugal	1 Medaillonteppich
Frühere Aynard-Sammlung, Paris	1 Tierteppich (1913 versteigert; gegenwärtiger Besitzer unbekannt)

Der Branicki-Teppich. Blaßgrüner Seidenteppich mit Medaillon und Tieren aus Kashan, zweite Hälfte des 16. Jh. 760 × 350 cm. Aus dem Besitz der polnischen Regierung, vermutlich im Zweiten Weltkrieg zerstört.

Kleiner seidener Tierteppich aus Kashan, spätes 16. Jh. Aus dieser Gruppe sind noch drei weitere Tierteppiche bekannt. 235 × 175 cm. Ging 1913 aus der Hinterlassenschaft von Benjamin Altman in den Besitz des Metropolitan Museums, New York, über.

Links oben: Kleiner seidener Medaillonteppich aus Kashan, 16. Jh. Rosenfarbener Fond. Exemplare mit dem gleichen Muster befinden sich im Metropolitan Museum in New York sowie in der Coimbra in Lissabon. 266,5 × 156,5 cm. Bayerisches Nationalmuseum, München. Links unten: Kleiner seidener Tierteppich aus Kashan, 16. Jh. Nach demselben Entwurf angefertigt wie der Altman-Teppich. 235 × 175 cm. Detroit Institute of Arts, 1925 von Edsel Ford gestiftet. Rechts: Kleiner seidener Medaillonteppich mit rosenfarbenem Fond aus Kashan, 16. Jh. Exemplare mit ähnlichem Muster befinden sich im Metropolitan Museum in New York sowie in der Gulbenkian-Stiftung in Lissabon. 250 × 150 cm. Musée des Gobelins, Paris.

Erdmann hat die Medaillonteppiche wiederum in drei Arten mit mehreren Untergruppen aufgegliedert. Die erste Kategorie (»einfaches Medaillon ohne Zusätze«) unterteilt sich in zwei Untergruppen: »Vierblättriges Medaillon« (Musée des Gobelins, Gulbenkian-Stiftung und Metropolitan Museum) und »Achtblatt, bestehend aus vierblättrigem Medaillon mit überlagernder Raute« (Metropolitan Museum, New York, und Rijksmuseum, Amsterdam). Auch die zweite Kategorie (»Medaillon mit Zusätzen«) hat zwei Untergruppen: »Bänderumrahmtes Medaillon« (Bayerisches Nationalmuseum, Metropolitan Museum und Coimbra-Museum) und – die vollendetste Form – »von Kartuschen umgebenes Medaillon« (Washington und Wien).

Erdmann weist darauf hin, daß es innerhalb dieser Gruppe von vierzehn Teppichen sechs identifizierbare Musterzeichnungen gibt. Demnach haben die Werkstätten in Kashan allem

Anschein nach Entwürfe – wahrscheinlich von einem berühmten Künstler – erhalten, die dann so interpretiert wurden, daß die Teppiche zwar nicht identisch, aber eindeutig gleichen Ursprungs waren. Der Gulbenkian-Teppich scheint nach einem Entwurf geknüpft worden zu sein, von dem keine andere Version bekannt ist. Eine der Metropolitan-Brücken und der Teppich des Musée des Gobelins sind Zwillinge, ebenso die Amsterdamer Brücke und ein weiteres Metropolitan-Stück sowie der Washingtoner und der Wiener Teppich. Nach dem fünften Medaillonentwurf sind die Stücke in München und Coimbra sowie das dritte Metropolitan-Exemplar entstanden.

Die Tierteppiche ohne Medaillon bilden die sechste Gruppe. Hier sind sich die Stücke aus Detroit und New York sehr ähnlich. Beide haben sechs Reihen mit vielfarbigen Tieren: Löwen, Leoparden u. a. Katzenarten, die Jagd auf verschiedenes Wild machen. In der jeweils untersten Reihe auf beiden Teppichen finden sich völlig identische Figuren, z. B. der sitzende Vogel in der linken Ecke. Beide haben etwa die gleiche Größe (2,35 m × 1,75 m) und die gleiche rote Grundfarbe. Der nur etwa halb so große Peytel-Kashan im Louvre ist dunkelblau mit roter Hauptbordüre. Im Gegensatz zu den beiden anderen Teppichen hat er nur drei Reihen von Tieren, doch die Tiergruppen sind so auffallend ähnlich, daß sie offensichtlich nach demselben Entwurf gearbeitet wurden oder – was bei Tierteppichen durchaus üblich war – nach dem gleichen Musterbuch.

VASENTEPPICHE

Das vielleicht schwierigste Problem im Zusammenhang mit den persischen Teppichen des 16. Jh. ist die Definition der Bezeichnung »Vasenteppich« und die genaue Herkunftsbestimmung dieser Stücke. Vereinfacht ausgedrückt, könnte man die »Vasenteppiche« unter zwei Aspekten beschreiben und kategorisieren, zum einen nach dem Muster im Mittelfeld, zum anderen nach ihrer strukturellen Technik, die viele Teppiche von höchst unterschiedlicher Zeichnung charakterisiert.

Innerhalb der großen Gruppe der »Vasenteppiche« hat May Beattie in ihrem Katalog »Carpets of Central Persia« mehrere Untergruppen herausgestellt: Gartenteppiche, konzentrische Muster, Muster mit mehreren Medaillons, einseitige Muster, Sichelblattmuster, Arabeskenmuster und Gittermuster. Die Gittermuster sind aufgeteilt in dreidimensionale Gitter, dreidimensionale Großblattgitter, zweidimensionale und eindimensionale Gitter.

Im Gegensatz zu den Medaillonteppichen haben die Vasenteppiche ein einseitiges Muster: Wenn man sie von der falschen Seite betrachtet, steht das Muster auf dem Kopf. Die Vasen selbst sind häufig in einem komplizierten Blütenmuster des Innenfeldes verborgen. Bei den bekanntesten Typen, von denen ein sehr schönes Exemplar im Museum of Art in Boston zu sehen ist, wird das Mittelfeld von aneinandergereihten floralen Rhomben unterteilt, deren einzelne Felder verschiedene Farben haben und in deren Mitte sich jeweils eine chinesische Vase befindet. Solche Teppiche bezeichnet May Beattie als »zweidimensionales Gitter«. Neben dem Exemplar in Baltimore, dessen Art-Zugehörigkeit sich sehr leicht erkennen läßt, gibt es noch eine andere Form des »zweidimensionalen Gitters«, bei Teppichen im Victoria and Albert Museum sowie im amerikanischen Williamsburg. Auf beiden Teppichen sind mehrere Reihen von floralen Medaillons durch kleine und große Blütenkelche gegliedert.

Der Teppich in Baltimore gehörte ursprünglich zu einem Paar. Das Pendant verbrannte im Berliner Museum während des Zweiten Weltkriegs. Ihre Datierung ist noch heute sehr umstritten. Während einige der jüngeren Fachleute wie Charles Grant Ellis und May Beattie aufgrund der Steifheit der Zeichnung dazu neigen, eine Entstehung vor der Mitte des 17. Jh. für unwahrscheinlich zu halten, sind Erdmann und Dimand davon überzeugt, daß es sich um Produkte des späten 16. Jh. handeln müsse.

Die andere Hauptgruppe der Vasenteppiche wird als »dreidimensionales Gitter« bezeichnet. Ihr äußerst kompliziertes Muster wurde von Dimand in einem Katalog des Metropolitan Museums verdeutlicht:

»Auf den ersten Blick sieht es so aus, als seien die großen Palmetten völlig willkürlich über das Feld verstreut. Erst bei näherer Analyse entdeckt man ein ganz geordnetes Muster, das auf drei Systemen wellenförmiger Ranken basiert, die zusammen ein Rautengitter ergeben. Die großen Palmetten sind von Blütenzweigen, kleineren Palmetten und Blättern umgeben. Gewöhnlich sind zwei oder drei Motive übereinander gelagert. Einige von ihnen enthalten Blütenzweige oder die charakteristischen lyraförmigen Lilien. Die Grundfarbe ist meistens Rot oder Blau, bisweilen auch Weiß.«

Von dieser Art sind mehrere hervorragende Beispiele bekannt. Das Metropolitan Museum besitzt ein vollständiges Exemplar und die Fragmente von zwei weiteren. Ein sehr bedeutendes Stück, das sich in Berlin befand, wurde im Zweiten Weltkrieg fast völlig zerstört.

Vasenteppich mit Gitter aus Zentralpersien, möglicherweise aus Kirman, frühes 17. Jh.
389 × 234 cm.

58

Nach Erdmann war es eines der frühesten und – aufgrund der Präzision seiner Zeichnung und des Reichtums seiner Farben – eines der bedeutendsten Stücke seiner Art. Das Pendant dazu gehörte zur Sammlung der verstorbenen Lady Baillie. Weitere Fragmente befinden sich im Museum von Baltimore, im Irakischen Museum in Bagdad und in der Glasgower Art Gallery (Burrell Collection). Ein besonders schönes und großes Fragment gehört dem Fogg Art Museum. Es ist ein Geschenk von Joseph V. McMullan. Auch das Victoria and Albert Museum besitzt zwei Fragmente, von denen eines William Morris gehörte.

May Beattie hat auch ein Fragment veröffentlicht, das sie als »dreidimensionales Groß- blatt-Gittermuster« bezeichnet. Bei diesem Stück sind innerhalb großer gezähnter Blätter, die ein Gittermuster ergeben, große Palmetten zu Vierergruppen geordnet. Auf den ersten Blick ähneln diese Exemplare den Teppichen mit »zweidimensionalem Gitter«. Obwohl es von die- sem Typus eine ganze Reihe von Fragmenten gibt, sind keine vollständigen Stücke bekannt. Das mit 4,725 m × 2,8 m größte Fragment allerdings ist nur an den Seiten beschädigt und hat noch die ursprüngliche Länge. Es befindet sich im Museum von Istanbul. Die Felder der Teppiche mit jeweils vier Palmetten innerhalb jeder Raute sind einfarbig gehalten. Es gibt aber auch Fragmente, die in jeder Raute sechs Blüten aufweisen. Ihre Felder sind mehrfarbig, ähnlich den Teppichen mit »zweidimensionalem Gitter« wie jenem in Baltimore.

Innerhalb der Gruppe mit »dreidimensionalem Gitter« gibt es auch Teppiche, auf denen die Vasen mit stilisierten Blumensträußen in Reihen angeordnet sind. Ein besonders schönes, grüngrundiges Paar dieses Typs ist zwischen dem Museum für angewandte Kunst in Wien und dem Rijksmusem in Amsterdam aufgeteilt.

Neben den bisher beschriebenen Teppichen, die sich aufgrund stilistischer Merkmale als Vasenteppiche definieren lassen, gibt es noch andere, deren Zusammengehörigkeit sich aus technischen Gründen herleitet. Die bisher aufgeführen Vasenteppiche paßten alle in die »Git- termusterkategorien« von May Beattie. Übergehen wir vorerst die umstrittene Frage, in wel- cher Beziehung zu dieser Gruppe die Sanguszko-Teppiche stehen, und wenden uns den einsei- tigen Mustern, dem Sichelblattmuster und den Arabeskenmustern zu.

Der blaugrundige Schwarzenberg- Medaillonteppich mit Tieren und Zypressen aus Zentralpersien, Mitte des 16.Jh. 570 × 365 cm. Sammlung Prinz Karl von Schwarzenberg.

Die Teppiche mit sogenannten einseitigen oder Richtungsmustern zeichnen sich durch Reihen von Tieren, Tieren und Reitern oder blühenden Pflanzen, Sträuchern und Bäumen aus. Ein wirklich prächtiges Exemplar befindet sich im Pariser Musée des Arts Décoratifs. Man wird dabei sofort an die Tierdarstellungen der kleinen Seiden-Kashans erinnert. Aber auch die Jagdszenen, Zypressen und Blumen zweier Fragmente im Museum für Kunsthand- werk in Frankfurt am Main und in der Sammlung Bernheimer in München lassen Vergleiche mit den Seiden-Kashans, dem Schwarzenberg-Medaillonteppich oder dem Getty-Kranich- Teppich zu.

Ein weiterer Teppich mit Tierdarstellungen und Zypressen befand sich im Berliner Museum. Er wurde im Zweiten Weltkrieg fast völlig zerstört. Richtungsmuster mit Reihen blühender Pflanzen sind von mehreren Fragmenten bekannt. Ein vollständiges Exemplar mit rotem Grund – laut Dimand ein Isfahan aus dem frühen 17.Jh. – besitzt das Metropolitan Museum in New York. Wie viele Experten betont haben, waren diese Muster vor allem bei den Webern der Mogulzeit sehr beliebt. Wir zeigen daher ein indisches Stück, das offensicht- lich von den persischen Teppichen dieses Typus beeinflußt worden ist.

Das schönste und berühmteste Sichelblattmuster findet sich auf dem Corcoran-Thron- teppich in der Corcoran Gallery of Art in Washington. Das Grundmuster besteht aus sechs Paaren langer eleganter, sichelförmiger Blätter, die der Länge nach in drei Reihen angeordnet sind. Jedes Paar bildet eine »Muschel«, in der sich eine Palmette befindet. Diese wiederum sind durch Arabesken mit vier großen Palmetten entlang der Längsachse des Teppichs und mit den Eckstücken verbunden. In der Mitte des Feldes sind zwei Zypressen eingewebt. Wahr- scheinlich stellt dieser Teppich eine Waldlandschaft aus der Vogelperspektive, gesehen durch Weinlaub und Blattwerk, dar. Seinen Namen hat das Stück von Arthur Upham Pope, der aufgrund der Größe von 2,61 m × 1,92 m zu der Überzeugung gelangte, daß es sich um den Überwurf eines Thronsockels handeln könnte. Die Blüten und Blätter sind vorwiegend gelb, grün und blau. Das Feld ist rot und hat eine tiefblaue Bordüre.

Kein anderer Sichelblatt-Teppich kommt der Qualität des Corcoran-Thronteppichs gleich. In seinem Buch »*Siebenhundert Jahre Orientteppich*« beschreibt Erdmann zwei Exemplare aus einer schwedischen und einer französischen Privatsammlung, die zwar ähnlich sind, in ihrer Zeichnung jedoch sehr viel steifer und eckiger wirken. Auch die Blätter sind kür- zer und breiter, in krassem Gegensatz zu der Eleganz des Corcoran-Teppichs. Ihre Herkunft vermutet Erdmann in Südpersien bzw. in Herat. Ebenfalls zu dieser Sichelblattgruppe gehört ein Teppich mit mehreren Medaillons aus dem Nachlaß von Robert Lehmann im Metropo- litan Museum sowie ein Exemplar der Gulbenkian-Stiftung in Lissabon.

*Links: Der Sanguszko-
Medaillon- und Tierteppich aus
Zentralpersien, spätes 16. oder
frühes 17. Jh. 604 × 322 cm.
Im Besitz von Prinz Roman
Sanguszko, Paris.
Rechts: In der Technik der
Vasenteppiche gearbeiteter
Arabeskenteppich mit rotem
Fond. Die breiten Arabesken
sind blau. Möglicherweise aus
Kirman, frühes 17. Jh. 355 ×
225 cm. Einst in der Sammlung
Eric Tabbagh, Paris, heute im
Museum für Kunst und
Gewerbe, Hamburg.*

Auch unter den Arabeskenteppichen kennen wir verschiedene Arten, von denen einige erst im 18. Jh. hergestellt wurden. Die schönsten haben ein rotes Feld mit einem System aus breiten blauen Bändern und Dreiblattmotiven und einem zweiten System aus Palmetten, Blüten und Wolkenbandmotiven. Ein besonders schönes Paar war einst zwischen dem Staatlichen Museum in Berlin und der Corcoran Gallery in Washington aufgeteilt, doch das Berliner Stück wurde ebenfalls ein Opfer des Krieges. Ein weiteres Exemplar – ursprünglich aus dem Besitz von Eric Tabbagh – befindet sich heute im Museum für Kunst und Gewerbe in Hamburg. Dimand hat nachgewiesen, daß sich Darstellungen ähnlicher Teppiche einschließlich einiger Beispiele von Mir Sayyid Ali auf Miniaturen aus dem 16. Jh. finden. Spätere Teppiche mit querverlaufenden großzügigen Arabesken und dichten Blumenmustern werden dem 17. und 18. Jh. zugerechnet. Wahrscheinlich wurden sie in Kurdistan gewebt. Das Metropolitan Museum besitzt ein Exemplar aus dem Jahre 1794, dessen Inschrift besagt, daß es für Ali Riza Khan in Gerus, einem Distrikt in Kurdistan, angefertigt worden sei. Stilistisch besteht offensichtlich eine Verbindung zwischen diesen Stücken, einigen der späten Baum- und Gartenteppiche aus Kurdistan sowie den Blumen- und Drachenteppichen des Kaukasus.

Eine ganz andere Form von Arabesken schmückt den wunderschönen Medaillon- und Eckenteppich der Burrell Collection in Glasgow. Hier sind die Arabesken um ein rosafarbenes Zentralmedaillon auf gelbem Grund angeordnet. Sehr strukturiert bewegen sie sich über das Feld und bilden vier Vierblätter und Kartuschen an beiden Enden der Längsachse.

Verwandt mit den Vasenteppichen, obwohl in seiner Zeichnung gar keine Vase vorkommt, ist der einzigartige Havermeyer-Teppich im Metropolitan Museum. Die florale Ornamentierung des Feldes steht vor einem Hintergrund aus überlappenden, kreuzförmigen

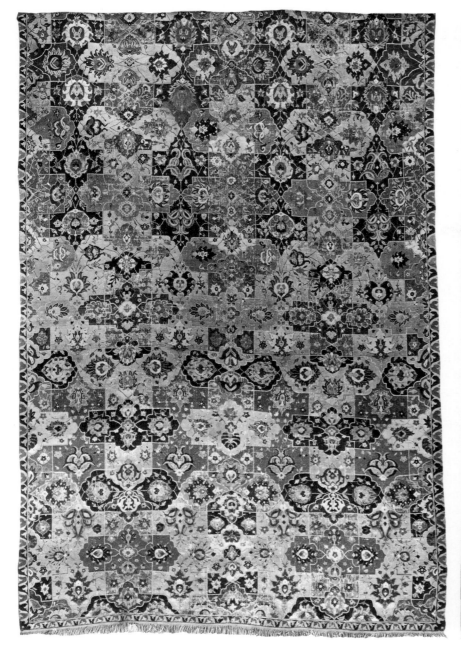

Kartuschen in vielfarbiger Palette. Die Wirkung dieses »Patchwork«(Flickenwerk)-Musters läßt sich mit dem »zweidimensionalen Gitterteppich« in Baltimore vergleichen, dessen vielfarbige Rhomben verschränkt sind, ohne sich zu überlappen. Nach Maurice Dimand gibt es von der Struktur des Musters her gewisse Parallelen zwischen dem Havermeyer-Teppich und einem Paar seidener Polenteppiche aus der gleichen Epoche, das John D. Rockefeller jr. dem Metropolitan Museum gestiftet hat.

Während der Havermeyer-Teppich in seinen floralen Zeichnungen und aufgrund seiner technischen Struktur eigentlich den Vasenteppichen zuzurechnen ist, verbinden ihn seine Medaillons und das Kartuschenmuster andererseits auch mit den sog. Sanguszko-Teppichen.

Damit kommen wir zu einer der interessantesten, aber auch kompliziertesten Fragen, die sich im Zusammenhang mit der Einordnung orientalischer Teppiche stellen. Die Sanguszko-Gruppe wurde 1932 nach der großen Ausstellung persischer Kunst in London erstmals von Kurt Erdmann beschrieben. Ihren Namen hat die Gruppe nach May Beattie von einem »schönen Medaillon- und Eckenteppich aus dem Besitz des Prinzen Sanguszko ... der 1904 im heutigen Leningrad zuerst gezeigt wurde und angeblich 1621 in der Schlacht von Chocim erbeutet worden war«. Zwar gibt es keine eindeutige Klassifizierung für die Gruppe, doch werden im allgemeinen etwa fünfzehn Teppiche und Fragmente als »Sanguszkos« bezeichnet:

Sammlung Thyssen-Bornemisza, Lugano   Medaillon- und Tiermuster
(»Behague-Teppich«)

Textilmuseum, Washington   Medaillon- und Tiermuster (Fragmente)

Links: In der Technik der Vasenteppiche gearbeitetes florales Stück. Stammt nach Dimand aus Isfahan, frühes 17.Jh. 500 × 325 cm. Metropolitan Museum, New York, aus dem Nachlaß von Horace Havermeyer.
Rechts: Tierteppich mit Mehrfach-Medaillon, wahrscheinlich aus der Sanguszko-Gruppe. May Beattie meint allerdings, es handle sich um eine Kopie aus dem 17.Jh., die in einer anderen Gegend angefertigt wurde. 445×220,5 cm. Sammlung Herzog von Buccleuch und Queensberry.

Duke of Buccleuch	Mehrere Medaillons und Tiermuster
Museum für Islamische Kunst, Berlin	Medaillon-, Tier- und Eckenmuster (»Cassirer-Teppich«)
Victoria and Albert Museum, London	Medaillon-, Ecken- und Tiermuster
Musée des Tissus, Lyon	Mehrere Medaillons und Tiermuster
Staatliches Museum, Berlin	Richtungsmuster mit Tieren (im Krieg fast völlig zerstört)

Früherer Besitz von

Baron Havatny, Budapest	Medaillon- und Tierteppich (Fragment)
Prinz Roman Sanguszko, Paris	Medaillon- und Tiermuster
National Gallery, Washington	Medaillon- und Tiermuster (»Widener-Teppich«)
Instituto de Don Juan, Madrid	Medaillon-, Ecken- und Tiermuster
Museum of Art, Philadelphia	Medaillon- und Tiermuster (»Williams-Teppich«)

Dazu kommen noch der Benguiat-, der Kelekian- und der Yerkes-Trevor-Teppich. Wie diese Liste zeigt, sind die Hauptmerkmale der meisten Sanguszko-Teppiche Medaillons und Tiere, letztere umgeben von Blumen und Blattwerk, die als Symbole für Bäume und Landschaften aufzufassen sind.

Ort und Zeit der Herstellung dieser Teppiche sind völlig ungeklärt. Als Produktionsorte werden vor allem Kirman, Isfahan, Kashan und Joshaqan genannt; doch kommen auch Täbris, Kaswin, Yesd und sogar Herat durchaus in Frage.

Die ältesten Vasenteppiche wurden wahrscheinlich in der zweiten Hälfte des 16. Jh., in den ersten Jahren der Regierungszeit von Schah Abbas, hergestellt. Zwar sind die beiden Fragmente »dreidimensionaler Gitterteppiche« in Berlin (Inv. 1-8-72) und Washington (Textilmuseum, Inv. R.33. 6. 5.) freier und bewegter in ihrer Zeichnung als die übrigen hier erwähnten Stücke. Zumal das zerstörte Berliner Exemplar, das von Erdmann als »eines der frühesten und bedeutendsten« Stücke beschrieben und in die erste Hälfte des 16. Jh. datiert worden ist, dürfte um gut hundert Jahre zu früh eingestuft sein.

In seinem 1968 im »Textile Museum Journal« veröffentlichten Essay über Vasenteppiche vertrat Charles Grant Ellis die Meinung, daß die Versteifung der kleinen Bordürenblüten zu eckigen Blöcken – die sogenannte »gefrorene Borte« – als Anzeichen für eine späte Arbeit zu werten sei. Er datierte den »zweidimensionalen Gitterteppich« von Baltimore (und damit natürlich auch dessen zerstörtes Berliner Pendant) in die zweite Hälfte des 17. Jh. Mit derselben Berechtigung, d. h. aufgrund der »gefrorenen« Borte, könnte man auch den von Erdmann auf den Anfang des 16. Jh. datierten Teppich in die zweite Hälfte des 17. Jh. einstufen und mit ihm sein Gegenstück aus dem Besitz von Lady Baillie sowie den »dreidimensionalen Großblatt-Teppich« von Istanbul und den »zweidimensionalen« von Williamsburg. Wenn jedoch der letztgenannte ein Erzeugnis des späten 17. Jh. ist, so müßte der »zweidimensionale« Teppich des Victoria and Albert Museum aus der gleichen Epoche kommen, da er diesem in vieler Hinsicht sehr ähnlich ist. Der Autor neigt zu der Auffassung, daß der Victoria-and-Altert-Teppich sogar noch später entstanden ist, vermutlich im 18. oder 19. Jh. in Kurdistan, obwohl kurdische Teppiche dieser Zeit meist eine blaue Grundfarbe des Feldes haben.

Zweifellos spricht einiges dafür, daß das Victoria-and-Albert- und das Williamsburg-Exemplar relativ jung sind. Sie wurden 1908 von Martin dem Fragment eines Mehrfachmedaillon-Teppichs zugeordnet, der sich im Museum von Sarajevo befindet und die Jahreszahl 1067 des Hedschra (1656) trägt. Insgesamt jedenfalls scheint die Datierung sämtlicher »ein- und zweidimensionalen« sowie der Mehrheit der »dreidimensionalen« Gittermuster vor Beginn des 17. Jh. nur schwer zu rechtfertigen.

Ebenfalls in der ersten Hälfte des 17. Jh. oder etwas später, je nach Qualität der Ausführung, dürften auch die meisten anderen Vasenteppiche entstanden sein. Für den Havermeyer-Teppich wurde von Dimand die erste Hälfte des 17. Jh. angenommen wie bei dem Williamsburger- und dem Victoria-and-Albert-Teppich. Stil- und Qualitätsvergleiche jedoch lassen den Havermeyer-Teppich eindeutig als den ältesten erkennen. Auch seine große Ähnlichkeit mit bekannten Polenteppichen spricht dafür, daß er eher am Beginn des 17. Jh. geknüpft wurde.

Auch für die Entstehung der Arabeskenteppiche nimmt die Mehrzahl der Fachleute das 17. Jh. an. Etwas früher – wahrscheinlich Ende des 16. Jh. – dürften der Hamburger und der Corcoran-Teppich (aus dem früheren Besitz von Senator Clarke) anzusiedeln sein. Dimand bemerkt dazu:

Zwei Vasenteppiche mit
»eindimensionalem« Gitter aus
der Gruppe, die traditionell mit
Joshaqan in Verbindung
gebracht wird, spätes 18. oder
frühes 19. Jh.
Links: 477,5 × 254 cm.
Ehemals Sammlung Kevorkian.
Unten: 483 × 198 cm.

»Arabeskenbänder finden sich auch auf den Fayence-Mosaiken des späten 16. und des frühen 17. Jh. in Ardebil und Isfahan, vor allem in der Maschid-i-Jami- und in der Lotfollah-Moschee.«

Die Teppiche mit Sichelblatt- und Richtungsmuster schließlich werden ebenfalls dem frühen 17. Jh. zugerechnet.

Als Herstellungsort haben die Gelehrten fünfzig Jahre oder sogar noch länger einhellig Kirman in Südpersien angenommen. Wie viele andere persische Städte wird Kirman in der Literatur aus der Zeit des Schah Abbas als ein Ort mit besonders hochstehender Teppichkunst erwähnt. Hinweise finden sich aber auch in indischen Manuskripten, z. B. dem *»Akbarname«*. Blumenteppiche der Sichelblattkategorie wurden nach Indien exportiert und hatten einen nicht unerheblichen Einfluß auf die Weber der Mogulzeit. Schließlich wiesen mehrere Autoren darauf hin, daß die Kirmanteppiche des 18. und 19. Jh. früheren Stücken gleicher Herkunft sehr ähnlich sind.

Erdmann meint, das Gittermuster müsse aus dem Kaukasus nach Kirman gelangt sein. Dies würde jedoch bedeuten, daß Weber aus kaukasischen Stämmen sich fast ausschließlich in und um Kirman niedergelassen hätten. Das war natürlich nicht der Fall. Die Provinz Kurdistan liegt zwischen der Ostgrenze der heutigen Türkei und Nordwestpersien, ziemlich weit von Kirman entfernt. Kaukasische und türkische Nomaden durchstreiften dieses Gebiet völlig willkürlich, zogen durch ganz Westpersien und siedelten in der Gegend von Hamadan, Bidjar, Senneh, Malayer und Saruk. Einige kamen auch bis nach Schiras und Kirman.

Die Ansichten Erdmanns über die Teppiche, die während der letzten hundert Jahre in der Gegend von Kirman hergestellt worden sind, lassen sich kaum widerlegen. Man denke nur an die Gitter- und Gartenmuster, die in der kommerziellen Produktion der Stadt verwendet wurden, oder an die Stilisierung der Blumen- und Baummotive, die ursprünglich von den Afscharen, Abkömmlingen türkischer Stämme aus Aserbeidschan, stammten. Andererseits kann man dieselben Beobachtungen an der modernen Produktion des Gebietes um Heris und Täbris im Nordwesten oder der Region um Meshed (Maschhad) im Osten und der Farsstämme im Süden machen. Dimand hat außerdem betont, daß kaukasische Weber im 17. Jh. auch in Isfahan tätig waren, daß also seiner Ansicht nach viele der Vasenteppiche wahrscheinlich dort entstanden seien.

Die Mehrfachmedaillon-Teppiche, die in der Technik der Vasenteppiche ausgeführt sind, ähneln, wie gesagt, stilistisch weitgehend einigen der seidenen Polenteppiche, die in der Tat sehr wahrscheinlich in Isfahan hergestellt wurden.

Um die Frage noch weiter zu komplizieren, hat Arthur Upham Pope in seinem Buch *»A Survey of Persian Art«* darauf hingewiesen, daß sich im Mausoleum von Schah Abbas II. in Kum (Qom) Seidenteppiche aus dem 17. Jh. befinden, die entweder eine Vase oder ein fortlaufendes Zypressenmuster zeigen. Einer dieser Teppiche trägt die Inschrift: »Das Werk von Meister Nimat Allah aus Joshaqan, im Jahre 1082« (1671)! Deshalb, und weil auch viele Teppiche des 18. und 19. Jh. denjenigen Vasenteppichen ähneln, die seiner Meinung nach aus Joshaqan kommen, glaubt Pope, daß nicht nur ein Großteil der seidenen Polenteppiche, sondern auch viele der Vasenteppiche aus Joshaqan stammen.

Diese Ansicht, die zwar von den meisten Fachleuten nicht geteilt wurde, macht deutlich, wie gegensätzlich die Meinungen sind, die in der Teppichfachwelt bestehen.

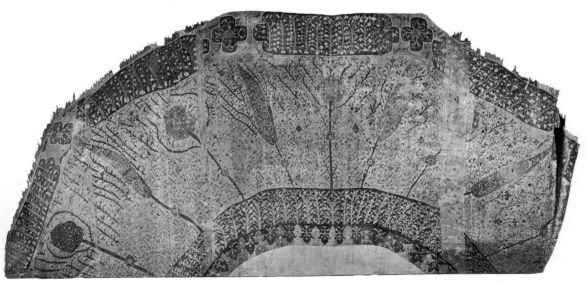

Zwei Seidenteppiche mit einseitig ausgerichtetem Muster aus Blütenzweigen und Zypressen. Sie gehören zu einer Gruppe von dreizehn Stücken, die für das Mausoleum von Schah Abbas II. in Kum angefertigt wurden. Links: Signiert mit »Nimat Allah (oder Ni'matullah) aus Joshaqan« und datiert »1671«. 188×85 cm. Rechts: Aus Joshaqan, spätes 17. Jh. 823 × 408 cm. Iran Bestan Museum, Teheran, als Leihgabe des Mausoleums von Schah Abbas II. in Kum.

Wenn wir Pope glauben würden, hätten wir ein starkes Argument für Kashan als Herstellungsort der Ardebil-Teppiche. Pope selbst nimmt allerdings unbekümmert Täbris als deren Ursprung an. Folgen wir aber Erdmann, so müssen wir Popes »Joshaqan-Theorie« zumindest hinsichtlich des eingewebten Städtenamens, ablehnen. Der Autor neigt hier wie bei den Ardebil-Teppichen zu der Ansicht, daß die Weber stolz auf ihre Arbeit waren und sich selbst und ihrer Heimatstadt durch die Angabe ihrer Herkunft ein Denkmal setzen wollten.

Alle diese Hinweise zeigen, wie schwierig, ja unmöglich es ist, die Herkunft der Vasenteppiche und überhaupt der Mehrzahl der Teppiche aus der Safawidenzeit zu bestimmen. Ein geschickter Fachmann kann – und viele haben das in der Vergangenheit getan – viele verschiedene Städte als Herkunftsort eines bestimmten Teppichs angeben. Wer die Vasenteppiche mit Gittermuster einer bestimmten Stadt zuschreibt, tut dies nur auf der Grundlage von Indizien, die meist höchst subjektiv interpretiert sind. Warum sollten so schön gezeichnete Teppiche, die während eines Zeitraums von mehr als hundert Jahren angefertigt wurden, nur in einer einzigen Stadt gewebt worden sein, zumal es bekannt ist, daß die Künstler nicht selten von einer Stadt in eine andere wanderten oder geholt wurden. Aller Wahrscheinlichkeit nach wurden Vasenteppiche in Täbris, Kashan, Isfahan, Yesd, Kirman und Herat hergestellt. Es gibt aber auch keinen Beweis, der andere Städte ausschlösse. Man kann es nur bedauern, daß so viele Fachleute sich sinnlosen Vermutungen hingeben, die das Problem nur undurchsichtiger machen anstatt es zu erhellen.

Selbst die Herkunft der einfachen »eindimensionalen« Gitterteppiche aus dem 18. Jh. konnte bis jetzt nicht eindeutig geklärt werden. Viele glaubten an Joshaqan als Produktionsort, da Teppiche dieses Stils heute noch dort geknüpft werden. Andererseits findet man dieses Muster heute auch in Täbris und in anderen Städten Persiens, so daß eine ununterbrochene Tradition, die an Joshaqan gebunden ist, zumindest fraglich erscheint. Außerdem wurden seit 1870 Teppichmuster der safawidischen Periode von europäischen Händlern in Städte und Dörfer getragen, in denen niemals zuvor nach solchen Vorlagen gewebt wurde.

Das Kopieren ganzer Teppiche und die Verwendung von Mustern des 16. und 17. Jh. war gegen Ende des vorigen Jahrhunderts in ganz Persien üblich. Erdmann und Ellis waren der Meinung, daß das »eindimensionale« Gittermuster ursprünglich aus Kirman stammte. Allerdings datierte Erdmann dessen Entstehung in die zweite Hälfte des 17. Jh.

DIE SANGUSZKO-TEPPICHE

Ebenso schwer ist es, schlüssige Aussagen über die Herkunft der Sanguszko-Teppiche zu machen. Neben den von der Fachwelt zu dieser Gruppe gerechneten Stücken gibt es noch eine ganze Reihe von Teppichen, die ihr stilistisch sehr nahestehen. Dazu gehören der datierte Poldi-Pezzoli-Teppich, der Getty-Kranich-Teppich, der Schwarzenberg, der Steiglitz und die Paris/Krakau-Teppiche, der Chelsea-Teppich, der »Darius-der-Welt«-Teppich im Poldi-Pezzoli-Museum, der Anhalt- und der Branicki-Teppich, die alle bereits erwähnt wurden.

Wenn man bedenkt, daß die Paris/Krakau-Teppiche und der Getty-Teppich, die so große Ähnlichkeiten aufweisen, daß ihre gemeinsame Herkunft außer Zweifel zu stehen scheint, von einigen Fachleuten den Produktionsorten Khorasan und Täbris, also weit voneinander entfernten Städten, zugeschrieben werden, dann muß man sich fragen, wie zuverlässig derartige Theorien sind.

Erdmann meint, die Teppiche der Sanguszko-Gruppe, auf denen Menschen und Tiere dargestellt sind, seien aus Kashan. Er kam zu diesem Schluß durch eingehende Stilvergleiche mit Seidenteppichen, die seiner Meinung nach ganz sicher aus Kashan stammen. Pope ist dagegen ganz sicher, daß diese Teppiche aus Kirman kommen – und auch dafür gibt es gewisse historische Beweise!

Engelbert Kaempfer, der 1684 in Isfahan war, berichtete, daß die wollenen Teppiche mit Tiermustern, die er in der Empfangshalle sah, in Kirman hergestellt worden seinen. Da Schah Abbas I. Werkstätten in Kashan, Isfahan und Yesd einrichtete, kann man annehmen, daß die Medaillon- und Tierteppiche aus Wolle an allen diesen Plätzen hergestellt wurden. Auch die Sanguszko-Teppiche dürften mit größter Wahrscheinlichkeit aus einer dieser Produktionsstätten stammen.

BLUMENTEPPICHE

Herat, das einst zur persischen Provinz Khorasan gehörte und heute innerhalb der Grenzen Afghanistans liegt, ist die Heimat einer Gruppe von Teppichen mit Blumenmustern. Im 14. Jh. war Herat das Zentrum der höfischen Kunst des Mongolenkhans Timur. Damit ist es wahrscheinlich Persiens älteste »Teppichstadt«. Wahrscheinlich sind die frühesten geometrischen Perserbrücken hier gewebt worden.

Sie können aber auch aus der Türkei importiert worden sein. Ein besonderer Stil des 16. und 17. Jh. mit dichten Blumenmustern wird ebenfalls den Webstühlen Herats zugeschrieben.

Auf der Mehrzahl dieser Teppiche sind keine Tiere dargestellt. Allerdings gibt es auch einige Stücke mit Vögeln und anderen Tieren. Ein besonders schönes Paar, das man »Kaiserteppiche« nennt – möglicherweise ist es ein Geschenk Peters des Großen an Leopold I. von Österreich – ist heute zwischen dem Metropolitan Museum und dem Österreichischen Museum für angewandte Kunst in Wien aufgeteilt. Auf tiefrotem Grund sind einzelnstehende oder kämpfende Tiere in mehreren Längs- und Querreihen angeordnet. Dazwischen befinden sich dicht arrangierte Blüten und Blumenkränze.

Selbstverständlich drängen sich Vergleiche mit anderen Tierteppichen auf, z. B. mit den Seidenkashans oder dem Paar rotgrundiger Tierteppiche, das heute zwischen dem Metropolitan Museum und der Mrs. John-D.-Rockefeller-Sammlung aufgeteilt ist und ursprünglich aus der Scheich-Safi-Moschee in Ardebil stammt. Erdmann und auch Dimand halten dieses Paar für ein Erzeugnis des 16. Jh. aus Täbris.

Zwar wirkt die Zeichnung der Ardebil-Tierteppiche formaler und weniger fließend als die der Kaiserteppiche, doch kann die Zuordnung des einen Paares nach Täbris und des anderen nach Herat nicht überzeugen. Die Herati-Bordüren beider Paare sind sehr ähnlich. Deshalb dürfte Kashan der Produktionsort sein.

Beigegrundiger Medaillonteppich mit Arabesken und Vögeln, möglicherweise aus Herat, Mitte des 16. Jh. 227 × 152 cm. Gulistan Museum, Teheran.

Wenn außerdem die Zuordnung zu einer bestimmten Stadt aufgrund des Augenscheins möglich ist, kann der Autor nicht glauben, daß die Kaiserteppiche und das kleine Medaillon- und Tierteppichpaar, das sich ebenfalls im Metropolitan Museum befindet und von Dimand als »16. Jh., Herat« ausgewiesen wurde, zur selben Zeit und am gleichen Ort hergestellt worden sein sollen. Das gleiche gilt für die Ardebil-Tierteppiche und die Ardebil-Medaillonteppiche, deren Qualitätsunterschiede augenfällig sind.

Die Zuordnung der Blumenteppiche nach Herat ist weniger umstritten. Abgesehen von einigen wenigen Exemplaren mit Vogelmotiven finden sich auf diesen Teppichen keine figürlichen Darstellungen. Die Vogelteppiche werden allgemein als die ältesten, um das Jahr 1600 entstandenen Vertreter einer Tradition angesehen, die bis weit in das 18. Jh. hineinreichte. Dabei nahm allerdings die Qualität ständig ab. Ein fragmentarisches Exemplar mit Fasanen und eingewebten Metallfäden befindet sich im Victoria and Albert Museum in London. Ein sehr schöner vollständiger Teppich mit Paradies- und anderen Vögeln hängt im Metropolitan Museum in New York.

Über die reinen Blütenteppiche schrieb Dimand, daß ihre Isfahan-Variante in großen Mengen nach Europa exportiert worden sei. Tatsächlich findet man Darstellungen dieser Teppiche auf vielen Gemälden des 17. Jh., u. a. von Velázquez, Rubens, Van Dyck und Vermeer.

Ein wichtiges Kennzeichen dieser Teppiche war das sogenannte Herati- oder »Fisch«-Muster, das aus paarweise angeordneten gezähnten Blättern und Blüten besteht. Die Eckigkeit der starr gezeichneten Blätter steht dabei in starkem Kontrast zu den fließenden Arabesken des Hauptmusters.

Die Herkunftsbezeichnung »Isfahan« für Blumenteppiche aus Herat wurde übrigens von den europäischen Händlern geprägt, da Isfahan der Umschlagplatz für diese Waren war. Verwechslungen von Herstellungsort und Handelsplatz sind seit Ende des vorigen Jahrhunderts leider üblich geworden. Der Einfluß der frühen Herati-Muster ist durch den umfangreichen Export bis nach Europa und Indien spürbar geworden. Doch auch in Persien selbst sind Herati-Motive in fast allen Provinzen verwendet worden. Besonders deutlich läßt sich dies an den Sichelblatt-Teppichen erkennen, aber auch an Kopien aus Isfahan, Aserbeidschan und Kurdistan. Stilistisch haben sich diese Muster bis in den Kaukasus ausgewirkt.

Das vorherrschende Thema vieler safawidischen Teppiche ist der Garten. Donald King schrieb dazu in seinem Katalog für die Londoner Ausstellung über die Kunst des Islam 1976:

»Die Vorstellung eines Gartens in ewigem Frühling, die Blumen, die Bäume, der Klang des Wassers, die Stimmen der Vögel, sind für die Völker des Islam stets mit besonderer Freude verbunden gewesen. Da viele von ihnen in einem Trockenklima lebten, haben sie diese Bilder in ihren Stoffen und Teppichen immer wieder wachgerufen.«

Sämtliche safawidischen Teppiche enthalten in mehr oder weniger großem Umfang Blumenelemente. Man kann vermuten, daß sie den Eindruck von etwas Lebendigem hervorrufen sollten. Auf den Tier- und Jagdteppichen wird das Leben in fruchtbarem Land dargestellt mit Bäumen und Wasser und reichlichem Wild. Andere Teppiche wie der Schwarzenberg, der Getty-Kranich-Teppich oder der Corcoran-Thronteppich sind idealisierte Wiedergaben blühender Landschaften. In den Bordüren der großen Seiden-Jagdteppiche in Wien und Boston

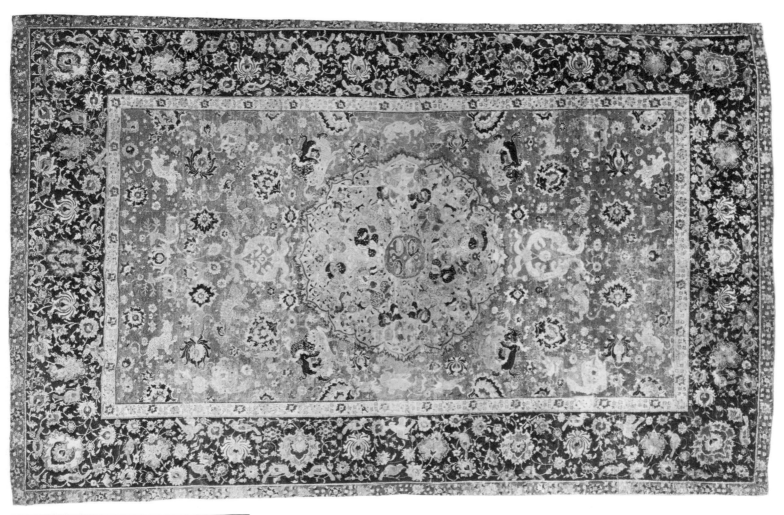

Oben und (Ausschnitt) rechts unten: Einer von zwei zusammengehörigen Tierteppichen, die im späten 16. Jh. in Herat entstanden sein dürften. 250 × 182,5 cm. Metropolitan Museum, New York. Links unten: Floraler Teppich aus Herat, spätes 16. oder frühes 17. Jh. 493 × 216 cm. Einst in der Sammlung der Gräfin Grace Dudley.

Links: Einer von zwei zusammengehörigen Teppichen aus dem Mausoleum von Ardebil (der andere befindet sich in der Sammlung Rockefeller, New York). Wolle mit Seidengrund und Silberfäden. Wahrscheinlich aus Kashan, spätes 16. Jh. 327,5 × 175 cm. Metropolitan Museum, New York.
Rechts: Herat-Teppich des sog. »Isfahan«-Typs, spätes 17. oder frühes 18. Jh. 190,5 × 127 cm. Einst in der Sammlung Kevorkian.

Links: Herat-Teppich, Wolle mit Silber, spätes 16. Jh. 293 × 156 cm. Durch drei horizontale Schnitte in der Länge gekürzt. Einst in den Sammlungen Figdor und Cassirer.
Rechts: Floraler Teppich, Wolle mit Silber, aus Herat, frühes 17. Jh. 552 × 348 cm. Sammlung der Moschee in Meshed.

Links: Gabriel Metsu: »Besuch in der Wochenstube«, 1661. Die Darstellung zeigt einen Teppich des »Isfahan«-Typs. Metropolitan Museum, New York. Rechts: Seidenteppich des »Isfahan«-Typs. Herat, spätes 16. oder frühes 17. Jh. 693 × 231 cm.

kann man zwanglose, freie Menschen in himmlischen und irdischen Gärten wandeln sehen. Ähnliche Szenen findet man auf dem berühmten Seidenkelim im Residenzmuseum in München.

Daß diese Teppiche wirklich Gärten darstellen sollten, beweisen auch die Verse von berühmten und unbekannten Dichtern, die bisweilen in die Bordüren eingewebt sind. Einer dieser Verse auf dem Baker-Tier- und Medaillonteppich des Metropolitan Museums lautet nach Sarre und Trenkwald:

›*Als der erste Flaum auf Deinen Wangen sproß,*
wuchs aus dem Strom unsrer Tränen der Teppich des Frühlings.
All unser Glück und unser Jammer ist ein Flaum,
der auf den rosigen Wangen eines jugendlich' Liebenden wächst.
Ein Flaum, wie der Wohlgeruch des Moschus ist Deinen Wangen entsprossen.
Oh Zypress, als Du Dich nach dem Rosengarten neigtest
und verborgen in Deinem Hauch lag Zypressen- und Pappelgrün.
Al Khizr im Frühling – auf der Suche nach dem Wasser des Lebens
ist nun wiedergekommen, in Grün gehüllt.
Als habe die Erde aus Kummer über sein Scheiden das Wasser aufgesaugt
sprießt nun auf jeder grünenden Wiese Gras aus ihr.
Safi, verbrenne das blaue Kleid, nun, da die Versuchung
von Wein und Flöte zum grünen Fluß uns wendet.‹

Inschriften dieser Art finden sich auf etwa vierzig Teppichen, meist mit dem gleichen Gefühlsausdruck und oft mit denselben Bildern. Tulpen und Narzissen werden häufig erwähnt (der Baker-Teppich, der dem kleinen Medaillonteppich im Pariser Musée des Arts Décoratifs sehr ähnelt, trägt einen solchen Vers in seinem Medaillon), wobei die Analogie zwischen Frühlingsblumen und dem ersten Bart eines Jünglings – dem »aufsteigenden Saft« – als Symbol für die Zeugung steht.

Diese Teppiche sollten also nicht nur Wärme und Behaglichkeit in das Leben ihrer Besitzer bringen; sie waren durch ihre Bilder auch eine ständige Erinnerung an frohe Frühlings- und Sommertage. Außerdem führten sie dem Betrachter die Freuden des Paradieses vor Augen, die den erwarten, der auf Erden die Lehren seines Glaubens befolgt. Manche Fachleute haben den theologischen Aspekt dieser Teppiche noch weitergesponnen. Sie meinten, die Medaillons würden das Himmelsgewölbe darstellen, und die Jagd- und Tierkampfszenen seien als Allegorien des Kampfes zwischen Gut und Böse zu verstehen. Zweifellos deuten die Verse darauf hin, daß die bildlichen Elemente der Teppiche auf verschiedenen Ebenen verstanden werden können.

Neben diesen Teppichen mit fast poetischer Aussage gibt es aber auch andere, die die Gärten in einer mehr kartographischen Weise wiederzugeben versuchen. Dazu gehören die »Chahar-Bag«- oder »Vier-Gärten«-Teppiche, die die Anlage klassischer persischer Gärten widerspiegeln. Auf ihnen ist das Land durch Kanäle in vier Teile aufgeteilt. Die Teppiche zeigen diese Gärten stets aus der Vogelperspektive.

Die »Chahar-Bag«-Teppiche lassen sich in zwei Hauptgruppen unterteilen. Die eine ist annähernd quadratisch und hat einen blattreichen Hintergrund. Die andere ist in längliche Stücke aufgeteilt. Der Garten ist stärker stilisiert und geometrischer dargestellt als bei der ersten Gruppe. Auch die topographische Wiedergabe ist im allgemeinen exakter.

Die bedeutendsten Exemplare der ersten Gruppe befinden sich im Museum für angewandte Kunst in Wien (»Figdor-Gartenteppich«) und in der Burrell Collection der Art Gallery in Glasgow (»Wagner-Gartenteppich«). Außer der Unterteilung der Felder durch Wasserkanäle weisen diese Stücke kaum eine Ähnlichkeit mit der zweiten Gruppe auf.

Der Figdor-Gartenteppich hat einen roten Untergrund. Das Feld ist in sechs Parzellen aufgeteilt, die ein kleines Mittelmedaillon tragen. Von diesen sind vier mit Blumen und je eines mit Bäumen und Tieren ausgefüllt. Drei weitere Medaillons sind durch den Mittelkanal, der entlang der Längsachse verläuft, unterteilt. In den Kanälen und in mehreren über die einzelnen Felder verteilten Bassins schwimmen Fische und Enten. Außerdem finden sich in den vierseitigen Feldern blühende Bäume, Sträucher und Vögel. Man nimmt an, daß dieses Stück im 17. Jh. in Südpersien, wahrscheinlich in Kirman, entstanden ist.

Floraler Herat-Teppich des »Isfahan«-Typs, spätes 17. oder frühes 18. Jh. 173 × 135 cm.

Später dürfte der Wagner-Gartenteppich entstanden sein. Er gehört technisch zu der Gruppe der Vasenteppiche. Ebenfalls aus technischen Gründen hat man ihn auch der Sanguszko-Gruppe zugerechnet. Sein tiefblaues Feld ist durch ein H-förmiges Kanalsystem mit einem Mittelbassin in vier Teile geteilt, so daß die beiden äußeren Abschnitte des Gartens sich über die ganze Länge des Feldes erstrecken, während der mittlere Teil durch den Balken des H's unterteilt ist. Die Kanäle sind hellblau und zeigen sehr naturalistisch Enten und Fische. Das Mittelbassin ist weiß. Hier finden sich ebenfalls Fische und vier Enten, drei im Wasser, eine im Flug. Die beiden Außenstücke sind spiegelbildlich gewebt. Sie tragen am unteren Ende horizontal nach außen und vertikal nach oben wachsende Bäume. Dazwischen sind eine ganze Reihe von Vögeln und anderen Wildtieren sowie je eine nicht ganz gleichartige Vase mit Blumen angeordnet. Im unteren Mittelteil wachsen spiegelbildlich je zwei Reihen Bäume horizontal aufeinander zu, aufgelockert durch Paradiesvögel und Kraniche, Rehe und Hasen. Der obere Mittelteil zeigt dasselbe zweireihige Spiegelbild in vertikalem Wechsel. Die gelbe Bordüre ist mit Heratimustern ausgefüllt.

In einer Veröffentlichung aus dem Jahre 1908 beschrieb Martin dieses Stück als eine glänzende Illustration des Frühlingsteppichs aus dem Palast des Chosroes II. (7.Jh.). May Beattie meint dagegen, daß es sich wohl eher um die Darstellung einer geschlossenen Pflanzung als um einen herkömmlichen Garten mit Blumenrabatten handele.

Auch unterscheide sich das Netz der Wasserläufe von der sonst üblichen parallelen und sich kreuzenden Anordnung, die die Bewegung des Wassers veranschaulichen sollte.

Der Wagner-Teppich ist nach Herkunft und Herstellungszeit mit den Tierteppichen der Sanguszko-Gruppe in Verbindung gebracht worden. Die neuere Forschung neigt jedoch zu der ursprünglich von Martin vertretenen Meinung, es müsse sich um einen Teppich aus Kirman handeln. Unterstützt wird dies durch einen Gebetsteppich mit ähnlicher Zeichnung aus der Moschee von Meshed, der mit »Muhammed Amin aus Kirman« und der Jahreszahl 1651

Floraler Herat-Teppich (Ausschnitt), wahrscheinlich spätes 16.Jh. 787 × 312 cm. Einst in der Sammlung Kevorkian.

Oben: Miniatur aus einem »Schahname« aus der Mogulzeit, etwa 1580. Zu beachten ist die Ähnlichkeit zwischen der Anlage dieses Chahar-Bag-Gartens und derjenigen, die auf dem Gebetsteppich rechts unten zu sehen ist. Links unten: Der Figdor-Gartenteppich. Aus Zentralpersien, möglicherweise Kirman, zweite Hälfte des 17. Jh. 187 × 151 cm. Österreichisches Museum für angewandte Kunst, Wien. Rechts unten: Garten-Gebetsteppich, signiert »Muhammed Amin aus Kirman« und datiert auf 1651. 140 × 133 cm. Sammlung des Mausoleums in Meshed.

signiert ist. Erdmann jedoch hält dieses Datum für verfälscht und um mindestens hundert Jahre zu früh.

Möglicherweise handelt es sich auch um eine Kopie aus dem 19. Jh. Die eckige Zeichnung des Wagner-Teppichs läßt in der Tat auf ein spätes Herstellungsdatum schließen; die Vermutungen reichen vom späten 17. Jh. bis zum frühen 18. Jh. (Erdmann). May Beattie sieht in der mangelnden Quersymmetrie und in der ziemlich quadratischen Form des Teppichs Hinweise dafür, daß möglicherweise nur ein Teil eines Entwurfes, der eigentlich für einen viel längeren Teppich gedacht war, verwendet wurde.

Weiter verbreitet und bedeutender ist die zweite Gruppe der Gartenteppiche. Der älteste und wichtigste unter ihnen ist ein Exemplar aus dem frühen 17. Jh., das sich heute im Museum von Jaipur befindet und das erst 1937 in einem versiegelten Raum des Palastes des Maharadschas von Jaipur in Amber (Indien) entdeckt wurde. Zu den späteren Exemplaren, die wohl alle aus dem 18. Jh. stammen, gehören die McLaren-Teppiche in England, ferner zwei Stücke aus der Kevorkian-Sammlung, die 1970 bei Sotheby's versteigert wurden (der eine ist heute im Islamischen Museum in Berlin, der andere befand sich zu der Zeit, als dies geschrieben wurde, noch auf dem Markt). Drei Stücke wurden während des Zweiten Weltkriegs in Berlin zerstört. Drei weitere befinden sich im Metropolitan Museum in New York, darunter ein großes Fragment im Stil der McLaren-Teppiche. Weitere Exemplare gehören dem Fogg Art Museum in Harvard (Geschenk von Joseph V. McMullan) und dem Victoria and Albert Museum in London. Ein großes Fragment vom Typus der McLaren-Teppiche, das möglicherweise demselben Stück entstammt wie das Fragment im Metropolitan Museum, wurde am 14. April 1976 bei Sotheby's in London verkauft. Darüber hinaus sind noch mehrere große und kleine Fragmente über die Museen der Welt verstreut.

Alle diese späten Stücke kommen wahrscheinlich aus Kurdistan. Nur bezüglich des Jaipur-Teppichs, der ursprünglich wohl zu einer größeren Gruppe gehörte, von der die kurdistanischen Stücke beeinflußt wurden, meint Dimand, er stamme aus Südpersien, vielleicht aber auch aus Kurdistan. Erdmann behauptet dagegen, daß dieser Teppich aufgrund seiner Struktur, seiner Farbgebung und seines Musters, vor allem in der Bordüre, zur Gruppe der persischen Vasenteppiche gerechnet werden müsse, die möglicherweise aus Kirman komme. Als Beweis für die Richtigkeit seiner These führt Erdmann an, daß Abul Fasl, der Historiker von Kaiser Akbar, berichtet, daß »Teppiche aus Kirman, Joshaqan und anderen Städten importiert worden sind«. Die Verwendung südpersischer Muster des 17. Jh. im 18. und 19. Jh. in

Ausschnitte aus dem Jaipur-Gartenteppich. Den Etiketten auf der Rückseite zufolge muß das Stück vor 1632 in die kaiserliche Sammlung der Moguln gelangt sein. Es ist das schönste noch erhaltene Exemplar des Chahar-Bag-Typs und ist mindestens einhundert Jahre älter als alle sonst bekannten Exemplare. Möglicherweise in Südpersien entstanden. Der vollständige Teppich mißt 840 × 370 cm. Jaipur Museum, Indien.

Bild auf S. 73: »Rustam und Mihrafruz unterhalten sich in einem Gartenpavillon.« *Malerei auf Baumwolle aus dem* »Hamsaname«, *das zwischen 1567 und 1582 in den kaiserlichen Werkstätten entstanden ist. Victoria and Albert Museum, London.*

Kurdistan erklärt Martin dadurch, daß Nadir Schah um die Mitte des 18. Jh. Weber nach Kurdistan in die Gegend von Hamadan geholt habe.

Die naturalistische Wiedergabe von Flora und Fauna im Jaipur-Teppich reduziert sich in den spätesten Kurdistan-Stücken auf geometrische Muster, die an sich keineswegs unattraktiv, doch verglichen mit dem Reichtum früherer Stücke etwas steril wirken. Die größten dieser Exemplare erreichen eine Länge von mehr als 9 m (der vollständige McLaren-Teppich), doch gibt es daneben auch einige – durchaus vollständige – Stücke, die nur ein Drittel dieser Länge haben und dadurch enorm an Wirkung verlieren.

Der vollständige McLaren (es befindet sich auch ein fragmentarisches Exemplar desselben Typs in dieser Kollektion) und ähnliche Fragmente sind leuchtender und subtiler als die späteren Kevorkian-Gartenteppiche, und ihre Blumenmuster wirken lebendiger. Zeitlich dürften die ersteren um 1700 liegen, während die anderen, vor allem die viel schlichteren kleinen Brücken, der zweiten Hälfte des 18. Jh. zuzurechnen sind.

Der Kevorkian-Typ bildet jedoch noch keineswegs das Endstadium in der Entwicklung dieses Motivs. In ihrem Buch »Hand-woven Carpets« zeigen Kendrick und Tattersall ein Stück, das einst der Orendi-Sammlung angehörte und bei dem die Zeichnung zu einem durchgehenden Gesamtmuster aus kleinen Quadraten reduziert ist, in die einzelne, stark stilisierte Blüten eingewebt sind. Das »Bassin« besteht aus einem großen zentralen Viereck, in dem stilisierte Blumen um einen kreuzförmigen Stamm angeordnet sind. Der »Wasserkanal« um das Bassin herum enthält Motive, die sehr stark denjenigen ähneln, die man auch auf den »Vogel-Ushaks« findet. Bei einem anderen Exemplar in Berlin ist jede Ähnlichkeit mit den früheren Gartenteppichen verschwunden; das ganze Feld ist mit einem rechtwinkligen Gitter überzogen, in dessen Zwischenräume einzelne Pflanzenmotive eingewebt sind. Solche Stücke dürften etwa um 1800 entstanden sein.

BAUM- UND STRÄUCHERTEPPICHE

Eng verbunden sowohl mit den Medaillon- als auch den Tierteppichen sind die sog. Baum-

Farbzusammenstellung, Technik und Muster dieses Gartenteppichs legen die Vermutung nahe, daß er aus Kurdistan stammt. 670 × 244 cm. Fogg Art Museum, Cambridge, Massachusetts. Früher McMullan Collection.

und Sträucherteppiche, die seit dem 16. Jh. entstanden sind. Eine Gruppe davon ist strukturell sehr nahe mit den Vasenteppichen verwandt, während die andere Gruppe, bestehend aus kurdischen Teppichen des späten 17. und frühen 18. Jh., den in Vasentechnik gefertigten Arabeskenteppichen gleicher Herkunft und mehr noch den Kuba-Drachenteppichen aus dem Kaukasus ähnelt. Das früheste und berühmteste Exemplar der ersten Gruppe ist der Williams-Baumteppich in Philadelphia, der wie viele der frühen Stücke auf rotem Grund gewebt ist und nach Dimand aus Täbris kommt. Die blühenden Zypressenzweige, blühenden Bäume und Sträucher bilden ein dichtes florales Muster. Die ausgeprägte Steifheit des Zeichnungsstils, in der Dimand einen Hinweis auf die frühe Herstellung sieht, gehört natürlich auch zu den auffallendsten Merkmalen der späteren Baum- und Gartenteppiche aus Kurdistan, mit denen dieses Stück offensichtlich eng verbunden ist. Eine andere, weniger verbreitete Form des Baumteppichs findet sich in einem Exemplar des Metropolitan Museums in New York. Es handelt sich hier um eine Abwandlung des Medaillonmusters, wobei das Medaillon selbst in Form eines Bassins mit Fischen dargestellt ist, um das herum Blüten und Bäume in nichtrichtungsgebundener Weise angelegt sind.

Die Art der richtungsgebundenen Reihen des Williams-Teppichs wurde im 17. Jh. in den »einseitigen« Baumteppichen stark vereinfacht. Einige von diesen Stücken haben wir in dem Abschnitt über die Vasentechnik-Teppiche bereits beschrieben. Zwei sehr schöne Exemplare befinden sich im Metropolitan Museum, das eine mit Bäumen, die um ein Sternmedaillon arrangiert sind; das andere gehörte früher zur Goldschmidt-Sammlung in New York. Eine ganze Reihe von weiteren Teppichen und Fragmenten dieser Kategorie ist in Museen und privaten Sammlungen über die ganze Welt verstreut. Bei einigen Exemplaren sind die einzelnen Reihen von einer Art Lilienspalier umgeben. Das wohl schönste Beispiel ist der Teppich der Lady Dudley, der im April 1976 bei Sotheby's verkauft wurde. Ein etwas kleineres Stück befindet sich im Musée des Arts Décoratifs in Paris. Der Sotheby-Katalog weist den Lady-Dudley-Teppich als »16. Jh.« aus (17. Jh. wäre wahrscheinlich zutreffender) und gibt den etwas merkwürdigen Hinweis: »Dieser Teppich . . . wurde höchstwahrscheinlich in Joshaqan geknüpft.« Die moderne Forschung schließt allerdings Joshaqan als Ursprungsort der steifen, »eindimensionalen« Gitterteppiche der Vasentechnik aus, deren bekanntestes Exemplar sich im Victoria and Albert Museum befindet, und entscheidet sich für Kirman. Man muß allerdings einräumen, daß das »eindimensionale« Gittermuster im 19. und 20. Jh. vor allem, wenn auch nicht ausschließlich, in Joshaqan produziert wurde.

Wie bereits erwähnt, waren die »einseitigen« Baum- und Sträuchermuster bei den Webern der Mogul-Zeit besonders beliebt. Die persischen Exemplare stehen auch den kurdischen Teppichen des 18. Jh. mit ihren sehr eckigen Baumreihen sehr nahe. Es gibt auch Parallelen zwischen diesen »einseitigen« Mustern und dem sehr ungewöhnlichen »dreidimensionalen« Gitterpaar in Amsterdam bzw. Wien, das wir schon früher erwähnt haben. Zur selben Gruppe gehören offensichtlich auch kurdische Teppiche des 18. Jh. mit Jagdszenen und Tiergruppen. Ein sehr berühmtes komplettes Exemplar konnte man 1932 auf der Londoner Ausstellung Islamischer Kunst in Burlington House bewundern. Es gehörte damals einem Händler aus Istanbul. Zwei Fragmente ein und desselben Teppichs aus dem Besitz des Museums für Kunsthandwerk in Frankfurt und der Bernheimer-Sammlung in München wurden 1976 auf der Ausstellung »Teppiche aus Zentralpersien« in Sheffield und Birmingham gezeigt. Ein anderes vollständiges Exemplar befindet sich im Metropolitan Museum (früher McMullan-Sammlung).

Der fragmentarische Teppich ist in seiner Zeichnung weniger eckig und stilisiert als das Stück aus Istanbul, und er ist eindeutig älter. May Beattie bemerkt dazu, daß der Teppich nach seiner Struktur weder in Täbris noch sonst in Nordwestpersien hergestellt wurde. In einem 1968 veröffentlichten Essay sprach sie sich für Kirman aus, wogegen Otto Bernheimer 1959 in einem Katalog zu seiner Sammlung Isfahan in Südpersien als Herkunft angibt. Zweifellos ist Südpersien sowohl aus stilistischen als auch aus strukturellen Gründen gerechtfertigt, da es sich bei diesen Stücken offensichtlich um etwas vergröberte Versionen solcher »einseitigen« Teppiche wie demjenigen im Musée des Arts Décoratifs und natürlich der kleinen Seidentierteppiche aus Kashan handelt. Andererseits sollte man nicht vergessen, daß May Beattie in ihrer Beschreibung der Gartenteppiche an die Theorie von Martin erinnert, nach der Nadir Schah Weber aus Herat und Kirman in die Gegend von Hamadan verbracht hatte. Wenn dem so ist, wäre auch eine Herkunft aus Nordwestpersien für die Fragmente in Frankfurt bzw. München und ähnliche Stücke möglich.

Nach reiflicher Überlegung jedenfalls scheint es vernünftig, all diese Teppiche aus dem 16., 17. oder 18. Jh. Nordwestpersien zuzuschreiben. Der Stil ihrer Zeichnung ist während dieser ganzen langen Periode ziemlich gleich geblieben. Falls der Williams-Baumteppich wirklich als ein Erzeugnis des 16. Jh. aus Täbris anzusehen wäre, kann man sich kaum vorstellen, daß Stücke wie die Ardebil-Teppiche zur selben Zeit in der gleichen Stadt entstanden sein sollen.

Die zweite Teppichgruppe zeichnet sich durch eine Art »Baumschildmuster« aus. Sie entstand Ende des 17. und Anfang des 18. Jh. in Kurdistan. Das meist dunkelblaue Feld ist mit horizontalen Medaillonreihen ausgefüllt, wobei jede Reihe aus zwei oder drei vollständigen und zwei halben Medaillons besteht. Aus alternierenden Medaillons in alternierenden Reihen wachsen jeweils vier Bäume diagonal nach Nordwesten, Nordosten, Südwesten und Südosten und formen schildähnliche Umrandungen um die ganzen und halben Medaillons der jeweils gleichen Reihe. Die längeren lampenförmigen Medaillons der »nichtbewachsenen« Reihen sind von den Blütenzweigen der Bäume umgeben und enthalten ihrerseits Blumen und Sträucher. Die großen Medaillons sind vorwiegend hellbraun und grünblau gehalten, die kleinen rot und weiß.

Eines der prachtvollsten Exemplare mit einer ungewöhnlichen weißgrundigen Blumenborte wurde im November 1976 bei Christie's verkauft; es befindet sich heute in einer englischen Privatsammlung. Weitere Beispiele gibt es im Metropolitan Museum (McMullan Collection) und im Philadelphia Museum (McIlhenny Collection).

Zwei Baumteppiche des Schild-Typs aus Nordwestpersien, spätes 18. Jh.
Links: Vollständiges Stück mit ungewöhnlich schönem weißen Fond und floraler Bordüre.
634 × 234 cm. Private Sammlung, England. Rechts: In der Länge verkürzter Teppich mit der üblichen Palmetten- und Blätterbordüre.
490 × 277 cm.

Ein Teppich mit einseitig
ausgerichtetem Muster aus
Bäumen, Büschen und Tieren,
wird von Dimand Kirman
zugeschrieben, obwohl die
Bordüren eher an Täbris
erinnern. Spätes 17. oder frühes
18.Jh. 813 × 328 cm. Einst in
der Sammlung Kevorkian.

Einseitig ausgerichteter
Buschteppich mit Gitter,
wahrscheinlich das schönste
erhaltene Exemplar dieses Typs.
Möglicherweise aus Kirman,
17.Jh. 351 × 187 cm.
Einst in der Sammlung der
Gräfin Grace Dudley.

POLENTEPPICHE

Eine der am besten beschriebenen Gruppen innerhalb der safawidischen Weberei sind die seidenen Schah-Abbas-Teppiche, die unter der irreführenden Bezeichnung »Polenteppiche« bekannt wurden. Zahlreiche Berichte von Reisenden, Missionaren und Diplomaten des 17. und 18. Jh. sprechen von den Seidenwebereien aus Isfahan und Kashan. In mehreren europäischen Sammlungen finden wir Teppiche, die als Diplomatengeschenke des 17. Jh. nachgewiesen werden können. Die Fehlbezeichnung »Polenteppich« entstand auf der internationalen Pariser Ausstellung von 1878, wo man den »Czartoryski«, einen Seidenteppich aus einer polnischen Sammlung, zeigte. Er trug ein Emblem, das fälschlicherweise als Familienwappen angesehen wurde. Man nahm an, daß dieses Stück in Polen hergestellt worden sei. Selbst als der Irrtum aufgeklärt war, blieb es bei dem Namen »Polenteppich«. Heute befindet sich der Czartoryski-Teppich im Metropolitan Museum.

Im Frühjahr 1601 beauftragte Sigismund III. Wasa, König von Polen, einen armenischen Kaufmann, er solle nach Kashan reisen und dort Seidenteppiche und Tapisserien einkaufen (siehe Kapitel »Europäische Teppiche«). Natürlich waren solche Waren schon vor dieser Zeit in Europa bekannt gewesen, und mindestens ein Seidenteppich polnischer Herkunft, der »Branicki«, ist älter als die Schah-Abbas-Teppiche. Sigismunds Kaufmann konnte sein Vorhaben erfolgreich beschließen (s. S. 271/272).

Sogenannter indo-persischer Tierteppich, wahrscheinlich aus Herat, 18. Jh. 838 × 282 cm.

Damit wäre erwiesen, daß solche Teppiche schon Ende 1602 nach Polen gelangt waren, also vor dem ersten Geschenk an Venedig (1603), über das Dimand geschrieben hat, es sei »das erste bekannte Auftauchen dieser Teppiche in Europa«. Laut Erdmann handelt es sich bei den acht für Sigismund gekauften Teppichen um jene Stücke, die sich heute im Residenzmuseum in München befinden. Sicher ist, daß ein Paar der seidenen Residenzteppiche, das einst im Besitz des Hauses Wittelsbach war, das Wappen Sigismunds III. trägt. Nach Deutschland gelangten diese Teppiche mit der Mitgift der polnischen Prinzessin Anna Katharina Konstanza, die 1642 mit Kurfürst Philipp Wilhelm getraut wurde.

Die zweite dokumentierte Gruppe besteht aus acht Teppichen, die von mehreren Gesandtschaften 1603 (ein Stück), 1622 (vier) und 1638 (drei) nach Venedig gebracht wurden. Fünf dieser Teppiche werden noch heute in der Schatzkammer von San Marco aufbewahrt, darunter das Stück von 1603 mit Medaillon- und Eckenmuster, das eine Abordnung von Schah Abbas unter Leitung von Fethi Bey dem Dogen Marino Grimani überreichte. Die übrigen vier Stücke entstammen der zweiten Gesandtschaft. Über das Schicksal der von Schah Safi gesandten Teppiche der dritten Abordnung gibt es keine gesicherten Daten. Erdmann meint, daß zwei Stücke im Museo Correr, deren Herkunft unbekannt ist, die aber Ähnlichkeit mit den späteren venezianischen Teppichen haben, Teil dieses Geschenkes gewesen sein könnten. Fünf kleinere Exemplare befinden sich noch in der Cà d'Oro in Venedig.

Eine kleine, doch bedeutende Gruppe befindet sich auf Schloß Rosenborg in Kopenhagen. Es handelt sich dabei um ein Geschenk Safis aus dem Jahr 1639 an Herzog Friedrich von Holstein-Gottorp, zu dem auch einige prachtvolle Brokate und Samtstoffe gehörten. Einen vorzüglichen Polenteppich erhielt Königin Sophie Amalie von Dänemark im Jahre 1662 von der holländischen Ostindien-Kompanie (ebenfalls in Schloß Rosenborg). Von einem Teppichpaar, das einst dem Prinzen Doria gehört hatte, befindet sich ein Stück heute im Metropolitan Museum (Geschenk von John D. Rockefeller jr.), das andere wurde 1976 von Colnaghi's in London verkauft. Das Metropolitan Museum zeigt auch einen Seidenkelim aus dem ehemaligen Besitz der Könige von Sachsen. Ein Paar aus demselben Besitz ist heute zwischen dem Textilmuseum in Washington und dem Islamischen Museum Berlin aufgeteilt. Nach den hohen Preisen zu schließen, die uns aus der für Sigismund bestimmten Rechnung bekannt sind, dürfte nur der begüterte Adel imstande gewesen sein, sich solche Teppiche zu leisten.

Natürlich wurden diese Teppiche nicht nur in Europa hoch geschätzt, sondern auch in Persien selbst und noch weiter im Osten. Mehrere Reisende haben die wunderschönen Exemplare beschrieben, die sie in Persien gesehen hatte. Wir besitzen Aufzeichnungen der Karmelitermissionare Pater Paul Simon und Pater Peter, die 1607/08 Kashan besuchten. Sir Anthony Sherley erwähnt in seinem im Jahre 1600 in London veröffentlichten »*Kurzen und*

Links unten: Tier- und Baumteppich, der meist als nordwestpersisch angesehen wird. Wir glauben jedoch, daß das Stück aus dem Kaukasus kommt. Stilisierte Version der safawidischen Tierteppiche, spätes 18.Jh. 442,5 × 260 cm. Einst im Besitz von S. Haim, Istanbul. Rechts unten: Paolo Veronese: »Die Hochzeit zu Kana« (Ausschnitt), 1562/63. Auf dem Balkon ganz links oben ist ein geknüpfter Medaillon- und Eckenteppich abgebildet, der bestimmten Seiden-Kashans sehr ähnelt. Darstellungen von persischen Teppichen aus dem 16.Jh. sind in der italienischen Malerei äußerst selten. Louvre, Paris.

Wahren Bericht« über seine Persienreise »Teppiche von wunderbarer Schönheit«. Sir Thomas Herbert besuchte das Land von 1627 bis 1629 und schrieb über den Palast von Isfahan:

Die Räume im Inneren . . . sind durch Gitter erhellt; die reliefartigen Decken sind rot-weiß, blau und gold bemalt; Wandmalereien stellen Spiel- und Landschaftsszenen dar, und die Böden sind mit goldenen Seidenteppichen ausgelegt. Andere Möbel gibt es nicht.«

Der französische Kaufmann J. B. Tavernier besuchte Persien 1664 und berichtete:

Der Boden war mit goldenen Seidenteppichen ausgelegt, die eigens für diesen Raum angefertigt waren. Auch ein hohes Gerüst war mit einem großartigen Teppich bedeckt . . . Nachdem ich meine Waren auf einem schönen Tisch ausgebreitet hatte, der ebenfalls mit einem goldenen und silbernen Teppich belegt war . . . trat der König ein, gefolgt nur von drei Eunuchen als Wache und zwei alten Männern, deren Aufgabe es war, ihm die Schuhe beim Betreten der mit Teppichen ausgelegten Räume auszuziehen und beim Verlassen wieder anzulegen.«

Sir John Chardin war 1666 und 1672 in Persien. In seinen Reisebeschreibungen hob er besonders die Weber von Isfahan hervor. John Fryer, der Isfahan 1676 besucht hatte, schrieb über den Teppichbasar:

Es werden dort Teppiche aus Wolle und Seide verkauft, die mit kostbaren Gold- und Silberfäden durchwirkt sind. Sie sind eine Eigentümlichkeit dieses Landes.«

Der polnische Jesuitenmissionar Krusinskij lebte von 1702 bis 1729 in Persien, also während der letzten Jahre der Safawidendynastie. Auch er beschrieb die Seidenstoffe und -teppiche Isfahans, die unter strenger Aufsicht für den königlichen Palast gewebt wurden, obwohl es daneben auch lebhaften Exporthandel mit Europa und Indien gab.

Oben links: Gerard ter Borch: »Frau mit Theorbe«. Bei dem abgebildeten Teppich handelt es sich um einen seidenen Polenteppich aus Persien, ein Typ, der ebenso wie florale Herat-Teppiche ziemlich häufig in der holländischen Malerei des 17. Jh. vertreten ist. Metropolitan Museum, New York. Oben rechts: Polenteppich aus Seide und Metallfäden mit Medaillon und Dreiblatt-Bordüre. 201 × 135 cm. Einst in der Sammlung G. A. Kolkhorst.

Zwei Schah-Abbas-Polenteppiche aus Seide und Metallfäden. Links: Ein Exemplar aus dem frühen 17. Jh. 406 × 196 cm. Rechts: Das Muster teilt das Feld in zwei Hälften, wie es bei Polenteppichen oft vorkommt. 206 × 145 cm. Einst in der Sammlung Kevorkian, heute im J. Paul Getty Museum, Malibu.

Im Mausoleum des Imam Ali in An-Nadjaf im Irak, etwa neun Kilometer westlich von Kufa, ist eine Gruppe von vier vollständigen und drei fragmentarischen Brokatteppichen aus Wolle und Seide erhalten. Die Inschrift auf einem der wollenen Stücke besagt, daß dies ein Geschenk des »Hundes dieses Heiligtums« sei. Damit ist Schah Abbas gemeint, der sich selbst als den »Hund Alis« bezeichnet hat. Daß diese Teppiche auch in Indien hoch geschätzt waren, wissen wir von Krusinskij. Es ist bekannt, daß im 16. Jh. aus einer Gruppe von drei Seidenkelims mit Mehrfachmedaillon- und Tiermuster ein Teppich sogar bis nach Japan gelangte, wo ihn der Samurai Toyotomi Hideyoshi bis zu seinem Tod im Jahre 1598 als Kampfumhang trug.

Insgesamt wohl etwas mehr als dreihundert geknüpfte oder glattgewebte Schah-Abbas-Teppiche sind bis in unsere Zeit erhalten geblieben. In einem Artikel, erschienen in »The Connoisseur« (Juli 1975), gibt Maurice Dimand eine eingehende Schilderung ihrer Motive.

KELIMS

Die glattgewebten, als Kelims bekannten Stücke bilden eine eigene Gruppe. Die Leuchtkraft ihrer Farben und die häufige Verwendung von Tier- und Vogelmotiven – beides Merkmale, die nie oder nur selten bei Knüpfteppichen auftreten – lassen vermuten, daß diese Stücke in

Oben links: Ausschnitt aus dem Polenteppich aus Seide mit Goldfäden, den die holländische Ostindien-Kompanie 1662 der Königin Sophie Amalie von Dänemark zum Geschenk machte. Das Stück dürfte damals neu gewesen sein. Trotz seines ausgezeichneten Zustands zeugen seine bleichen Farben (Fortsetzung nächste Seite)

Kashan entstanden sind. Wenn wir gelten lassen, daß die geknüpften Seidenteppiche des 16. Jh., die hier schon ausführlich besprochen wurden, aus Kashan stammen, würden die Kelims sich logisch in die vermutete hundertjährige Schaffensperiode dieser Stadt einfügen.

Das Feld der Seidenkelims hat gewöhnlich dasselbe Grundmuster wie das der geknüpften Seidenteppiche: rhombenförmiges oder ovales Mittelmedaillon mit Stab- und Palmettenfortsätzen an beiden Enden der Längsachse sowie geviertelten Kartuschen in den Ecken. Bekannteste Vertreter dieses Musters sind: der Doisteau-Kelim (Louvre, Paris), der Bliss-Kelim (Metropolitan Museum), der Berliner Pardisah-Kelim und ein dazugehöriges Stück ohne Inschrift im Textilmuseum von Washington sowie der Wittelsbacher Paradies-Kelim im Münchener Residenzmuseum, bei dem jedoch die Bordüren fehlen.

Auch der Kelim mit dem Wappen Sigismunds III. Wasa im Residenzmuseum gehört in diese Kategorie, nur ist bei ihm das Zentralmedaillon eckig. Zwei Exemplare im Metropolitan Museum in New York, aus dem Hause Sachsen und aus der Sammlung Bliss, haben floralen Charakter. Das zweite Exemplar, dessen Medaillon in einen großen Palmettenstern eingefügt ist, hat keine Eckkartuschen. Ein weiteres, wahrscheinlich späteres Exemplar im Karlsruher Landesmuseum kann auch zu dieser Gruppe gerechnet werden, obwohl seine Blumenverzierungen in vieler Hinsicht weniger frei erscheinen. Außerdem hat dieses Stück eine starke Ähnlichkeit mit den Susanis des 19. Jh., von denen die meisten vermutlich im kaukasischen Usbek gewebt wurden.

Kelims mit Mehrfachmedaillon sind die seltensten. Es sind nur drei Stücke bekannt: Der Figdor, der Toyotomi Hideyoshi in Japan und das 1938 von Gertrude Robinson im »Burlington Magazine« veröffentlichte Exemplar, das danach verschwunden war und etwa vierzig Jahre später wiederauftauchte. Es wurde am 18. November 1976 aus dem Besitz des Barons Giorgio Franchetti bei Sotheby's verkauft und ging für den enormen Preis von 63 800 Pfund an eine italienische Privatsammlung. Auf den Zusammenhang zwischen diesen Stücken und den Medaillon- und Jagdteppichen aus Seide und Wolle haben wir schon hingewiesen. Darüber hinaus lassen die häufige Verwendung chinesischer Motive sowie die Integration von Tier- und Vogeldarstellungen in einen gut strukturierten floralen Hintergrund Parallelen zu den großen und kleinen Seiden-Kashans und zur Sanguszko-Gruppe erkennen.

Nach der Zeit der europäischen Importe dürften die meisten der Kelims, aber auch der geknüpften Teppiche in der ersten Hälfte des 17. Jh. entstanden sein. Da jedoch wenigstens ein Stück, der Hideyoshi-Kelim, lange vor Beginn des 17. Jh. nach Japan gelangt ist, dürfte es sicher sein, daß zumindest einige Stücke älteren Datums sind.

Leider sind viele der Knüpfteppiche ziemlich grob gearbeitet und haben häufig nur ein Baumwollgewebe. Auch die Silberfäden sind vergleichsweise schlecht eingewebt. Trotz ihrer Beliebtheit und ihres Ruhms müssen viele der Schah-Abbas-Teppiche, die außer in Kashan und Isfahan wahrscheinlich auch noch in anderen Städten hergestellt wurden, als dekadente Vertreter einer großen Tradition angesehen werden.

PORTUGIESENTEPPICHE

Eine besonders merkwürdige Gruppe von Teppichen sind die sog. »Portugiesen«. Sie haben ein sehr großes Mittelmedaillon, das fast das ganze Feld ausfüllt, mit mehreren konzentrischen Radkränzen oder sehr auffälligen Blumenornamenten. In den vier Ecken des Feldes erscheinen Schiffe, ein Mann im Meer und Fische. Etwa acht dieser Stücke sind bekannt; sie finden oder fanden sich im Museum für angewandte Kunst, Wien, in Berlin (im Zweiten Weltkrieg völlig zerstört), bei Lord Sackville in Knole, England, im Metropolitan Museum, New York, im Winterthur-Museum, Delaware, in der Gulbenkian-Stiftung, Lissabon, im Musée des Tissus, Lyon, und im Rijksmuseum, Amsterdam. Ein Fragment wurde von McMullan in seinem Buch »Islamic Carpets« abgebildet.

Der Ursprung dieser Gruppe liegt sehr im dunkeln. Als das Wiener Stück 1976 auf der Londoner Ausstellung »Kunst des Islams« gezeigt wurde, stand im Katalog zu lesen: »Dieser Teppich könnte in Südpersien hergestellt sein, in Gujarat oder – wie die ältesten Theorien vermuten – in Goa. Vorlage für die Szene ist möglicherweise eine verlorengegangene Miniatur oder sogar ein europäischer Druck gewesen. Unter der Mogulherrschaft arbeiteten viele persische Weber in Indien; deshalb finden sich ähnliche Muster und Ornamente auf indischen und persischen Teppichen aus jener Zeit.«

Goa wird heute als Herkunft allgemein ausgeschlossen. Gujarat jedoch halten einige Fachleute durchaus für möglich. Die meisten aber sprechen sich für Südpersien aus und datieren ins 17. Jh. Einige kaukasische Teppiche des 17. und 18. Jh. aus der Gegend von Kuba zeigen übrigens eine ganz ähnliche Linienführung wie die Portugiesen-Teppiche, ebenso einige marokkanische Stücke des 19. Jh. mit ihren gestuften Rauten. Der Wiener Teppich jedenfalls

mit seinen merkwürdigen Farben hat zu lebhaften Spekulationen geführt, als er 1976 auf der Londoner Ausstellung gezeigt wurde. Vor 1887, dem Jahr, als das Berliner Stück erworben wurde, wissen wir nichts über diese hier erwähnten Teppiche.

SAFAWIDISCHE WEBEREI UND DAS PROBLEM IHRER DATIERUNG

Sowohl der datierte Poldi Pezzoli als auch die Portugiesenteppiche lassen bei vielen ein gewisses Unbehagen aufkommen. Auch andere Gruppen, die traditionsgemäß als »16. oder 17. Jh. Persien« beschrieben werden, müssen zweifelhaft erscheinen. Die eine Gruppe besteht aus kurz- und langflorigen Wollteppichen mit Medaillon- und Tiermustern, eingewebten Silberfäden und Inschriften. Ihre bekanntesten Vertreter sind der Salting-Teppich (Victoria and Albert Museúm, London), die vier Rothschild-Teppiche (1966 in Paris auktioniert), der Marquand-Teppich (Philadelphia Museum of Art), der Baker-Teppich (Metropolitan Museum, New York) und ein Teppich im Gulistan-Museum in Teheran.

Eine zweite Gruppe besteht aus Gebetsteppichen mit floraler Gebetsnische (Mihrab) und umfangreichen Koran-Inschriften im Mittelfeld und in der Bordüre. Das bekannteste Exemplar befindet sich im Metropolitan Museum. Das Pendant dazu ist neben etwa sechsunddreißig weiteren Teppichen im Topkapi-Serai-Museum in Istanbul ausgestellt.

Der Salting-Teppich im Victoria and Albert Museum kann als Musterbeispiel für die erste Gruppe gelten. Schon seit Beginn unseres Jahrhunderts wird allgemein bezweifelt, daß

Links: Sog. »Portugiesen«-Teppich, möglicherweise aus Südpersien, 17. Jh. 677 × 311 cm. Österreichisches Museum für angewandte Kunst, Wien. Rechts: Der Franchetti-Schah-Abbas-Seiden-Kelim, eine der bedeutendsten Wiederentdeckungen der letzten Jahre. Das Stück war nach seiner ersten Veröffentlichung im Jahre 1938 verschwunden und tauchte erst 1976 bei Sotheby's wieder auf. Es sind noch zwei weitere Exemplare desselben Typs bekannt: der Figdor-Kelim (heute in der Sammlung Thyssen-Bornemisza, Lugano) und der Hideyoshi-Kelim in Japan. Wahrscheinlich aus Kashan, spätes 16. Jh. 216 × 150 cm.

dieses Stück aus dem 16. Jh. stammt und in Persien hergestellt wurde. Heute nimmt man an, daß es sich um eine türkische Arbeit des 19. Jh. handelt, möglicherweise um ein Erzeugnis der königlichen Manufakturen in Istanbul oder Hereke. Wie bei den meisten Teppichen seiner Gruppe sind auch bei ihm Kette und Schuß aus Seide. In die Bordüre sind poetische Verse eingewebt. Er ist mit 14 000 persischen Knoten pro Quadratdezimeter extrem fein geknüpft. Der Baker-Teppich im Metropolitan Museum hat etwa 8800 persische Knoten pro Quadratdezimeter, während die beiden im selben Museum befindlichen Gebetsteppiche, die von Dimand ebenfalls dem 16. Jh. zugeschrieben werden, 8800 bzw. 5500 persische Knoten pro Quadratdezimeter aufweisen.

Die Zuschreibung zur Türkei scheint logisch: Das Topkapi-Museum verfügt, wie schon gesagt, über eine große Anzahl von Gebetsteppichen, und die Kum-Kapu-Teppiche, auf die wir später noch zurückkommen werden, sind von ausgezeichneter Qualität. Außerdem sind sie im persischen Stil gearbeitet und lassen gewisse Rückschlüsse auf die diesbezüglichen Praktiken in der Türkei des 19. Jh. zu. Für Erdmann sind beide Gruppen »frühes 19. Jh.«. Entweder sind diese Stücke also Ende des 19. Jh. entstanden, was sehr gut möglich ist, oder sie wurden zu Beginn des 19. Jh. oder noch früher in Istanbul oder Hereke hergestellt, was wahrscheinlicher ist.

Einige vorerst noch unbewiesene Indizien für die letztere Möglichkeit bietet einer der Rothschild-Teppiche mit typischem Tier- und Medaillonmuster, der 1966 und 1968 in Paris versteigert wurde und erneut im April 1976 bei Sotheby's in London auftauchte. Obwohl der Katalog ihn als persisches Erzeugnis des 16. Jh. auswies, kündigte der Auktionator ihn als »19. Jahrhundert/Türkei« an. Unter diesen Umständen ist es nicht verwunderlich, daß der

Persischer Medaillonteppich, wahrscheinlich aus Nordwestpersien, 16.Jh. Das Stück ist in der Länge um etwa 3 m gekürzt und mißt heute 800 × 365 cm.

Links: Mit Metallfäden durchwirkter türkischer Seidenteppich, möglicherweise nach demselben Entwurf entstanden wie der Salting-Teppich (S. 2), allerdings erst um 1870. 201 × 135 cm.
Rechts: Mit Metallfäden durchwirkter, wollener Gebetsteppich. Von dieser Art sind sehr viele Exemplare bekannt. Eines befindet sich im Metropolitan Museum in New York. Zwar beschreiben einige Autoren diese Stücke als »16. oder 17. Jh./Persien«, doch die meisten Experten sind heute überzeugt, daß es sich um Erzeugnisse der osmanischen Hofmanufakturen aus dem 19. Jh. handelt. 162 × 107 cm. Einst in der Paravicini-Sammlung, Kairo.

Teppich keinen Käufer fand. Daraufhin von Sotheby unternommene wissenschaftliche Untersuchungen an den Brokatteilen des Stücks ergaben ein Herstellungsdatum vor 1800.

Eines der Hauptprobleme bei beiden Gruppen ist die Frage nach der Herkunft der Muster. Soweit man sehen kann, wird die Echtheit keines der uns heute bekannten »persischen« Teppiche des 16. Jh. einmütig anerkannt. Die türkischen Hersteller müssen für ihre Entwürfe also persische Muster des 16. Jh. verwendet haben. Klarer sind die Ursprünge der Medaillon- und Tiermuster. Hier hat man offensichtlich die Seiden-Kashans und die Tier- und Medaillonteppiche von Herat kopiert. Zwei Stücke allerdings, das eine im Musée des Arts Décoratifs in Paris, das andere, einst in der Pannewitz-Sammlung, heute in der Sammlung

Thyssen, werden, wenn auch zögernd, als echte persische Erzeugnisse des 16. Jh. anerkannt. Obwohl nicht ersichtlich ist, weshalb diese Stücke echt sein sollen und die anderen nicht, bieten sie den besten Anhaltspunkt für Vergleiche. Man muß allerdings zugeben, daß bis jetzt noch zu wenig über die türkischen Hofwebereien des 19. Jh. bekannt ist, um schlüssige Aussagen machen zu können. Künftige Forscher können also durchaus zu völlig anderen Einsichten über die hier besprochenen Teppiche kommen. Es muß noch hinzugefügt werden, daß der Autor fast versucht wäre, den datierten Poldi-Pezzoli-Teppich – wäre er mit nur 4000 Knoten pro Quadratdezimeter nicht viel zu grob gewebt – ebenfalls dieser Gruppe zuzuordnen.

Frühe Osmanenteppiche

Man nimmt an, daß die bereits erwähnten Seldschukenteppiche und -fragmente, die man in den beiden Moscheen und in Fostat gefunden hat, in Konya, dem Hauptzentrum der türkischen Teppichweberei, entstanden sind, möglicherweise aber auch in Sivas oder in Kayseri, zwei ebenfalls bedeutenden »Teppichstädten«, die Marco Polo im 13. Jh. besucht hat. Etwa um 1300 vereinte Osman I., der Gründer der osmanischen Dynastie und Überwinder der Seldschukenherrschaft, das Land. 1326, im Jahr seines Todes, machte er Bursa (Brussa) zur Hauptstadt. Vierzig Jahre später wurde die alte byzantinische Stadt Adrianopel, das heutige Edirne, Regierungssitz.

Die frühesten osmanischen Teppiche sind etwa um 1400 entstanden. Ein Exemplar aus dieser Periode gehört wahrscheinlich zu den berühmtesten aller bis heute erhaltenen Teppiche; bestimmt ist es das der Fachwelt am längsten bekannte Stück. Gemeint ist der »Drachen-und-Phönix«-Teppich, den Wilhem von Bode, Direktor des Berliner Museums, 1886 in einer mittelitalienischen Kirche entdeckt hat. Später fand man in einer schwedischen Kirche noch ein Stück aus dieser Periode, den Marby-Teppich. Er befindet sich heute im Historischen Museum in Stockholm.

Keiner der beiden Teppiche gehört zu den frühesten Vertretern seines jeweiligen Musters. Sie sind beide schon sehr stark stilisiert. Der Berliner Teppich, dessen leuchtendgelbe Grundfarbe den chinesischen Einfluß verrät, ist in zwei Quadrate unterteilt, in denen der Kampf zweier Tiere dargestellt ist. Das eine Tier ist leicht als Drache zu erkennen, bei dem anderen handelt es sich um eine Art Vogel mit drei Schwanzfedern und sonstigen stilisierten ornithologischen Merkmalen, den man als Phönix identifiziert hat. Vieles deutet darauf hin, daß es sich dabei um eine schematisierte westasiatische Wiedergabe eines sehr viel älteren chinesischen Motivs handelt.

Hinweise auf das Alter dieses Teppichs ergeben sich aus einem Fresko in Santa Maria della Scala in Siena, das Domenico di Bartolo zwischen 1440 und 1444 ausgeführt hat und auf dem ein ähnliches Teppichmuster zu sehen ist.

Ebenso wie bei den rein geometrischen Motiven der Seldschuken haben wir auch bei den türkischen Teppichen Beweise dafür, daß Vogel- und Tierdarstellungen schon vor Beginn des 15. Jh. verwendet wurden. In Fostat fand man ein kleines Fragment (vermutlich 14. Jh.), auf dem ein einzelner Vogel innerhalb eines Oktogons abgebildet ist. Wie der »Drachen-und-Phönix«-Teppich und auch der Marby-Teppich ist es mit dem Gördesknoten geknüpft.

Domenico di Bartolo:
»Hochzeitszeremonie«, um
1440–1444. Fresko im Hospital
Santa Maria della Scala in
Siena. Der Teppich mit
Oktogonen und stilisierten
Drachen- und Phönix-Motiven
unterscheidet sich von anderen
auf Gemälden dargestellten
Tierteppichen vor allem durch
das Bordürensystem.

Der Berliner »Drachen-und-Phönix«-Teppich. Obwohl man ihn allgemein für vollständig hält, abgesehen von einer Bordüre, könnte es sich durchaus auch um das Fragment eines größeren Teppichs handeln. Er wurde 1886 von Wilhelm von Bode in einer mittelitalienischen Kirche entdeckt und gilt als anatolische Arbeit aus dem frühen 15.Jh. Hubel und andere Experten bezweifeln diese Datierung. 172 × 90 cm. Islamisches Museum, Berlin.

*Unten links: Niccolò di
Buonaccorso:* »Verlobung der
Jungfrau«, *um 1372–1388.
National Gallery, London.
Oben rechts: Fra Angelico:*
»Madonna mit Kind und
Heiligen«, *Altarbild,
1438–1440. Museo di San
Marco, Florenz. Zu beachten
sind die Vierbeinerpaare auf
dem Tierteppich. Unten rechts:
Jaime Huguet:* »Madonna auf
dem Thron mit Kind«
*(Ausschnitt), etwa 1470. Museu
de Arte de Cataluña, Barcelona.
Die Teppiche auf den ersten
beiden Gemälden unterscheiden
sich deutlich von dem letzteren;
ein Fragment dieses Typs
befindet sich im Mervlana
Museum in Konya.*

TEPPICHE IN DER EUROPÄISCHEN MALEREI

Die in der Zeit zwischen 1350 und 1450 in europäischen Gemälden dargestellten Teppiche lassen sich im wesentlichen in vier Gruppen unterteilen. Ihre Muster enthalten Wappenvögel, möglicherweise Adler wie auf dem Fostat-Fragment, Tiergruppen oder -kämpfe wie auf dem Berliner »Drachen-und-Phönix«-Teppich, Vogelpaare, die sich auf Baumästen gegenüber-stehen, wie auf dem Marby-Teppich (nach Erdmann gehört das obengenannte Fostat-Fragment ebenfalls in diese Kategorie) und von Oktogonen eingerahmte einzelne Tiere, von denen kein Exemplar erhalten ist. Teppiche mit Tierkampfszenen in der Art des Berliner Stücks finden sich in dem erwähnten Fresko von Domenico di Bartolo, bei Pisanello (»*Verkündigung an Maria*« in San Fermo, Verona) und am deutlichsten in einer Arbeit des Veroneser Meisters Domenico Morone aus dem späten 15. Jh. (früher in der Sammlung Este, Wien). Einzelne

Vögel und Tiere haben Niccolò di Buonaccorso (»*Verlobung [Sposalizio] der Jungfrau*«, National Gallery, London) und Ambrogio Lorenzetti (»*Madonna auf dem Thron*«, früher Sammlung Baer, Berlin) gemalt (beide um 1340). Ein weiteres Beispiel findet sich auf der »*Vermählung der Jungfrau*« des Sieneser Meisters Giovanni di Paolo vom Anfang des 15. Jh. in der Galleria Doria in Rom. Vogelpaare erscheinen u. a. in Gemälden von Lippo Memmi (etwa 1350), Sano di Pietro (»*Verlobung der Jungfrau*«, Vatikanische Pinakothek, Rom) und Mantegna (»*Martyrium des Hl. Christophorus*«, Eremitanikapelle, Padua; etwa 1451–1453). Vierbeinerpaare finden sich auf dem Bild »*Madonna im Schnee*« des Sienesers Sassetta (Uffizien, Florenz), auf der Arbeit eines unbekannten Meisters in Chiusdino und auf einem Gemälde des Florentiners Fra Angelico im Museo di San Marco. Diese drei Bilder sind Anfang des 15. Jh. entstanden. Im Verlauf des Jahrhunderts wird die Darstellung solcher Teppiche immer häufiger, bricht aber (nach Erdmann) um 1500 völlig ab.

Ähnliche Teppiche findet man auch in der Malerei Mitteleuropas und Spaniens. Hans Memling zeigt auf seinem Gemälde »*Bathseba im Bade*« einen »Drachen-und-Phönix«-Teppich. Der Spanier Jaime Huguet stellt in seiner »*Madonna auf dem Thron mit Kind*« (etwa 1470) einen Teppich mit freistehenden Vögeln, wahrscheinlich Junghähnen, dar. Trotz Erdmanns Aussage, daß nach 1500 in der europäischen Malerei keine solchen Teppiche mehr abgebildet seien, bleibt festzuhalten, daß auf einem englischen Porträt der Lady Dorothy Cary aus dem 17. Jh. ein solches Stück zu sehen ist, wenn auch zugegebenermaßen ein schlechtes. Übrigens sind auch nach 1500 noch Tierteppiche produziert worden, denn nach Ansicht von Dimand handelt es sich bei dem im Mervlana-Museum in Konya aufbewahrten »Junghahn«-Teppich, der dem obengenannten von Huguet ähnelt, nicht, wie der Katalog behauptet, um eine Arbeit des 15. Jh., sondern um eine Kopie aus dem 17. Jh.

Immerhin wirft das Fostat-Fragment ein Problem auf. R. G. Hubel hielt in seinem Teppichbuch die Teppiche in Berlin und Stockholm nicht für Erzeugnisse des 15. Jh., sondern für Kopien von älteren Teppichen, die im frühen 18. Jh. entstanden sind und nicht notwendigerweise türkischer Herkunft sind. Verschiedene Fachleute halten es für möglich, daß diese Teppiche im Kaukasus angefertigt wurden. Das Fostat-Fragment ist feiner gewebt als die anderen

zwei vollständiger erhaltenen Stücke. In einem gut begründeten Abschnitt seiner Schrift »*Carpets in Pictures*« verweist John Mills auf einige Kennzeichen, die bei der Wiedergabe von Teppichen mit Vögeln und anderen Tieren in spätmittelalterlichen Gemälden auffallen. Erstens sind die Tiere meist groß. Zweitens sind sie auf einem Feld von ziemlich gewöhnlicher Machart abgebildet. Dadurch unterscheiden sie sich von neueren türkischen Teppichen, die als Auflage für Throne, Podeste oder Tische oder als Wandteppiche dienten. Dies legt die Vermutung nahe, daß die älteren Exemplare von ihren Eigentümern nicht sehr hoch eingeschätzt wurden. Drittens ist auf vielen früheren Teppichen eine klar erkennbare diagonale Webkante mit rauhen Knoten erkennbar. Viertens haben diese Teppiche gewöhnlich keine Bordüren. Mills meint, daß diese Teppiche den Endpunkt einer byzantinischen Herstellungstradition von Bodenteppichen mit unaufgeschnittenen Schlingenknoten markieren. Zweifellos zeigt das Fostat-Fragment, daß auch echte Florteppiche mit ähnlichem Muster hergestellt wurden, aber ihre Qualität, die derjenigen der Exemplare in Berlin und Stockholm überlegen ist, verleiht der Theorie von Hubel Gewicht, daß die zwei letztgenannten etwa 300 Jahre später zu datieren sind, als die meisten Autoren bisher annahmen. Es sollte auch angemerkt werden, daß große stehende Vögel auf schmalen Brücken, die von Balkonen herabgehängt wurden, abgebildet sind. Ein Beispiel ist »*The Tournament*« (Das Turnier), eine Einlegearbeit auf einer Truhe aus der Mitte des 15. Jh. in der National Gallery in London. Dieses Bild enthält auch Brücken mit rein geometrischem Muster, auf denen gegeneinander versetzte Rauten erscheinen, und ist nach Mills das einzige bekannte frühe Bildwerk, auf dem Vogelteppiche und geometrische Teppiche zusammen dargestellt sind.

Die europäische Malerei des 14. und 15. Jh. zeigt aber auch eine gewisse Vorliebe für die geometrischen Muster der frühen Seldschukenteppiche. Dimand berichtet über zwei solche Beispiele – mit Rauten und Quadraten – in florentinischen Gemälden aus der Giotto-Schule, das eine in San Spirito in Prato, das andere in Assisi. Einen ähnlichen Teppich hat Ambrogio Lorenzetti in seinem Bild »*Madonna mit Kind und Heiligen*« (Siena, erste Hälfte des 14. Jh.) dargestellt. Ein weiteres Beispiel finden wir in Ghirlandaios Bild »*Thronende Madonna*« aus der Mitte des 15. Jh. (Uffizien, Florenz). Einen sehr ungewöhnlichen Teppich mit rechtwinkligem Labyrinthmuster, umgeben von einem Oktogon, hat Sassetta auf seinem Polyptychon »*Madonna und das Kind mit Heiligen und Engeln*« in der Kirche San Domenico in Cortona verewigt.

Auch die flämischen Maler, wie Jan van Eyck und seine Schule, haben geometrische Teppiche dargestellt. Rautenmuster finden sich in van Eycks »*Marienaltar*« (Gemäldegalerie Dresden), »*Madonna*« (Melbourne Gallery) und »*Madonna des Jan Vos*« (Frick Collection, New York). Von demselben Künstler stammen ein kompliziertes Stern- und Kreismuster in »*Madonna des Kanonikus Georg van der Paele*« (Stedelijk Museum, Brügge) sowie ein Rauten- und Endlosknotenmuster in »*Madonna von Lucca*« (Städelsches Kunstinstitut, Frankfurt). Das letztgenannte Muster finden wir auch auf dem Gemälde »*Maria zwischen den Heiligen Hieronymus und Franziskus*« von Petrus Christus, das ebenfalls im Städelschen Kunstinstitut in Frankfurt zu sehen ist.

Fast scheint es, als hätte man Teppiche nur im Zusammenhang mit religiösen Themen gemalt; doch auf van Eycks berühmtestem Werk »*Arnolfini-Hochzeit*« (National Gallery, London) kann man im Hintergrund zumindest die Bordüre eines Teppichs erkennen. Erwähnenswert ist auch eine französische Miniatur in einem Manuskript der »*Dialoge*« von Pierre Salmon, auf der ein glattgewebter, wahrscheinlich anatolischer Teppich mit Zickzackmuster in Blau, Gelb und Rostrot zu sehen ist. Das Bild zeigt Karl VI. von Frankreich mit seinen Söhnen und Pierre Salmon selbst im königlichen Schlafgemach; es wurde etwa 1412 von dem Meister Bouçicaut gemalt. Von diesem einen Beispiel abgesehen, dürfte es schwer sein, weitere Abbildungen orientalischer Webereien in der französischen Malerei des Mittelalters zu finden.

HOLBEIN-TEPPICHE

In der zweiten Hälfte des 15. Jh., als die Darstellung von Tierteppichen zugunsten geometrischer Muster zurückging, ist eine zunehmende Vorliebe für Oktogonmotive zu erkennen. Es handelt sich dabei um die frühesten Vertreter einer besonderen Familie, die etwas unzutreffend »Holbein-Teppiche« genannt wurden. Die ersten Exemplare erschienen hundert Jahre, bevor Holbein der Jüngere als Maler tätig war. Obwohl dieser besondere Typ dem 15. Jh. zugerechnet wird, darf man ihn natürlich nicht losgelöst von jeder Tradition sehen. Unter dem Oberbegriff »Holbein« werden zwei Gruppen – die »großgemusterten Holbeins« und die »kleingemusterten Holbeins« – unterschieden. Letztere werden heute als die älteren angesehen. Häufiger gemalt wurden allerdings die »Großgemusterten«. Man erkennt sie leicht an

*Oben und rechts (Ausschnitt):
Vittore Carpaccio:* »Die Hl.
Ursula und der Prinz nehmen
Abschied von ihren Eltern«,
*1495. Aus dem Zyklus in der
Scuola di Sant'Orsola,
Accademia, Venedig.*

Rechte Seite: Carlo Crivelli:
»Verkündigung mit St.
Emidius«, *Altarbild, zweite
Hälfte des 15.Jh. National
Gallery, London.*

ihren zwei bis drei großen Oktogonen in satten Primärfarben, die von Rechtecken umgeben
sind. Der Innenraum der Oktogone ist mit geometrischen Ornamenten, z.B. stilisierten Blu-
menmotiven, ausgefüllt, während die Bordüre meist ein sehr kompliziertes, verschlungenes
Muster zeigt. Besonders in der italienischen und flandrischen Malerei des 15.Jh. sind solche
Teppiche recht häufig zu sehen. Beispiele aus Italien: Piero della Francescas »*Sigismondo
Malatesta im Gebet*« (in der Kirche San Francesco in Rimini) und »*Madonna mit Kind*«
(Palazzo di Brera, Mailand); Fra Carnevales Miniatur im *Codex Urbinensis* (sie stellt Fede-
rico da Montefeltro und den Gelehrten Landino dar); Mantegnas »*Marien-Triptychon*«
(etwa 1456–1459; Kirche San Zeno, Verona), »*Lodovico Gonzaga und seine Familie*« (etwa
1474; Camera degli Sposi, Mantua) und »*San Bernardino*« (Palazzo di Brera, Mailand; wird
heute einem Schüler Mantegnas zugeschrieben) – Erdmann hält dieses Stück für einen Tierteppich, obwohl unter den Füßen der Jungfrau zu wenig davon sichtbar ist, um absolut sicher
sein zu können –, Jacopo Bassanos »*Verkündigung*« (etwa 1545; San Alessandro, Brescia).

   Die berühmtesten Beispiele finden wir jedoch bei den venezianischen Meistern Vittore
Carpaccio und Carlo Crivelli. In seinem Werk »*Die Hl. Ursula und der Prinz nehmen*

OPVS · CARO
LI · CRIVELLI
VENETI

·1486·

Beide Seiten von links nach rechts: Hans Memling: »Triptychon« (Mittelstück); Schule des Roger van der Weyden: »Madonna mit dem Kind vor einem Altar«; Domenico Panetti: »Madonna auf dem Thron mit vier Heiligen«, 1503; Vicenzo Foppa: »Madonna und das Kind auf dem Thron mit Heiligen«.

Beide Seiten von links nach rechts: Hans Memling: »Marienaltar von Sir John Donne of Kidwelly«, zweite Hälfte des 15. Jh., National Gallery, London; Domenico Ghirlandaio: »Die Jungfrau und das Kind mit Heiligen«, Galleria Antica e Moderna, Florenz.

98

DEIPARA VIRGINIS IMAGINEM HANC CONSVLES E TENEBRIS AC SITV ERVTAM CONSPICVO IN LOCO POSVERE
VT IN POSTERVM TAM OCVLIS QVAM ANIMIS PIORVM ILLVCESCAT · M·D·IIIIC ·

Abschied von ihren Eltern« in der Scuola di Sant'Orsola in Venedig (1495) zeigte Carpaccio nicht weniger als einundzwanzig Teppiche in allen Variationen des großen Oktogonmotivs. Sechs davon sind im Vordergrund über Balustraden und Balkone gebreitet, die anderen fünfzehn hängen aus den Fenstern im Hintergrund. Weitere »Holbein-Teppiche« hat der Künstler in den Gemälden »*Theseus empfängt die Gesandtschaft der Amazonenkönigin Hippolyta*« (etwa 1500, Musée Jacquemart-André, Paris) und »*St. Trifonius befreit die Tochter des Kaisers Gordianus*« (etwa 1508; Scuola di San Giorgio degli Schiavoni, Venedig) dargestellt. Das bekannteste Werk von Crivelli mit einer Teppichdarstellung ist »*Verkündigung an Maria*« in der National Gallery in London.

Ein besonders schöner Teppich fand sich bei Raffaelino del Garbo in dessen Werk »*Madonna mit Kind*« (um 1500). Es gehörte dem Staatlichen Museum in Berlin und wurde im Zweiten Weltkrieg zerstört. Der Teppich hatte ein Muster aus abwechselnd eckigen und rundlichen Oktogonen, mit einer breiten Borte mit kufischen Schriftzeichen. Die zweifellos grandioseste Darstellung eines frühen »Holbeins« hat Pinturicchio Anfang des 16. Jh. in seinem Freskenzyklus »*Szenen aus dem Leben Enea Silvio Piccolominis*« in der Piccolomini-Bibliothek im Dom zu Siena geschaffen. Die Szene, die den damaligen Kardinal als Botschafter am schottischen Hof darstellt, zeigt einen Teppich mit drei Oktogonen und Quadraten, umgeben von einer breiten grünen Bordüre mit Schlüsselmuster. Er steht im Mittelpunkt des Gemäldes. Sein Muster wird auf dem Marmorfußboden wiederholt.

Im nördlichen Europa finden wir Holbein-Teppiche u. a. in Gemälden von Hans Memling (»*Marienaltar von Sir John Donne of Kidwelly*«, National Gallery, London; »*Die thronende Madonna mit dem Kind, einem Engel und dem Stifter*«, Kunsthistorisches Museum, Wien; »*Madonna*«, National Gallery, Washington) und von dem Meister von St.-Giles (»*Messe in Saint-Giles*«, National Gallery, London) sowie von Gerard David (»*Triptychon*«, Louvre, Paris), ferner bei einigen flämischen Meistern der Zeit von 1470 bis 1500.

Nach Erdmanns Schätzung sind noch etwa fünfzig vollständige oder fragmentarische Exemplare dieses Teppichtyps erhalten. Ein frühes Fragment befindet sich im Berliner Museum. Das wohl bedeutendste vollständige Exemplar ist das Stück in der McIlhenny-Sammlung. Sein rotgrundiges Muster besteht aus drei Quadraten, in denen jeweils ein Doppeloktogon enthalten ist, und einer kunstvollen geometrischen Bordüre. Das Stück dürfte in der zweiten Hälfte des 15. Jh. entstanden sein, also etwa zur selben Zeit wie der Doppeloktogon-Teppich im Istanbuler Museum. Ebenso wie viele der »gemalten Holbeins« haben diese beiden eine sehr große Ähnlichkeit mit Bergama-Teppichen aus dem 19. Jh. Möglicherweise sind sie einst in dieser Stadt entstanden. Es gibt aber auch auffallende Parallelen zu turkmenischen und kaukasischen Teppichen des 19. Jh. Vor allem der Istanbul-Teppich wirkt fast wie ein Karatschop-Kasak. Sogar der Berliner »Drachen-und-Phönix«-Teppich erinnert mit seinen hochstilisierten Ornamenten und den hakenbesetzten Oktogonen unbestreitbar an Tekke-, Saloren- und Jomuten-Muster. Die gemeinsame türkisch-mongolische Wurzel macht sich überall bemerkbar.

LOTTO-TEPPICHE

Sehr eng mit den »Holbeins« verwandt ist die Gruppe der sog. »Lotto-Teppiche«; auch ihr Name ist ebenso irreführend. Die für den »Holbein« so typischen Oktogonmuster entwickelten sich aus den Tierteppichen, die man mit ziemlicher Sicherheit in das 13. Jh. datieren kann. In der europäischen Kunst tauchten diese abstrakten Formen erstmals zu Beginn des 15. Jh. auf, zu einer Zeit also, in der sie in ihrem Ursprungsland vermutlich schon weit verbreitet waren. Das »Lotto-Muster« ist diesen früheren »starren« geometrischen Formen sehr nahe verwandt, erschien aber erst hundert Jahre später, vor allem in einer Porträtgruppe von Sebastiano del Piombo, 1516, National Gallery, Washington. Es ist eine Art Skelettmuster aus sich abwechselnden Reihen von Oktogonen und Kreuzen, die aus stilisiertem Blattwerk geformt sind. Vorherrschende Farben sind Gelb und Blau auf rotem Grund. Von wenigen Ausnahmen abgesehen, haben die Lotto-Teppiche ein eher kleines Format.

Der Ursprung dieses Musters ist in der Fachwelt sehr umstritten. Erdmann ist der Ansicht, die Lotto-Teppiche kämen wie die kleingemusterten »Holbeins« aus Westanatolien. Außerdem vertritt er die These, daß ihr Muster nicht das Ergebnis einer langsamen Entwicklung, wie bei den »Holbeins«, sondern eine bewußte Kreation sei.

Die europäische Malerei dokumentiert also für uns die kleingemusterten »Holbeins« mit ihren Rauten- und Oktogonreihen, die großgemusterten »Holbeins« mit den zwei oder drei großen Oktogonen aus der ersten Hälfte des 15. Jh. und die Arabesken- oder Lotto-Muster aus dem 16. Jh. In manchen Gemälden wie in Carpaccios »*Hl. Ursula*« erscheinen klein- und großgemusterte »Holbeins« nebeneinander. Auf anderen Arbeiten hat Carpaccio Variatio-

nen des großgemusterten »Holbeins« geschaffen: In »*Gesandte der Hippolyta*« z.B. besteht das Muster aus einem Mittelquadrat, das von vier kleineren Quadraten umgeben ist. In »*Geburt Mariae*« in der Scuola degli Albanesi, Bergamo, enthält der Teppich ein großes Sternmedaillon, um das herum kleinere achtzackige Sterne mit Mittelquadrat angeordnet sind, und sehr ungewöhnliche Arabesken-Eckstücke. Ein ähnliches Stück, dessen Feld allerdings unklar bleibt, ist auf dem Gemälde (1518) »*Thronende Maria mit dem Kinde und Heiligen*« in der Kirche San Francesco in Pirano zu sehen.

Auch der italienische Maler Lorenzo Lotto hat sich nicht darauf beschränkt, nur Teppiche mit dem speziellen Arabeskenmuster darzustellen, das nach ihm benannt ist. Tatsächlich macht ein Blick auf das Gesamtwerk des Künstlers erst richtig deutlich, wie irreführend die Bezeichnung »Lotto-Muster« in Wahrheit ist. Seine etwa 250 authentischen Werke enthalten folgende Gemälde, auf denen Teppiche dargestellt sind:

1. »*Marienaltar*« (Santa Cristina Altiverone, Treviso), 1507: Feld mit kleinen freistehenden Zypressen und Blumenmotiven. Eine Borte formt sich zu einem Oktogon, das einen floralen Stern enthält. Dieses Motiv ist auf türkischen Teppichen des 16. Jh. häufig anzutreffen. Dimand führt zwei Gebetsteppiche aus der Ballard-Sammlung an, die sich heute im Metropolitan Museum befinden. Zwei weitere aus der McMullan-Sammlung sind in seinem Buch »*Islamic Carpets*« auf den Tafeln Nr. 100 und 101 abgebildet. Ihr Besitzer beschreibt sie als eine Mischung zwischen hochstilisiertem Gartenteppich und doppelbögigem Gebetsteppich. Vor allem das Stück auf der Tafel Nr. 100 enthält Zypressenmotive, die den obengenannten auf dem Lotto-Gemälde sehr ähnlich sind.

2. »*Porträt des Pompeo Colonna*« (Galleria Colonna, Rom), 1509: Stilisierte kufische Bordüre und Teil einer Blütenborte. Feld nicht sichtbar.

3. »*Der päpstliche Protonotar Giovanni Giuliano*« (National Gallery, London), 1519/1520: Detail eines Feldes mit achtzackigen Sternen und verschiedenen anderen Motiven.

4. »*Maria mit Kind und Heiligen*« (San Spirito, Bergamo), 1521: Bordüre und Bordürenbogen ähnlich wie bei Nr. 1.

5. »*Die Vermählung der Hl. Katharina, mit Niccolo Bonghi als Stifter*« (Accademia Carrara, Bergamo), 1523: Großes Holbein-Muster.

6. »*Gemahl und Gemahlin*« (früher Gatschina bei Leningrad), etwa 1524: Der Teppich ähnelt Nr. 1 und Nr. 4. Seine Hauptborte ist jedoch breiter und kunstvoller, wie bei manchen kleingemusterten »Holbeins«.

7. »*Porträt des Antonio Correr*« (früher auf dem Londoner Kunstmarkt), 1525: Großes Holbein-Muster.

8. »*Porträt der Laura Pisani*« (wird heute dem Maler Dosso Dossi zugeschrieben – früher Cornbury-Park-Sammlung), 1525: Kleines Holbein-Muster.

9. »*Porträt eines Edelmanns*« (Cleveland Museum of Art, Ohio), 15(3)5?: Kleines Holbein-Muster.

10. »*Almosenverteilung des Hl. Antonius*« (SS. Giovanni e Paolo, Venedig), 1542: Drei Teppiche, einer mit Lotto-Muster, die beiden anderen mit vereinzelten Zypressen und Palmetten (wie in Nr. 3), wahrscheinlich türkische oder ägyptische »Kassetten«-Teppiche.

11. »*Familiengruppe*« (National Gallery, London), 1547: Ein Teppich mit Lotto-Muster.

Aus diesen Beispielen wird ersichtlich, daß Lotto in seinen Gemälden zwar eine ganze Reihe von Teppichen mit geometrischem Muster unterbrachte; doch erst gegen Ende seiner Laufbahn und nur in zwei Fällen hat er »Lotto«-Muster gemalt.

Nordeuropäische Maler des 17. Jh. scheinen es viel öfter verwendet zu haben. Lotto war Venezianer; die meisten Teppiche jeglicher Art erscheinen auf venezianischen Gemälden des 15. Jh. Das ist kaum verwunderlich, denn Venedig war der größte Teppichimporteur Europas. In den Zeugnissen europäischer Malerei im allgemeinen läßt sich eine Steigerung erkennen, die von den hochstilisierten Teppichen des 13., 14. und frühen 15. Jh. bis zu den verschiedenen geometrischen Mustern des 15. und 16. Jh. reicht und ihren Höhepunkt in den »Lotto«- und Arabeskenmustern bzw. in den Teppichen mit offenem Medaillon findet.

In der Fachwelt ist man sich einig, daß die türkischen Teppiche, die im Westen bekannt sind, nur einen Bruchteil dessen enthalten, was an Mustern produziert wurde. So scheint jeder Versuch einer Herkunftsbestimmung ohne weiterreichende Kenntnisse ziemlich aussichtslos. Inzwischen ist man jedoch allgemein der Ansicht, daß die großgemusterten Holbeins aus Bergama und die kleingemusterten aus Ushak stammen. Eindeutige Beweise freilich gibt es dafür nicht.

Lotto-Teppiche wurden bis weit ins 18. Jh. hinein hergestellt. Ihre Muster wurden jedoch schwerfälliger, eckiger und gröber. Auch die eleganten kufischen Schriftbordüren der frühen

Stücke, die so gut auf die schön geformten Arabesken des Mittelfelds abgestimmt waren, verschwanden und wurden durch völlig unpassende Blumen- oder Wolkenbandbordüren ersetzt. Häufig sind diese Bordüren viel zu breit und zerstören die Wohlausgewogenheit zwischen Feld und Bordüre, die die Stücke aus dem 16. Jh. auszeichnete. Paradebeispiel aller schlechten Eigenschaften dieser späten Stücke ist ein Teppich aus der McMullan-Sammlung, der sich heute im Metropolitan Museum befindet. Das Kreuzmotiv ist erstarrt und plumper geworden; die Vertikalbalken sind rot oder blau, der Horizontalbalken gelb oder rot. Die Hauptborte mit den zwei schmalen Randstreifen ist fast halb so breit wie das ganze Mittelfeld. Eine bemerkenswerte Besonderheit allerdings hat dieses Stück, das wohl Mitte des 18. Jh. entstanden ist, aufzuweisen: Es ist das einzige bekannte Exemplar mit blauem Grund.

Oben: Zwei Arabesken- oder »Lotto«-Teppiche. Zu beachten ist die gröbere Zeichnung bei dem späteren Stück. Links: Anfang oder Mitte des 17. Jh. 170 × 129,5 cm. Rechts: Spätes 17. Jh. 160 × 122 cm.

USHAK-TEPPICHE

Ushak in der westlichen Türkei – dieser Name verbindet sich mit einigen sehr bekannten Teppicharten des 16. und 17. Jh. Neben Istanbul, das als Konstantinopel 1453 unter Mehmed II. erobert wurde (Mehmed regierte von 1451 bis 1481 und begann den Bau des Topkapi-Serails), und Bursa, seit 1326 Hauptstadt der Osmanen, war Ushak eines der Hauptzentren osmanischer Hofweberei.

Die Entwicklung neuer Teppichstile war stets mit großen Ereignissen der Geschichte verbunden. Sultan Bajazid II. (1481–1512) war ein strikter Anhänger des sunnitischen Islams, der den Schiiten-Glauben seiner safawidischen Nachbarn bekämpfte. Die Beziehungen zu Persien verschlechterten sich zusehends. Unter Bajazids Nachfolger Selim I. (1512–1520) kam es zum Krieg. Der Safawide Ismail wurde besiegt. 1514 wurde Täbris zum erstenmal besetzt. Zur selben Zeit begannen die Osmanen ihren Eroberungszug in Nordafrika, wo sie 1517 das Mamluken-Sultanat stürzten. Unter seinem wohl bedeutendsten Herrscher, Suleiman dem Großen (1520–1566), erreichte das Osmanenreich seinen Höhepunkt. Die Eroberung solch riesiger Territorien blieb natürlich nicht ohne kulturelle Folgen für Eroberte und Eroberer.

Sowohl Kairo, der Sitz der Mamlukenherrscher, als auch Täbris, die Hauptstadt der Safawiden, besaßen blühende Teppichmanufakturen. Es scheint, als habe der Kontakt mit den persischen Herstellern den türkischen Stil verwandelt, während sich die Türken die

Ushak-Gebetsteppich.
Wahrscheinlich das schönste
noch erhaltene Exemplar dieses
Typs, frühes 16.Jh.
180 × 120 cm. Islamisches
Museum, Berlin.

Geschicklichkeit mamlukischer Weber zunutze machten und Teppiche von diesen nach ihren Entwürfen anfertigen ließen.

Bei den Ushaks unterscheidet man im wesentlichen fünf verschiedene Muster: Gebetsteppiche mit doppelter oder einfacher Mihrab, Sternteppiche, Medaillonteppiche, Vogelteppiche und »Kugel-und-Streifen«-Teppiche (oft auch als »Tamerlans Waffen« bezeichnet). Die Grundfarbe der beiden letztgenannten Muster ist stets Weiß. Möglicherweise beziehen sich die in europäischen Inventarlisten des 16.Jh. zu findenden Bezeichnungen »Damaszener«, »Smyrna«, »Türkei« u.a. auf die verschiedenen Ushak-Muster, in die bisweilen auch europäische Wappen eingewebt sind. Sie wurden in großer Zahl nach Europa importiert, meist über Venedig. Berühmtheit erlangte Kardinal Wolseys Bestellung über sechzig solcher Teppiche. Der Auftrag wurde 1520 durch die Signoria von Venedig vermittelt.

Die unzähligen Variationen des Gebetsteppichs sind wohl der größte Beitrag, den die Türkei der Teppichkunst leistete. Die ältesten uns erhaltenen Beispiele stammen aus dem 16. und 17.Jh. Ihre Tradition aber muß sehr viel älter sein. In Persien existiert eine timuridische Miniatur von 1436, die einen Gebetsteppich darstellt. Die Motive der Gebetsteppiche sind in der gesamten islamischen Welt vertreten. Wichtigstes Merkmal dabei ist ein Bogen, Mihrab (Gebetnische) genannt, in der Mitte des Feldes, der an die Kanzel im Haus des Propheten in Mekka erinnern soll, von der Mohammed predigte. Daneben sind häufig auch Lampen abgebildet sowie Wasserkannen und Kämme als Symbole für die Reinheitsvorschriften, die der gläubige Moslem beim Gebet zu beachten hat. Bisweilen sind Suren aus dem Koran in die Bordüren eingewebt; doch gemäß den sunnitischen Gesetzen werden niemals lebende Wesen dargestellt, obwohl dies im Koran nicht ausdrücklich verboten wird.

Die ältesten türkischen Gebetsteppiche, von denen ein berühmtes Exemplar im Staatlichen Museum in Berlin zu sehen ist, werden dem 16.Jh. und dem Herkunftsort Ushak zugeschrieben. Das Berliner Stück mißt 1,8 m × 1,2 m; die Mihrab ist dunkelblau umrandet, die Basis ist hellblau und das Feld leuchtend rot. Die Spandrillen zu beiden Seiten des Kleeblattbogens sind mit stilisierten hellblauen Arabesken ausgemustert, die heraldischen Tieren ähneln. Das florale Ornament im Basisbogen der Mihrab sieht mit seinem »Kopf« (mit »Augen« und einem »Mund«), den acht »Beinen« und »Antennen« aus wie ein groteskes, spinnenähnliches Insekt, das von den Arabesken herabhängt. Es ist eines der merkwürdigsten Motive, das auf einem Orientteppich zu sehen ist.

Der Bogen der Mihrab endet in einem Kleeblatt, dessen Flansch oder Mittelstück die Form einer Pfeilspitze hat. Das Feld über der Mihrab enthält Arabesken, wie man sie in den Lotto-Mustern findet. Der untere Teil des Felds überlappt die Basis der Mihrab mit einem großen Rhombus, der mit stilisierten Blütenmotiven ausgefüllt ist. Von dieser Art sind mehrere Exemplare bekannt. Zwei davon befanden sich einst in der Ballard-Sammlung. Sie stammten wahrscheinlich aus Konya. Offensichtlich wurde dieser Typus über einen längeren Zeitraum produziert, denn 1977 war bei Lefèvre in London ein Exemplar mit Doppel-Mihrab ausgestellt, dessen Herkunft mit »18.Jh., Konya« angegeben wurde. Es hatte eine auberginenfarbene Mihrab mit einem Mitteloktogon, das mit Blütenkelchen ausgefüllt war. Von dem Oktogon gingen strahlenförmig gelbe Stäbe aus, deren Enden in Palmetten oder Wappenschilde ausliefen. Die blauen Spandrillen an den Enden enthielten Lotto-Arabesken. Der Lefèvre-Katalog jedoch wies dieses Stück mit Recht nicht als Gebetsteppich aus, denn die Mihrab zierten neben stilisierten Blumenköpfen und kleinen Sternen auch vier kleine Vierbeiner. Es handelt sich also auch hier um eine jener seltsamen Mischungen aus hochstilisiertem Gartenteppich und Gebetsteppich.

Im 17.Jh. haben die Ushaks meist eine doppelendige Mihrab, die oft ein Sternmedaillon und vereinzelte Blumenmotive enthält. Die Spandrillen sind stets mit Lotto-Arabesken ausgefüllt, die – je länger man sie betrachtet – einer Mischung aus Blumenmotiven und kufischer Schrift immer ähnlicher werden. Die Bordüren sind gewöhnlich mit Wolkenbandmotiven ausgemustert. Neben diesem Haupttyp gibt es noch die *Saphs* (Reihengebetsteppiche, Familienteppiche) mit mehreren Mihrabs. Davon existieren im Westen nur sehr wenige Exemplare. Ein fragmentarisches Stück (Ende 17./Anfang 18.Jh.) befindet sich im Washingtoner Textilmuseum. Ein vollständiges Exemplar (wahrscheinlich 17.Jh., Ushak), dessen derzeitiger Verbleib unbekannt ist, veröffentlichte Erdmann in seinem Buch »*Orientalische Teppiche*«. Verteilt auf zwei Reihen, enthält es sechs Mihrabs, von deren Spitze jeweils eine Lampe hängt und an deren unterem Rand je zwei Fußabdrücke zu sehen sind. Derselbe Autor führt in »*Siebenhundert Jahre Orientteppich*« noch ein weiteres Beispiel mit fünfeinhalb einfarbigen Mihrabs auf, dessen Alter und Herkunft ebenfalls mit »17.Jh., Ushak« angegeben wird. Es handelt sich um ein Fragment, das wahrscheinlich weniger als die Hälfte des ursprünglichen Saphs ausmacht und heute im Berliner Museum ist. Eine ganze Reihe von derartigen Fragmenten sind noch im Türkisch-Islamischen Museum in Istanbul zu sehen. Erdmann glaubt, daß die frühesten dieser Stücke bis ins 15. Jh. zurückreichen. Saphs wurden in z. T. sehr schöner Ausführung, oft als Kelims, bis ins 19. Jh. hergestellt.

Von allen Ushaks des 17. Jh. sind zweifellos die Medaillon- und die Sternteppiche die berühmtesten. Erstere waren oft von beträchtlicher Länge (bis 9 m). Die Stern-Ushaks waren meist kleiner. In der europäischen Malerei erscheinen sie erstmals um die Mitte des 16. Jh. Hergestellt wurden sie bis ins 19. Jh. Die erste Abbildung eines Stern-Ushaks finden wir 1535 in Paris Bordones Gemälde »*Der Ring des Dogen*« (Accademia, Venedig). Die Medaillonmuster erscheinen etwas später. Auf einem Porträt »*Heinrich VIII. und seine Familie*«, das 1570 für Königin Elisabeth ausgeführt wurde, ist ein Teppich zu sehen, der bisweilen für einen Stern-Ushak – so im Katalog zur Ausstellung »Die Kunst des Islams«, London 1976 – und bisweilen – Louise W. Mackie, »*The Splendour of Turkish Weaving*« – für einen Medaillonteppich gehalten wird.

Das Feld der Stern-Ushaks ist mit Reihen von achtzackigen Sternen ausgemustert, die mit kleineren Stufenrauten abwechseln. Beide Motive haben meist gelbe Konturen und blaue Felder, die mit gelbroten Blütenarabesken ausgefüllt sind. Das Gesamtfeld ist rot und mit einem durchbrochenen Gitter aus Blumen und Blättern überzogen, so daß ein Streueffekt entsteht. Das ganze Muster ist eine endlose Wiederholung, wodurch die Ränder einer neuen »Rauten-Stern«- oder »Stern-Rauten«-Reihe an einem oder beiden Enden erscheinen. Die Feldgröße dieser Stücke und damit die Zahl der Motive ist verschieden.

Für die häufigste Größe, etwa 4,2 m × 2,1 m, sieht die Anordnung also folgendermaßen aus: 1/6 Stern; 2/3 Stern – Raute – 2/3 Stern; Raute – Stern – Raute; 2/3 Stern – Raute – 2/3 Stern; Raute – Stern – Raute; 1/4 Stern – 1/2 Raute – 1/4 Stern. Exemplare mit dieser Anordnung befinden sich im Metropolitan Museum und auf dem Londoner Kunstmarkt (bei Christie's am 13. Januar 1975 und noch einmal bei Lefèvre am 14. Februar 1977). Etwas kleinere Versionen, z. B. das Stück in Hardwick Hall, haben oben und unten 1/4 – 1/2 – 1/4 Reihen und dazwischen Reihen mit 1/2 Raute – Stern – 1/2 Raute; 1/2 Stern – Raute – 1/2 Stern; 1/2 Raute – Stern – 1/2 Raute. Die Reihenfolge kann auch umgekehrt sein, und der Anteil der oben und unten erscheinenden Sterne und Rauten kann sich ändern; z. B. oben 1/6, unten 2/3 wie bei dem Exemplar im Kunstgewerbemuseum in Köln. Eine andere Größe wie das Stück in der Bernheimer-Sammlung in München hat eine 1/6 Reihe, dann 1/6 Raute – Stern – 1/6 Raute; 1/3 Stern – Raute – 1/3 Stern; 1/6 Raute – Stern – 1/6 Raute und schließlich eine 1/3 Reihe.

Zwei von Dimand in seinem Katalog für die Sammlung des Metropolitan Museums angeführte Exemplare haben unterschiedliche Felder. Bei dem einen, etwa 3 m × 1,7 m großen, stehen auf der Längsachse drei große Sterne, die die Kanten der Medaillons entlang der Längsbordüre berühren. Das andere hat auf der Längsachse eine große Raute – Stern – Raute – 1/4 Stern – Reihe, und die Rauten sind an beiden Seiten mit Sternspitzen am Rande des Feldes verbunden. Beide Stücke werden dem 17. Jh. zugeschrieben.

Erdmann demonstriert noch andere Varianten: Ein Stück im Berliner Museum, das im letzten Krieg fast völlig zerstört wurde, und ein weiteres im Museum für Kunst und Gewerbe in Hamburg haben ein Muster aus zwei eckigen Rauten in geometrischen Gittern, die auf der Längsachse mit einem großen achtzackigen Stern abwechseln, der von zwei kleineren, floralen, ebenfalls achtzackigen Sternen flankiert ist. Nach Ansicht Erdmanns ist das Hamburger Stück, das aus dem 17. Jh. stammen dürfte, etwas später entstanden als das Stück in Berlin. Ein anderes Exemplar, das sich ebenfalls in Berlin befindet, stellt eine wohl einmalige Variante dieses Typs dar. Der Aufbau ist folgender: 1/2 Stern; aufwärtsgerichtete Palmette; 1/4 Stern – Raute – 1/4 Stern; abwärtsgerichtete Palmette; Stern; aufwärtsgerichtete Palmette; 1/4 Stern – Raute – 1/4 Stern.

Schließlich sollten wir noch einige Teppiche aus der Sammlung des Herzogs von Buccleuch erwähnen. Bei einem der Stücke wechselt jeweils eine Reihe Stern – Raute – Stern – Raute – Stern mit einer Reihe Sternzacke – Raute – Stern – Raute – Stern – Raute – Sternzacke; außerdem ist das Wappen der Montagu und die Jahreszahl 1584 eingewebt. Ein weiteres Exemplar trägt die Jahreszahl 1585. Ein drittes gleichzeitiges ist undatiert. Die meisten Fachleute halten diese Teppiche heute für englische Erzeugnisse, obwohl Bode und Kühnel z. B. felsenfest davon überzeugt waren, daß es sich um in Ushak angefertigte Auftragsarbeiten handelt. Kendrick und Tattersall vertraten den Standpunkt, bei den in die Bordüre eingewebten Buchstaben »E. B.« und »A. N.« handele es sich um die Initialen englischer Weber. Außerdem wiesen sie darauf hin, daß die Kette aus Hanf sei, was eine türkische Provenienz völlig ausschlösse. Stilistisch weisen die Buccleuch-Teppiche im Feld ein viel größeres Spektrum an Motiven auf, als man es von authentischen Ushak-Sternteppichen gewohnt ist. Dar-

*Stern-Ushak, erste Hälfte
des 17. Jh. 430 × 218 cm.*

106

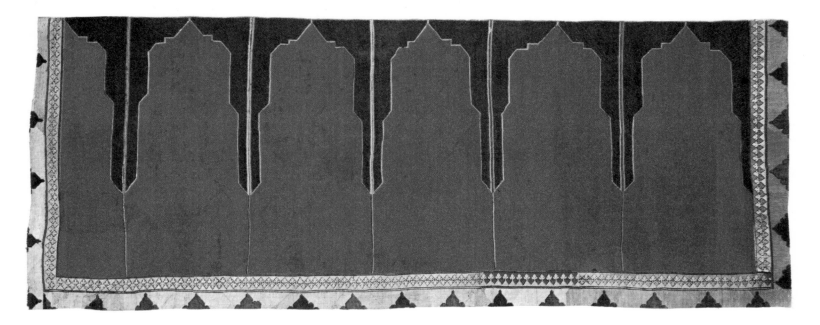

Saph, wahrscheinlich aus Ushak, frühes 17.Jh. 329 × 128 cm. Islamisches Museum, Berlin.

über hinaus sind nach Dimand die einzelnen Motive ungewöhnlich lang und schmal. Seiner Meinung nach dürften die Stücke in Norwich hergestellt worden sein.

Die Medaillon-Ushaks lassen sich im wesentlichen aufgrund ihrer farblichen Besonderheiten in zwei Gruppen einteilen: Die einen sind blaugrundig mit rotem Medaillon, bei den anderen ist es umgekehrt. Die Form der Medaillons ist oval, weswegen sie bisweilen auch als spitzbogig (ogival) bezeichnet werden – ein beliebtes Motiv in den Hofmanufakturen von Istanbul. Auch hier lassen sich im Aufbau des Feldes zahlreiche Variationen des Grundthemas erkennen. In manchen Fällen scheint dieser Aufbau direkt von den typischen safawidischen Medaillonteppichen übernommen worden zu sein, mit Mittelmedaillon und Eckstücken. Unverwechselbar türkisch jedoch ist die Eigentümlichkeit, daß bei sehr langen Exemplaren das Mittelmedaillon an beiden Enden des Feldes teilweise wiederholt wird. Selbst bei diesem Muster, mit dem die Türken den persischen Entwicklungen am nächsten kamen, konnten sie auf »ihr« Endlosmuster nicht verzichten.

Zu den bekanntesten Medaillon-Ushaks gehört der Stroganoff-Teppich. Sein großes Mittelmedaillon ist an den Spitzen mit kleinen Palmetten gekrönt. Am oberen und unteren Ende des Feldes sind auf der Längsachse kleine Ausschnitte des Medaillons (mit Palmetten) zu sehen. Über und unter dem Mittelmedaillon sind an beiden Seiten des Feldes große halbe Sternmedaillons plaziert. Das ovale Medaillon ist rot und mit blauen, grünen und gelben Blumenmotiven geschmückt. Die Sternmedaillons sind hellblau, der Fond ist dunkelblau mit gelben Blumenarabesken. Dasselbe Farbschema hatte ein wunderschöner Medaillonteppich, der im Februar 1977 bei Lefèvre in London zu sehen war. Bei diesem Stück befanden sich am oberen und unteren Ende des Feldes je ein halbes hellblaues Sternmedaillon mit Palmetten. Auf der Mittelachse waren zwei große Ovalmedaillons in Rot mit Palmetten plaziert, die von kleinen Ausschnitten ähnlicher Medaillons an den Rändern des Feldes flankiert wurden. Zwischen den Ovalmedaillons befanden sich noch zwei Sternmedaillons mit Palmetten, die jedoch nur zu vier Fünfteln zu sehen waren. Der dunkelblaue Randstreifen wiederholte das gelbe Blumenmotiv des Feldes. In der Hauptbordüre, im selben Rot wie die Ovalmedaillons, wurden deren Blumenmotive in Hell- und Dunkelblau, Gelb und Grün wiederaufgenommen.

Ein kürzlich vom Museum für Kunst und Gewerbe in Hamburg erworbener Teppich ist fast identisch mit dem Stroganoff. Dagegen gibt es in Berlin ein Fragment, das ganz einzigartig ist. Neben einem dunkelblauen Feld und einem hellblauen Sternmedaillon hat es ein Ovalmedaillon in Blaßgelb mit roten Konturen. Erdmann beschreibt diesen Effekt als eindrucksvoll, doch ästhetisch nicht befriedigend. Möglicherweise handelt es sich um ein Experiment. Ein weiteres berühmtes blaugrundiges Stück befindet sich im Museum für angewandte Kunst in Wien. Seine zackenrandigen Medaillons sind zu hexagonalen Formen abgeflacht. In Berlin wird ein spätes rotgrundiges Stück aufbewahrt, daß auf der Längsachse ein ovales Mittelmedaillon und Schildmotive zeigt. Innerhalb des Mittelmedaillons befindet sich noch ein kleineres Vierblattmedaillon. Außerdem sind noch vier Eckstücke vorhanden, bei denen es sich offensichtlich um Achtelausschnitte eines großen Stern handelt. Jeder Anklang eines Wiederholungsmusters ist bei diesem ungewöhnlichen Stück verschwunden. Es trägt das Wappen der Familie Wiesotowski. Zusammen mit seinem Pendant, das sich in Polen befindet, wird es von Erdmann etwa um 1700 datiert. Diese späte Datierung ist gerechtfertigt, wenn man Vergleiche mit dem großen Exemplar im Metropolitan Museum anstellt. Auch dieses Stück ist rotgrundig, und das Mittelmedaillon enthält ebenfalls ein Vierblatt. Das Feld jedoch ist an beiden Enden mit Teilovalen versehen. Über und unter dem Mittelmedaillon befinden sich Sternmotive. Wir sehen hier also eine nahe Verwandtschaft zu den Endlos-Wiederholungsmustern der früheren blaugrundigen Medaillonteppiche.

Eine dritte Klasse von Ushak-Teppichen vereinigt Kennzeichen von Stern- und Medaillonmustern. Ein Exemplar aus der Mitte des 17. Jh. im Metropolitan Museum z. B. hat zwei hexagonale Medaillons auf der Längsachse und Ausschnitte gelappter Kartuschen an den Rändern des Feldes. Das Feld selbst ist dunkelblau, die Medaillons und Kartuschen sind rot. Feld und Figuren sind mit floralen Arabesken geschmückt. Eine andere Variation mit großen achtzackigen Sternen in Rot, blauem Grund und gelben Arabesken finden wir u. a. auf Exemplaren in Berlin (eines zerstört, eines in einer Privatsammlung, das dritte im Staatlichen Museum) und in Detroit. Ihr Aufbau folgt im wesentlichen dem Schema: 1 Stern; 2 halbe Sterne; 1 Stern usw. Obwohl man diese Stücke aufgrund der Form ihrer Medaillons zu den Stern-Ushaks rechnen könnte, stehen sie ihrem Gesamteindruck und besonders der Farbgebung nach den Medaillon-Ushaks doch näher.

Eine weitere Variation wird durch Stücke in Berlin, St. Louis (Privatsammlung), Lissabon, im Victoria and Albert Museum und im Metropolitan Museum repräsentiert. Das Muster besteht hier hauptsächlich aus großen Vierblattmedaillons, die die ganze Breite des Feldes einnehmen. Dazwischen befinden sich auf der Längsachse in der Mitte des Feldes einzelne Rauten. Das vollständige Exemplar im Metropolitan Museum mißt etwa 2,8 m × 1,2 m und enthält nur ein Medaillon und zwei halbe Rauten. Ein weiteres Stück im selben Museum – es handelt sich um ein Fragment aus der McMullan-Sammlung – zeigt das normale Muster mit mehreren Medaillons in Blau und Rot, blauen Rauten und rotem Grund. All diese Stücke werden dem 17. Jh. zugeschrieben. Interessanterweise sieht ein türkischer Dorfteppich des 19. Jh. aus der McMullan-Sammlung fast genauso aus wie das kleinere der beiden Stücke aus dem 17. Jh. – ein Beweis mehr für die Traditionsgebundenheit türkischer Teppiche.

Der Ursprung der Ushak-Medaillonmuster ist leicht zu klären. Vor ihrem ersten Auftreten bestanden die türkischen Muster – soweit sich das heute rekonstruieren läßt – ausschließlich aus geometrischen geradlinigen Formen. Kurz nach der Eroberung von Täbris im Jahre 1514 jedoch vollzog sich ein Wandel, der nicht nur die Teppiche, sondern auch alle anderen Zweige der Kunst erfaßte. Zweifellos wurden während der vierzigjährigen Besetzung von Täbris große Mengen safawidischer Kunstgegenstände als Beute in die Türkei verschleppt, wo sie zuerst den Geschmack der Herrscher und schließlich auch den der Beherrschten beeinflußten.

Die Illustration zahlreicher persischer Handschriften aus dem frühen 16. Jh. entspricht fast genau den Mustern der Medaillon-Ushaks: goldfarbene Medaillons mit roter Zeichnung, dunkelblaue Feldkanäle mit gelben und roten Wolkenband- und Blumenmotiven. Möglicherweise handelt es sich bei dem erwähnten Berliner Fragment mit dem gelben Medaillon um einen Versuch, das Blattgold der Manuskriptvorlage mit gelbgefärbter Wolle nachzuempfinden. Da diese Lösung nicht befriedigte, ersetzte man das Gelb durch Rot. In einem von Abu Fasl illustrierten *Akbarname* aus dem späten 16. oder frühen 17. Jh. findet sich eine Miniatur, die »*Ein Fest in den Frauengemächern des Palastes*« darstellt. Darauf sind vier Teppiche zu sehen, deren größter, nach dem Größenverhältnis zu den abgebildeten Personen zu schließen, etwa 3 m lang sein dürfte. Sein Muster ähnelt auffallend den Ornamenten auf den Seiten des Korans und der Ushak-Medaillonteppiche. Die goldenen (gelben) Medaillons sind mit gelben, weißen und roten Blumenarabesken geschmückt.

Bemerkenswerterweise stammt auch das Muster endlos wiederholter Medaillons ursprünglich aus der persischen Handschriftenkunst. Erst die Türken übertrugen es auf Teppiche. Die Perser selbst bevorzugten für ihre Teppiche und auch für die Bucheinbände abgegrenzte Medaillons. Allerdings sind die Eckstücke vieler persischer Medaillonteppiche, wie z. B. der Ardebils, unbestreitbar Viertelausschnitte des Mittelmedaillons. Das legt den Gedanken nahe, daß es sich auch hier um eine Endloswiederholung handelt.

Das »Kugel-und-Streifen«-Muster hat die Fachwelt vor besonders große Rätsel gestellt. Bis heute ist sein Ursprung noch sehr umstritten. Glaubte man früher, daß das buddhistische *Tschintamani*-Emblem dafür Pate gestanden habe, so neigt man heute eher dazu, eine schematische Darstellung des Leopardenfells oder anderer gefleckter Katzen darin zu sehen. Es ist bekannt, daß dem Leopardenfell in Turkmenien und im Iran einst besonders glückbringende Fähigkeiten beigemessen wurden. Dasselbe gilt für das Fell des Tigers. Es ist möglich, daß das Teppichmuster aus einer Kombination der wesentlichen Merkmale dieser Tierhäute entstanden ist. Die meisten der noch erhaltenen Stücke sind von mittlerer Größe. Ein Gebets-

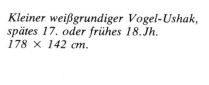

Kleiner weißgrundiger Vogel-Ushak,
spätes 17. oder frühes 18. Jh.
178 × 142 cm.

Doppelseite aus einem Koran (Persien,
frühes 16. Jh.). Das Muster erlaubt
interessante Vergleiche zu gewissen
Medaillon-Ushaks.

teppich im Art Institute von Chicago hat das »Kugel-und-Streifen«-Muster in die Mihrab eingewebt, während in den Spandrillen nur Kugeln zu sehen sind.

Das zweite wichtige weißgrundige Muster ist als Vogel-Ushak bekannt. Auf europäischen Gemälden erschien es erstmals in der zweiten Hälfte des 16.Jh. Dimand verweist auf das »*Porträt eines Mannes*« von Hans Muelich, das etwa 1557 entstanden ist und sich heute in der Sammlung Kress befindet. Erdmann zeigt in »*Siebenhundert Jahre Orientteppich*« das »*Porträt eines Bewaffneten*« (etwa 1560–1570) aus der Schule des Franzosen François Clouet, das sich in der Lazaro-Sammlung in Madrid befindet. Bode und Kühnel erwähnen ein Bild von Varotari, das auf dem Berliner Kunstmarkt kursierte. Von demselben Künstler besitzt auch die Leningrader Eremitage ein Gemälde (1625), das einen solchen Teppich darstellt. Ein weiteres Exemplar erscheint auf den Deckenfresken von Pietro Candido in der Münchener Residenz, die 1625/26 entstanden sind. Zwei echte Vogel-Ushaks befinden sich (nach Bode und Kühnel) in der Kirche von Schäßburg in Siebenbürgen.

Bei den »Vögeln« handelt es sich in Wahrheit allerdings um rhombenförmige Blätter, deren Seiten den Flügeln und deren Enden einem Schnabel bzw. einem Schwanz ähneln. Die Blätter sind in horizontalen und vertikalen Reihen angeordnet, so daß eine Art Rautenmuster entsteht, dessen Zwischenräume mit kleinen und großen geometrischen Blumenrosetten ausgefüllt sind. Auf einigen Teppichen, z.B. einem Exemplar im Textilmuseum in Washington, sind daneben noch Blätter in der Form einer Pfeilspitze zu sehen, die mit den »Vogel«-Blättern abwechseln. Vorherrschende Farben bei diesem Muster sind Gelb, Rot und Blau. Eine andere Variante des Wiederholungsmotivs auf weißem Grund besteht aus Längsreihen hochstilisierter geometrischer Blumenmotive zwischen Säulen aus Zypressenmotiven und Rosetten. Beispiele dafür befinden sich im Museum für Angewandte Kunst in Budapest (früher in einer Chemnitzer Privatsammlung; Erdmann »*Orientalische Teppiche*«, Tafel 150) und in der Protestantischen Kirche in Richisal in Siebenbürgen (E. Schmutzler, »*Altorientalische Teppiche in Siebenbürgen*«, Leipzig 1933, Tafel 36).

Im allgemeinen wird dieses Muster als eine noch schematischere Version des Vogelmotivs angesehen. Die Verfasser des Katalogs zur Ausstellung »Kunst des Islams« von 1976, auf der das Budapester Exemplar zu sehen war, meinen dagegen, die länglichen Blüten mit ihren asymmetrischen eckigen Stengeln seien direkt aus den Blumen im Grundmuster der Stern-Ushaks hervorgegangen, und datieren das Muster um 1700.

Mamlukische und osmanische Weberei
in Ägypten

Seit der Eroberung im Jahre 1517 und dem Ende der Herrschaft der Mamluken waren Leben und Kultur in Ägypten bis zu den Napoleonischen Feldzügen gegen Ende des 18. Jh. von den Osmanen bestimmt. Wir müssen uns hier deshalb mit der frühen Weberei der Mamluken vor 1517 und den Veränderungen beschäftigen, die die Türken in der Folgezeit bewirkten.

FRÜHE MAMLUKENTEPPICHE

Für die Fachwelt stellen sich bei den ägyptischen Teppichen verschiedene, teilweise unbeantwortete Fragen: Wann wurden die geometrischen Mamlukenteppiche hergestellt? Wo sind die Kairoer Hofteppiche entstanden? Gibt es unterschiedliche Herstellungsorte der Kairoer Hofteppiche aus Wolle und derjenigen aus Seide bzw. – an den weißen Stellen des Musters – aus ungefärbter Baumwolle? Ein viertes Problem ist die Frage nach dem Ursprung bestimmter Arten von sog. Kassettenteppichen.

Zur ersten Frage gibt es die traditionelle Ansicht, nach der die Mamlukenteppiche Ende des 15. und Anfang des 16. Jh. entstanden sind, und die von Dimand aufgestellte Theorie, daß diese Stücke erst nach Beginn der Osmanen-Herrschaft, also etwa seit 1520, bis in das späte 17. Jh. hergestellt wurden. Dies würde bedeuten, daß die Bezeichnung »Mamlukenteppiche« historisch nicht gerechtfertigt wäre. Es handelt sich um jene Teppiche, die von einigen Fachleuten, insbesondere von Kühnel, der als einer der ersten den Versuch einer Klassifizierung der ägyptischen Teppiche unternommen hat, mit den sog. Damaszener Teppichen in Verbindung gebracht wurden, die in italienischen Inventarlisten erwähnt sind. Lange Zeit glaubte man, diese Stücke seien in Damaskus hergestellt worden.

Die vielleicht beste Beschreibung des Mamlukenmusters stammt von Bode und Kühnel, die von einem »Kaleidoskop in Textil« sprachen. Hauptelement dieses Musters ist ein Zentralmedaillon, das aus einem Oktogon, einem Quadrat und einer Raute besteht, die übereinanderliegen, so daß der Eindruck eines Oktogons in einem achtzackigen Stern entsteht. Der Rest des Feldes ist in kleinere Einheiten unterteilt, die mit Sternen, Oktogonen und stilisierten Blumenmotiven ausgefüllt sind. Diese Einheiten sind um das Mittelmotiv wie Planeten um die Sonne angeordnet. Die Bordüren, die zum Feld nicht kontrastieren, sondern dessen Muster widerspiegeln, enthalten ein System aus alternierenden länglichen Kartuschen und Rosetten. Solche Teppiche können eine Länge bis zu 9 m erreichen.

Bei den kleineren Exemplaren besteht das Feld aus einem großen geschmückten Medaillon mit einem umgebenden ornamentalen System; bei den größten Stücken sind bis zu fünf Medaillons mit Systemen über die Längsachse verteilt. Auf zwei kleinere Systeme folgen ein großes und dann wiederum zwei kleine. Die Farben umfassen eine Palette aus leuchtendem Kirschrot, Grün und Blau mit etwas Gelb und Weiß. Zusammen mit dem Glanz der Wolle erzeugt diese Anordnung eine schimmernde Oberfläche, die Kühnel dazu veranlaßte, sie mit den Damaszener Teppichen aus den alten Inventarlisten zu identifizieren. Er schrieb sie dem letzten Viertel des 15. Jh. zu.

Dimand ist dagegen, wie gesagt, der Auffassung, daß alle Mamlukenteppiche im 16. und 17. Jh. entstanden und daher den Osmanen zuzurechnen seien. Er weist darauf hin, daß das Bordürenmuster aus alternierenden Kartuschen und Medaillons vor dem 16. Jh. auf keinem persischen Teppich zu finden sei. Außerdem seien solche Exemplare auf den Fresken von Moretto im Salvadego-Palast in Brescia abgebildet; da diese in das zweite Viertel des 16. Jh. datiert werden könnten, sei es sehr wahrscheinlich, daß die Mamlukenteppiche nicht vor Anfang des 16. Jh. entstanden sind.

Frederick Sarre war der erste, der diese »Kaleidoskop-Teppiche« den Kairoer Manufakturen des späten 15. und frühen 16. Jh. zuordnete. Ernst Kühnel und Kurt Erdmann schlossen sich ihm an. Ihre Stilanalysen wiesen eher auf Ägypten hin als auf Damaskus, wo – soviel wir wissen – nie Teppiche hergestellt wurden. Kühnel zitiert auch Giuseppe Barbaro, der in seiner Reisebeschreibung von 1474 die Teppichherstellung in Kairo erwähnte (Barbaro war übrigens auch der erste, der von Bursa in der Türkei als einer Teppichstadt berichtete). Kühnel geht auch auf die Moretto-Fresken ein, die von Dimand angeführt werden, nur interpretiert er sie anders: Die Fresken, auf denen mindestens sechs Mamlukenteppiche zu sehen sind, wurden etwa 1530 ausgeführt; Kühnel geht davon aus, daß die abgebildeten Stücke erheblich älter sein dürften als das Gemälde.

Weitere Beweise (obwohl – zugegebenermaßen – Kühnels Folgerung noch nicht als »Beweis« gelten kann) für eine frühere Entstehung der Mamlukenteppiche, als Dimand sie

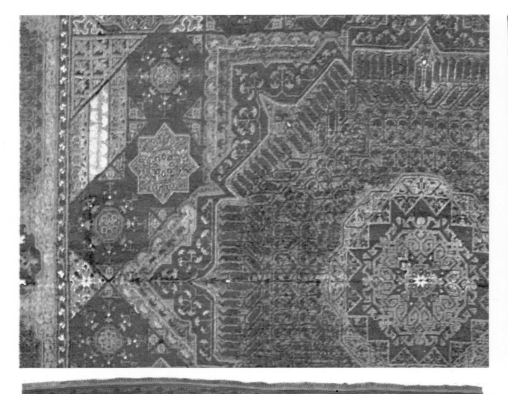

annimmt, lieferte Charles Grant Ellis in seinem Essay »*Mysteries of the Misplaced Mamluks*« von 1967. Er veröffentlicht darin zwei Teppiche, deren Motive offensichtlich auf einem Wappenschild basieren, das für etwa dreißig Emire am Hofe Qatbays (Kait Bai, 1468–1496) bestimmt war.

Schließlich muß auch auf die äußerst komplexen geometrischen Blumenmotive der mamlukischen Manuskriptillustrationen aus dem 13. und 14. Jh. hingewiesen werden, deren Grundmuster aus überlappenden Oktogonen, Rauten und Polygonen besteht und bei denen ganz deutlich der Einfluß der Illustratoren aus der Zeit der persischen Seldschuken des 13. Jh. zu erkennen ist. Auf der Titelseite eines der schönsten persischen Manuskripte aus dem 13. Jh., eines siebenbändigen Korans in der Bibliothèque Nationale in Paris, sind sechs Medaillons zu sehen, die mit strahlenförmigen Blumenmotiven ausgefüllt sind.

Späteren Datums, nämlich aus dem Jahr 1313, ist ein dreißigbändiger Koran in Kairo, den Abd Allah ibn Muhammed ibn Mahmud al Hamadain für al-Malik an-Nasr Muhammed illustriert hat. Der Empfänger war entweder der persische Sultan Uljaytu (Öldschäitü) aus der Dynastie der Ilkhane, der den Namen al-Malik an-Nasr (»Siegreicher König«) 1312 anläßlich seiner Bekehrung zum Islam annahm, oder der Mamluken-Sultan von Ägypten desselben Namens, der zur gleichen Zeit regierte. Die schiitischen Gebete in diesem Manuskript legen die Vermutung nahe, daß der Perser der Empfänger war, denn die Mamluken waren Sunniten. In diesem Fall müßte das Manuskript allerdings schon zehn Jahre nach seiner Fertigstellung den Weg zum Hof der Mamluken gefunden haben, da Abu Sa'id Sayf ad-Din Baktimur as-Saqi es 1326 durch eine Schenkungsurkunde (Waqf) seiner Grabesstiftung vermachte. Dieses Manuskript – ein Beweis für die nahe Verwandtschaft zwischen den Stilen der Mamluken und der Ilkhane – enthält auch prächtige geometrische Muster. Außerdem ist das Bordürenmuster aus Rosetten und länglichen Kartuschen in einer Reihe von Mamluken-Manuskripten aus dem 14. Jh. zu sehen.

Da die Mamluken Abkömmlinge der türkischen Seldschuken-Soldaten waren, entstammten die Muster der frühen Mamlukenteppiche derselben Quelle wie die frühe türkische und persische Kunst. Sie haben die gleiche geometrische Struktur. Die ägyptischen Stücke jedoch vereinigen Musterelemente, die sich unabhängig voneinander in der Türkei und in Persien entwickelt haben, mit traditionellen ägyptischen Motiven. Bis zu einem gewissen Grad wird diese Synthese durch die gleichzeitige Verwendung geometrischer türkischer Zeichnung und des persischen Knotens deutlich. Insgesamt scheint nach der Verwandtschaft der Teppiche mit der Manuskriptkunst uns Kühnels Datierung die wahrscheinlichere zu sein.

OSMANISCHE HOFTEPPICHE

Dimands Datierung der Mamlukenteppiche dagegen ergibt sich zwangsläufig aus seiner Theorie über die sog. osmanischen Hofteppiche. Es handelt sich dabei um zwei Gruppen, die stilistisch sehr ähnlich, doch strukturell ganz verschieden sind und deren Herkunft von den meisten Fachleuten insgesamt oder teilweise in Kairo vermutet wird, während Dimand sie alle den osmanischen Webereien in Bursa oder Istanbul zuschreibt.

Weiter kompliziert wird das Problem noch dadurch, daß es zwischen den rein mamlukischen Mustern, deren ägyptische Herkunft außer Zweifel steht, und den osmanischen Hofteppichen mit Blumenmustern noch eine dritte Gruppe ähnlicher Teppiche gibt. Ihr Muster ist eine Mischung aus geometrischen und floralen Motiven. Sie wurden verschiedentlich als »Damebrett-Teppiche« (Bode und Kühnel), als »Rhodier« und als »ägyptische Kassettenteppiche« bezeichnet. Heute wird angenommen, daß sie aus Anatolien stammen, obwohl sie den Mamlukenteppichen nicht weniger ähnlich sind als den traditionellen türkischen, insbesondere den Holbein-Teppichen. Außerdem sind sie mit dem persischen Knoten geknüpft.

Wenn wir also der Ansicht zustimmen, daß diese Teppiche nicht – wie einige Fachleute glaubten – in Ägypten, sondern ausschließlich in Anatolien entstanden sind, würde das bedeuten, daß in Ägypten nur mamlukische Muster verarbeitet wurden und daß deren Produktion Ende des 17. Jh. auslief, als Kairo zu einem osmanischen Provinznest absank.

Die Alternative wäre, daß entweder einige der Kassettenteppiche unter Verwendung traditioneller Mamlukenmuster, vermischt mit anatolischen Elementen, im 16. und 17. Jh. in Ägypten hergestellt oder daß, wie Kühnel und Erdmann meinen, die floralen Muster nach genauen Angaben anatolischer Musterentwerfer in Kairo gefertigt wurden. Erdmann war allerdings selbst mit dieser Hypothese nicht sehr glücklich, denn – so fragte er – sollten die Osmanen in Kauf nehmen, daß die in Kairo gewebten Stücke sich in Technik, Material und Farbe von den Originalen unterschieden, wenn sie ebensogut die Werkstätten in Bursa vergrößern und die Teppiche dort weben lassen konnten? Nach Ansicht von Bode und Kühnel besteht kein Zweifel, daß die floralen Teppiche unter Leitung des osmanischen Hofes entstan-

115

den sind. Ihre Farbpalette entspricht im wesentlichen der mamlukischen, und auch das Mittelmedaillon der meisten Stücke deutet eher auf einen mamlukischen Ursprung hin als auf persische Motive, die sich die Türken während ihres erfolgreichen Feldzugs gegen Täbris angeeignet hatten. Schließlich weisen Bode und Kühnel noch darauf hin, daß die Bordüren der frühesten Exemplare (oder besser: derjenigen, die sie für die frühesten hielten) nicht wie bei Türken und Persern üblich zum Feld kontrastieren, sondern dessen Muster wie bei den Mamlukenteppichen widerspiegeln. Im übrigen sind diese Teppiche ebenfalls mit dem persischen Knoten geknüpft.

Natürlich sind das alles Randfragen. Niemand kann den offensichtlichen Unterschied zwischen den geometrischen Mamlukenmustern und den runden Blumenmotiven der Hofteppiche übersehen. Die Anhänger der Theorie, daß letztere in Kairo gewebt wurden, haben eine ebenso simple wie einleuchtende Erklärung. Ihrer Ansicht nach hielten die Türken Kairo für den geeigneten Ort, um die kurvigen Muster nachzuahmen, die sie in Täbris kennengelernt hatten, da Kairo nach Erdmann über die bedeutendsten Teppichmanufakturen im Westen verfügte und dort überdies seit alters mit dem Senneh-Knoten gearbeitet wurde, der sich für diese Muster besonders eignete. Deshalb schickten sie ihre Entwürfe nach Kairo. Damit wäre auch der radikale Wandel erklärt, den die ägyptischen Teppichmuster im 16. Jh. zeigen.

Aus den Reisetagebüchern des Franzosen Thevenot wissen wir, daß noch 1663 in Kairo Teppiche gewebt wurden. In zahlreichen europäischen Inventarlisten des 16. und 17. Jh. finden wir unter Bezeichnungen wie »Querin«, »Cagiarin«, »Cairin« und »Alkheirisch« ebenfalls Teppiche aus Kairo. Schließlich ist es dokumentarisch belegt, daß Sultan Murad III. im Jahre 1585 elf Kairoer Weber mit einer gehörigen Menge an hochwertiger Wolle nach Istanbul beordert hat. Aufgrund dieses historischen Ereignisses sah Kühnel sich veranlaßt, eine Zweiteilung der floralen Teppiche nach strukturellen Gesichtspunkten vorzunehmen. Die Stücke mit Wollgrundierung ordnete er Kairo zu, jene mit Seidenuntergrund und ungefärbter Baumwolle an den weißen Stellen des Feldes dagegen schrieb er einer Werkstätte in Bursa oder Istanbul mit Kairoer Belegschaft zu. Die Stücke der zweiten Gruppe mußten demnach nach 1585 entstanden sein.

Dimand jedoch ließ sich von dieser hübschen Hypothese nicht überzeugen. Für ihn stand fest, daß nach stilistischen und technischen Kriterien Kühnels »Bursa- oder Istanbul-Gruppe« vor 1585 entstanden sein mußte. Er wies darauf hin, daß Bursa lange vor dem Einzug der Weber aus Kairo ein bekanntes Teppichzentrum gewesen sei. Ein Stadtregister von 1525 führte nicht weniger als fünfzehn Weber auf. Spätestens seit ihrem Einfall in Täbris (1514) seien den Türken die persischen Muster bekannt gewesen. Natürlich hätten sie gemerkt, daß der Senneh-Knoten sich besser für die feine Webart eignet, die für die kurvigen Muster erforderlich ist. Es gebe also keinen Grund, weshalb man entsprechende Werkstätten nicht in der Türkei einrichten und dort türkische oder gar persische Weber hätte arbeiten lassen sollen.

Mit zahlreichen Querverweisen auf die Muster der türkischen Keramikkunst, insbesondere der Mosaikfliesen in den Moscheen, und der türkischen Stoffe weist Dimand darauf hin, daß die floralen Motive der osmanischen Hofteppiche keineswegs einen radikalen Bruch mit der Tradition erkennen ließen, sondern eine durchaus logische Erweiterung dessen darstellen, was die türkischen Weber schon Ende des 15. Jh. in ihrem Musterrepertoire hatten. Seiner Meinung nach stammen die frühesten Stücke mit Zentralmedaillon und dichtem Blumenmuster auf dunkelrotem Grund aus der ersten Hälfte des 16. Jh. Zu dieser Gruppe rechnet er auch einen Teppich des Metropolitan Museums, obwohl desen Kette und Schuß aus Seide sind. Einen Teppich mit Wolluntergrund und einem Muster aus Mehrfachmedaillons mit Arabesken, großen Palmetten, gesägten Blättern und Blütenzweigen auf rotem Grund und einer Bordüre mit floralen Arabesken und Palmetten datierte er in die Mitte des 16. Jh.

Unten links: Ungewöhnlicher höfischer Osmanenteppich aus Kairo mit deutlichem Abrash. *Spätes 16. oder frühes 17. Jh. 231 × 249 cm. Unten rechts: Abgerundeter oktogonaler Osmanenteppich mit Kairoer Muster, wahrscheinlich aus Istanbul, Mitte des 16. Jh. Ein runder Teppich mit Mamlukenmuster befindet sich in der Sammlung Barbieri in Genua. 262 × 223,5 cm. Sammlung W. A. Clark, Corcoran Gallery of Art, Washington.*

Florale Teppiche, häufig ohne Zentralmedaillon, doch mit großen, schweren gesägten Blättern, werden dem späten 16. und dem 17. Jh. zugeordnet, wobei das späte Datum aufgrund der groben Muster und Gewebe gerechtfertigt scheint. Einige Stücke aus dem 18. Jh. haben nicht mehr als 1440 persische Knoten pro Quadratdezimeter.

Verwandt mit diesen Stücken sind die Gebetsteppiche, deren Mihrab entweder ungemustert, mit Säulen versehen oder mit Großblatt-Laubwerk ausgeschmückt ist. Die blütenreicheren Stücke wie das berühmte Exemplar in der Walters Art Gallery in Baltimore haben eine Mihrab, die mit einer solchen Leichtigkeit ausgemustert ist und einen solchen Reichtum an floralen Motiven zeigt, daß man vergessen könnte, daß es sich um Gebetsteppiche handelt. Ein Exemplar im Metropolitan Museum, das im Katalog in das späte 17. Jh. datiert ist, trägt in seiner Mihrab ein Medaillon mit Palmettenarrangement und dichter floraler Ausmusterung. Ebenfalls im Metropolitan Museum befinden sich noch zwei weitere Teppiche dieser Art; das eine ist ein Geschenk von Joseph V. McMullan. Das andere trägt mehrere Medaillons und Eckstücke.

Daneben gibt es noch eine gesonderte Gruppe von Teppichen mit floralem Medaillon und Eckstücken, bei der die Medaillons, Ecken und Bordüren mit den üblichen Blumenmotiven ornamentiert sind, während der Rest des Feldes ein sich wiederholendes Muster, z. B. aus

119

Kugeln und Streifen, aufweist. Die seltenen Säulengebetsteppiche dieser Gruppe gelten als die Vorläufer der dörflichen Gebetsteppiche, insbesondere derjenigen aus Gördes und Ladik, die seit Ende des 18. Jh. in großer Zahl entstanden sind.

DIE »RHODISCHEN« TEPPICHE

Bei einer dritten Gruppe, die man zeitweise aus stilistischen Gründen Ägypten zugeordnet hat, handelt es sich um Kassettenteppiche, die eigentlich eine Art von Medaillonteppichen sind. Man hat sie mit jenen Stücken in Verbindung gebracht, die in alten Inventarlisten als »tappeti rodioti« (rhodische Teppiche) bezeichnet sind. Bode und Kühnel interpretieren das Kreuz im Mittelpunkt des Sternmusters dieser Teppiche sehr phantasievoll als das Emblem des Johanniterordens, der bis 1526 auf Rhodos residierte, und glauben, diese Teppiche seien zwar nicht auf Rhodos, doch im Auftrag der Ritter hergestellt worden. Dies dürfte wohl eine der merkwürdigsten Theorien sein, die die Teppichfachwelt je hervorgebracht hat. Die beiden Autoren erkannten natürlich die anatolischen Elemente in diesen Stücken und konnten sich nicht entscheiden, welchem Herkunftsland sie sie zuschreiben sollten.

Von der Struktur her sind diese Teppiche sehr ungewöhnlich. Sie sind mit dem Senneh-Knoten geknüpft, doch der Kettfaden ist umgekehrt gesponnen und gedreht wie sonst bei den Mamlukenteppichen. Ihre Untergrundfäden sind aus Ziegenhaar. Starke Ähnlichkeit mit den Mamlukenteppichen zeigt das Muster, das im Feld entweder aus reihenweise angeordneten Oktogonen in Rauten oder aus einem System großer und kleiner Oktogone besteht. Die erste Gruppe wirkt grober und archaischer und steht in der Farbe den Mamlukenteppichen am nächsten, während die zweite Gruppe mit ihrem reichhaltigeren Muster eher den »Holbein«-Teppichen ähnelt. Allerdings ist auch bei ihnen eine gewisse Nähe zu den Mamlukenteppichen nicht zu leugnen, die sich in vereinzelten Zypressen, winzigen Blumenmotiven und dem strahlenden und kaleidoskopischen Charakter des Musters zeigt. Wahrscheinlich sind diese Stücke später entstanden als diejenigen der ersten Gruppe.

Die zweite Gruppe mit dem Streumuster wirkt in sich ziemlich geschlossen. Die Grundfarbe ist Rot. Das Hauptmotiv besteht aus einem Mitteloktogon, um das herum vier kleinere Oktogone angeordnet sind. Das Innere der Oktogone ist jeweils mit einem Stern und einer Arabeske ausgemustert. Die Hauptbordüre ist »pseudokufisch«. Vertreter dieses Typs sind im Philadelphia Museum of Art und in der Charles-Grant-Ellis-Sammlung zu sehen. Sie finden sich auch auf vielen italienischen Gemälden aus dem 16. Jh. Bemerkenswert sind vor allem das Porträt »*Der päpstliche Protonotar Giovanni Giuliano*« (etwa 1519/20) von Lorenzo Lotto in der National Gallery, London, und das Altarbild »*Almosenverteilung des hl. Antonius*« (1542) in Venedig, ebenfalls von Lotto (auf diesem Gemälde ist auch ein Teppich mit Lotto-Muster zu sehen).

Vieles spricht gegen eine ägyptische Herkunft dieser Stücke. Die Verwendung des Senneh-Knotens könnte – wie Dimand betont – nach der Eroberung von Täbris im Jahre 1514 von persischen Webern übernommen worden sein; die Farben und die kufischen Bordüren sind der ägyptischen Weberei fremd. Stilistisch erinnern diese Teppiche sehr stark an die damals üblichen türkischen Muster, doch zeigen sie unverkennbar einen mamlukischen Einschlag. Man sollte noch hinzufügen, daß die Abbildung eines solchen Stücks auf einem italienischen Gemälde von 1519/20 praktisch als Beweis für eine nicht-ägyptische Herkunft gelten kann, da der von Lotto gezeigte Teppich aller Wahrscheinlichkeit nach vor der Eroberung Kairos durch die Türken im Jahre 1517 entstanden sein dürfte.

Die erste Gruppe der Kassettenteppiche mit den Oktogonreihen unterscheidet sich sehr deutlich von der zweiten. Wie wir schon gesagt haben, sind ihre Farben durchaus vergleichbar mit mamlukischen Teppichen; keines der Stücke hat eine kufische Bordüre, im Gegenteil, einige sind mit dem typisch mamlukischen Bordürenmotiv mit Rosetten und Kartuschen ausgestattet. Bekannte Exemplare befinden sich im Washingtoner Textilmuseum, im Metropolitan Museum in New York, im Museum für Islamische Kunst in Kairo, im City Art Museum in St. Louis und im Bardini-Museum in Florenz. Besonders schöne Stücke sind im Davanzati-Palast in Florenz und im Staatlichen Museum in Berlin zu sehen. Joseph V. McMullan, der frühere Besitzer des New Yorker Stücks, war sicher, daß es sich um eine ägyptische Arbeit handelte. In Fachkreisen datiert man diese Teppiche zwischen dem späten 16. und – wahrscheinlich – dem frühen 17. Jh. Die Wahrscheinlichkeit, daß diese Teppiche aus Ägypten stammen, ist groß, denn sie enthalten sehr viele Elemente der bekannten Mamlukenteppiche, obwohl sie diesen qualitativ eindeutig unterlegen sind. Man könnte sagen, sie sind ein folgerichtiger, wenn auch trauriger Abgesang auf die frühere Blüte ägyptischer Webkunst.

Indische Teppiche der Mogulzeit

Die Moguldynastie Indiens war – wie schon der Name sagt – durch Kaiser repräsentiert, die stolz auf ihre mongolische Abstammung waren. Babur, der erste Mogul-Kaiser (1526–1530), war ein Nachfahre Timurs in der fünften Generation und also mit Tschingis Khan verwandt. Ursprünglich war er Herrscher von Afghanistan, dann unterwarf er das Hindu-Sultanat von Delhi. Zehn Jahre nach seinem Tod wurde sein Sohn und Nachfolger, Humayun, durch einen afghanischen Aufstand ins Exil getrieben. Er verbrachte neun Jahre in Persien.

Als er 1549 über Kabul zurückkehrte, brachte Humayun eine große Vorliebe für die persische Kunst mit nach Indien. Zwei der führenden persischen Hofmaler, Mir Sayyid Ali und Abdus Samad, die ihn begleiteten, gründeten die Mogulmalerei, einen Stil, der ähnlich wie die Teppiche der kaiserlichen Manufakturen die kultivierte Eleganz der Perser mit der für Indien so charakteristischen üppigen Exotik vermischte. Mir Sayyid Ali, genannt Nazir al-Mulk (»Das Wunder des Reiches«), illustrierte ein zwölfbändiges »*Dastan i-Amir Hamza*« (»Geschichte des Amir Hamza«) mit Gemälden auf Baumwolle und schuf damit eines der ganz großen Meisterwerke islamischer Kunst, das lange Zeit Maßstab für alle Mogulmaler bleiben sollte.

Unter Humayuns Sohn Akbar dem Großen (1556–1605) konnte das Reich der Moguln seine Macht konsolidieren. Wie die späten timuridischen und die frühen safawidischen Herr-

»Kaiser Babur bei der Unterhaltung mit Badi-Uzzalman Mirza in einem Zelt am Fluß Murgab im Jahre 1506«. *Das Bild zeigt einen Teppich mit doppeltem Medaillon, wie er nicht erhalten ist. Es stammt aus einem Manuskript des »Baburname« von 1590. Victoria and Albert Museum, London.*

»Kaiser Akbars Einzug in Surat im Jahre 1573.« *Miniatur des persischen Künstlers Farrukh Beg, der 1584 an Akbars Hof kam. Bemerkenswert sind die gewebten Schmuckgeschirre der Tiere. Aus einem Manuskript des »Akbarname«, um 1596. Victoria and Albert Museum, London.*

»Kaiser Akbar
kehrt zu Schiff
nach Agra zurück.«
*Aus einem
Manuskript des
»Akbarname«,
um 1596.
Victoria and
Albert Museum,
London.*

scher, so errichtete auch Akbar Werkstätten für die Produktion von Gemälden, Manuskripten, Goldschmiedearbeiten, Waffen und Teppichen. Zwischen 1569 und 1584 erbaute er die Palaststadt Fatahpur-Shikri, deren Wände mit Gemälden ausgeschmückt waren. 1584 machte er Agra zu seiner Hauptstadt.

»Prinz Salim, der spätere Schah Dschahangir.« *Malerei von Bichitar, um 1630. Bemerkenswert sind die realistischen floralen Bordüren dieser Miniatur. Victoria and Albert Museum, London.*

DIE FRÜHEN MOGULTEPPICHE

Erste dokumentarische Zeugnisse für die Herstellung von Teppichen sind uns aus der Regierungszeit Akbars überliefert. Sein Kanzler Abul Fasl'Allahami (1551–1602) schrieb das »Ain i Akbari«, die offizielle Geschichte seines Herrn, die im Jahre 1873 von H. Blochmann übersetzt wurde. Hier erfahren wir, daß der Kaiser wunderschöne Teppiche mit »bezauberndem Gewebe« habe anfertigen lassen.

»Er berief erfahrene Handwerker, die zahlreiche Meisterwerke geschaffen haben. Die Teppiche aus Iran und Turan sind vergessen, obwohl manche Händler noch Teppiche aus Góshkhán, Khúzistán, Kermán und Sabzwár importieren. Alle Arten von Teppichwebern haben sich hier niedergelassen und betreiben einen blühenden Handel. Man findet sie in jeder Stadt, besonders jedoch in Agrah, Fathpúr und Lahór.«

Aus diesem Abschnitt erfahren wir nicht nur, welches die führenden Teppichzentren in Indien waren, sondern auch, woher die persischen Teppiche kamen: »Goshkhan« (Joshaqan), Khusistan in Westpersien, Kirman und Sabsawar, die kleine Stadt in Khorasan, die wir in unserem Kapitel über die safawidischen Teppiche erwähnt haben. Überraschend ist das Fehlen von Herat auf dieser Liste, denn aus dieser Stadt wurden sehr viele Teppiche nach Indien importiert; ihre floralen Stilelemente sind auf zahlreichen indischen Produkten kopiert worden. Mit dem erwähnten »Turan« ist Turkistan gemeint, und die stolz-prahlerische Behauptung, die Teppiche aus Persien und Turkistan seien vergessen, darf nicht allzu wörtlich genommen werden, denn persische Teppiche sind zumindest während des ganzen 17. Jh. in großer Zahl von Indien importiert worden. Der Amber-Gartenteppich z. B. kam Anfang des 17. Jh. nach Indien. Von den noch erhaltenen indischen Teppichen dürfte im übrigen keiner vor der Regierungszeit Dschahangirs (1605–1627) entstanden sein.

PERSISCHE EINFLÜSSE

An den Amber-Gartenteppich wird man erinnert, wenn màn eine Gruppe ganz ungewöhnlicher Fragmente aus wenigstens zwei Mogulteppichen betrachtet, die zu den ältesten noch erhaltenen indischen Teppichen gezählt werden und etwa im ersten Jahrzehnt des 17. Jh. entstanden sein dürften. Ihre Muster sind frei und asymmetrisch, wie es bei indischen Teppichen sehr oft der Fall ist. Auf einem Teil der Fragmente sind realistische und phantastische Tierfiguren dargestellt, die miteinander kämpfen oder sich gegenseitig verschlingen. Das bekannteste Fragment (ursprünglich aus der Sammlung McMullan) befindet sich heute im Metropolitan Museum. Auf ihm sind Vögel mit zwei Körpern und sechs Köpfen abgebildet. Weitere Stücke aus demselben Teppich befinden sich in St. Louis, Boston, Detroit, Washington, im Louvre und in der Burrell Collection in Glasgow (das ehemalige Loewenfeld-Fragment). Bei dem zweiten Teppich sind Tierköpfe von Elefanten, Rehen, Löwen, Wölfen, Gänsen u. a. über das ganze von einer großen spiralenförmigen Arabeske bedeckte Feld verstreut. Fragmente davon befinden sich in Lyon, Paris, Boston und Hannover. Weitere Fragmente in Glasgow, Stockholm und einer französischen Privatsammlung dürften nach Erdmann von einem dritten »phantastischen Tierteppich« stammen.

Fragment mit grotesken Tierfiguren. Es sind mindestens zwei, möglicherweise drei derartige Fragmente bekannt. 77 × 55 cm. Schenkung von Joseph V. McMullan an das Metropolitan Museum, New York.

Obwohl sie insgesamt noch bizarrer sind als der persische Gartenteppich, der heute in Jaipur aufbewahrt wird, kommen gewisse Elemente der Mogulfragmente wie die Vielfarbigkeit und die Eckigkeit der Zeichnung diesem doch sehr nahe. Vieles spricht dafür, daß der Amber-Teppich, der wahrscheinlich zu einer ganzen Reihe von importierten Exemplaren gehörte, die Mogul-Musterzeichner zu ihren phantasievollen Entwürfen inspirierte. Das würde allerdings bedeuten, daß die erwähnten Fragmente etwas später entstanden sein müßten, als bisher angenommen wurde.

MOGUL-TIERTEPPICHE

Obwohl die Mehrzahl der erhaltenen Mogulteppiche ein sehr formales florales Muster aufweist, gibt es daneben doch eine kleine Gruppe ganz außergewöhnlicher Tierteppiche aus den Anfangsjahren des 17. Jh. Die drei berühmtesten Exemplare sind der Widener-Teppich in der National Gallery, Washington, der Pfauenteppich im Österreichischen Museum für angewandte Kunst, Wien, und der Bostoner Jagdteppich. Daß diese Stücke indischen Ursprungs sind, ergibt sich aus mehreren Anhaltspunkten: Da sieht man Blumen und Tiere, beispielsweise Elefanten, die auf keinem persischen Teppich zu finden sind, vor allem aber einen bildli-

Links oben: Vogel- und Tierteppich, auch Pfauenteppich genannt. Der Entwurf stammt möglicherweise von Mansur, dem Hofmaler des Schahs Dschahangir. Frühes 17. Jh. 235 × 156 cm. Rechts: Indischer Jagdteppich aus dem frühen 17. Jh. Typisches asymmetrisches Muster mit Elementen aus der Hindu-Mythologie. 244 × 158 cm. Museum of Fine Arts, Boston. Stiftung zum Gedenken an Frederick L. Ames. Links: Beinahe vollständiger indischer Baumteppich aus Seide, Mitte des 17. Jh. Das Stück wurde 1871 und 1888 in Fragmenten aus zwei Quellen bezogen. 360 × 135 cm. Musée des Tissus, Lyon.

chen Realismus und eine Asymmetrie, die damals einzigartig für indische Arbeiten waren und eindeutig den hinduistischen Hintergrund verraten.

Der Bostoner Teppich ist wahrscheinlich der schönste der drei aufgezählten Stücke. Am oberen Rand des Feldes sehen wir Szenen, die sich im Inneren kleiner Pavillons abspielen. Weiter unten befinden sich ein Leopard, der einen gefleckten Stier angreift – ähnliche Gruppen sind auch auf persischen Tierteppichen dargestellt –, und mehrere einzelne Tiere. Im Zentrum sind ein Jäger zu Fuß, zwei Träger und ein Ochsenkarren abgebildet. Auf dem Karren befindet sich ein angeketteter Jagdleopard, eines der beliebtesten Jagdtiere indischer Fürsten.

»Akbar empfängt Abdurrahim in Agra im Jahre 1562.« *Zu beachten sind die Jagdleoparden. Aus einem Manuskript des »Akbarname«, um 1596. Victoria and Albert Museum, London.*

Über die Sitte, Jagdkatzen auf einem Karren ins Feld zu transportieren, berichtete schon François Bernier, der Indien von 1658 bis 1668 bereiste. Etwa im unteren Drittel des Feldes erscheinen ein Tiger und ein geflügelter Elefant, der der hinduistischen Mythologie entstammt, und ganz unten sieht man eine Wildkatze, die Jagd auf zwei Rehe macht. Über das ganze Feld verteilt sind Bäume und blühende Sträucher, die eine Landschaft andeuten sollen.

Ebenso wie das Bostoner Stück sind auch die Teppiche in Wien und Washington völlig asymmetrisch aufgebaut. Ihre reichhaltigen Tier-, Pflanzen- und Vogeldarstellungen zeichnen sich durch äußersten Realismus aus. Auf dem Wiener Stück sind zwischen Blattwerk verstreut eine Vielzahl verschiedener Vogelarten zu sehen (Pfauen, Kraniche, Hühner, Turteltauben, Wiedehopfe, Rebhühner u. a.). Man hält es für möglich, daß der Entwurf dazu von Schah Dschahangirs Hofmaler Mansur angefertigt wurde. Das Stück wird meist etwas früher datiert (1605–1610) als die anderen Tierteppiche.

Auf dem etwa 1625 entstandenen Widener-Teppich in Washington findet man zahlreiche Elemente der persischen Weberei, während chinesische Einflüsse weniger deutlich zutage treten. Auch hier ist das Muster sehr frei gestaltet. Im Gegensatz zu den persischen Stücken, auf denen die Menschen- und Tierdarstellungen sich harmonisch in das Gesamtbild einfügen, dominieren sie hier das Feld eindeutig: Nashörner, Rehe, Hyänen, ein Drache, der eher einem Krokodil ähnelt, kämpfende Stiere und Kaninchen und in der Mitte ein Mensch, der einen Elefanten reitet. Das Muster der Bordüre besteht aus Rosetten und Kartuschen.

Ein weiterer bedeutender Vertreter dieser Gruppe ist der große Tier- und Baumteppich im Metropolitan Museum. Er ist gut 9 m lang und dürfte im frühen 17. Jh. in Lahore entstanden sein. Sein Feld ist mit großen blühenden Sträuchern und Palmen übersät: Palmen waren damals ein sehr häufig verwendetes Motiv in Indien. Verstreut in diesem »Dschungel« sind verschiedene Arten von Wildkatzen, Vögeln und andere Jagdtiere, teilweise in Kampfszenen. Die etwas ungewöhnliche Bordüre besteht aus verschränkten Sternen und Sternkartuschen. Das ganze Feld wirkt reich und vielfältig, allerdings vielleicht etwas zu überladen. Die Zeichnung ist steifer als sonst üblich. Nahe mit diesem Stück verwandt und eine äußerste Rarität ist der seidene Baumteppich im Musée des Tissus in Lyon. Obwohl er nicht vollständig erhalten ist, beträgt seine Länge noch immerhin 3,6 m. Seine Zeichnung ist noch steifer als bei dem Metropolitan-Teppich. Das Muster ist, ausgehend von der Längsachse, absolut symmetrisch; es enthält wenige Tiere, doch verschiedene Vögel mit ausgebreiteten Flügeln.

Aus den Beschreibungen läßt sich erkennen, daß die Mogulweber sich weitgehend an die bildliche Darstellung hielten, die von der Miniaturmalerei her bekannt ist. Nur gelegentlich findet man auch Tierteppiche mit mehr geometrischen Mustern. Ein Beispiel ist jener Seidenteppich in Lyon. Ein weitaus ungewöhnlicheres Stück befindet sich im Metropolitan Museum. Es ist offensichtlich das einzig erhaltene in seiner Art. In seinem Feld befinden sich zwei Paneele mit verschlungenen Bändern, die sich zu Hakenkreuzen formen; die Zwischenräume sind mit großen Vögeln ausgefüllt. Arabesken und große Palmetten bilden die breite Bordüre. Die Geometrie dieses Musters hinterläßt einen Gesamteindruck, der eher an türkische als an persische Teppiche erinnert, wenngleich der Naturalismus der Vogeldarstellung den Anatoliern völlig fremd war.

FLORALE MOGULTEPPICHE

In ganz anderem Stil gestaltet, doch aus derselben Periode ist eine Gruppe floraler Teppiche, deren Muster den zeitgenössischen Herat-Teppichen nachempfunden zu sein scheinen. Eine ganze Reihe davon wurde im Auftrag europäischer Kunden angefertigt. Das berühmteste Stück ist der sog. Gürtelmacher-Teppich, der sich noch heute im Besitz der Gürtelmacher-Gilde in London befindet, einer der mittelalterlichen Zünfte. Besonders ungewöhnlich an diesem 7,3 m langen Teppich ist sein Muster. Es verläuft senkrecht, entlang der Längsachse, und ähnelt damit einem europäischen Tapisseriestreifen oder einem Tischläufer. Das Feld enthält fünf Schilde. An jedem Ende befinden sich heraldische Schmuckgebilde, blaue Schilde, silberweiße Adler und goldfarbene Lilien. Zu beiden Seiten des großen Wappens in der Mitte stehen Schilde mit den Initialen »R. B.« und einem Kaufmannssiegel. Die Initialen stehen für Robert Bell, Meister der Gürtelmacher-Gilde von 1634 und Direktor der East India Company. Das Wappen in der Mitte ist dasjenige der Gürtelmacher mit dem Motto »Give Thanks to God«. Die großen, von belaubten Stielen ausgehenden Blüten, die das rote Feld bedecken, wiederholen sich in der blauen Bordüre.

Man muß diesen Teppich zweifellos zu den Meisterwerken aus der Zeit Schah Dschahans (1628–1658) rechnen, des Erbauers des berühmten Tadsch Mahal, obwohl das Muster in vieler Hinsicht dem europäischen Geschmack mehr entspricht als dem indischen. Ein ähnliches Stück, das ebenfalls zu den Tierteppichen gezählt werden kann, ist das Fremlin-Fragment, dessen Name von dem in die Bordüre und das Feld eingewebten Wappen der Familie Fremlin aus Kent hergeleitet ist. Auf seinem rotgrundigen Feld sind geflügelte Tiere und Kampfszenen dargestellt. Weitere Palmetten- oder Herati-Teppiche, die in europäischem Auftrag in Mogul-Indien angefertigt wurden, befinden sich in der Sammlung des Duke of Buccleuch, dessen Vorfahr, der Earl of Montagu, sie nach Europa importiert hatte.

Wir haben schon einmal auf Mansur, den Hofmaler Dschahangirs hingewiesen. Er war u. a. damit beauftragt, ein Album mit Blumenzeichnungen anzufertigen. Mehr als hundert davon sind heute noch erhalten. Man nimmt an, daß die große Blumenleidenschaft des Kaisers

der Anlaß dafür war, daß die Mogulkunst des 17. Jh. so reich an Darstellungen von naturgetreu und in leuchtenden Farben wiedergegebenen Blumen und Sträuchern war. Die größte erhaltene Gruppe, die sog. »Lahore-Teppiche«, werden heute in einem Museum in Jaipur aufbewahrt. Sie waren ursprünglich für Radscha Jai Singh I. (1622–1668) und dessen 1630 erbauten Palast in Amber angefertigt worden.

Es gibt im wesentlichen vier Gruppen von floralen Mogulteppichen. Die erste hat ein Gittermuster entweder mit Palmetten und Blüten oder mit einzelnen Blütenstauden, die von einem weißen Spalier umgeben sind. Das Gitter selbst wird aus langen, schlanken Blättern, aus Arabeskenranken oder aus Akanthusblättern gebildet. Ein Exemplar des ersten Typs, mit Laubwerk, großen Blütenkelchen und einem Gitter aus lanzettförmigen Blättern, befindet sich im Metropolitan Museum in New York. Es wurde von Dimand in die erste Hälfte des 17. Jh. datiert.

Verbreiteter ist die zweite Art mit einzelnen Blütenstauden, die von einem abstrakten Gitterwerk umgeben sind. Die Blüten sind weiß, rosa und gelb mit grünen Stielen und Blättern vor rotem Hintergrund. Ein Beispiel hierfür ist der ehemalige Kevorkian-Teppich, einer von acht Mogulteppichen aus dieser wahrhaft exklusiven Sammlung, der 1970 bei Sotheby's verkauft wurde. Ein ähnliches, jedoch feineres Exemplar erwarb das Hamburger Museum 1961. Ein großes Fragment befindet sich im Victoria and Albert Museum; es hat ein durchgehendes, gezahntes Schlangenliniengitter. Ein Fragment in Düsseldorf stammt wahrscheinlich von demselben Teppich. Bei einem weiteren Fragment im Metropolitan Museum sind in das Arabeskengitter einzelne von Blättern und Streublumen umgebene Büten eingebettet. Ein ähnliches Fragment besitzt das Victoria and Albert Museum. Die dritte Variation mit einem Spalier aus Akanthusblättern ist die seltenste. Ein sehr fragmentarisches Exemplar befindet sich im Metropolitan Museum.

Zur zweiten Gruppe gehören diejenigen Teppiche, die mit Lahore in Verbindung gebracht werden. Ihr Muster besteht aus Reihen ganzer, blühender Pflanzen auf rotem Grund. Vielleicht das schönste noch erhaltene Exemplar und das älteste ist der ehemalige Kevorkian-Teppich, den das Metropolitan Museum für die – heute als Mindestgebot angesehene

Links: »Schah Dschahan reitet in Begleitung einer Eskorte.« *Gemalt von Manohar, Mitte 17. Jh. Victoria and Albert Museum, London. Rechts:* »Liebende auf einer Terrasse«, *aus dem einzigen bekannten Manuskript des* »Pennem« *(Kunst des Liebens) von 1590/ 1591. British Library, London.*

Mogulteppich mit Blumen- und Gittermuster nach persischen Vorbildern, spätes 17. oder frühes 18.Jh. 361 × 203 cm. Früher in der Sammlung Kevorkian.

Wasserfarbenskizze des »Gürtelmacher-
Teppichs« *von Ada Hunter, 1899. Wir zeigen diese sehr getreue Wiedergabe, da es unmöglich ist, den Originalteppich in Farbe zu fotografieren. Er ist datiert auf 1634, seine Maße betragen 732 × 244 cm. Besitz der Gürtelmacher-Zunft, im Victoria and Albert Museum, London.*

– Summe von 14 000 Pfund 1970 bei Sotheby's ersteigert hat. Die dargestellten Blumen, z. B. Nelken, Tulpen, Iris, Chrysanthemen und Primeln, sind sehr realistisch und vielfarbig wiedergegeben. Die Bordüre basiert auf dem Herati-Motiv. Bei einem weiteren Exemplar, das ebenfalls der Sammlung Kevorkian angehörte, stehen die Pflanzenreihen senkrecht zur Längsachse. Dieses Stück ist Teil einer ganz besonderen Gruppe, aus der nur zwei vierseitige Teppiche bekannt sind, dieses Exemplar mit 4,5 m Länge und ein weiteres mit 7,2 m Länge, das sich einst in der Sammlung Lionel Harris befand. Drei weitere Teppiche aus dieser Gruppe haben sieben Seiten. Sie dienten offensichtlich als Umrandung für einen Thron oder einen Brunnen. Nach Kendrick und Tattersall handelt es sich hierbei um Spezialanfertigungen für den Palast zu Amber. Ihr Muster enthält u. a. Rosen, Iris, Lilien, Veilchen, Glockenblumen, Pfingstrosen, Nelken und Tulpen. Ein anderes, einzigartiges Stück befindet sich in der Frick-Sammlung in New York. Sein Muster besteht aus in Reihen angeordneten Bäumen, aus deren Wurzeln Blumen wachsen. Der Teppich war ursprünglich ein Geschenk Schah Dschahans an das Mausoleum von Ardebil.

Im Zusammenhang mit dem Gürtelmacher-Teppich und verwandten Teppichen haben wir schon auf deren Verbindung zu den Palmetten- oder Herat-Teppichen hingewiesen. Daneben gibt es noch eine ganze Anzahl anderer indischer Teppiche, die entweder von den floralen Herat-Teppichen oder den persischen Vasenteppichen beeinflußt sind. Ein sehr schönes Stück des Herat-Typs aus der Sammlung Altman befindet sich heute im Metropolitan Museum. Sein Muster wirkt zwar steifer als die persischen Vorbilder, doch die Blumen sind realistischer dargestellt. Der Mogul-Ursprung aber ergibt sich vor allem aus den Bordüren, deren Muster aus in Reihen angeordneten einzelnen Blütenstauden besteht.

Ein weiteres Exemplar im Metropolitan Museum hat ein Muster, das Dimand als »Trauben glyzinienartiger Blüten« beschreibt, die mit lanzettförmigen Blättern abwechseln.

Links: Mogulteppich mit einseitig ausgerichtetem Buschmuster. Aus Lahore, Regierungszeit Schah Dschahans, erste Hälfte des 17. Jh. 427 × 200,5 cm. Einst in der Sammlung Kevorkian, heute im Metropolitan Museum, New York.
Oben: Ausschnitt aus einem ungewöhnlich großen floralen Mogul-Medaillonteppich, beruht auf den Mustern persischer Vasenteppiche. Aus der Zeit von Schah Dschahan. 1595 × 325 cm. Einst in der Sammlung Kevorkian, heute in einer Privatsammlung, London.

131

Ebenfalls einen starken persischen Einschlag verriet das Stück mit vorwiegend gelben Blumen und lebhaft roten, blauen, grünen und weißen Konturen, das 1969 beim ersten Kevorkian-Verkauf bei Sotheby's angeboten wurde. Auch seine Bordüren enthielten ganze Blütenstauden, die von achtstrahligen Sternen umgeben waren. Ein etwas ungewöhnliches Exemplar im Museum für islamische Kunst in Istanbul hat ein Feldmuster aus durchgehenden weißen Arabesken, die mit Blüten verwoben sind. Seine Bordüre erinnert an das oben erwähnte »Glyzinien-und-Lanzenblätter«-Motiv. Ähnliche Teppiche befinden sich in den Museen von Berlin und Cleveland.

Der wohl außergewöhnlichste aller erhaltenen indischen Blumenteppiche ist das ehemalige Kevorkian-Stück, das 1970 in den Besitz eines englischen Privatsammlers überging. Er ist 15,95 m lang und wurde mit ziemlicher Sicherheit in kaiserlichem Auftrag angefertigt. Verteilt über seine ganze enorme Länge sind quadratische und geschwungene Medaillons, die von kreisförmigen Gebilden aus Blüten und Stielen umgeben sind. Jedes dieser Gebilde unterscheidet sich vom nächsten. Für Maurice Dimand handelt es sich bei diesem Stück stilistisch um ein Gemisch aus persischen Garten- und Vasenteppichen. Höchstwahrscheinlich sind die persischen Originale, von denen es abgeleitet ist, im frühen 17. Jh. entstanden, so daß man diesen Teppich eher der Periode Schah Dschahans als der Zeit Dschahangirs zurechnen muß.

Es ist allerdings nicht völlig auszuschließen, daß das Stück doch zur Zeit Dschahangirs entstanden ist, der ein Zeitgenosse von Schah Abbas war. Wenigstens ein Teppich, der heute noch in Fragmenten erhalten ist, soll von Abbas in Lahore in Auftrag gegeben worden sein. Im Jahre 1887 war er noch vollständig und befand sich im Chihil Sultan Kiosk in Isfahan. Aus den verbliebenen Fragmenten (Victoria and Albert Museum, Universitätsmuseum in Cleveland und Sammlung Haim; letzteres abgebildet bei Erdmann, »*Siebenhundert Jahre Orientteppich*«) läßt sich erkennen, daß das Muster dieses Teppichs ebenfalls von persischen Vasenteppichen abgeleitet ist. In seiner 1812 verfaßten Beschreibung des Chihil Sultan Kiosk berichtet Sir James Morier, daß sich in diesem Gebäude mehrere Teppiche befanden. Es ist durchaus möglich, daß das ehemalige Kevorkian-Stück ebenfalls aus dieser Gruppe stammt.

Wenngleich die meisten Experten völlig korrekt auf die spezifisch indischen Merkmale der floralen Teppiche hinweisen, wäre es doch falsch, deren enge Verbindung mit den persischen Arbeiten zu unterschätzen. Dabei ist besonders auffallend, daß die indischen Musterzeichner und Teppichknüpfer fremde Einflüsse sehr rasch verarbeiten, denn die indischen Teppiche mit persischem Einschlag dürften fast zur selben Zeit entstanden sein wie die persischen Originale.

Beispiel einer ganzen Gruppe besonders geformter Mogulteppiche, die möglicherweise für den Palast in Amber oder, nach Dimand, für das Tadsch Mahal angefertigt wurden. Erste Hälfte des 17. Jh. 447 × 264 cm. Früher in der Sammlung Kevorkian, heute im J. Paul Getty Museum, Malibu.

In dem Kapitel über die safawidischen Teppiche erwähnten wir den rotgrundigen Ballard-Baumteppich im Metropolitan Museum (eine irreführende Bezeichnung; zutreffender wäre »Blütenstaudenteppich«), der mit »frühes 17. Jh./Isfahan« datiert wird, ferner den McMullan-Staudenteppich mit zentralem Sternmedaillon und Eckstücken, ebenfalls im Metropolitan Museum, die einseitigen Vasenteppiche, wie das Fragment in Washington, und die Staudenteppiche mit Gittermuster und einzelnen Pflanzen. All diese Stücke kommen den Mogulmustern sehr nahe. Lange vor dem ersten Viertel des 17. Jh. dürfte keines entstanden sein. Man könnte daraus schließen, daß zwischen persischen und indischen Entwerfern ein sehr viel stärkerer gegenseitiger Austausch erfolgte, als bisher angenommen wurde.

Ausschnitt aus einem Samtband, dessen Muster aus naturalistisch wiedergegebenen Blüten für Mogularbeiten typisch ist. 17. Jh. Victoria and Albert Museum, London.

»Akbar II. hält hof im Diwan-i Khas im Roten Fort zu Agra.« Bemerkenswert ist die Ähnlichkeit des Musters der Thronumrandung mit demjenigen des hier abgebildeten Teppichs mit drei Bögen. Um 1820. Bibliothek des India Office, London.

133

GEBETSTEPPICHE

Die vierte Gruppe der indischen floralen Teppiche sind die Gebetsteppiche. Ein spezieller Typ dieser Gruppe ist besonders selten und ungewöhnlich. Es handelt sich dabei um ein Muster, bei dem das Innere der Mihrab mit einer großen blühenden Pflanze ausgefüllt ist. Das schönste Exemplar dieser Art, eine Stiftung von Joseph V. McMullan, befindet sich heute im Metropolitan Museum. Es hat in seiner Mitte eine überlebensgroße Chrysantheme mit fünf leuchtend-weißen Blüten, einem grünen Stamm und Blättern. Die Grundfarbe des Feldes ist das für Indien typische Karmesinrot; der Boden unter der Pflanze ist hügelig gewellt. Zu beiden Sei-

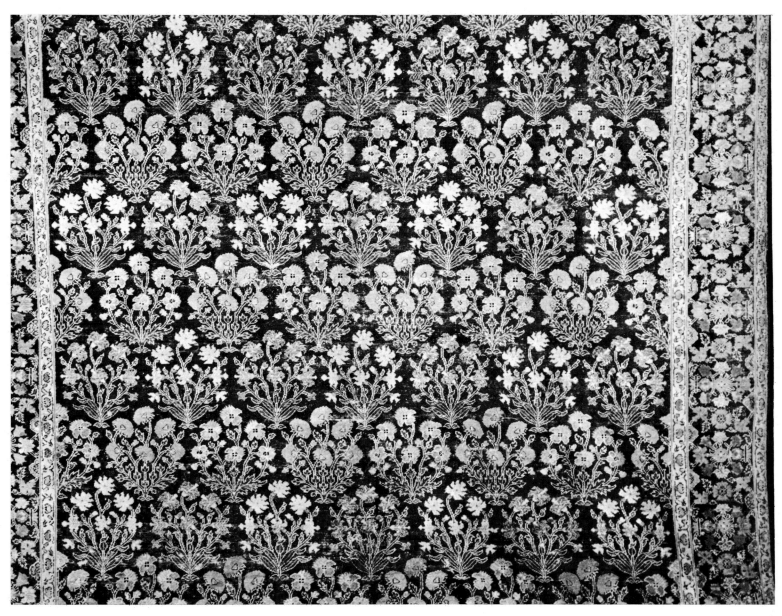

ten des Stammes wachsen kleine Tulpen. Der Bogen der Mihrab ist aus einer weißen Arabeske geformt, wie man sie bisweilen auch auf den floralen Teppichen mit Gittermustern findet; die Spandrillen sind mit großen Blüten und Laubranken ausgefüllt. Letztere wiederholen sich innerhalb des formaleren Arrangements der Bordüre.

Trotz seiner geringen Größe (1,485 m × 0,319 m) ist dieses Stück doch sehr prachtvoll. Wie die meisten kleinen indischen Teppiche ist es außerordentlich fein geknüpft. Trotz des Wollflors hat es 11 650 Senneh-Knoten pro Quadratdezimeter. Es sind noch zwei weitere Exemplare dieser Art bekannt: Ein Stück mit dem gleichen Muster, aber mit einer dunklen Chrysantheme, ist bei Bode und Kühnel abgebildet. Es befand sich früher in der Sammlung Paravicini in Kairo. Diesen Teppich erwähnt McMullan als Bestandteil der Sammlung Engel-Gros. Er wurde bei der Versteigerung der Sammlung Paravicini 1963 in Paris verkauft und gehört jetzt zur Pruchet Collection in Grimberg. Der andere befindet sich in der Sammlung Thyssen und gehörte früher zur Sammlung Aynard. Dieses Stück könnte Bestandteil eines Familiengebetsteppichs gewesen sein. Ein jüngeres und weniger dicht gewebtes Exemplar findet sich in einer englischen Privatsammlung. Das Fragment eines weiteren aus dem 17. oder 18. Jh. stammenden Seidenteppichs besitzt das Metropolitan Museum. Seine Farben, vor allem das weiß-graue Feld, sind sehr ungewöhnlich. Besonders auffallend, ja geradezu unglaublich, ist die Knotendichte mit 40 832 Knoten pro Quadratdezimeter. Der ursprüngliche Teppich muß insgesamt etwa 4 Millionen Knoten gehabt haben. Die Kashan-Seidenteppiche zum Vergleich haben etwa 8000 bis 10 400 Knoten pro Quadratdezimeter. Diese extrem hohe Dichte findet man übrigens nicht nur bei indischen Seidenteppichen. Das Fragment mit Akanthusblatt-Gitter im Metropolitan Museum ist trotz seines Wollflors mit 20 128 Knoten, der Hamburger Gitterteppich mit mehr als 16 000 Knoten pro Quadratdezimeter geknüpft. Eine derartig hohe Dichte ist bei keinem persischen Teppich anzutreffen.

Ein anderes vollständiges Exemplar dieses Musters in Seide wurde bei der Auflösung der Sammlung Benguiat am 23. April 1932 (Nr. 14) versteigert. Es wurde von Martin 1908 als ein Mogulteppich, der etwa im Jahr 1640 hergestellt worden sei, veröffentlicht. Bei ihrer Beschreibung der Teppiche in der Sammlung Thyssen erwähnt May Beattie dieses Exemplar und merkt an, daß es heute für jünger gehalten wird. Als es am 5. Mai 1977 bei Christie's (Nr. 32) versteigert wurde, erkannte man, daß es sich in Wirklichkeit um eine Produktion vom Anfang des 20. Jh. aus Hereke oder Istanbul handelt, die vermutlich von dem Teppich in der Sammlung Engel-Gros kopiert wurde.

Im 18. Jh. wurden die Muster allmählich gröber. Ein Exemplar des einseitig ausgerichteten Typs – ohne Polychromie, mit dichtbepackten Reihen gelber Blumen mit grünen Stengeln – war unter den Kevorkian-Verkäufen. Obwohl das Stück deutlich an seine Vorläufer anklang, reichte es doch bei weitem nicht an den hervorragenden Stil des 17. Jh. heran. Unverkennbar trug es die Spuren jenes europäischen Einflusses, der die Teppichproduktion im Mittleren wie im Fernen Osten ungünstig beeinflußte.

Kaukasische Teppiche

Rechte Seite: Dagestan-Gebetsteppich, datiert 1826. 152,5 × 106,5 cm.

Die kaukasischen Teppiche stammen aus dem etwa 400 000 qkm großen Gebiet zwischen Schwarzem und Kaspischem Meer. Obwohl viele Teppiche der sog. »Nordwestpersisch-Kaukasischen« Gruppe wahrscheinlich innerhalb der heutigen Grenzen des Iran, in der Gegend zwischen Täbris im Süden und dem Fluß Araks im Norden, hergestellt wurden, dürfte die Mehrzahl weiter nördlich, in den Regionen Armenien, Karabagh, Kasak, Mogan und Schirwan entstanden sein, die heute zu den Sowjetrepubliken Armenien und Aserbeidschan gehören. Vor der persisch-russischen Grenzfestlegung im Jahre 1869 reichte Aserbeidschan ziemlich weit südlich nach Persien hinein. Seine Hauptstadt war Täbris. Viele der Städte- und Regionsbezeichnungen für die kaukasischen Teppiche sind traditionell überliefert. Obwohl ihre Namen von den heutigen Landkarten der UdSSR verschwunden sind, müssen sie für unsere Zwecke beibehalten werden.

Die Teppiche des Kaukasus sind ein Spiegel der Ethnographie ihrer Schöpfer. Bis zur Eroberung durch die Russen im 18. und 19. Jh. war dieses Gebiet über 800 Jahre lang ein Schmelztiegel von Völkern, Kulturen und Religionen und fast ununterbrochen ein Schlachtfeld. Araber, Tataren, Türken, Mongolen, Perser, Russen und viele andere waren aus politischen oder religiösen Gründen stets bestrebt, dieses Gebiet unter ihre Herrschaft zu bekommen. Noch im 19. Jh. erklärte Schamil, der Führer der Tscherkessen, den russischen Eroberern

Rechts: Jagdteppich aus dem späten 18. Jh., möglicherweise aus dem Südkaukasus, aber wahrscheinlich aus Kurdistan. 386,5 × 188,5 cm. Eine Schenkung von Josep V. McMullan an das Metropolitan Museum, New York. Links: Ausschnitt.

139

den Heiligen Krieg im Namen des Islam. Die Armenier, eine der kulturell führenden Gruppen, blieben Christen trotz grausamster Verfolgungen, die im Ersten Weltkrieg in einem Massenmord und der Deportation von Millionen durch die Türken gipfelten. In den Mustern der kaukasischen Teppiche und in ihrer schillernden Farbpalette schlugen sich sowohl das Kulturgemisch als auch der ständige geschichtliche Wandel nieder.

DRACHENTEPPICHE

Zweifellos zu den ältesten kaukasischen Produkten muß man die Drachenteppiche zählen, von denen 50 bis 100 Stück erhalten sind. Über Zeit und Umstände ihrer Herstellung gibt es heftige Kontroversen. Eine Theorie besagt, daß die frühesten Exemplare aufgrund der eindeutig erkennbaren Einflüsse persischer Vasenteppiche aus der Schah-Abbas-Periode nicht vor dem Ende des 16. Jh. entstanden sein können und daß man diesen Typ bis ins 19. Jh. hergestellt habe. Andere Fachleute behaupten, die frühesten Stücke seien bedeutend eher einzuordnen. Sie stammten aus dem 15. Jh. Auch die führenden deutschen Autoritäten Kühnel, Erdmann und Ulrich Schürmann vertreten diese Meinung und führen dafür ins Feld, daß auf italienischen und flämischen Gemälden des 15. Jh. – Jan van Eycks »*Marienaltar*« in der Dresdener Gemäldegalerie (den wir im Zusammenhang mit den frühen osmanischen geometrischen Mustern schon erwähnt haben), die »*Jungfrau mit dem Kind*«, die von Berenson »Amico di Sandro« zugeschrieben wird, und Piero Pollaiuolos »*Verkündigung*«, ebenfalls in der Dresdener Gemäldegalerie – Teppiche mit Rautenmustern zu sehen seien, wie sie typisch für die frühen kaukasischen Stücke sind.

In seinem Werk »*Teppiche aus dem Kaukasus*« kommt Schürmann zu dem Schluß, daß die Tierkampfteppiche wie der Berliner »Drache und Phönix« eher kaukasischen als anatolischen Ursprungs seien, da auf den frühesten uns bekannten kaukasischen Stücken der Drache noch in starrer, eckiger Form zu erkennen sei. Obwohl diese Ansicht keineswegs dem allgemein vertretenen Standpunkt entspricht, haben doch zahlreiche Autoren auf die Ähnlichkeit zwischen Teppichen wie dem Berliner Stück und den späten kaukasischen hingewiesen. In jedem Fall bleibt festzuhalten, daß stilisierte Tierformen im Kaukasus verbreiteter sind als in der Türkei. Ebenfalls interessant ist in diesem Zusammenhang die Tatsache, daß die Seldschuken Armenien, Georgien und die umliegenden Gebiete im 11. Jh. erobert haben und in der Folgezeit den entscheidenden kulturellen Einfluß ausübten. Wenngleich die persischen Einflüsse seit dem 16. Jh. mitbestimmend für die kaukasische Weberei wurden, sind doch alle kaukasischen Knüpfteppiche ihrer technischen Struktur nach türkisch, d. h., sie sind mit dem Gördes-Knoten geknüpft. Außerdem gibt es, abgesehen von einigen Fragmenten aus der Zeit der Seldschuken, die man in türkischen Moscheen fand, keinerlei Hinweis dafür, daß diese Stücke in der Türkei und nicht im türkisch beeinflußten Kaukasus entstanden wären. Nach stilistischen Gesichtspunkten jedenfalls ist diese Hypothese gewiß nicht zu verwerfen.

Was jedoch die genannten Gemälde angeht, so gehen die Meinungen weit auseinander. Auf dem Pollaiuolo ist das Feldmuster nur sehr verschwommen zu erkennen, und der Van-Eyck-Teppich hat in seinem Feld zwar ein Rautenmuster, ebenso wie die Teppichdarstellungen auf der »*Lucca-Madonna*« in Frankfurt und der »*Madonna des Jan Vos*« in der Sammlung Frick, doch der Gesamteindruck dieser Stücke ist völlig uncharakteristisch für die Drachenteppiche, mit denen man sie vergleicht. Ich selbst halte es nicht für gerechtfertigt, die auf den Gemälden abgebildeten Teppiche als Beweis dafür gelten zu lassen, daß kaukasische Webereien schon im 15. Jh. nach Europa gelangt sind. Zu den frühesten datierten Stücken gehört ein Fragment im Washingtoner Textilmuseum, in das der Name des Auftraggebers Husayn Beg und das Datum (entweder Muharram 1001 oder 1101, also Oktober 1592 oder 1689) eingewebt sind. Die meisten Fachleute halten das spätere Datum für das richtige und bezeichnen das Stück als kurdische Kopie eines Drachenteppichs. Ein weiteres Exemplar – eher ein Blumen- als ein Drachenteppich – trägt die Inschrift: »Ich, Gothar, schwach und voller Sünden, habe diesen Teppich mit eigenen Händen geknüpft. Möge der Leser für meine Seele beten.« Es folgt das armenische Datum 1129, das unserem Jahr 1679 entspricht. Nach Auffassung Erdmanns scheint dieses Datum manipuliert worden zu sein und dürfte in Wahrheit 1779 lauten. Immerhin räumt Erdmann ein, daß er den Teppich nicht genau geprüft habe. Ettinghausen vermutete 1936, daß das Datum, das in mehreren Farben dargestellt ist, als 1149 (nach unserer Zeitrechnung 1699–1700) gelesen werden müsse. Diese spätere Datierung wurde bekräftigt – und es gibt kein Zeichen dafür, daß sie verfälscht ist –, als der Teppich in hervorragendem Erhaltungszustand auf einer Auktion in London am 20. Mai 1977 wiederauftauchte.

Ebenso umstritten wie ihre Datierung sind auch die Umstände, unter denen die frühen Stücke entstanden sind. Dimand erklärt kategorisch, daß die Teppiche des Kaukasus ausschließlich von Bauern und Nomaden gefertigt worden seien. Es gab keine Städte und auch keine Aufträge von seiten der Regierung wie bei den türkischen, persischen und indischen Webereien. Völlig gegensätzlich äußert sich Erdmann. Er weist darauf hin, daß viele der Drachenteppiche Längen von 6 Metern und mehr erreichten und ein überaus reichhaltiges Farbenspektrum aufwiesen. Man könne daraus schließen, daß diese Teppiche niemals auf nomadischen Webstühlen, sondern eindeutig in städtischen Werkstätten gefertigt worden seien und daß sie außerdem nach Vorlagen gearbeitet sind. Obwohl eine wie auch immer geartete eindeutige Aussage unmöglich ist, wird Erdmanns Hypothese nicht allgemein akzeptiert.

Nicht minder kontrovers ist die Frage, wo und von wem die Drachenteppiche gewebt wurden. In der älteren Teppichliteratur überwiegt die Meinung, diese Stücke seien ausnahmslos das Produkt von Armeniern. Heute wird ihre Herkunft weiter nordöstlich lokalisiert, in Nord-Aserbeidschan, Süd-Dagestan und insbesondere in der Gegend von Kuba. Diese Hypothese stützt sich vor allem auf strukturelle Merkmale wie die Feinheit der Wolle und die Festigkeit der Knoten. Es weist jedoch einiges darauf hin, daß diese Teppiche ebenso wie die ihnen sehr verwandten floralen Typen armenischen Ursprungs sind. Aller Wahrscheinlichkeit nach wurden sie nicht nur in einzelnen Gegenden, sondern im ganzen Kaukasusgebiet hergestellt.

Man kann die Drachenteppiche in insgesamt vier zeitlich verschiedene Gruppen aufteilen. Die frühesten Exemplare, wahrscheinlich aus dem späten 16. und frühen 17. Jh., basieren auf einem Rautenmuster aus gezähnten Blättern, wie man es auch von den persischen Vasenteppichen her kennt. Der schönste und wahrscheinlich auch älteste ist der sog. »Graf«-Teppich, der der Überlieferung nach im späten 19. Jh. aus einer Moschee in Damaskus kam – was als Herkunft unwahrscheinlich ist angesichts der klar zu unterscheidenden Tiermotive – und 1905 in das Berliner Museum gelangte. Seine ursprüngliche Länge betrug 6,775 m. Die teilweise Zerstörung im Zweiten Weltkrieg bedeutete nach Erdmann den schwersten Verlust, den die Berliner Sammlung zu beklagen hatte. Bemerkenswert war dieses Stück nicht nur wegen seines Farbenreichtums, sondern vor allem auch wegen der Dichte seines Musters, eines Diagonalgitters aus fünf Rauten – im Gegensatz zu den sonst üblichen drei. Die Musterung jeder einzelnen Raute variierte von Reihe zu Reihe. Einige waren mit großen Palmetten geschmückt oder mit stark stilisierten Bäumen, andere hatten Tierpaare, die sich gegenüberstehen, einzelne Tiere oder kämpfende Gruppen. In den Feldern zwischen den Rautenreihen waren lange gefleckte Drachenformen zu sehen, die einer Mischung zwischen Seepferd und Giraffe ähneln, oder Kämpfe zwischen schwarzen und weißen Tieren. Daneben gab es noch andere Tierformen wie chinesische Drachen und Einhörner. Die Bordüre enthielt Arabesken und Palmetten.

Kein anderer Drachenteppich hat eine ähnlich komplizierte Musterstruktur. Zwar dürfte Erdmanns Datierung um 1500 etwas zu früh angesetzt sein, doch die Pracht dieses Teppichs ist so unübertroffen, daß – wenn überhaupt ein Drachenteppich in die erste Hälfte des 16. Jh. datiert werden kann – nur dieser dafür in Frage käme. Andere frühe Exemplare befinden sich im Victoria and Albert Museum und im Metropolitan Museum. Ersteres kommt der Vortrefflichkeit des »Graf«-Teppichs noch am nächsten, während das Metropolitan-Exemplar schon wieder viel zu formal wirkt. Alle drei haben eine fast identische Bordüre. Auch die abwechselnde Rot- und Gelbfärbung der gezähnten Blätter an den Ober- bzw. Unterseiten der Rauten ist gemeinsam. Der Metropolitan-Teppich hat in jeder Reihe drei klar abgegrenzte Rauten, die jeweils mit einer großen stilisierten Palmette ausgefüllt sind. In den Zwischenräumen befinden sich steigende Drachen, die abwechselnd Rücken an Rücken oder gegenüberstehend dargestellt sind. Zwischen den Drachen ist jeweils eine große Palmette zu sehen. Obwohl man bei diesem Drachenmotiv noch nicht von Degenerierung sprechen kann, weist seine Steifheit und Regelmäßigkeit doch darauf hin, daß es etwas später entstand als das Berliner und das Londoner Stück. Möglicherweise ist es aus dem frühen 17. Jh.

Zu der zweiten Gruppe, datierbar zwischen Mitte und Ende des 17. Jh., gehören Teppiche im Metropolitan Museum, im Textilmuseum in Washington (2), in Philadelphia (2), im Victoria and Albert Museum (2), in Berlin (2) und in einigen privaten Sammlungen. Bei all diesen Stücken ist das Rautenmuster, das in den frühen Exemplaren noch klar zu unterscheiden war, schon in der Auflösung begriffen. Auch die länglichen Drachenformen werden zunehmend schematisiert. Die Farben sind greller und die Details weniger vielfältig.

In der dritten Gruppe, aus dem späten 17. und frühen 18. Jh., sind die ursprünglichen Formen schon sehr deutlich degeneriert. Beispiele befinden sich in Washington, Detroit und Berlin. Dimand rechnet auch den McMullan-Teppich zu dieser Gruppe, doch dürfte diese Datierung zu spät angesetzt sein. Das Stück weist noch zahlreiche Elemente der ersten Gruppe auf, einschließlich der Bordüre, und man kann es wohl der zweiten Gruppe zuordnen. Die

Kubateppich aus dem späten 18. Jh., mit sog. Arshan-Muster und kufischen Bordüren. 389 × 155 cm.

Rechts: Kurdische Kopie eines kaukasischen Drachenteppichs.
Signiert »Husayn Beg« und datiert »Muharram 1101«
der Hedschra (Oktober 1689). 435×180 cm.
Textilmuseum, Washington. Links: Ausschnitt.

Der Nigde-Teppich (Ausschnitt). Traditionell Kuba zugeschrieben, stammt jedoch wahrscheinlich aus Schirwan oder Schuscha, frühes 17. Jh. 752 × 305 cm. Schenkung von Joseph V. McMullan an das Metropolitan Museum, New York.

Tierformen sind noch klar erkennbar, obwohl das Rautenmuster schon so in die Länge gezogen ist, wie man es von den späten Stücken her kennt. In einem Artikel im »Connoisseur« behauptet McMullan selbst, daß die Bordüre seines Teppichs identisch mit derjenigen des persischen Figdor-Gartenteppichs sei. Dies ist bestimmt nicht der Fall, obwohl man eine gewisse Ähnlichkeit nicht leugnen kann.

Bei dem Washingtoner Stück aus dieser dritten Gruppe handelt es sich um das datierte Exemplar, das wir schon erwähnt haben. Es zeigt denselben Formalismus wie der oben beschriebene frühe Metropolitan-Teppich, mit äußerst realistischen Rotwild- und schematisierten Drachendarstellungen. Das Gitter jedoch besteht nicht mehr aus realistisch wiedergegebenen gezähnten Blättern, sondern aus völlig abstrakten geometrischen Gebilden. Das ganze Muster wirkt ziemlich statisch. Diese seltsame Mischung hat viele der frühen Autoren verwirrt. Kühnel beispielsweise hielt das Datum 1689 für völlig ausgeschlossen. Heute wird dieses Stück jedoch als kurdische Kopie eines Drachenteppichs gedeutet.

Aus der vierten, zwischen 1750 und 1850 entstandenen Gruppe sind uns die meisten Stücke erhalten. Hier sind die ursprünglichen Formen schon fast bis zur Unkenntlichkeit abstrahiert. Einige sehr schöne Exemplare, die in der Sumakh-Glattwebetechnik gefertigt sind, werden wir später noch behandeln. Während wir übrigens einerseits von einer zunehmenden Degenerierung des Drachenmusters sprechen, ist andererseits eine ausgesprochene Kontinuität des Stils zu beobachten. Einige der späten Stücke sind von bemerkenswert guter Qualität. Im übrigen kann die Degenerierung ebensogut als eine Entwicklung vom Realismus zur Abstraktion angesehen werden, wie sie auch in anderen Kunstformen vorkommt.

Im Zusammenhang mit den Drachenteppichen sollten wir auch auf einige Tierteppiche hinweisen, die weitgehend auf persischen Vorbildern beruhen, wenngleich ihre Motive stärker schematisiert sind als bei diesen. In unserem Kapitel über die safawidischen Teppiche haben wir das häufig abgebildete Stück erwähnt, das einst auf dem Kunstmarkt von Istanbul angeboten wurde. Es wird wie auch die »Baumteppiche« normalerweise als »nordwestpersisch-kaukasisch« beschrieben. Obwohl es in den Details sehr viel geometrischer als die Tierteppiche aus Zentralpersien ist, enthält es noch genug Realismus, um eine Herkunft aus Kurdistan oder Südaserbeidschan wahrscheinlich zu machen. Dasselbe gilt für das schöne rotgrundige Stück, das Joseph V. McMullan dem Metropolitan Museum gestiftet hat. Es enthält Bäume, vereinzelte Blumen, Rehe und anderes Wild, acht Pferde, davon sieben mit Reitern, und zwei Jäger zu Fuß. Die Reiter sind extrem stilisiert und gleichen eher Vögeln als Menschen, während die Pferde trotz ihrer grellen Farben – Weiß, Dunkelblau, Hellblau, Gelb oder Grün mit vielfarbigen Flecken – ziemlich realistisch erscheinen. Die Bordüre enthält Palmetten und Schildformen, die ganz atypisch für kaukasische Teppiche sind.

BLUMENTEPPICHE

Etwa zur gleichen Zeit wie die Drachenteppiche entstanden auch die Blumenteppiche, die nach Meinung aller Experten aus Kuba stammen. Schürmann fand jedoch einige technische Details, die darauf hindeuten, daß ein Teil dieser Stücke aus dem Nordkaukasus stammt, während ein anderer Teil von Armeniern wahrscheinlich im Südkaukasus hergestellt wurde. Letztere sind häufig sehr lang; verglichen mit den Exemplaren aus Kuba sind ihre Farben stumpf. Auch das Gewebe ist sehr viel grober.

Von den floralen Teppichen sind uns drei Hauptvariationen bekannt, die entweder aus dem Kaukasus oder aus dem nordwestpersisch-kaukasischen Bereich stammen. Die erste Gruppe besteht aus relativ großen Stücken, die in ihrem Muster Elemente der persischen Vasenteppiche und der Teppiche aus Herat erkennen lassen. Die zweite umfaßt die Baumteppiche. Typisch für die dritte Gruppe sind die Palmettenreihen. Wahrscheinlich das schönste Stück aus der ersten Gruppe ist der sog. Nigde-Teppich, ein Geschenk Joseph V. McMullans an das Metropolitan Museum. Mit seiner Länge von 7,5 m dürfte dieser Teppich wohl das hervorragendste intakte Exemplar der kaukasischen Webereien sein. Zu datieren ist er etwa in das frühe 17. Jh. Sein Grundmuster basiert ähnlich wie die Drachenteppiche auf einem diagonalen Rautengitter. Der Aufbau sieht folgendermaßen aus: $1/2 - 1/2 - 1/2$; $1 - 1$; $1/2 - 1 - 1/2$; $1 - 1$; $1/2 - 1 - 1/2$; $1/2 - 1/2$. Er vermittelt den Eindruck einer endlosen Wiederholung. Die Rauten in den 1–1-Reihen sind mit dunklem blauschwarzem Grund gewebt und enthalten ihrerseits Kreuzmotive, in denen wiederum jeweils vier große Palmetten um ein Radmotiv angeordnet sind. In den anderen Reihen sind die Rauten entweder blau-gelb-blau

Links: Floraler Teppich aus der »Schild«-Gruppe, aus Kuba oder Schirwan, spätes 18. oder frühes 19. Jh. 274 × 160 cm. Rechts: Floraler Teppich aus Kuba oder Schirwan, Kopie aus dem 20. Jh. 279 × 178 cm.

oder weiß-rot-weiß. Sie sind mit großen Palmetten, die von einem eckigen Stammsystem ausgehen, und mit zwei großen Wolkenbändern ausgefüllt. Trotz des an sich typisch kaukasischen Charakters des Musters sind auch starke chinesische Elemente zu erkennen. Das Stammsystem in den floralen Rauten (im Gegensatz zu den kreuzförmigen) erinnert an jene Muster, die auch bei den Khotan-Teppichen aus Ostturkistan zu sehen sind. Ein fragmentarisches Stück aus derselben Zeit befindet sich im Berliner Museum. Seine Grundfarbe ist Blau; die Rauten enthalten jeweils dasselbe florale Stamm- und Wolkenbandsystem.

Ähnlich wie das Drachenmotiv blieb auch das florale Gittermuster während der nächsten zwei Jahrhunderte in Gebrauch, wenngleich das System im Laufe der Zeit vereinfacht und schematisiert wurde. Auch die großen Palmetten und die Wolkenband- und Kreuzmotive wurden in formalisierten Reihen quer über das Feld beibehalten. Die Teppiche des 19. Jh., z. B. die Metropolitan-Exemplare aus Schirwan (Dimand-Katalog Nr. 168 und 169), zeigen noch die großen Palmetten; nur das Rautenmuster wurde skelettiert. Das Muster der Nr. 168 mit seiner pseudo-kufischen Bordüre, die von den anatolischen Teppichen übernommen worden ist, kommt der zeitgenössischen kurdischen Weberei sehr nahe.

Das Problem der Baumteppiche besteht darin, daß sie ebenso wie die späten Gartenteppiche, die wir in dem Abschnitt über safawidische Teppiche erörtert haben, wahrscheinlich in Kurdistan entstanden sind. Obwohl sehr viele Fachleute die erstere Gruppe dem Kaukasus und die letztere Persien zuordnen, sind die Baumteppiche gewöhnlich mit dem persischen Knoten und die Gartenteppiche mit dem Gördes- oder türkischen Knoten geknüpft! Da diese Stücke in einem Gebiet hergestellt wurden, das stets ein Teil von Persien war und es immer noch ist, wollen wir sie auch als persisch bezeichnen, obwohl uns bewußt ist, daß aufgrund der Eckigkeit und Stilisiertheit des Musters eine enge Verbindung zur kaukasischen Weberei besteht. Ein besonders atypisches Exemplar zeigte Ulrich Schürmann in seinem Buch »Teppiche aus dem Kaukasus« (Tafel 2). Es enthält sowohl Elemente des Baumteppichs als auch des Gartenteppichs mit einem geometrischen Blütenzweig-System, das stark an den Nigde-Teppich erinnert. Die leierförmigen Blumenmotive sind charakteristisch für die kaukasische Weberei. Möglicherweise ist das Stück in Aserbeidschan entstanden.

Links: Floraler Teppich, traditionell Kuba zugeschrieben, doch möglicherweise aus Schirwan oder Schuscha, Mitte des 18. Jh. 188 × 155 cm. Rechts: Floraler Teppich aus Kuba oder Schirwan, möglicherweise 18. oder 19. Jh. 322 × 165 cm. Metropolitan Museum, aus dem Nachlaß von Theodore M. Davis, 1915, New York.

145

Floraler Teppich, meist Kuba zugeordnet, doch möglicherweise aus Schirwan oder Schuscha, 17. oder 18.Jh. 302 × 239 cm.

Die dritte Gruppe besteht aus Teppichen mit Reihen einzelstehender Blumenformen, die häufig bis zur völligen Abstraktion stilisiert sind. Auch diese Stücke werden mit Kuba und den umliegenden Gebieten in Verbindung gebracht. Die frühesten Exemplare datieren um die Mitte des 18. Jh. Die Produktion wurde während des ganzen 19. und bis ins 20. Jh. hinein fortgesetzt. Bei den frühesten Exemplaren sind die reihenweise angeordneten tulpenähnlichen Blütenköpfe so geometrisch dargestellt, daß man sie für Schilde halten könnte. Jeder »Schild« ist von zwei Bannern flankiert, bei denen es sich in Wahrheit um schematisierte, keilförmige gesägte Blätter an Stämmen handelt. Ein anderes Muster auf einem besonders schönen Exemplar im Metropolitan Museum besteht aus Reihen länglich formalisierter Wiedergaben des Heratimusters mit zwei großen lanzettförmigen Blättern, die eine unregelmäßige Halb-Palmette umschließen. Weitere Designs bestehen aus einem durchgehenden Muster aus kandelaberähnlichen Blütenzweigen, die im 19. Jh. so stark stilisiert werden, daß sie heraldischen Formen ähneln. Die frühesten Stücke sind ganz offensichtlich von den persischen Teppichen des späten 17. Jh. beeinflußt. Aus Armenien kamen im 18. Jh. Teppiche mit drei Stäben auf der Längsachse, die in regelmäßigen Intervallen von extrem stilisierten »Schild-und-Banner«-Motiven (s. o.) unterbrochen sind. Ihre Farbpalette umfaßt Rot, Blau und Gelb auf weißem Grund. Solche durchgehenden Muster gehörten lange Zeit zu den beliebtesten der kaukasischen Weberei. Auf einige der frühen Kuba-Teppiche, zu deren großartigsten wohl das

Stück zu zählen ist, das Joseph V. McMullan dem Metropolitan Museum gestiftet hat, lassen sich die sog. »Adlermotive« zurückführen, die auf den im 19. und 20. Jh. entstandenen Tschelaberd-Teppichen zu sehen sind. Die Bordüre des McMullan-Teppichs enthält ein Zypressenmotiv, das auch in das Feld eines interessanten kaukasischen Fragments im Türkve-Islam-Museum in Istanbul eingewebt ist. Dieses Stück, das wahrscheinlich auf einem persischen Vasenteppich beruht, zeigt außerdem die stilisierte Darstellung von Menschen, die in kleinen Pavillons sitzen.

Bevor wir uns der kaukasischen Weberei des 19. und frühen 20. Jh. zuwenden, sollten wir noch auf die Stufenmedaillon-Teppiche eingehen, die schon im Zusammenhang mit den problematischen persischen »Portugiesen-Teppichen« erwähnt worden sind. Beispiele für diese seltenen kaukasischen Teppiche befinden sich im Washingtoner Textilmuseum und im Metropolitan Museum. Das Metropolitan-Stück beschreibt Dimand als floralen Rautenteppich und datiert es in das 17. Jh. Im Zentrum seines Feldes befindet sich eine gestufte Sternform, von der kreisförmig sechs Stufenbänder ausgehen. Dadurch entsteht der Eindruck einer großen Raute, deren Seiten durch die Bordüre angeschnitten sind. Innerhalb jeden Bandes befinden sich Blütenzweige und kleine stilisierte Vögel. Die Mittelraute hat einen cremefarbenen Grund, die Bänder sind lachsrosa, grün, karmesin, purpurfarbig und gelb. In die cremegrundigen Ecken des Feldes sind Bäume, Blumen und Tiere wie Antilopen und geflecktes Wild eingewebt.

KAUKASISCHE TEPPICHE DES 19. UND 20. JAHRHUNDERTS

Die kaukasische Weberei der letzten 180 Jahre ist sehr kompliziert, da die kulturellen und völkischen Einflüsse ungewöhnlich vielfältig waren. Politischer Wandel und religiöse Gegensätze sowie die beträchtlichen Unterschiede des Klimas und damit auch des verfügbaren Weidelandes zwischen den Hochgebirgen und dem Tiefland trugen dazu bei. Die große Anzahl der auf den Markt kommenden kaukasischen Teppiche, die in bemerkenswert guter Qualität bis ins 20. Jh. hergestellt wurden, führten zu intensiven Studien. Man kann heute sagen, daß wir über ein ziemlich gut fundiertes Wissen in diesem Bereich verfügen. Wir können hier nur auf die wesentlichsten Stilmerkmale eingehen.

Muster und Farben der kaukasischen Teppiche allein reichen im allgemeinen nicht aus, um den Ort der Herstellung mit absoluter Sicherheit zu bestimmen. Natürlich gibt es auch einige Muster, deren Herkunft gesichert ist, doch sie umfassen nur einen kleinen Teil des ungewöhnlich reichhaltigen Musterspektrums der kaukasischen Weberei. Sehr wichtig für die Bestimmung der Herkunft eines Teppichs ist die Beschaffenheit der Wolle und die Länge des Flors. Teppiche aus schwerer Wolle sind ausgezeichnete Isolatoren, und Schafe der Hochgebirgsgegenden haben ein schweres, zottigeres und längeres Vlies als diejenigen der Ebenen. Die Teppiche aus den Gebirgsdörfern haben daher einen längeren und schwereren Flor; ihre Farben sind meist schärfer. Die langflorigen Teppiche stammen demzufolge aus Kasak, Gendje, Lesghistan und teilweise aus Karabagh, mittellangen Flor findet man in Talisch, Lenkoran und Dagestan, während der feine Kurzflor aus Schirwan, Kuba und Baku kommt.

Eine Vorstellung von der Mustervielfalt bekommt man, wenn man bedenkt, daß der Kaukasus von etwa 350 verschiedenen Stämmen bevölkert ist, die etwa 150 verschiedene Dialekte sprechen. Der Südwesten, das armenisch-kasakische Gebiet, ist von christlichen Armeniern bewohnt. Im Südosten leben Tataren mongolischer Herkunft und Perser; die Hauptstämme im Norden sind Schirwanen, Dagestaner, Tschetschenen und Lesghier. Die im Norden lebenden Tscherkessen sind ein hellhäutiges Volk, deren Rassentypus wesentlich war für die anthropologische Bezeichnung der europäischen Völker als »Kaukasier«. In allen diesen Gegenden gibt es viele kulturelle und ethnische Überschneidungen. Wie schwierig die Zuordnung einzelner Muster zu bestimmten Örtlichkeiten ist, zeigt die Studie »Aserbeidschanische Teppiche« des Russen S. Serimow, in der die Namen von 123 Dörfern des südlichen und mittleren Kaukasus angegeben sind, in denen jeweils ganz bestimmte Teppichmuster verarbeitet werden. Für den gesamten Kaukasus müßten wir diese Zahl wahrscheinlich mindestens mit 4 multiplizieren. Viele der schematischen Tiermotive der kaukasischen Weberei lassen sich Jahrhunderte zurückverfolgen; sie sind wahrscheinlich skythischen Ursprungs. Vereinfacht läßt sich der Kaukasus in zehn Teppichherstellungsgebiete aufgliedern: Kasak, Karabagh, Gendje, Talisch, Mogan, Schirwan, Baku, Kuba, Dagestan und Derbend.

KASAK

Kasak umfaßt jenes westliche Gebiet des Kaukasus, das sich von Eriwan im Süden bis nach Tiflis an der Kura im Norden, nahe der Grenze von Georgien erstreckt. Innerhalb der Region Armenien–Kasak befinden sich mehrere kleine Städte und Distrikte, die ganz bestimmte be-

Zwei Kasak-Gebetsteppiche.
Rechts: 165 × 139,5 cm.
Links: 150 × 109 cm.

Drei Kasaks. Links: Dieser Typ
wird von deutschen Experten als
Sewan-Kasak bezeichnet. Spätes
19.Jh. 230,5 × 193 cm. Mitte:
Möglicherweise ein Schulawer,
19.Jh. 249 × 137 cm. Rechts
außen: Ein Karatschop, spätes
19. oder frühes 20.Jh.
226 × 155 cm.

Chinesischer Bronzespiegel. Bemerkenswert ist die Ähnlichkeit des Mittelmedaillons mit demjenigen des Lori-Pambak-Teppichs. 1.Jh. n.Chr. Victoria and Albert Museum, London.

kannte Muster erzeugen. Die Namen der wichtigsten von Süden nach Norden sind: Karatschop, Karaklis, Idjevan, Lori-Pambak, Lambalo, Fachraly, Schulawer und Bortschaly.

Neben Armeniern gibt es in diesem Gebiet zahlreiche kurdische Nomaden. Von hier stammen viele der floralen Teppiche des 17. Jh. mit aufsteigendem Muster, und es besteht kein Zweifel, daß die persischen Elemente von den Kurden nach Norden gebracht wurden.

· Vorherrschendes Motiv bei den Webern von Kasak scheinen hochstilisierte Blütenformen zu sein, die ohne unsere Kenntnis der früheren kaukasischen Weberei als solche gar nicht wiederzuerkennen wären. Viele Teppiche des 18. und frühen 19.Jh., die sich keinem bestimmten Herkunftsort zuordnen lassen, haben eine aufsteigende stabartige Struktur, bei der es sich offensichtlich um eine schematisierte Form des degenerierten Rautensystems der Drachenteppiche handelt. Wie viele kaukasische Webereien sind auch diese Stücke durch große einfarbige Blöcke gekennzeichnet, vorherrschend in Rot, Blau, Grün und Gelb. Das Innere der Stabmedaillons ist häufig mit einem Skorpionmotiv ausgemustert, das in den frühen Stücken realistisch, in den späten Stücken jedoch völlig abstrakt wiedergegeben ist. Tatsächlich handelt es sich wahrscheinlich auch gar nicht um Skorpione, sondern wie bei den »Vögeln« der Ushak-Teppiche um Stilisierungen von Blumenmotiven.

Ziemlich leicht lassen sich die Muster des Bortschaly-Distrikts erkennen. Das stets rotgrundige Feld ist meist mit einem Muster aus verschiedenen floralen Einzelmotiven überzogen. Die Formen variieren von Stück zu Stück; oft sind es gesägte Rauten, mehrfarbige Oktogone oder Sechsecke. Bei einigen Exemplaren sind die Bordüren mit Hakenmotiven besetzt. Auf der Längsachse des Feldes befinden sich drei oder mehr große mit Haken versehene Rauten, die von einzelnen floralen Motiven umgeben sind. Diese Stücke sind meist ungewöhnlich farbenprächtig. Der Aufbau ihres Musters findet sich häufig auf kaukasischen Webereien wieder. Andere Bortschalys haben auf der Längsachse Vierecke, die von verschiedenen geometrischen Blumenmotiven umgeben sind.

Fachralys, Lori-Pambaks, einige Karatschops und viele der Teppiche, die einfach als Kasaks bezeichnet werden, haben ein Muster, das besonders typisch für die gesamte kaukasi-

Oben links: Armenischer Kasak, trägt in westarabischen Ziffern die Jahreszahl 1890. 213 × 129 cm. Unten links: Karabaghteppich aus Chonzoresk, früher als »Wolkenband-Kasak« bezeichnet, frühes 19. Jh. 257 × 165 cm.

Rechts: Karabagh aus Tschelaberd, früher als »Adler-Kasak« bezeichnet, Mitte des 19. Jh. 208 × 147,5 cm.

sche Weberei ist. Es besteht häufig aus einem oder zwei großen Medaillons – mit Haken oder Sternen versehenen Achtecken – und kleinen geometrischen Figuren oder Blütenköpfen an den Enden des Felds. Die Mittelmedaillons sind mit kleineren Motiven, Oktogonen oder stilisierten Kreuzformen ausgefüllt, wie man sie ähnlich auch auf frühen chinesischen Bronzen findet. Besonders interessant ist das Wechselspiel der Farben zwischen den einzelnen Partien eines Teppichs. Eine Variation dieses Musters ist ein großes kreuzförmiges Medaillon, das über die ganze Länge und Breite des Feldes verläuft.

KARABAGH

Östlich der Region Armenien–Kasak liegt Karabagh. Die bedeutendsten Teppichzentren sind Tschelaberd, Chonzoresk, Schuscha, Channik und Goradis. Die sog. Kasim-Ushags, gestickte Teppiche, werden von kurdischen Stämmen hergestellt. Die bekanntesten unter den Kara-

baghs sind die Tschelaberds. Sie sind gekennzeichnet durch ein großes kreuzförmiges Medaillon in Weiß, in dessen Mitte sich ein großes blaues oder grünes Kreuz befindet. Die Ähnlichkeit zwischen diesen Medaillons und dem russischen Doppeladler hat dazu geführt, daß diese Stücke auf dem Teppichmarkt als »Adler-Kasaks« bekannt wurden. Natürlich stammen sie nicht aus Kasak, und bei den Medaillons handelt es sich, wie man aus den älteren kaukasischen Stücken, z. B. dem großen oben erwähnten McMullan-Teppich, ersehen kann, mit größter Wahrscheinlichkeit um Stilisierungen floraler Motive. Die frühesten Exemplare haben gewöhnlich ein oder zwei Medaillons entlang der Längsachse und einen großen, mit Haken versehenen Balken an jedem Ende. Die gesamte »Medaillon-und-Balken«-Form könnte daher eine riesenhafte Stilisierung des Herati-Musters sein, das in stilisierter, doch klar erkennbar Form auf kaukasischen Teppichen des 17. und 18. Jh. zu finden ist. Es gibt auch Beispiele ohne Balken mit vereinfachten Medaillons in Form des Andreaskreuzes und ohne Mittelkreuz. Bisweilen finden sich drei bis vier solcher Medaillons auf der Mittelachse. Schürmann ist der Ansicht, daß es sich hier womöglich um Vorläufer aus dem 18. Jh. der späteren Stücke mit komplizierterem Muster handelt. Bei den sehr späten Exemplaren, die seit etwa 1800 bis vor relativ kurzer Zeit hergestellt wurden, sind die Farben dumpfer; die drei oder vier Medaillons sind durch horizontale Balken voneinander getrennt.

Weitere Teppiche aus dem Distrikt Karabagh zeigen eine große Vielfalt an Mustern. Aus Chonzoresk kommen Teppiche mit drei verbundenen Oktogonen, deren Inneres mit flachen, wurmartigen Wolkenbändern ausgefüllt ist, wie sie typisch für viele Arten der kaukasischen Weberei sind. Es ist nicht verwunderlich, daß dieser Typ im Handel als »Wolkenband-Kasak« bezeichnet wurde. Im Gegensatz zu den »Adler-Kasaks« ist dieser Name aus der neueren Literatur weitgehend verschwunden. In diesem Gebiet wurden auch Teppiche mit einem Rautenmuster aus verbundenen Sägebändern produziert. Exemplare mit blasser, pastellfarbener Bordüre stammen wahrscheinlich aus Channik. Ungewöhnliche Muster aus sich wiederholen-

Oben links: Gebetsteppich, wahrscheinlich aus Chan Karabagh, möglicherweise aber auch aus Marasali, frühes 19. Jh. 188 × 110 cm. Oben rechts: Karabagh aus Chonzoresk, spätes 19. oder frühes 20. Jh. 208 × 145 cm. Unten: Ausschnitt eines Karabagh im europäischen Stil, datiert auf das Jahr 1294 der Hedschra (1877). 480 × 162,5 cm.

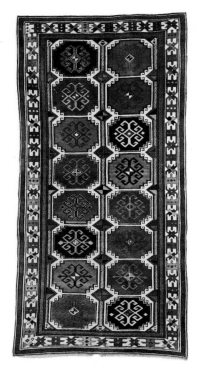

Moganteppich. Charakteristisch sind die in zwei Reihen angeordneten hakenbesetzten Oktogone. Teppiche mit ähnlichen Motiven sind auf zahlreichen frühen flämischen Gemälden zu sehen. Frühes 19. Jh. 259 × 124 cm.

Karabaghteppich für den westlichen Markt, 19. Jh. 570 × 216 cm.

den roten, rotbraunen, rosa- und cremefarbenen *Botehs* (großen, gebogenen Blatt- oder Palmformen aus der persischen Weberei) auf schwarzem Grund wurden in Goradis hergestellt. In Schuscha erzeugte man rotgrundige Teppiche mit einem Stabmedaillon, das die ganze Länge des Feldes einnahm und von geometrischen Botehs und Blumenvasen umgeben war. Das Ungewöhnliche an diesem Muster bestand darin, daß die Feldmotive nicht »massiv« gewirkt waren, sondern eher einem Filigran ähnelten. Tatsächlich sind diese ziemlich unattraktiven Stücke mit den kommerzielleren Typen indischer Filigranarbeit zu vergleichen.

Aus Schuscha wie auch aus anderen Gebieten des Kaukasus kommen Teppiche mit floralen Medaillons, in denen Rosenbuketts enthalten sind. Erstmalig wurde diese Ornamentierung, die der östlichen Tradition so überaus fremd ist, etwa um 1800 verwendet; man produzierte solche Teppiche während des ganzen 19. Jh. Sie waren das Ergebnis des Kontakts mit russischen Offizieren und den Diplomaten, die jenen auf dem Fuße folgten; denn die Russen machten sich natürlich die Fähigkeiten der von ihnen unterworfenen Völker zunutze und ließen Teppiche im europäischen, insbesondere im französischen Stil anfertigen, die zur französischen Einrichtung ihrer Häuser paßten. Obwohl die kaukasischen Weber sich keineswegs sklavisch an die französischen Vorlagen hielten, fühlten sie sich offensichtlich nicht sehr wohl mit diesen bildlichen Darstellungen. So entstand eine eigenartige Mischung aus authentischen kaukasischen und floralen französischen Motiven. Trotzdem sind einige dieser Stücke von bemerkenswerter Schönheit.

Südlich benachbart zu Karabagh liegt auf iranischem Gebiet Karadagh. Die Teppiche beider Gruppen sind sich in vieler Hinsicht recht ähnlich. Aufgrund der größeren Nähe zu Persien jedoch sind die Karadaghs bisweilen weicher und »persischer« in ihrer Wirkung. Das Muster des Feldes vereint persische Balken- und Schild-Medaillons und Ecken mit stilisierten Menschen-, Tier- und Vogelfiguren und typisch kaukasischen Blütenmotiven.

GENDJE

Nördlich von Karabagh liegt die Region Gendje. Die hier hergestellten Teppiche sind vielfältig. Ihre Muster sind deutlich von den umliegenden Regionen Kasak, Karabagh und Schirwan beeinflußt. Die Stadt Gendje selbst wurde von den Russen Elisabethpol genannt und heißt heute Kirowabad. Da die Teppiche hauptsächlich von Armeniern gewebt wurden, sind sie in ihrer Struktur denen aus dem Gebiet Armenien–Kasak sehr nahe verwandt. Die schönsten Stücke zeichnen sich durch dicke, seidige Wolle und einen langen Flor aus, wobei die Qualitätsunterschiede beträchtlich sind. Bei einem der Standardmuster ist das Feld in sechs bis acht von Sternen umgebene Quadrate aufgeteilt, in denen sich jeweils ein X-förmiges Medaillon befindet. Auch große stufenförmig abgesetzte Rauten und Oktogone sind sehr verbreitet. Eines der beliebtesten und fast im ganzen Kaukasus gebräuchlichen Muster bestand aus verschiedenfarbigen diagonalen Balken, die das gesamte Feld überzogen. Die unterschiedlich breiten Balken sind meist mit floralen Ornamenten ausgemustert. Auf Stücken mit breiten Balken sind oft *Botehs* zu finden. Viele dieser Teppiche sind sehr lang im Verhältnis zu ihrer Breite; offensichtlich waren sie als Läufer gedacht. Einzelne Exemplare haben auch nur ein großes Medaillon, eine formalisierte Wiedergabe des persischen »Medaillon-und-Balken«-Motivs, das in stark leuchtenden Farbblöcken auf roten Grund gewebt und von stilisierten Botehs und anderen geometrischen Formen umgeben ist.

MOGAN

Die Teppiche aus den Steppen von Mogan sind eine ausgesprochene Rarität. Verglichen mit den meisten anderen Teppichen, die wir hier beschreiben, sind ihre Farben ziemlich gedämpft, obwohl das Muster als ganzes eine subtile Vielfarbigkeit zeigt. Das Standardmuster, nach dem fast alle Stücke gewebt sind, besteht aus einer doppelten Reihe von hakenbesetzten Achtecken. Das Innere dieser Oktogone ist entweder mit Sternen oder kreuzförmigen Medaillons ausgefüllt. Manchmal findet man auch jenes weitverbreitete kaukasische Motiv, das in der älteren Literatur als »Tarantel« bezeichnet wird und wohl eine Phantasiebezeichnung ist.

TALISCH

Östlich von Mogan, an der Küste des Kaspischen Meeres, liegt Talisch. Die Teppiche aus dieser Gegend haben einen mittellangen Flor, sind aus sehr weicher Wolle und besonders gut verarbeitet. Ihre Größe liegt zwischen 0,9 m und 1,5 m in der Breite und zwischen 2,25 m und 3,0 m in der Länge. Eines der berühmtesten Talisch-Muster hat ein langes, sehr schmales einfarbiges Feld in Blau oder Blaugrün, ohne jedes Ornament, außer einem gesägten Rand in Kontrastfarbe. Es ist umgeben von vier Bordürenstreifen, deren breitester mit runden floralen Motiven ausgefüllt ist. Zusammen sind die Bordüren etwa eineinhalbmal so breit wie das Feld. Ein sehr hübsches Exemplar dieses Typs wurde 1976 in London bei Lefèvre versteigert. Sein Feld war in mehreren Blau- und Blaugrün-Tönen gehalten. In der Mitte trug es ein cremefarbenes Viereck mit einer Inschrift und der Jahreszahl 1851. Andere Talisch-Brükken haben das gleiche Grundmuster, nur ist das Feld mit Sternmotiven innerhalb eines Gitters aus Achtecken oder mit Myriaden bunter kleiner Sterne ausgemustert. Seltener sind die Muster mit drei hakenbesetzten Rauten entlang der Längsachse. Zu beiden Seiten dieser Rauten verläuft jeweils eine breite Zickzacklinie, die mit kleinen Blumenblatt-Motiven ausgefüllt ist. In der Küstenstadt Lenkoran werden Teppiche produziert, deren Muster von den üblichen Talisch-Typen abweichen. So ist beispielsweise bei einem dieser Muster das Feld mit einer ganzen Reihe von *Boteh*-Medaillons und einem skorpionartigen Gitter überzogen. Ein ausgesucht schönes Exemplar aus dem 18. Jh. zeigte Schürmann in seinem Buch. Seine Farbpalette reicht von Rot, Aubergine, Grün, Blau, Braun, Gelb, Creme und Purpur bis zum Blauschwarz des Feldes. Die Bordüre aus Dreiblatt-Motiven ist rotbraun und weiß gehalten. Ein anderes Muster, ebenfalls auf blauschwarzem Grund, besteht aus einer Reihe von großen und kleinen Oktogonen und Kreuzmedaillons, die über die Länge des Feldes verteilt sind. Die großen Oktogone sind von S-förmigen Motiven flankiert, die mit ziemlicher Sicherheit von den Drachenteppichen übernommen worden sind.

Moganteppich aus dem 19. Jh.
211 × 122 cm.

SCHIRWAN

Die Region Schirwan zwischen Karabagh und Dagestan am Kaspischen Meer gehört zu den produktivsten Teppichherstellungsgebieten. Ihre Erzeugnisse sind von bekannt guter Qualität. Städte- und Dörfernamen wie Tschajly, Marasali, Bidschof, Akstafa und natürlich Schirwan selbst stehen für ganz bestimmte Muster, die nur an diesen Plätzen gefertigt werden. Daneben findet man jedoch in Schirwan fast alle Muster, die wir bisher besprochen haben. Die aufsteigenden Muster mit reihenmäßig angeordneten, schildförmigen floralen Palmetten etwa wurden in Schirwan im 18. Jh. verwendet. Weitere Beispiele mit realistischeren Blumendarstellungen, die in ein durchgehendes Gitterornament eingefügt sind, wurden wahrscheinlich den persischen Vasenteppichen entlehnt.

Bestimmte Muster des frühen 18. Jh. kennzeichnen ein Zwischenstadium zwischen den Drachenteppichen und den »Adler-Kasaks« aus Tschelaberd. Schürmann sieht darin eine bewußte Abwandlung durch die Weber, die eine Umwandlung der dreidimensionalen Tier- und Blumendarstellungen in ein zweidimensionales Muster vermeiden wollten.

Von links nach rechts: Schirwan aus Tschajly, spätes 18. oder frühes 19. Jh. 231 × 129,5 cm. Schirwan, möglicherweise aus Marasali, spätes 19. Jh. 185,5 × 104 cm. Talisch mit typischem Muster, Mitte 19. Jh. 228 × 94 cm.

*Oben links: Schirwan des
Akstafa-Typs, spätes 19.Jh.
249 × 119 cm. Rechts: Einer
von zwei zusammengehörigen
langen Schirwans, spätes 19.Jh.
396 × 91,5 cm. Unten links:
Kubateppich aus dem Dorf
Tschitschi. Das
schrägverlaufende Band und die
Rosettenbordüre sind sehr
typisch. Frühes 19. Jh.
137 × 96,5 cm.*

154

Ebenfalls im 18. Jh. entstanden in Nordschirwan Teppiche mit großen kreuzförmigen Medaillons, die durch kleinere, an die Tschelaberds erinnernde Motive voneinander getrennt sind. Daneben enthalten diese rotgrundigen Stücke auch einzelne Blüten an rechtwinkligen gelben Stämmchen, kleine freistehende Palmetten und Wolkenbänder. Viele der dekorativen Elemente sind persisch beeinflußt, obwohl der Gesamteindruck eher an die Stern-Ushaks erinnert. Die Kreuzmedaillons lassen darauf schließen, daß diese Stücke von Armeniern hergestellt wurden.

Ebenso wie in anderen Distrikten des Kaukasus sind auch in Schirwan Teppiche mit großen geometrischen Medaillons in zahlreichen Variationen zu finden. Ein bestimmter Typ zeichnet sich dadurch aus, daß er jeweils zwei Farben, meist Gelb und Blau, in mehreren Schattierungen aufweist. Einige Stücke haben auch geometrische Reihen aus Wolkenbändern und Achtecken. Sie sind – wie wir noch sehen werden – besonders mit Perepedil im Gebiet von Kuba verbunden. Tschajly zugerechnet werden Teppiche mit einem Muster aus drei großen Achtecken auf der Längsachse, die mit stilisierten Baummotiven ausgefüllt sind. Über das umliegende Feld verstreut sind Blüten und hakenbesetzte Rauten, Motive also, die bestimmten Arten der turkmenischen Weberei entlehnt sind. Die Grundfarbe dieser Stücke ist entweder Rot, Blau oder in seltenen Fällen auch Weiß. Aus Bidschof kommen kleine florale Brücken, bei denen die leuchtende Vielfarbigkeit des Musters mit dem dunklen Blau des Fonds kontrastiert. Vielfarbig sind auch die Teppiche und Läufer aus Akstafa, die außer durch große geometrische Medaillons und verstreute Blütenköpfe besonders durch ihre hochstilisierten Tier- und Vogeldarstellungen gekennzeichnet sind. Sie erinnern sehr stark an die Produkte von persischen Stämmen.

BAKU

Etwa in der Mitte der kaspischen Westküste, auf der Halbinsel Apscheron, liegt Baku. Hier und in den umliegenden Städten – Ssurachany, Chila und Saljany – werden ganz besondere Teppiche erzeugt. Sie sind im Vergleich zu den meisten anderen Typen der kaukasischen Weberei ziemlich matt in ihren Farben, ohne jedoch die subtile Vielfarbigkeit vermissen zu lassen, die kaukasische Teppiche vor allem anderen auszeichnet. Charakteristisch für die Erzeugnisse aus Baku, ebenso wie für einige Stücke aus Schirwan, ist die Zweifarbigkeit in Gelb und Blau. Bunter sind die Teppiche aus Chila. Ein Typ, der im Handel als »Boteh-Chila« bekannt ist, zeigt, wie schon der Name andeutet, in seinem Feld ein Muster aus mehrfarbigen *Botehs* und gesägten Oktogonen. Bei einigen Exemplaren fallen die Oktogone weg, und es sind nur Reihen aus großen Botehs zu sehen. Die Bordüren sind bisweilen mit Vögeln und Tieren ausgemustert. Der sog. »Arshan-Chila« ähnelt in seinem Muster den frühen türkischen Teppichen (darauf werden wir im nächsten Abschnitt über die Kuba-Teppiche noch zu sprechen kommen). Die Ssurachanys haben große Stabmedaillons mit floralen Streumotiven; die Bordüren sind häufig pseudo-kufisch. Saljany liegt nahe bei Talisch; die Teppiche beider Regionen ähneln einander in Form und Gesamteindruck. Allerdings sind die Saljanys weniger formal; sie enthalten auch eine reichere florale Ornamentierung.

KUBA

In dem Gebiet zwischen Schirwan und Dagestan, im östlichen Kaukasus, liegt Kuba, das mit seinen umliegenden Dörfern wohl die produktivste und mit Recht berühmteste Quelle kaukasischer Weberei ist. Die wichtigsten Dörfer sind Konagend, Perepedil, Sejchur, Zejwa, Tschitschi, Dara-Tschitschi und Karagaschli. Die Vielfalt und der Reichtum an Mustern und Farben sind so außergewöhnlich, daß es unmöglich ist, verallgemeinernde Aussagen über die Kuba-Teppiche zu treffen.

Zweifellos sind die floralen Stücke von den persischen Vasenteppichen beeinflußt. Bei den Drachenteppichen dagegen ist man sich noch nicht so sehr im klaren. Die einen glauben an persische Einflüsse, während andere eher eine Verbindung zur frühen Seldschuken-Weberei sehen wollen. Bemerkenswerterweise finden sich unter den Schirwan- und Kuba-Erzeugnissen des 18. und 19. Jh. zahlreiche Exemplare mit einer Mischung aus floralem Medaillon und pseudo-kufischer Bordüre. Dies läßt zumindest eine teilweise Anlehnung an die kleingemusterten »Holbein-Teppiche« vermuten. In seinem Buch »*Orientalische Teppiche*« zeigt Erdmann ein schönes Exemplar (Tafel 11), das er als »Kuba, um 1800« bezeichnet. Kendrick und Tattersall bilden ein anderes Stück (Tafel 119) mit genau dem gleichen Feld ab, jedoch mit einer Palmetten-Bordüre. Ein identisches Stück (möglicherweise ist es sogar dasselbe) findet man in Schürmanns »*Teppiche aus dem Kaukasus*« (Nr. 96). Im Metropolitan Museum gibt es ein Exemplar mit der gleichen kufischen Bordüre, dessen Feld jedoch mit sternartigen Floralmotiven ausgemustert ist. Dimand sieht darin einen Schirwan aus dem frühen 19. Jh.

Oben: Bildteppich aus Schirwan, möglicherweise auch eine kurdische Arbeit, um 1880. 170 × 140 cm. Mitte: Bakuteppich in der Art, die im Handel als »Boteh-Chila« (oder »Hilah«) bekannt ist. 19. Jh. 377 × 160 cm.

155

Obere Reihe von links nach rechts: Kuba aus Perepedil, am oberen Rand dreimal mit 1901 (christliche Zeitrechnung) datiert. 208 × 165 cm. Kuba aus dem Dorf Tschitschi. 325 × 162,5 cm. Floraler Stern-Kuba (Läufer), datiert auf 1301 der Hedschra (1884). 432 × 122 cm. Untere Reihe von links nach rechts: Kuba aus Perepedil, datiert nach dem christlichen und dem islamischen Kalender auf 1906 bzw. 1324. 198×124 cm. Kuba, möglicherweise aus Konagend, zweite Hälfte des 19.Jh. 130 × 122 cm. Floraler Karabagh aus Chila, 19.Jh. 254 × 112 cm.

Schürmann zeigt außerdem noch ein Stück (Nr. 95) mit floralerem, »persischerem« Feldmuster, doch ebenfalls mit kufischer Bordüre.

Die Mehrzahl der Kuba-Teppiche des 19. Jh. zeichnet sich durch florale Motive aus, die entweder frei stehen, mit großen geometrischen Formen kombiniert oder in ein durchgehendes Gitter eingefügt sind. Bei den Stücken aus Konagend sind die Motive meist noch geometrischer, während die Perepedils, meist in dunklen Gelb-, Braun- und Blautönen auf schwarzem Grund, Reihen großer Henkelmotive aufweisen. Man könnte diese Henkelmotive für eine Abwandlung des Wolkenbandmotivs halten. Kaukasische Fachleute jedoch bezeichnen sie als Widderhorn-(Wurma-)Muster. Sie wechseln mit anderen Stabmedaillons und gesägten Rauten ab. Die dazwischenliegenden Feldpartien sind mit stilisierten Blumenreihen, Menschen- und Tierfiguren ausgemustert. Dieses Muster gehört zu den eigenartigsten des gesamten Kaukasus. Perepedil produzierte daneben auch noch kleinere Teppiche mit einem modifizierten Herati-Muster. Aus Tschitschi und Dara-Tschitschi, zwei kleinen Dörfern südwestlich von Kuba, kommen Teppiche mit meist dunkelblauem Grund, auf dem kleine gestufte Vielecke zu großen unregelmäßigen Formen zusammengeschlossen sind. In der Bordüre wechseln Blüten mit diagonalen Bändern ab. Das charakteristische Muster für Karagaschli besteht aus schrägen, unregelmäßigen Rhomben in Rot mit blauem Feld. In Sejchur findet man florale und geometrische Muster, die bisweilen mit großen X-förmigen Medaillons verbunden sind. Daneben gibt es auch noch russisch beeinflußte Teppiche mit Reihen von Rosen.

Kubateppich mit Lesghi-Muster, d.h. mit den typischen Sternen der Nomadenteppiche aus Lesghistan, Mitte des 19. Jh. 173 × 140 cm.

DAGESTAN UND LESGHISTAN

Die beiden nordöstlichsten Provinzen des Kaukasus sind Dagestan und Lesghistan, die einerseits von den Tschetschenen und andererseits von den Lesghiern bewohnt sind. Lesghier allerdings leben auch in Dagestan. Deshalb besteht zwischen den Teppichen der beiden Regionen nur ein geringer Unterschied. Einige besonders gute Stücke wurden hier im späten 17. und frühen 18. Jh. gewebt. Die schönen Drachenteppiche in Sumakh-Technik stammen aus Dagestan, ebenso einige der großartigen Stücke mit Reihen von Schildmedaillons, die mit »heraldischen« Gebilden ausgefüllt sind, bei denen es sich in Wahrheit um stilisierte Blumen handelt. Letztere sind vorwiegend in Gelb und Blau mit rotem Grund gewebt. Aus dem kleinen Dorf Machatschkala in Dagestan kommen Teppiche mit langen Stabmedaillons, bei denen jeder Stab mit sieben bis acht kleinen Oktogonen verschränkt ist. Die Oktogone ihrerseits sind mit den üblichen stilisierten Blumenmotiven ausgefüllt. Ein interessantes Beispiel bei Schürmann hat eine breite Bordüre mit Motiven, die denjenigen ähneln, die man auch auf Vogel-Ushaks und auf bestimmten turkmenischen *Juvals*, insbesondere denjenigen der Jomuten, findet.

In Dagestan wurden aber auch besonders lange Läufer mit ganz verschiedenen floralen Motiven, z. B. mit verschränkten Reihen vielfarbiger Stufenrauten, hergestellt. Von den Lesghiern stammen Teppiche mit drei oder vier großen geometrischen Motiven in der Feldmitte. Bei einem Beispiel wechseln drei weiße Sternmedaillons mit blauen Vierecken ab; in den Vierecken befindet sich wiederum je ein grünes Sternmedaillon. In den sich dadurch ergebenden insgesamt fünf Sternmedaillons sind kleine Oktogone enthalten, deren Zentrum jeweils mit einem anderen geometrischen Motiv ausgefüllt ist. Verstreut über das übrige Feld sind winzige florale und geometrische Motive sowie ein kleiner stilisierter Vierbeiner.

DERBEND

In Derbend an der dagestanischen Küste werden Teppiche erzeugt, deren Muster aus allen Stilen des Kaukasus zusammengewürfelt sind und deren Qualität im allgemeinen als mittelmäßig bis schlecht bezeichnet werden muß. Ein besonders unerfreuliches Stück, das in »*Teppiche aus dem Kaukasus*« abgebildet ist, wird von Schürmann Derbend zugeschrieben. Es zeigt – für kaukasische Verhältnisse – realistische weiße, blaue und rosafarbene Rosen mit grünen Blättern auf einem blassen rostroten Grund. Entstanden ist es wahrscheinlich um 1800 oder gar früher. Es dürfte mit zu den ersten Stücken gehört haben, die unter russischer Leitung angefertigt wurden.

GEBETSTEPPICHE

Der Kaukasus hat Gebetsteppiche in großer Zahl hervorgebracht. Allem Anschein nach hatte man keine Hemmungen, sie auch mit Darstellungen von Tieren und Menschen zu versehen. Tatsächlich sind die Muster sowohl des Felds als auch der Bordüre von den säkularen Teppichen kaum zu unterscheiden. Man erkennt den Gebetsteppich nur an dem typisch kaukasischen sechsseitigen geometrischen Mihrabbogen und den Spandrillen, die am oberen Ende des Feldes eingewebt sind. Bei vielen Stücken mit durchgehendem Muster, z.B. mit Reihen von *Botehs* oder Blumengittern, wirkt die Mihrab sogar ziemlich unpassend.

Kuba-Gebetsteppich, dessen Muster den Arbeiten aus Dagestan sehr nahe kommt, 19. Jh. 152,5 × 101,5 cm.

Nomadenteppiche

Turkmenische Teppiche

Turkmenische Weberzeugnisse wurden vorwiegend in den heutigen Sowjetrepubliken Turkmenien und Usbekistan, u. a. in der zu Usbekistan gehörenden Autonomen Sowjetrepublik der Karakalpaken südlich des Aralsees, hergestellt. Starken Einfluß auf Leben und Kultur dieser oft durch Kriege erschütterten Regionen übten Mongolen und Türken aus, auf die viele der von den Turkmenen verwendeten Motive zurückzuführen sind.

Über die Ursprünge der turkmenischen Weberei ist man heute noch geteilter Meinung. Da die Turkmenen überwiegend ein Nomadenvolk waren, herrschte lange Zeit die Ansicht, sie hätten ihre Teppiche nur als Gegenstände des täglichen Gebrauchs angesehen, denen sie keine besondere künstlerische Bedeutung beigemessen haben. Deshalb glaubte man, ihre Teppiche seien auch relativ kurzlebig gewesen. Für diese Meinung sprach, daß trotz der nachweisbaren jahrhundertealten Webetradition in diesem Gebiet nur relativ neue Stücke erhalten sind. Neuerdings kann diese Hypothese nicht mehr voll aufrechterhalten werden, da man weiß, daß die Turkmenen ihre Teppiche durchaus hochgeschätzt und auch sorgsam behandelt haben. Außerdem konnte nachgewiesen werden, daß sie nicht nur Teppiche für ihre Zelte *(Kibitkas)*, sondern auch für städtische Behausungen anfertigten. In der Nähe größerer Städte wie Merw, Pendeh und Chiwa produzierten halbnomadische Stämme außerdem Teppiche für den Tauschhandel, die häufig größer waren als die für den Eigenbedarf bestimmten Stücke.

Immerhin kann kein erhaltener Turkmenenteppich so früh datiert werden wie etwa ältere türkische, persische, kaukasische und indische Stücke. Kernpunkt der Kontroverse um die Datierung ist die Frage, ob die ältesten noch erhaltenen Exemplare dem 18. oder frühen 19. Jh. zugeschrieben werden sollen. Bisher ist es nicht möglich gewesen, eine sichere Altersbestimmung vor 1800 wissenschaftlich zu begründen.

Wie in den vorangegangenen Kapiteln bereits mehrmals gesagt wurde, zeigt eine ganze Reihe von frühen Teppichen anderer Herkunftsgebiete stilistisch eine große Ähnlichkeit mit turkmenischen Arbeiten des 19. Jh. Sogar der Pazyryk-Teppich kann mit seinen formal-geometrischen und floralen Motiven als Vorläufer der Turkmenenteppiche betrachtet werden. Auch auf den seldschukischen Fragmenten finden sich oktogonale Motive, die für die Turkmenen charakteristisch sind. Der schwedische Wissenschaftler Carl Johann Lamm rekonstruierte in einer 1973 erschienenen Arbeit aus seldschukischen Fragmenten, die in Fostat ausge-

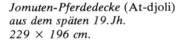

Jomuten-Pferdedecke (At-djoli) *aus dem späten 19. Jh.*
229 × 196 cm.

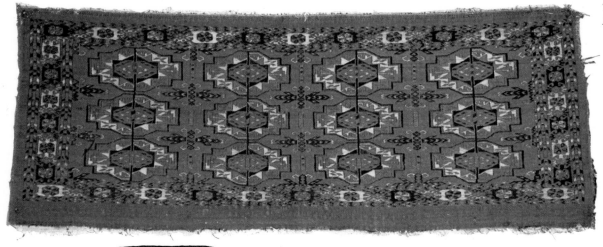

Tekke-Juval, *spätes 19.Jh.*
112 × 46 cm.

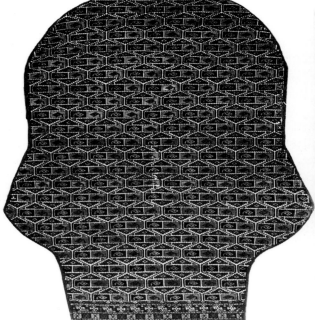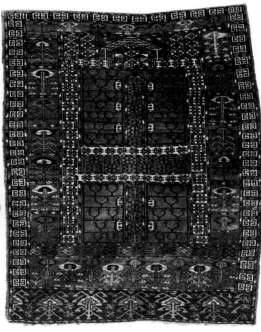

Links: Jomuten-Pferdedecke
(At-djoli) *aus dem späten*
19. Jh. 218 × 208 cm. Rechts:
Tekke-Engsi, *auch* Hatschlu
genannt, spätes 19. Jh.
165 × 129 cm.

graben wurden, die Feldmuster ganzer Teppiche. Diese könnten trotz ihres Alters von 600 bis 700 Jahren ohne weiteres auch im letzten Jahrhundert von den Saryken oder den Jomuten hergestellt worden sein. Ebenso sind stilistische Merkmale der neueren osmanischen, safawidischen und kaukasischen Weberei auf turkmenischen Teppichen zu finden.

Obwohl die Wissenschaft sich in den letzten Jahren eingehend mit der Datierung, der stilistischen Entwicklung, der technischen Struktur, den Wechselbeziehungen unter den Stämmen und den sich daraus ergebenden Übertragungen einzelner Mustermerkmale beschäftigt hat, kann man doch nur zwei allgemeingültige und grundlegende Feststellungen treffen: Erstens bewegt sich das Farbenspektrum der turkmenischen Teppiche vorwiegend zwischen Rot, Rotbraun und Blaurot. Zweitens ist ihr Standardmotiv der sog. »Göl« oder »Gül« (auch »Ghul« und »Ghol«), ein Achteck (Oktogon), das in mehreren Variationen vorkommt und mit verschiedenen Motiven ausgemustert ist.

GÜL UND GÖL

Über den *Gül* oder *Göl* gibt es zwei verschiedene Erklärungsversuche: *Gül* ist das persische Wort für Blume. Nach der einen Theorie handelt es sich nur um ein hochstilisiertes florales Motiv. Die zweite Theorie steht dieser Deutung nicht unbedingt entgegen, geht aber doch einen Schritt weiter. Sie wurde erstmals von der russischen Wissenschaftlerin W. G. Moschkowa ausführlich begründet, der wir auch die erste systematische Klassifizierung der verschiedenen Arten turkmenischer Teppiche und ihrer Bedeutung zu verdanken haben. Für Frau Moschkowa ist das Oktogon, das hier *Göl* genannt wird, ein Stammessymbol mit heraldischer Funktion. Demnach hatte jeder Stamm seinen eigenen, typischen Göl, der im Laufe der Geschichte des Stammes auftauchte und wieder verschwand. Da viele Stämme in Zentralasien schon im 15.Jh. als selbständige Völkerschaften existierten, nimmt W. G. Moschkowa an, daß diese Stämme das Recht hatten, den Göl in ihrer eigenen Form darzustellen, und daß dieses exklusive Recht bestehen blieb, bis die Stämme ausstarben oder von anderen Gruppen absorbiert wurden. Nun sind zwar keine so frühen turkmenischen Teppiche erhalten geblieben, und es gibt auch keine historischen Aufzeichnungen der Turkmenenstämme, doch da neben der hochentwickelten Strukturanalyse die verschiedenen Gölformen noch heute als verläßlichste Hinweise für die Herkunftsbestimmung eines älteren Stückes herangezogen werden können, hat Frau Moschkowas Theorie viel für sich. Wir folgen dieser Theorie und unterscheiden zwischen dem *Göl* als Stammeskennzeichen und dem *Gül* als – ebenfalls oktogonalem – Blumenmotiv.

STRUKTUR DER TURKMENISCHEN TEPPICHE

Neben den beiden obengenannten allgemeingültigen Merkmalen sind noch vier wichtige Gesichtspunkte der turkmenischen Weberei zu nennen: Da gibt es zunächst die Strukturanalyse, auf die wir bereits hingewiesen haben. Sie ist eine recht komplizierte Wissenschaft, die in den letzten Jahren vor allem von May Beattie, Siawosch Azadi, Charles Grant Ellis, Ulrich Schürmann und Jon Thompson entwickelt worden ist. Um sich ihrer bedienen zu können, ist eine umfassende Kenntnis der verschiedenen Webmethoden erforderlich, denn im Gegensatz zur Musteranalyse, einer relativ einfachen, aber ebenso unzuverlässigen Methode, die zudem häufig zu sehr widersprüchlichen Ergebnissen führt, hat man es bei der Strukturanalyse meist mit sehr ähnlich gemusterten Teppichen zu tun. Dies gilt ganz besonders für die turkmenischen Teppiche. Die Mehrzahl der Zuordnungen von Teppichen zu einzelnen Stämmen in diesem Kapitel ist nur durch strukturelle Analysen möglich geworden.

DIE TURKMENISCHEN STÄMME

Den zweiten Aspekt stellen die verschiedenen Stämme dar, in die die Turkmenen gegliedert sind. Die moderne Teppichliteratur verwendet statt der früher üblichen Artnamen heute nur noch die Namen der Stämme, um die Herkunft der Teppiche zu bezeichnen. Die wichtigsten Stämme sind die Tekke, Jomuten, Saloren, Saryken, Tschaudoren und Ersaren und die Untergruppen der Beschiren, Kisil-Ajak und Arabatschen, ferner die Karakalpaken. Die in Afghanistan hergestellten Turkmenenteppiche wurden im Handel früher einfach als Afghanen bezeichnet, doch in neuerer Zeit versuchten George O'Bannon und einige andere Autoren auch hier eine genauere Klassifizierung und Zuordnung zu bestimmten Stämmen. Bisweilen wurden und werden die Teppiche auch nach den Orten benannt, an denen sie hergestellt oder gehandelt wurden. Daher finden wir Namen wie Merw, Pendeh, Chiwa und Buchara. Bevor die Stammeszuordnung ihren heutigen Stand erreicht hatte, wurden diese Namen auch als Bezeichnung für bestimmte Muster verwendet. Der größte Mißbrauch wurde hier mit »Buchara« getrieben, ein Name, der für alles verwendet wurde, was aussah wie ein Tekketeppich. Noch heute ist dieser Mißbrauch in der modernen Teppichindustrie in der Bezeichnung »Pakistani Buchara« zu finden. Die Bezeichnung »Pendeh« wird auch von Wissenschaftlern nach wie vor für gute alte Stücke verwendet, die sich nicht unbedingt einem bestimmten Stamm zuordnen lassen.

GEWEBTE GEBRAUCHSGEGENSTÄNDE UND DEKORATIONSSTÜCKE

Ein dritter Aspekt der turkmenischen Weberei besteht in dem Verwendungszweck der einzelnen Webwaren. Ebenso bedeutend wie Teppiche waren verschiedene Gegenstände, die die Nomaden für ihren täglichen Gebrauch hergestellt haben. Sie verwendeten auf Taschen, Zeltbehänge, Tiergeschirre u. a. dieselbe Sorgfalt wie auf die Teppiche. Daher sind diese Produkte für die Analyse der turkmenischen Stilformen ebenso kennzeichnend wie die Teppiche.

Für den Gebrauch innerhalb des Zeltes waren folgende Gegenstände bestimmt:

Der Hauptteppich *(Chali)*: Die meisten für das Zelt bestimmten Teppiche sind nicht länger als 3 m. Nur die Stücke der Tschaudoren und der Ersari-Beschiren sowie die für den Verkauf bestimmten Exemplare aus den Zeltlagern um die Städte sind bisweilen länger.

Odschakbaschi: Ein U-förmiger Teppich, der als Umrandung für die Feuerstelle dient. Häufig werden zwei solche Stücke zu einem Kreis zusammengelegt. Sie sind sehr selten.

Dip-Chali: Kleine Teppiche, die als Bodenbelag vor dem Zelt verwendet werden.

Engsi: Zeltvorhänge, die anstelle der Tür des Zelts benutzt werden. Wegen ihrer charakteristischen Kreuzmotive werden sie auch *Hatschlu Engsi* oder nur *Hatschlu (Hatschly)* genannt. Man hielt sie lange Zeit für Gebetsteppiche.

Kapunnuk: Dreiseitiges Gewebe als Umrandung für den Zelteingang.

Jolami, Bou oder *Jup:* Schmale, glattgewebte weiße Bänder mit geknüpftem Muster. Wurden wie ein durchgehender Fries im Zeltinneren verwendet; bis zu 19,5 m lang.

Namazlik und *Ajatlyk:* Ersterer ist ein Gebetsteppich, letzterer ein Bestattungsteppich, auf dem man den Verstorbenen zum Grabe trug, ohne den Teppich mit zu vergraben.

Salatschyk: Sehen aus wie kleine *Namazliks*, wurden jedoch als Schlafteppiche für Kinder verwendet.

Die zweite Gruppe besteht aus verschiedenen Arten von Taschen:

Juval oder *Tschowal:* Die größte Taschenform, die – wenn sie nicht als Behältnis verwendet wurde – als Wandbehang diente. Vorderseits geknüpft oder glatt gewebt; Rückseite glatt gewebt oder mehrfarbig bestickte Leinwand.

Mafrasch oder *Kap:* Schmale Tasche, etwa 60 bis 90 cm breit und 30 cm tief. Die kleinere Version, *Aina-Kap*, ist eine Spiegeltasche.

Torba: Genauso breit wie der *Juval*, doch nur halb so tief; eine etwas größere Version des *Mafrasch*.

Tutasch oder *Tudadj* oder *Ghazan Tutasch:* Kleine fünfeckige Deckchen mit etwa 20 cm Seitenlänge. Jeweils zwei davon waren an einer Kante durch ein schmales Webband verbunden und dienten als Topflappen.

Dis-Torba oder *Duz-Torba:* Kleine sechseckige Tasche, diente als Salzbehälter.

Boktsche: Eine sehr seltene Taschenart, bestehend aus vier gewebten Dreiecken, die zu einem Quadrat zusammengenäht sind.

Darak Basch oder *Dokme Darak:* Kleiner fünfeckiger Beutel, wurde als Kammbehälter verwendet.

Tschemtsche Torba: Lange schmale Tasche, doppelt so tief wie breit, wurde für Löffel u. ä. verwendet.

Tufek Basch: Lange schmale Gewehrtasche.

Khordjin: Kleine Taschenpaare, die über den Pferde- oder Kamelsattel gehängt werden. In verschiedenen Ausführungen im ganzen Mittleren Osten verbreitet.

Zur dritten Gruppe gehören Schmuckgeschirre für Pferde und Kamele, die zu zeremoniellen Anlässen, z. B. bei Hochzeiten, angelegt wurden:

At-djoli (oder *Tainaktscha* oder *Konaktscha*): Große vieleckige Pferdedecken, geknüpft oder gewebt.

Tscherlik (oder *Eyerlik*): Kleine Satteldecke mit drei geraden und einer gebogenen Seite, in der Mitte ein Schlitz für den Sattelknopf; es sind auch halbrunde Versionen bekannt.

Chalyk: Schmuckdecke, die aussieht wie ein kleiner *Kapunnuk*; ist jedoch am unteren Rand zusätzlich mit einem Pfeilspitzen-Anhang versehen. Nach Moschkowa wurden diese Stücke während des Hochzeitszuges als Brustschmuck für die Kamele verwendet. Sie scheinen nur von den Tekke hergestellt worden zu sein. Azadi befragte in Meshed einen alten Tekke: Nach dessen Aussage diente der *Chalyk* »vor langer Zeit« als Außenschmuck der Brautsänfte (*Kadjaveh*). Heute ist der *Chalyk* nur noch selten zu finden.

Unten links: Jomuten-Asmalyk (Kamel-Flankengeschirr), zweite Hälfte des 19.Jh. 114 × 74 cm.
Unten rechts: Pendeh-Juval (Taschendecke) mit einer Art betürmtem Saloren-Göl. Spätes 19. oder frühes 20.Jh. 102 × 175 cm.

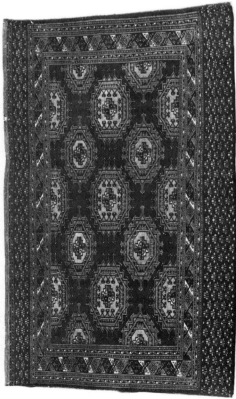

Djah Dizluk: Kleine Fünfeckdeckchen, nur paarweise vorkommend, schmückten die vorderen Knie der Kamele.

Uk Basch (oder *Ukudschi*): Konisch zulaufende Taschen; in ihnen steckten die Enden der Zeltstangenbündel, die während des Hochzeitszuges an die Seiten eines Kamels geschnallt wurden. Sie wurden irrtümlich oft als Kamelhüte oder als Wasserkesselbehälter bezeichnet. Meist paarweise vorkommend; es sind nur Exemplare der Jomuten bekannt.

Asmalyk (oder *Asmalik*): Große fünfeckige Decken; wurden als Flankenschmuck für Kamele verwendet. Aufgrund einer Fehlübersetzung auch als *Osmolduks* bezeichnet.

At-torba: Ähnlich wie der *Tschemtsche Torba*; Futtersack für Pferde.

At-tschetschi: Langer geknüpfter Pferdegurt.

Viele der kleinen Stücke wie *Mafrasch, Torba, Asmalyk* und die kleineren Taschen, aber auch einige der größeren Stücke wie die *Kapunnuks* sind mit langen Fransenquasten versehen, die oft dunkelblau sind und in der Länge nicht selten die zwei- bis dreifache Tiefe der Taschen erreichen. Bei den vor allem um die Jahrhundertwende und in den zwanziger und dreißiger Jahren nach Europa importierten Taschen hat man zur Gewichtsersparnis häufig die gewebte oder aus Leinwand bestehende Rückseite entfernt. Die Qualität dieser kleinen Stücke ist oft sehr beachtlich. Sie haben z. T. Muster, die auf keinem der größeren Stücke zu finden sind.

TURKMENISCHE MUSTER

Der vierte wesentliche Aspekt turkmenischer Weberei ist das Muster. Wie wir bereits sagten, ist das Standardmotiv ein Oktogon, der *Göl* oder *Gül*. Diese Göls sind auf den großen Teppichen, auf vielen der Juvals und anderen größeren Taschen in parallelen Reihen angeordnet. Auf den kleineren Stücken sind statt der Göls bisweilen auch andere geometrische Motive zu finden. Die Frage nach der Herkunft eines bestimmten Stücks läßt sich – oberflächlich – am leichtesten anhand des Göls beantworten – oberflächlich deshalb, weil das historisch bedingte Auftauchen und Verschwinden stammesspezifischer Göls einige Probleme aufwirft. W. G. Moschkowa sprach in diesem Zusammenhang von »lebendigen« und »toten« Göls. Auch wenn diese eindeutige Unterscheidung vielleicht übertrieben ist, wird die Herkunftsbestimmung durch das wechselhafte Schicksal der Stämme und die damit verbundenen Göl-Verschiebungen bzw. Verschleppungen doch erheblich erschwert.

So kann man aus der Form eines Göls zwar auf den Stamm schließen, der dieses Motiv ursprünglich verwendete, doch ist damit noch nicht bewiesen, daß das fragliche Stück auch

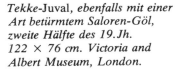

Tekke-Juval, ebenfalls mit einer Art betürmtem Saloren-Göl, zweite Hälfte des 19. Jh. 122 × 76 cm. Victoria and Albert Museum, London.

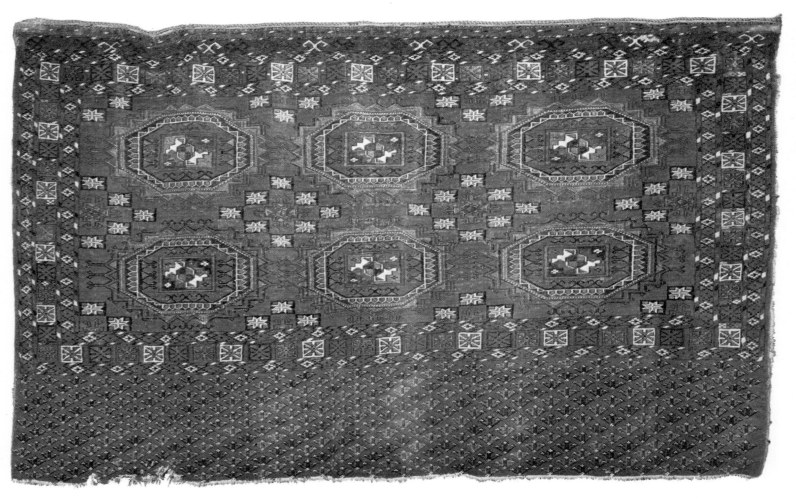

tatsächlich von diesem Stamm hergestellt wurde. Zum Beispiel ist etwa der berühmte Göl der Saloren nach deren Niederlagen in Kriegen, nach Vertreibung und·schließlichem Verlust der Autonomie auch auf den Arbeiten der Tekke und anderer Stämme zu finden. Das Auftauchen dieses Göls auf den Erzeugnissen der Tekke in der zweiten Hälfte des 19. Jh. und danach beweist, was wir schon wissen, daß nämlich die Tekke die Hauptschuldigen an der weitgehenden Ausrottung der Saloren gewesen sind. Außerdem muß erwähnt werden, daß viele Stämme mehr als nur einen für sie charakteristischen Göl verwendeten.

DIE STÄMME UND IHRE TEPPICHE

Saloren

Von allen hier aufgeführten Stämmen dürften die Saloren der älteste sein. Ursprünglich waren sie die mächtigste Gruppe der Turkmenen. Im Laufe der Jahrhunderte wurden sie durch zahllose Kriege über ein Gebiet von Buchara im Norden bis nach Afghanistan im Süden zerstreut. Ebenso wie bei anderen Stämmen wissen wir über die Salorenweberei des 15., 16. und 17. Jh. so gut wie nichts. Vielleicht verlief sie ebenso kontinuierlich wie die türkische Dorf- und Nomadenweberei, vielleicht aber auch wurden ihre Muster zunehmend schematischer wie bei den Kaukasiern. Mit einiger Sicherheit wissen wir nur, daß der betürmte Göl der Saloren zu den altertümlichsten turkmenischen Motiven gehört.

Der Göl der Saloren ist das berühmteste turkmenische Motiv. Er stellt uns zugleich vor die größten Schwierigkeiten, da er auch bei vielen anderen Stämmen auftaucht. Er und die anderen Salorenmotive stehen stellvertretend für die Probleme, die der Musteranalyse bei der turkmenischen Weberei begegnen. Der »betürmte« Salorengöl hat einen äußeren Rand mit 24 bis 27 hakenbesetzten Sternzacken – eine auch in der europäischen Gotik vorkommende Form. Im Inneren des oft mit rosafarbener Seide gewebten Göls befindet sich ein hakenbesetzter zwölf- bis sechzehnzackiger Stern, dessen Zentrum wiederum eine ebenfalls mit Haken versehene Kreuzform bildet, die nach Azadi *Aina Kotschak* genannt wird (*Aina* = Spiegel, *Kotschak* = Sporn). Innerhalb des Feldes befinden sich zwischen diesen großen Göls noch weitere kleine. Deren Kreuzform setzt sich aus 13 kleinen Quadraten zusammen und trägt in der Mitte ein *Aina-Kotschak*-Motiv. Diese Beschreibung gilt für die sehr alten Saloren-*Juvals*. Am unteren Ende befindet sich ein 10 bis 15 cm breiter Rand, der mit 12 bis 20 Diagonalreihen dreistieliger Blütenzweige ausgemustert ist. Die Stiele jeder Doppelreihe sind abwechselnd blau und rot. Die Grundfarbe von Feld und Bordüre ist ein bräunliches Rot. In

Tekketeppich, zweite Hälfte des 19. Jh. 364 × 175 cm, mit flach gewebten Enden.

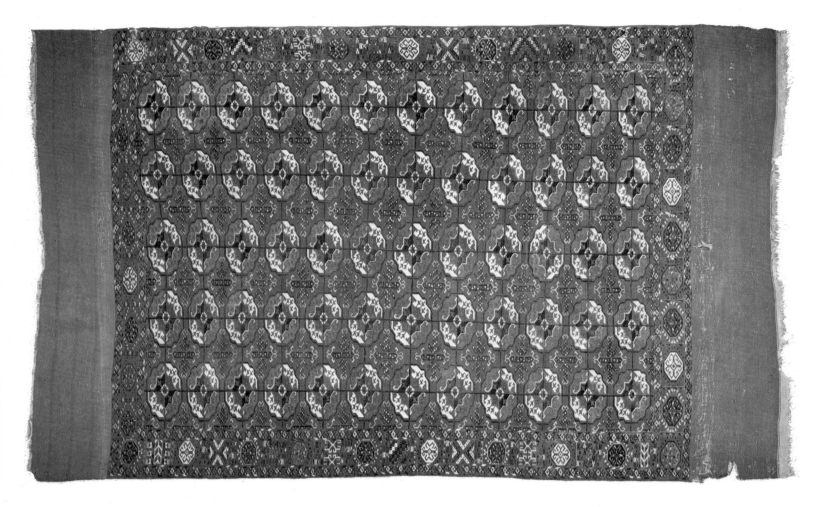

163

den Details überwiegen Rosa (Inneres der großen und kleinen Göls), zwei bis drei verschiedene Rottöne, zwei Blautöne, Braun und Gelb.

Daneben verwendeten die Saloren noch einen anderen Hauptgöl, der aus einem groben, rundlichen Stufenoktogon besteht. In seinem Inneren befinden sich acht tulpenartige Motive, die nach innen zeigen, vier sternförmige florale Ornamente, zwei an jedem Ende des Göls, sowie in der Mitte ein weiteres achteckiges Motiv. Der obere und untere Rand des Feldes ist mit jeweils sechs bis acht nach innen gerichteten, breiten Pfeilspitzenmotiven besetzt, die durch Stäbe verbunden sind. Der Schaft jeder Pfeilspitze enthält das gleiche Tulpenmotiv, das auch in den Göls zu finden ist. Die kleinen oder Nebengöls bestehen aus Rauten mit aufgesetzten Türmchen. Die Farben variieren von einem dunklen Pflaumenrot bis zu einem hellen Braun.

Im Gegensatz zu späteren Stücken von anderen Stämmen, die mit Salorenmotiven ausgestattet sind, sind die echten Salorenwebereien sehr selten. Dabei sind *Juvals* häufiger als Teppiche. Zwei dieser Teppiche, die aus privaten Sammlungen stammen, sind in Ulrich Schürmanns Buch »*Zentralasiatische Teppiche*« (Nr. 8 und 9) abgebildet. Der erste, mit seiner weißen Grundfarbe ein sehr außergewöhnliches Stück, hat drei Reihen mit jeweils acht turmbesetzten Göls. Zwischen diesen Reihen befinden sich weitere Reihen kleiner Göls, abgeflachte Oktogone, die durch Stäbe mit rautenförmigen Verdickungen verbunden sind. Das Feld des zweiten Teppichs ist in einem kräftigen Orangerot gehalten. Seine Haupt- und Nebengöls sind fast identisch mit denjenigen auf dem weißgrundigen Stück, nur sind hier die kleineren Göls – in Form eines Kreuzes bzw. eines Stufenoktogons – an den vier Enden mit Haken versehen. Der größte stilistische Unterschied zum ersten Stück liegt in dem Fehlen der verbindenden Rautenstäbe und in den Bordüren. Die Bordüre des weißgrundigen Stücks besteht aus drei Streifen, wobei der innere und der äußere Streifen mit floralen Motiven ausgemustert sind, während der mittlere sich an der Längsseite aus kleinen Hakenmotiven zusammensetzt, ähnlich dem sog. Tarantelmuster (hier möglicherweise auch eine Version des *Aina-Kotschak*), die an den Breitseiten von kleinen Vierecken umgeben sind. Das rotgrundige Stück hat eine ganze Reihe von schmalen Streifen, die mit floralen und geometrischen Motiven ausgemustert sind. Zu beiden Seiten befindet sich ein Rand mit kleinen Rautengöls, deren Kanten kammähnlich gezahnt sind.

Saryken

Die frühen Arbeiten der Saryken, die östlich des Flusses Murgab nahe der afghanischen Grenze lebten, kommen den Webereien der Saloren sehr nahe. Es gibt mindestens drei Formen des Sarykengöls, die alle flacher und eckiger sind als diejenigen der Saloren. Der Hauptgöl besteht aus einem Stufenoktogon mit 24 Seiten. Man findet ihn auf fast allen Arbeiten der Saryken. Die kleineren Göls, sofern sie überhaupt erscheinen, haben meist dieselbe geometrische Form, nur mit einem anderen Innenmuster. Die Hauptmerkmale der Sarykenteppiche, die natürlich nicht alle auf jedem Stück versammelt sein müssen, sind in Jon Thompsons Bearbeitung der berühmten Monographie über turkmenische Teppiche von Andrei Andreyevich Bogolyobov beschrieben (»*Carpets of Central Asia*«; die Originalausgabe erschien 1908 oder 1909 posthum in St. Petersburg). Bemerkenswert bei den Sarykenteppichen ist ein fast schwarzes Dunkelblau. Die Farbe des Feldes ist ein bräunliches Rot, das bisweilen ins Purpurne übergeht. Auch ein sehr dunkles Grün wird verwendet. Die weißen Stellen sind aus Baumwolle geknüpft. Daneben wird sehr viel Seide, vor allem bei den späteren Stücken, verwendet. Die Knotung ist vorwiegend türkisch.

Tekke

Die Tekke waren der größte und mächtigste aller Turkmenenstämme. Ihre Arbeiten gehören daher zusammen mit denjenigen der Jomuten auch zu den am weitesten verbreiteten. Die Tekke lebten vorwiegend im Norden der turkmenischen Hauptstadt Aschchabad nahe der Grenze zu Persien und etwas weiter östlich in der Gegend von Merw (Mary). Ihr Hauptgöl besteht aus einem rundlichen Stufenoktogon mit weichen Konturen, das mit stilisierten Zweigen und Blättern ausgemustert ist. Blaue Linien, die die Längs- und Querachse der Göls markieren, teilen jedes Oktogon in vier Teile. Der kleinere Göl hat eine Kreuzform und ist mit Haken besetzt. Das Innere des Hauptgöls besteht aus zwei konzentrischen viergeteilten Abschnitten. Der äußere ist in Creme und Rot, der innere in Rot und Schwarz, Rot und Blau oder Rot und Grün gehalten, wobei die letzte Kombination fast nur bei älteren Stücken vorkommt. Die Bordüren sind mit verschiedenen geometrischen und halbfloralen Motiven dicht ausgemustert. An beiden Enden des Feldes befinden sich oft breite Ränder mit erkennbareren floralen Motiven. Die ursprünglich bei allen Tekke-Teppichen vorhandenen breiten roten Kelimstreifen sind heute größtenteils verschwunden.

Jomuten

Die Jomuten lebten überwiegend im Nordwesten Turkmeniens. Sie waren sehr fleißige Weber. Viele Erzeugnisse verschiedener Art sind erhalten geblieben. Am seltensten sind die Produkte der Ogurdschalis, die wahrscheinlich der älteste Zweig der Jomutenstämme waren und am Ostrand des Kaspischen Meeres wohnten. Der berühmteste Ogurdschali-Göl ist ein Oval mit gezähnten Seiten und einer zweizackigen Gabel an jedem Ende. Das bekannteste Exemplar, eine Schenkung von Joseph V. McMullan, ist im Metropolitan Museum zu sehen. Es hat drei Reihen von Göls, wobei die beiden äußeren Reihen aus acht, die mittlere Reihe aus sieben ganzen und zwei halben Göls besteht. Die Farbe des Feldes ist ein kräftiges Pflaumenrot. Jeder Göl hat einen äußeren Rand mit leicht geneigten Blütenblättern, der ein regelmäßiges Oktogon umschließt. Darin befindet sich ein Quadrat mit einem geometrischen Muster floraler Elemente. Die Farben der Göls umfassen Karmesin, Rotbraun, Grün, Blau, Weiß und Gelb. Das Gelb ist nur sehr sparsam bei den Blütenblättern eingesetzt. Das innere Quadrat ist stets rotbraun, die Gölbordüre blau, karmesin oder grün. Ist sie karmesinrot, so ist das innere Oktogon entweder grün oder blau; ist sie blau, so ist dieses rot oder weiß, und ist sie grün, so ist das Oktogon karmesinrot. Die weißgrundige Hauptbordüre besteht aus einem gesägten Zickzackmuster in zwei Rottönen, Grün und Blau, in dessen Zwischenräumen schiffartige florale Motive eingesetzt sind.

Dieses Bordürenmuster mit deutlichen floralen Motiven ist auch auf anatolischen Arbeiten zu finden, etwa auf dem um 1800 datierten Teppich, den Erdmann in seinem Buch »Orientalische Teppiche« (Tafel 153) zeigt. Auf dessen innerem und äußerem Randstreifen sind abwechselnd rote, blaue und weiße florale Motive zu sehen. An den Längsseiten des Feldes zwischen den Göls befinden sich Reihen mit einem Kreuzmuster, das aus jeweils vier sternförmigen Blüten besteht.

Dieses Stück, das zweifellos zu den schönsten seiner Art gehört, wird von verschiedenen Experten zwischen 1750 und 1825 datiert. Andere, wahrscheinlich spätere Exemplare sind weniger reichhaltig in den Farben. Auch ihre Muster sind nicht mehr so klar und schlicht. Ein sehr schönes Stück, das am 25. März 1977 bei Lefèvre in London versteigert wurde, hatte im Feld ein noch intensiveres Rotbraun. Auf den Querreihen wechselten 1/2 – 1 – 1 – 1 – 1/2 bzw. 1 – 1 – 1 Göls, auf den Längsreihen zehn bzw. neun ganze und zwei halbe Göls. Die einzelnen Göls waren kleiner als auf dem McMullan-Teppich und hatten auch andere Farbkombinationen, entweder hellblau mit rotem Innenoktogon oder rot mit dunkelblauem Innenoktogon. Die Hauptbordüren an den Längsseiten glichen denen auf dem McMullan-Stück mit geringen Abweichungen an den Enden. Das Lefèvre-Stück hatte gewebte Ränder mit dem Lebensbaummotiv der Jomuten.

Bei einem anderen Exemplar, das sich im Washingtoner Textilmuseum befindet, sind die Göls weitgehend in derselben Weise angeordnet, wobei die Längsreihen nach folgendem Schema aufgeteilt sind: sieben halbe und ein viertel, ein halber und sieben ganze, sieben ganze und ein halber, ein halber und sieben ganze, sieben ganze und ein halber, ein halber und sieben ganze und wieder sieben halbe und ein viertel Göl. In den Farben zeigen die Göls abwechselnd roten Rand, schwarzes Innenoktogon und grünes Mittelquadrat oder grünen Rand, rotes Innenoktogon und schwarzes Mittelquadrat. Der obere und der untere Rand des Teppichs sind mit zwei verschiedenen kreuzförmigen Göls verziert; die Hauptbordüre enthält das jomutische »Vogel-und-Stab«-Motiv.

Ein viertes Exemplar in einer Hamburger Privatsammlung ist dunkler als die drei bereits erwähnten Stücke. Seine Göls sind abwechselnd karmesinrot mit schwarzem Innenoktogon und umgekehrt. Bei seiner Bordüre handelt es sich um ein schematisiertes Zickzackmuster mit Vertiefungen. Die Webränder fehlen. Ein fünftes Exemplar ist in »Hand-woven Carpets« von Kendrick und Tattersall (Tafel 183) abgebildet. Man sollte noch hinzufügen, daß Siawosch Azadi, dessen Buch »Turkmenische Teppiche« zu den maßgeblichsten Werken über dieses Thema zu zählen ist, über das Hamburger Stück sagt, seine Göls seien keinem bestimmten bekannten Stamm zuzuordnen und dürften daher wohl auf einen Stamm zurückgehen, der seine Eigenständigkeit durch Vermischung mit anderen Gruppen verloren hat. Zu der weitverbreiteten Ogurdschali-Jomuten-Theorie äußert Azadi sich nicht. Ein sechstes Exemplar mit etwas eckigerem Göl ist bei Schürmann abgebildet. Es befindet sich in einer Mailänder Privatsammlung. Der bisher beschriebene Göl ist jedoch nicht der einzige, der mit den Ogurdschali in Verbindung gebracht wird. Es gibt noch einen anderen, den sog. »Wappenadler«-Göl, der dem kaukasischen Adler-Kasak-Medaillon sehr ähnlich sieht. Er tritt entweder in Verbindung mit verschiedenen kleinen und großen Göls und anderen geometrischen Motiven auf, wie etwa auf dem äußerst komplex gemusterten Teppich, der in Schürmanns »Zentralasiatische Teppiche« (Tafel 23) zu sehen ist, oder er ist mit dem Dyrnak-Göl kombi-

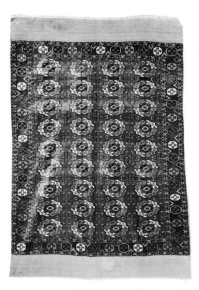

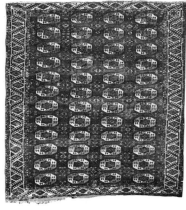

Oben: Tekketeppich. Die großen Göls deuten darauf hin, daß dieser Teppich etwas früher entstanden ist, als der auf S. 163 abgebildete. Mitte 19. Jh. 264 × 193 cm. Mitte: Ersarenteppich mit sog. Tauk-Nuska-Göls, zweite Hälfte des 19. Jh. 249 × 201 cm.

Unten: Jomutenteppich mit Kepse-Göls, zweite Hälfte des 19. Jh. 290 × 152,5 cm.

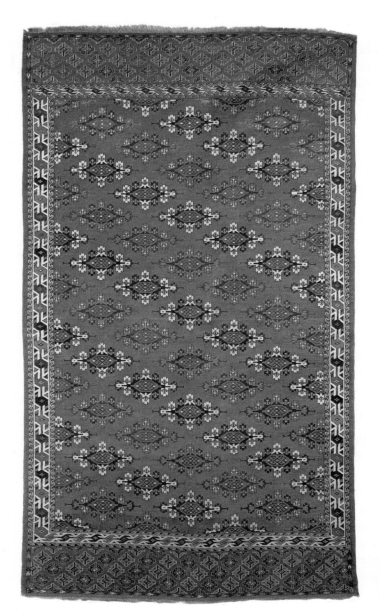

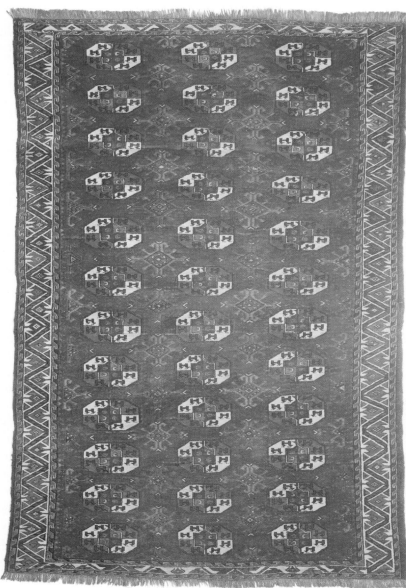

Links: Jomutenteppich mit Kepse-Göls, zweite Hälfte des 19. Jh. 290 × 152,5 cm. Rechts: Jomutenteppich mit Tauk-Nuska-Göls, Mitte des 19. Jh. 256 × 167,5 cm.

niert, einer hakenbesetzten Raute, die als Haupt-Göl nur auf Jomutenteppichen vorkommt. Allerdings beschreibt Bogolyobov einen Teppich mit *Dyrnak*-Göl, den man üblicherweise schlicht als Jomuten bezeichnen würde, als »antiken Ogurdschaliteppich«. Sein Webrand enthält ein sehr seltenes Muster aus kreuzförmigen Motiven.

Der vierte der jomutischen Hauptgöls ist der *Kepse*-Göl, eine abgeflachte Raute mit vier hohen Türmchen auf jeder Seite. Seine Farben sind vorwiegend aus Grün, Blau, Karmesin, Rotbraun, Gelb und Creme kombiniert. Die Ränder sind meist mit stilisierten Blumen oder mit dem Lebensbaummotiv ausgemustert. Die Farben des Feldes liegen – wie auch bei den übrigen Jomutenteppichen – zwischen Hellrot, Purpurrot und einem kräftigen Purpurbraun. Ein weiterer Jomutengöl, der auch bei den Arabatschen, Ersaren, Kisil-Ajak und Tschaudoren vorkommt, ist der sog. *Tauk-Nuska*-Göl, ein regelmäßiges Achteck mit einem Dekaeder in der Mitte und zwei Tierfiguren in jedem Viertel (das Wort »*Tauk*« bedeutet »Hühnchen«; möglicherweise sahen diese Tierfiguren ursprünglich wie Vögel aus). Ein sechster Göl schließlich mit der Form eines abgeflachten Oktogons ist außer bei den Jomuten auch noch bei anderen Stämmen zu finden. Ein Teppich mit dem *Tauk-Nuska*-Hauptgöl und dem typischen Nebengöl der Jomuten ist in der Sammlung der Vereinigten Werkstätten in München zu sehen. Er ist laut Schürmann den Ogurdschali zuzuschreiben. Ein Großteil der jomutischen Webwaren ist durch besonders lebhafte Grün- und Blautöne gekennzeichnet.

Tschaudoren

Die Tschaudoren lebten am Amudarja im Norden Turkmeniens. Ihre Teppiche gehören zu den seltensten aller Turkmenenteppiche. Sie sind stilistisch den Exemplaren der Saryken und der Jomuten sehr ähnlich. Ihr typischer Göl ist ein rundliches Achteck mit welligen oder gestuften Rändern, von einem dünnen Zickzackmuster umgeben. Im übrigen wurde bei den Tschaudoren häufiger als bei allen übrigen Turkmenen ein cremiges Gelb verwendet.

Ersaren

Nach ihrer Teppichproduktion sind die Ersaren in drei Gruppen aufzuteilen, die eigentlichen Ersaren selbst, die Ersari-Beschiren, die meist einfach nur Beschiren genannt werden, und die Kisil-Ajak, die nach einem kleinen Dorf unmittelbar an der Grenze zu Afghanistan benannt sind. Die Ersaren selbst lebten im südlichen Turkmenien und jenseits der Grenze in Afghanistan. Die Beschiren waren vorwiegend im Khanat von Buchara zu finden.

Die Beschiren hatten einen ganz eigenen Webstil, der floraler, also weniger geometrisch als bei übrigen Turkmenenstämmen war. Sie verwendeten helle, leuchtende Farben und große Motive, aber auch durchgehende Wolkenbandmuster und Oktogone, stilisierte Tulpen und andere Blumen. Charakteristisch waren auch ihre Gebetsteppiche mit einer vierseitigen Mihrab, die von einer Knospe bekrönt war. Der breite Körper der Mihrab oder auch das sie umgebende Feld waren meist weißgrundig und mit floralen Motiven durchsetzt.

Links: Großer Beschirenteppich mit Botehs, *wahrscheinlich erste Hälfte des 19. Jh. 488×244 cm. Oben rechts: Beschiren-Gebetsteppich, Mitte bis Ende des 19. Jh. 150 × 90 cm. Unten rechts: Tschaudorenteppich, zweite Hälfte des 19. Jh. 275 × 228 cm.*

Die reinen Ersaren-Arbeiten entsprechen eher dem allgemein üblichen Konzept der Turkmenen, obwohl es auch hier einige unverwechselbare Muster gibt. Auf Taschen und Teppichen beispielsweise besteht die Mittellinie häufig aus großen zusammenhängenden Rauten, die mit auffälligen Doppelzickzacks umrandet sind. Ähnliche Muster wurden von den Karakalpaken, die südlich des Aralsees beheimatet sind, und von türkischen, persischen und kaukasischen Nomadenstämmen produziert. Daneben findet man auch Teppiche mit gevierteilten Göls in Sternenform.

Zu Beginn des 19. Jh. webten die Ersaren in Afghanistan große Teppiche mit rostroten Feldern, die mit dem sehr großen Ersaren-Göl, dem *Gülli-Göl*, besetzt waren. Das Innere dieses Göls ist in vier Teile geteilt und enthält Zweige mit jeweils drei schematisch dargestellten Früchten. Es existieren aber auch einige Stücke mit dem *Tauk-Nuska*-Motiv. In seiner Besprechung eines afghanischen Ersarenteppichs mit dem *Gülli-Göl*, der bei Bogolyobov abgebildet ist, äußert Jon Thompson die Ansicht, daß solche Stücke ursprünglich wahrscheinlich in der Umgebung von Buchara, der Heimat der Ersaren, entstanden seien und erst seit der zweiten Hälfte des 19. Jh. auch in Afghanistan hergestellt wurden. Schürmann dagegen datiert einen afghanischen Teppich mit der Ersaren-Version des *Tauk-Nuska*-Göls etwa um 1800. Ein Stück mit dem *Gülli-Göl* ist bei Azadi (Tafel 8) abgebildet und wird dort dem frühen 19. Jh. zugeschrieben. Da allerdings die leuchtendrote Farbe seines Feldes für die afghanischen Stücke äußerst unüblich ist, dürfte dieser Teppich wohl aus Turkmenien stammen. Er verfügt über mehrere verschiedene Nebengöls, u. a. den *Dyrnak* der Jomuten.

Die Kisil-Ajak werden zwar nicht von allen Autoren, doch vorwiegend als ein Teilstamm der Ersaren angesehen. Sicher ist jedenfalls, daß einer ihrer Hauptgöls die gleiche eckig-rundliche Form hat, wie wir sie von den Ersaren kennen. Auch farblich bestehen gewisse Ähnlichkeiten.

Arabatschen

Azadi zeigt auch einen Kisil-Ajak mit drei Reihen zweier *Tauk-Nuska*-Göls in Form abgeflachter Oktogone, die mit kreuzförmigen Nebengöls kombiniert sind. Im Stil ähnelt dieses Stück den Jomuten. Auch ein Arabatschenteppich, der ebenfalls bei Azadi abgebildet ist, mit »Lebensbaum«-Rand, Zickzackbordüre und der Kombination von dunkelpurpurbraunem Feld und leuchtendblauen Ornamenten steht den Jomuten sehr nahe. Ein anderer Arabatsche mit ähnlichen Hauptgöls, doch abweichenden Nebengöls wurde im März 1977 bei Lefèvre in London verkauft. Abweichend von dem Azadi-Stück waren auch die Bordüren, die mit kleinen geometrischen Motiven ausgemustert waren, und es fehlte der Webrand. Die Farbe des Feldes war ein rötliches Braun, das sehr charakteristisch für die Arabatschen ist.

Jon Thompson weist darauf hin, daß die Arabatschen bis ins späte 19. Jh. hinein produziert haben, denn es sind Exemplare mit synthetischen Farben bekannt. Das älteste und gewiß auch das schönste Exemplar dieses Stammes jedoch ist nach Thompson ein kleiner Teppich, der aus zwei ehemaligen Satteltaschen zusammengesetzt ist. Er befindet sich im Metropolitan Museum in New York. Das Stück hat zwar die typischen abgerundeten Göls der Tekke, ist jedoch in den Details von diesen völlig verschieden. Trotzdem ordnet Dimand, der in bezug auf turkmenische Teppiche nicht gerade zu den Koryphäen zählt, es unter die Tekke ein. Das Metropolitan Museum besitzt auch einen Teppich (Katalog-Nr. 192), der den Kisil-Ajaks und Arabatschen mit oktogonalem *Tauk-Nuska*-Göl sehr ähnlich sieht. Er ist als Ersarenteppich katalogisiert, was er indirekt ja auch ist.

MUSTER DER KLEINEREN STÜCKE

Bis hierher haben wir unsere Beschreibungen auf die größten turkmenischen Produkte, die Haupt- oder Mittelteppiche, konzentriert. Bei den kleineren Stücken sind die Muster vielleicht noch etwas vielfältiger. Sie verfügen zwar in vielen Fällen über die typischen Gölmuster der großen Teppiche, doch ein Teil ihrer Motive ist bei den großen Stücken höchstens in der Bordüre oder dem Webrand zu finden. So existieren etwa jomutische *Asmalyks*, die neben ihrem üblichen Feldmuster – gesägte Oktogone, die von einem Gitter umgeben sind – auch noch Lebensbaum- oder »Vogel-und-Stab«-Motive in ihren Feldern haben. Derartige Kombinationen sind auf keinem der größeren Teppiche zu finden. Andere Stücke wiederum sind in verschiedenen Techniken gearbeitet, z. B. die Jomuten-*Juvals* und Zeltbänder, die teilweise glatt gewebt und teilweise geknüpft sind. Natürlich ist es uns hier nicht möglich, sämtliche Muster zu untersuchen. Wir verweisen daher auf die Fachmonographien.

Bevor wir uns den turkmenischen Erzeugnissen aus Afghanistan und anderen Gebieten zuwenden, sollten wir noch einen kurzen Blick auf die rätselhafte »S-Gruppe« werfen, deren

Zwar hielten frühere Autoren schöne und seltene Gebetsteppiche des Typs, wie er hier gezeigt ist, für Jomuten- oder Kisil-Ajak-Arbeiten, doch aufgrund neuerer technischer Analysen werden diese Stücke den Arabatschen zugeschrieben. Zweite Hälfte des 19. Jh. 142 × 142 cm.

Rechte Seite: Afghanischer Ersaren-Pardah mit Hatschlu-Muster. Die Bordüre enthält ein wenig Seide. Um 1900. 231 × 170 cm.

Definition wir im wesentlichen Jon Thompson zu verdanken haben. Die Weberzeugnisse der »S-Gruppe« sind nicht durch ein bestimmtes Muster gekennzeichnet. Typischstes Merkmal im Muster ist vielleicht der dünne Randstreifen mit abwechselnden X- und Rautenmotiven, der jedoch nicht auf allen Exemplaren vertreten ist. Ansonsten fallen bei dieser Gruppe Muster auf wie der betürmte Salorengöl, den man vorwiegend auf *Juvals* findet, der rundere Salorengöl und der Stufenrauten-Göl, der eher an die Saryken erinnert. Es gibt aber auch ein Stück mit sehr schönem dunkelrotem Feld und einem rundlichen *Gülli-Göl* aus der Sammlung McMullan, das Schürmann und andere Experten als frühen afghanischen Saryken bezeichnen, obwohl gewisse Einzelheiten eher auf eine Herkunft von den Tekke, Ersaren oder Jomuten hindeuten und seine Farben ganz untypisch für einen Afghanen sind. Ein anderes Stück, das Jon Thompson in die »S-Gruppe« eingeordnet hat, ist der bei Bogolyobov abgebildete *Juval* mit dem »X-und-Rauten«-Streifen und einem Feldmuster aus reckteckigen Göls, mit dem Ogurdschali-Gabelmotiv auf jeder Seite und einem gelben Gitter.

Thompson fand auch einige Türumrandungen und *Engsis*, die seiner Meinung nach zur »S-Gruppe« gehören. Aus allem ergibt sich, daß die Kategorisierung nicht so sehr nach dem Muster als vielmehr aufgrund einer technischen Analyse des Gewebes erfolgt. Sämtliche Stücke dieser Gruppe sind gekennzeichnet durch eine tief versenkte Kette, den persischen Knoten, der um den jeweils rechten der beiden Kettfäden geschlungen und nach links offen ist, einen oft hellrot gefärbten Schuß, ziemlich hohen Flor, starke Griffigkeit, extrem feine Wolle, teilweise seidenen, niemals baumwollenen Flor sowie durch ein rosafarbenes ätzendes Färbemittel. Möglicherweise gibt es innerhalb dieser Gruppe noch eine Untergruppe, denn es existieren Exemplare, die die meisten der erwähnten Merkmale aufweisen, bei denen aber der persische Knoten nach rechts geöffnet ist und die ein bräunlich-rotes Feld haben. Nach Ansicht Thompsons repräsentiert die »S-Gruppe« die reinen Saloren-Arbeiten, die nicht von anderen Stämmen beeinflußt sind. Spätere Stücke, die zwar eine ganze Reihe von Salorenmotiven aufweisen, vor allem den betürmten Göl, wurden dagegen von den Tekke angefertigt. Es bleibt noch hinzuzufügen, daß die Theorie über die »S-Gruppe« sich noch in den Anfangsstadien der Untersuchung befindet und daß auf diesem Gebiet wie im Bereich der gesamten turkmenischen Weberei noch viel Forschungsarbeit zu leisten ist.

TURKMENISCHE WEBEREI IN AFGHANISTAN

Nachdem die Russen im 19. Jh. die Vorherrschaft über Turkmenien gewannen und 1884 die Grenze zu Afghanistan festgelegt wurde, ließen viele der größeren Turkmenenstämme sich in Afghanistan nieder und errichteten dort eigene Dörfer. Ein Teil zog auch nach Persien. Die turkmenischen Teppichweber in Afghanistan sind noch heute tätig, doch ihre Muster verloren ihren Stammescharakter; sie wurden zunehmend vermischt und durch Handelswünsche beeinflußt.

Links: Afghanischer Tscharschango-Torba mit dunkelblauen Fransen, spätes 19. Jh. 137 × 51 cm. Rechts: Turkmenischer Gebetsteppich aus Nordafghanistan, datiert auf das Jahr 1342 der Hedschra (1925). 122 × 86 cm.

171

*Afghanischer Wasiri-
Turkmenenteppich, frühes
20. Jh. 160 × 94 cm.*

Es entstanden neue Untergruppen der Stämme, die Teppiche von einer Größe und mit Mustern erzeugten, wie sie bei den Turkmenen bis dahin unbekannt gewesen waren. Am produktivsten waren die Ersaren und die Tekke. Die Teppiche der Ersaren sind nach einzelnen Stammesgruppen benannt oder nach den Dörfern oder Regionen, in denen sie entstanden – Daulatabad, Kundus, Tscharschango, Chob-Basch, Beschir, Labijar, Kisil-Ajak und Wasiri. Einige Untergruppen behielten auch ihre traditionellen Namen. Von den Tscharschango glaubt man, daß sie einst ein Zweig der Saloren waren, bevor diese von den Ersaren absorbiert wurden. Die Chob-Basch stammen wahrscheinlich von den Tschaudoren ab. Die Kisil-Ajak, eine Untergruppe der Ersaren, lebten ursprünglich in einem Ort dieses Namens in der Oase Pendeh. Ein Dorf mit dem gleichen Namen liegt in Afghanistan.

Die in Afghanistan hergestellten turkmenischen Produkte lassen sich nach ihrem Verwendungszweck in verschiedene Typen einteilen: *Kalin* (ein Teppich, der größer ist als 1,8 m mal 2,7 m), *Kalintscha* (eine Brücke, die kleiner ist als 1,8 m × 2,7 m), *Joi Namaz* (Gebetsteppich), *Balischt* und *Puschti* (Taschen von derselben Größe wie der *Torba* und kleiner), *Kharin* (doppelte Satteltaschen), *Tonschah* (entspricht dem *Juval*), *Pardah* (ähnlich dem *Engsi*, doch zu groß, um als Türvorhang zu dienen) und *Jollar* (ähnlich wie *Mafrasch* und *Torba*). Der Begriff *Mauri* (wörtlich: aus *Merw*) bezeichnet Teppiche verschiedener Qualitäten und Muster im Stil der Tekke.

Ein großer Teil dieser im späten 19. Jh. entstandenen Stücke folgt den traditionellen Mustern. Es ist aber schwer, sie allein danach zu unterscheiden und bestimmten Stämmen zuzuordnen. Mehrere Exemplare, die im Katalog zur 1972 in Washington gezeigten Ausstellung »*Weavings of the Tribes in Afghanistan*« abgebildet sind, könnten ebensogut auf der russischen Seite der Grenze entstanden sein. Da gibt es Beschiren-Gebetsteppiche mit traditionellen Mustern, Ersaren-*Torbas* mit dem bekannten Zickzackmuster, eine Tschaudoren-Brücke, die von Stücken aus Turkmenien nicht zu unterscheiden ist, sowie Tekke- und Jomuten-*Juvals* mit herkömmlichem Muster, bei denen nur die Göls etwas kleiner sind und »verkrampfter« wirken. Ein sehr schönes Muster, das offensichtlich nur bei den afghanischen Kisil-Ajaks vorkommt, findet sich auf einem Gebetsteppich mit einer Darstellung der Moschee von Mekka. Einige sehr große afghanische Ersaren-*Juvals* sind reich mit Seide verziert und haben große gevierteilte Göls.

In jüngerer Zeit hat vor allem der Exporthandel dazu geführt, daß traditionelle Muster in den ungewöhnlichsten Farben hergestellt wurden. Zu Beginn unseres Jahrhunderts hat man z. B. für die USA bestimmte Teppiche mit Chemikalien behandelt, um die tiefen Rottöne in ein blasses Rosa zu verwandeln. Teilweise wurde das Rot auch auf Gold getrimmt; das Ergebnis nannte man dann im Handel »goldener Afghan«. Später verwendete man auch goldgelb gefärbte Wolle. In Persien begannen Jomuten Teppiche mit Tekke-Göl zu produzieren (in Afghanistan siedelten nur sehr wenige Jomuten). In Pakistan waren turkmenische Weber nie tätig, doch werden seit etwa 1947 in den Fabriken von Lahore und Karatschi minderwertige Teppiche mit turkmenischen Mustern angefertigt.

Belutschenteppiche

DIE STÄMME DER BELUTSCHEN UND IHRE TEPPICHE

Noch vor zehn Jahren hätte wohl kein Autor sehr viel Raum auf die Teppiche der Belutschen verwandt, denn in der Hierarchie der Teppiche, wenn es so etwas gäbe, standen diese damals auf der ganz untersten Stufe. Einer der Haupteinwände gegen die Arbeiten der Belutschen war die mangelnde Originalität ihrer Muster, die nichts anderes seien als ein Mischmasch aus persischen, türkischen, kaukasischen und turkmenischen Elementen. Auch hatten sie den Ruf, sehr grob gewebt zu sein, obwohl viele Stücke mehr als 1600 und manche sogar über 2400 Knoten pro Quadratdezimeter haben, was im Vergleich zu anderen Dorf- und Nomadenwebereien nicht gerade wenig ist. Trotzdem war es noch vor fünfzig Jahren keineswegs unüblich, daß Käufer von teuren persischen oder türkischen Teppichen einen Belutschenteppich als Gratis-Zugabe bekamen, da man ihm keinen bleibenden Wert beimaß.

Erst in jüngster Zeit, im Zuge einer intensiveren Auseinandersetzung mit turkmenischen und anderen Stammeserzeugnissen, wuchs auch das Interesse für die Produkte der Belutschen. Doch gilt bislang das Sammeln von Belutschenteppichen immer noch als ein Nebeneffekt des größeren Interesses für turkmenische Stücke, wie es schon zu Zeiten Bogolyobovs der Fall war. Zwei bedeutende Ausstellungen – »*Baluchi Rugs*«, 1974 von der International Hajji Baba Society in Washington abgehalten, und »*Rugs of the Wandering Baluchi*«, 1976 von David Black und Clive Loveless in London organisiert – hatten zusammen mit mehreren gemischten Ausstellungen über afghanische und turkmenische Arbeiten wesentlichen Anteil an der Aufwertung der Belutschenteppiche.

Die Herkunft der Belutschen ist wie bei so vielen Nomadenvölkern nur sehr schwer zu ermitteln. Man nimmt an, daß dieses indoarische Volk ursprünglich aus Arabien oder aus der Gegend des heutigen Irak stammt. Aus arabischen Überlieferungen wissen wir jedenfalls, daß sie etwa im 10. Jh. im südlichen Persien in der Umgebung von Kirman angesiedelt wurden. Die Eroberung Kirmans durch die Seldschuken im Jahre 1037 und die Invasion der Mongolen im frühen 13. Jh. vertrieben sie dann wahrscheinlich weiter nach Norden und Süden. Im 19. Jh. siedelten noch viele Belutschen in Südpersien und Afghanistan, im Gebiet von Sistan, von wo Nadir Schah ihre Übersiedelung nach Khorasan, in die Regionen Meshed, Torbat-e Heidariye und Torbat-e Dscham erzwang. Südlich der persisch-afghanischen Grenze schlossen die Belutschen sich schließlich zu der lockeren Föderation von Belutschistan zusammen, das heute ein Teil von Pakistan ist. Obwohl fast die Hälfte der gegenwärtig etwa zwei Millionen Belutschen heute in Belutschistan lebt, ist dieses Gebiet für die Teppichherstellung praktisch ohne Bedeutung. Es werden dort nur Kelims und ganz vereinzelt einige Knüpfteppiche von minderer Qualität produziert. Der Hauptmarkt für Belutschenerzeugnisse war und ist die Stadt Torbat-e Heidariye etwa 90 km südlich von Meshed.

Das Hauptherstellungsgebiet der Belutschenarbeiten erstreckt sich entlang der persisch-afghanischen Grenze von Sabsawar, Meshed und Saraks im Norden bis nach Sahedan, etwa 450 km weiter südlich. Im Norden, von wo die bekanntesten Exemplare kamen, liegen die Regionen Torbat-e Heidariye, Torbat-e Dscham, Neischabur und Saraks. Hier lebten verschiedene Belutschenstämme, von denen die besten Teppichknüpfer die Salar Khani (oder Said Mohammed Khani), die Ali Akbar Khani, die Khodada'i, die Husseinza'i und die Djanbeghi waren. In Saraks selbst lebten die Brahni und die Rahim Khani, letztere eine Splittergruppe der Salar Khani. In dieser Region und etwas weiter südöstlich in Afghanistan lebt noch ein anderes Nomadenvolk, das, ohne mit den Belutschen verwandt zu sein, Teppiche produzierte, die gewöhnlich diesen zugeschrieben werden. Es sind die Tshahar Aimaq (»Vier Völker«). Zu dieser ethnischen Gruppe gehören auch die Balhuri und die Timuri, die beide – vor allem die letzteren – Teppiche herstellten, die denjenigen der Belutschen sehr ähnlich waren. Weitere Belutschenstämme in der Gegend von Herat und weiter südlich sind die Dokhtar-e Ghazi und die Jakub-Khani. In Nordostpersien leben verschiedene Untergruppen der Timuri, Kurden und Araber, und in Afghanistan findet man Splitter der Hesoreh, Ghilsai und Timuri. Sie alle sind nicht mit den Belutschen verwandt, obwohl durch Heirat eine gewisse Vermischung stattgefunden hat.

Diese Stammesliste ist keineswegs erschöpfend. Es bleiben noch viele Fragen über die ethnische Zugehörigkeit bestimmter Gruppen offen. Die Badjiz im Nordwesten Afghanistans halten sich selbst für Angehörige der Belutschen. Sie waren jedoch ursprünglich wahrscheinlich Araber. Allerdings sind auch die Belutschen selbst vermutlich ebenfalls arabischen oder verwandten Ursprungs. Die Otak und die Shakza'i gehören zu dem afghanischen Volk der Pathanen. Sie weben nur Kelims. Die Bobakza'i in Adraskan, einem der großen Teppichzentren der Belutschen, sind offenbar ein Teil der Nunza'i, eines Teilstammes der antiken Durrani. Weitere Tshahar-Aimàq-Völker, wie die Taimani, Firuzkuhi und Djamshidi, leben ebenfalls in Afghanistan. Sie dürften türkischer oder persischer Abstammung sein. Daneben gibt es auch noch Stämme turkmenischen Ursprungs, wie die Karakalpaken, Jomuten und Ersaren, deren Webereien wir im vorangegangenen Kapitel besprochen haben. Es ist sehr schwer, die Arbeiten der Belutschen und der Tshahar Aimaq mit ihren Untergruppen zu identifizieren.

Die Belutschen webten ähnlich wie die Turkmenen vorwiegend Teppiche, die nicht länger als 3 m waren, sowie eine Vielzahl verschiedener Taschen. Sie lebten in zeltartigen Behausungen, die *Ghedan* oder *Toomun* genannt wurden und primitiver waren als die turkmenischen. In den 1844 in London erschienenen »*Narratives of Various Journeys in Balochistan, Afghanistan, the Panjab and Kalat etc.*« berichtet Charles Masson:

»Die Behausungen . . . bestehen aus langen, nach innen gebogenen Stäben, über die man grobe, meist schwarz gefärbte Kamelhaardecken breitet. Zum besseren Schutz gegen die Sonne sind sie west-östlich ausgerichtet. Die Anordnung im Inneren ist genauso schlicht wie das Äußere. Auf der einen Seite sind die Taschen mit Mehl und Korn und anderen Lebensmitteln aufgeschichtet und mit einem Teppich bedeckt. Darüber befindet sich, ordentlich gefaltet, der Bestand an Teppichen und Filz. Ihre Brotfladen, ihr Salz und ihr Mehl verwahren sie in gewebten Taschen.«

Masson hinterließ auch eine lange Beschreibung der Methoden, mit denen die Belutschen ihre Gewebe erzeugten:

»Die Schafwolle wird mit dünnen Ruten abwechselnd mit der linken, dann mit der rechten Hand so lange gewalkt, bis sie mürbe genug ist, um zu Filz oder sog. Namads verarbeitet zu werden. Sie wird auch zu Teppichen versponnen, die man mit Krapp, Indigo, Gelbwurz u. a. färbt. Alle diese Arbeiten werden innerhalb der Toomuns ausgeführt. Die abgefallenen Blätter der Apfelbäume werden im Herbst gesammelt und als gelber Farbstoff verwendet. Kamelhaar dient als Grundgewebe für die Teppiche. Darauf werden die Muster und Linien in Kammgarn gezogen. Kamelhaar wird auch für die groben schwarzen Zeltdecken und für verschiedene Tiergeschirre verwendet. Neben der Wolle dient das Kamelhaar auch zur Herstellung von Seilen und Stricken. Umhänge, die hier Schals genannt werden, sind aus denselben Materialien hergestellt. Sie sind von unterschiedlicher Feinheit und teilweise reich mit Rohseide oder verschiedenen Farben geschmückt.«

Die Herstellung lag hauptsächlich in den Händen von Frauen und Mädchen, wobei die Mädchen in der Zeit zwischen Verlobung und Hochzeit ihre eigene Aussteuer produzierten.

Trotz der Schwierigkeit, die einzelnen Typen der Belutschenweberei zu unterscheiden, läßt sich doch sagen, daß die schönsten Stücke – die ältesten erhaltenen Exemplare dürften nicht vor Mitte des 19. Jh. entstanden sein – aus Nordpersien, d. h. aus der Region Torbat-e Heidariye stammen. Ihre glänzende samtweiche Wolle gehört zu den charakteristischsten Eigenarten der Belutschenteppiche. Ihre Farben sind tiefdunkle Blau- und Rottöne, die mit Schwarz, Braun und ganz wenig Weiß abgesetzt sind. Die Enden bestehen meist aus breiten, brokatdurchwirkten Kelimstreifen.

FREMDEINFLÜSSE AUF DIE BELUTSCHENWEBEREI

Die Belutschen haben keine eigenen spezifischen Muster entwickelt, sieht man von dem großen Lebensbaummotiv ab, das sie auf ganz besondere Weise gestalten. So sind ihre Stücke auch am ehesten aufgrund der Wollqualität und der Farbkombination zu erkennen. Im allgemeinen werden ihre Arbeiten als dunkel bezeichnet, doch die schönsten Exemplare haben einen Farbenreichtum, der sich mit den besten Turkmenen durchaus vergleichen läßt.

Man nimmt an, daß jene Belutschenerzeugnisse, auf denen charakteristische Muster anderer Völker und Stämme zu sehen sind, von Belutschengruppen angefertigt wurden, die im Gebiet oder in der Nachbarschaft jener fremden Völker lebten. So zeigen etwa die Exemplare aus Torbat-e Heidariye häufig ein Muster, das persischen Vorbildern nachempfunden ist. Für die Bordüren sind meist ein Heratimuster oder kaukasische und türkische Motive übernommen worden. Eines der populärsten Muster ist die Zickzack-Bordüre.

Bei den Farben dürften vor allem die Turkmenen als Anreger gedient haben, aber auch ihre Muster bezogen die Belutschen weitgehend von turkmenischen Teppichen und Taschen. David Black und Clive Loveless zeigen in ihrem sehr schönen Ausstellungskatalog eine Taschendecke mit zwei betürmten Salorengöls. Der in diesem Buch abgebildete Teppich enthält auf der rechten Seite des Feldes ein merkwürdiges totem-ähnliches Motiv, das auch auf zahlreichen turkmenischen Stücken, insbesondere von den Afghan-Ersaren, zu finden ist. Die Taschendecke wird den Belutschen aus Saraks oder Merw zugeschrieben, die zwar nicht unbedingt mit Original-Salorenstücken in Berührung gekommen sein müssen, aber doch bestimmt mit deren Tekkeversionen, da die Tekke in der Gegend von Meshed südlich des Koppe-Dagh-Gebirges siedelten. Möglicherweise stammt das besagte Stück aber auch von den mit den Belutschen verwandten Rahim Khani oder Brahni.

BELUTSCHEN-GEBETSTEPPICHE

Innerhalb der Grenzen Afghanistans zog ein nomadisierender Belutschenstamm, den man lange für die Dokhtar-e Ghazi hielt, was heute wieder bezweifelt wird, zwischen Herat im Norden und Sistan im Süden umher. Die Weber dieses Stammes stellten eine ganz besondere Form des Gebetsteppichs her. Er hat eine kleine Mihrab, die links und rechts von zwei Schmuckpaneelen flankiert ist. Unterhalb der Mihrab befindet sich ein weiteres Paneel, das bisweilen aussieht wie ein Altar, auf dem die Mihrab steht. Über den Spandrillen schließlich befindet sich ein viertes Paneel, in dem drei Moscheen mit Kuppeln und Säulen dargestellt sind. Niemand weiß, woher dieses Muster ursprünglich kommt, doch wir erinnern uns, daß die Kisil-Ajak auf ihren Gebetsteppichen die Moschee von Mekka darstellten. Solche Stücke wurden in Afghanistan produziert, allerdings weiter östlich als, soweit man weiß, die Belutschen jemals gekommen sind. In seinem Buch *»The Turkoman Carpet«* zeigt O'Bannon u. a. einen Tekke-Afghan mit etwa demselben Aufbau wie die Belutschenstücke. Er bemerkt dazu, daß derartige Tekketeppiche mindestens vierzig Jahre lang hergestellt worden seien. Demnach wäre es sehr gut möglich, daß die Afghan-Turkmenen diese Idee von den Belutschen kopiert haben und nicht umgekehrt.

Rechte Seite: Meshed-Belutschenteppich aus ungewöhnlich feiner Wolle. Das Muster könnte von den Beschiren-Webereien übernommen sein. Mitte des 19. Jh. 180 × 132 cm.

175

Eine andere Art von Gebetsteppich, die ziemlich eindeutig den Dokhtar-e Ghazi zuge-schrieben werden kann, hat eine breite Mihrab mit langem, röhrenförmigem Bogen. Das ge-samte Feld der Mihrab sowie die Spandrillen sind mit einem engmaschigen floralen Gitter ausgefüllt, wie man es von einigen kaukasischen Gebetspichen, insbesondere von den Exemplaren aus Dagestan, kennt. Da jedoch auch diese Zuordnung nicht allgemein aner-kannt ist, werden diese Stücke im Handel allgemein unter dem traditionellen Namen Herat-Belutschen geführt.

MESHED-BELUTSCHEN

Ihren neuerdings guten Ruf haben die Belutschenweber wohl vor allem den sog. »Meshed-Belutschen« zu verdanken. Wie wir bereits festgestellt haben, sind solche Teppiche und Taschen vorwiegend in einer Kombination von Rot und Dunkelblau gearbeitet, wobei sich insbesondere die Taschen, die *Surmey* genannt werden, durch erstaunliche Dichte und Leuchtkraft auszeichnen. Zu den wohl schönsten Exemplaren gehört ein leider stark beschä-digter Teppich, der als Nr. 39 in der Black-Loveless-Ausstellung zu sehen war. Sein Feld in einem tiefen Indigo ist mit einem Gitter aus rot-weißen Stufenrauten überzogen, wobei die Rauten abwechselnd ausgemustert und nur konturiert sind. An den Überschneidungspunkten des Gitters befindet sich jeweils ein Malteserkreuz in Rot mit einem hohlen, weißen Quadrat in der Mitte. Die einzelnen Rauten sind mit einem großen Zentralmotiv, ähnlich dem »Taran-tel«-Muster, ausgefüllt, das aus zwei weißen Blüten und drei bis fünf winzigen Rehen besteht. In einer einzigen Raute ist eine ebenfalls winzige Menschenfigur abgebildet. Der innere Rand-streifen besteht aus einem braun-weißen Umkehrmuster aus rennenden Hunden, das auf vie-len Belutschenarbeiten zu sehen ist. In der stark beschädigten, breiten Bordüre wechseln zwei verschiedene Gölformen mit einer Art Tannenmuster ab. Der Flor ist hoch und seidig und fühlt sich fast an wie Kaschmirwolle.

DAS MINA-KHANI-MUSTER

Das *Mina-Khani*-Muster, von dem einige Elemente des oben beschriebenen Teppichs abge-leitet sind, ist auf zahlreichen persischen Stücken zu sehen. Es kommt in stark vereinfachter Form auch bei den Belutschen vor. Sein Name stammt nach einigen Quellen von einem gewis-sen Mina Khan aus Täbris, doch sollte man diesen Quellen vielleicht nicht zuviel Gewicht bei-messen. Das persische Mina Khani besteht abwechselnd aus zwei verschieden großen Palmet-ten, wobei die eine Palmettenform mit Arabesken-Ranken versehen ist, an deren Enden sich kleine Blüten befinden. Diese Ranken bilden über die ganze Länge des Feldes eine durchge-hende Schlangenlinie. Auf den Belutschenstücken ist dieses Muster stark stilisiert: Es bleiben nur noch Reihen mit eckigen floralen Formen und winzigen weißen Dreiecken übrig. Anstelle der freistehenden Palmette des persischen Mina Khani ist bei den Belutschen der Raum zwi-schen den »geometrischen« Blumen zu einem gölähnlichen Oktogon geworden. Man findet dieses Muster sowohl auf Teppichen als auch auf Taschendecken. Auf dem sehr schönen Frag-ment, das wir im vorigen Abschnitt beschrieben haben, ist der Gittereffekt, der in der persi-schen Vision nur leicht angedeutet ist, deutlich herausgearbeitet. Bei anderen Stücken (z.B. Black-Loveless, Nr. 30) besteht das Gitter abwechselnd aus dünn linierten Sechsecken und Rauten, wobei die Sechsecke mit großen, die Rauten mit kleinen floralen Motiven ausgemu-stert sind. Daneben enthält das Feld noch zwei Reihen mit weißen fünfblättrigen Blüten, deren Blütenblätter etwas eckig und unförmig wirken. Derartige weiße Blüten, die sich so auffallend vom dunklen Hintergrund abheben, sind typisch für Belutschenprodukte aus Nordostpersien. Bei einigen Stücken ist das Feld verhältnismäßig klein und wird von einer breiten, krapproten Bordüre umgeben.

Auf anderen frühen Stücken ist das Gitter enger und kleiner. Jede Raute enthält ein schematisiertes Motiv, etwa die »Tarantel« oder eine Blume, die bisweilen der europäischen Wappenlilie ähnelt wie bei dem hier abgebildeten Beispiel. Häufig wird das Gitter dadurch hervorgehoben, daß die einzelnen Motive in der Diagonale abwechselnd in hellem Rot und dunklem Braunrot gestaltet sind. Ein ebenfalls sehr beliebtes Motiv ist das hakenbesetzte ver-tikale Hexagon, das wie eine Kreuzung aus Skorpion- und Tannenmuster aussieht. Man fin-det es in der Bordüre, wie etwa auf dem Fragment, das wir oben erwähnt haben, und als durchgehendes Feldmuster. Meistens enthält das Sechseck ein kleines formalisiertes Lebens-baummotiv mit zehn Ästen. Bisweilen besteht das Feldmuster nur aus diesen großen Motiven, bisweilen aber auch gibt es daneben verstreute Blumen und andere Motive, z.B. die bekannten *Botehs*. In einigen Fällen sind eines oder mehrere Sechsecke weiß konturiert. Wahrscheinlich sind diese hexagonalen Formen von ähnlichen Mustern auf späten kaukasischen Teppichen übernommen, die ihrerseits von den Palmetten der Drachenteppiche abgeleitet sind. Innerhalb der Belutschenweberei findet man dieses Muster besonders auf den Arbeiten aus dem Tal von Adraskan in Afghanistan.

Auf den Teppichen aus dem nördlichen Persien ist Gelb nur sehr spärlich vertreten, denn für die Perser galt Gelb als die Farbe von Krankheit und Not. (Möglicherweise hat diese Bedeutung sich auf den Westen übertragen, denn in der Seefahrt signalisiert eine gelbe Flagge »Schiff in Quarantäne«.) Weiter im Süden in der Provinz Sistan dagegen ist gerade die reichliche Verwendung von Rotbraun und Ledergelb, verbunden mit einem schwarzbraunen Lebensbaummotiv, charakteristisch. Auf den gröber und lappiger gewebten Stücken aus Afghanistan herrscht ein auffälliges Rotbraun vor. Dieses Rotbraun ist besonders typisch für die Arbeiten der Timuri, die die Muster der Belutschen weitgehend übernahmen. Wahrscheinlich hatten die Timuri gar keine eigenständige, von den Belutschen unabhängige Teppichtradition. Ihre Arbeiten sind fast nur zweifarbig, in Rotbraun und einem etwas helleren Blau, als man es auf den nordpersischen Belutschenstücken findet; bisweilen wird ein wenig Weiß verwendet. Allerdings produzierten die Timuri auch einige größere Teppiche als die Belutschen, die jedoch selten mehr als 4,2 m Länge erreichten. Die größten Stücke wurden gewöhnlich in zwei vertikalen Streifen gewebt.

Belutschen-Gebetsteppich, wahrscheinlich aus Sistan in Südostpersien, frühes 20.Jh. 119,5 × 76 cm.

DIE LEBENSBAUMTEPPICHE DER BELUTSCHEN

Eine der am leichtesten zu erkennenden Formen der Belutschenweberei ist der Lebensbaum-Gebetsteppich, der in allen größeren Belutschenzentren in Persien und Afghanistan hergestellt wird. Sein Muster ist relativ gleichförmig. Die Bordüre besteht aus bis zu zwölf schmalen Streifen. Die Mihrab hat acht Seiten und ein quadratisches Kopfteil. In den Spandrillen zu beiden Seiten des »Bogens« befinden sich quadratische oder rechteckige Paneele in derselben Farbe wie das Feld der Mihrab. Das Feld enthält ein bis vier Bäume, deren Äste rechtwinklig oder im Winkel von 45 Grad vom Stamm abstehen. Die gebündelten Blätter sind ahornartig. Die Farben der Bordüren, Spandrillen- und Feldmuster bewegen sich vorwiegend zwischen dunklen Brauntönen, Grün, Aubergine und vereinzelt Weiß. Der Fond des Feldes und der Spandrillenquadrate ist in naturfarbenem Kamelhaar belassen. Der Stamm des Baumes kann bis in die Spitze der Mihrab hinaufreichen. Bisweilen aber ist der Mihrabbogen auch mit einem geometrischen Motiv ausgefüllt, das manchmal am Fuße der Mihrab und in den Spandrillen wiederholt ist. Erwartungsgemäß zeigen die Gebetsteppiche dieses Typs aus Sistan und Afghanistan hellere und leuchtendere Farben als diejenigen aus Nordpersien. In den Bordüren wird z.B. auch mehr Braunrot, Blau und Weiß verwendet. Hinzufügen sollte man, daß das Lebensbaummotiv nicht nur auf Gebetsteppichen vorkommt, sondern auch auf kleinen weltlichen Stücken zu finden ist.

SONSTIGE BELUTSCHENERZEUGNISSE

Ebenso wie die Turkmenen produzierten auch die Belutschen alle möglichen Gegenstände für verschiedene Verwendungszwecke. Besonders interessant ist der sog. *Soffreh*-Teppich, dessen Name auf das türkische Wort *sofra* (Eßtisch) zurückgeht. Fast alle diese Stücke sind etwa 1,20 m × 1,20 m groß. Ihre Bordüren sind geknüpft; das Feld besteht aus einfarbigem Kelim und ist mit einzelnen Blüten und einer Zickzackumrandung in Brokat verziert. Wie der Name schon sagt, dienten diese Stücke als Tischersatz, der jedoch nur für besonders geschätzte Gäste hervorgeholt wurde. In einer ähnlichen Mischtechnik waren übrigens auch die Hochzeitsteppiche *(Jahizi)* gearbeitet.

Daneben stellten die Belutschen auch Tiergeschirre, Gewehrfutterale, doppelte Satteltaschen, einzelne Taschen, Salzbehälter, lange Taschen, die als Kissen verwendet wurden, u. a. her. Anscheinend aber fertigten sie keine Stücke von der Größe der turkmenischen Juvals an. Die Muster dieser Stücke sind genauso reichhaltig wie bei den Teppichen. Ihre Farben sind überwiegend dunkel: Rot, Aubergine, Grün, Braun, Blau und Schwarz, bisweilen auch Weiß. Seide verwendeten die Belutschen nur sehr selten. Nur gelegentlich sind kleine Abschnitte von einem einzigen Knoten bis zu einem halben Dutzend in diesem Material zu finden, meist in den Farben Blaßgrün, Hellrosa oder Weiß. Sehr verbreitet sind in Reihen angeordnete geometrische Blumenmotive und andere Muster, die von Turkmenen und Persern oder auch von anderen Nomadenvölkern wie Kurden und Gashgai übernommen sind. Obwohl die zunehmende Kommerzialisierung die Muster nivellierte, die Politik das Nomadenleben weitgehend zerstörte und die Wissenschaft immer mehr chemische Farbstoffe einführte, produzieren die Belutschen auch in jüngerer Zeit teilweise noch erstaunlich hochwertige Waren, die den dunkel glänzenden Farbkombinationen der früheren Stücke in nichts nachstehen. Die schön gemusterten Kelim-Enden allerdings sind verschwunden und durch Wollfransen ersetzt worden, die in den verschiedenen Farben des eigentlichen Teppichs gefärbt sind.

Belutschen-Gebetsteppich mit typischem Lebensbaum-Motiv im Inneren der Mihrab, spätes 19.Jh. 152,5 × 86 cm.

Moderner »schwarzer« Belutsche mit einem Muster aus verbundenen Rauten, das möglicherweise den Beschiren-Webereien nachempfunden ist. 231,5 × 144,5 cm.

URSPRÜNGE DER BELUTSCHENMUSTER

Wir sollten unser Kapitel über die Belutschenwebereien nicht beenden, ohne noch ein Wort über die Herkunft ihrer Muster zu sagen. Wie bereits mehrfach erwähnt, sind viele dieser Muster von anderen Stämmen übernommen. Die charakteristischen Farben der Belutschen und ihre typische Vereinfachung der entliehenen Motive jedoch verhindern, daß man die Arbeiten der Belutschen etwa mit den Stücken der Turkmenen, Gashgai, Kaukasier oder Kurden verwechseln kann. Das einzige echte Belutschenmotiv ist zweifellos der Lebensbaum in seiner besonderen Form der Wiedergabe. Zu dessen ursprünglicher Bedeutung schreibt Noel Hobbs in einem Beitrag zum Black-Loveless-Katalog, das Wort Belutschen käme vom persischen *baloc*, was soviel wie Hahnenkamm oder Helmschmuck bedeute. Es wäre demnach durchaus möglich, daß viele der am häufigsten verwendeten Belutschenmotive ebenso wie die turkmenischen ursprünglich ein Klanzeichen waren, das ähnlich wie die *Taingas* oder Brandzeichen der Kühe und Schafe die Herkunft oder den Besitzer anzeigte.

Im 19. Jh. begannen solche Symbole der Eigenständigkeit durch Krieg, Vertreibung und Zerstörung der herkömmlichen Stammesstrukturen zu verschwinden oder sie verschmolzen und vermischten sich mit anderen Stammeszeichen (ebenso wie bei den turkmenischen Göls). Einzig in den offensichtlichen Unterschieden zwischen den Produkten aus Nordpersien, Südpersien und Afghanistan sind noch gewisse Reste der Eigenart der verschiedenen Gruppen zu erkennen. Ebenfalls in dem Katalog von Black und Loveless schreibt Jon Thompson, daß gewisse Belutschenmotive, insbesondere das stark formalisierte »Tier-und-Baum«-Muster, das innerhalb der Göls einiger Taschen zu finden ist, und auch das Lebensbaummotiv möglicherweise auf schamanische Totems aus vorislamischer Zeit zurückzuführen seien.

Teppiche aus dem Fernen Osten

Mongolei und Ostturkistan

Ostturkistan erstreckt sich von Samarkand im Westen bis weit jenseits von Khotan über 1600 km nach Osten. Die wichtigsten Städte sind Samarkand, Taschkent, Yarkand, Kaschghar und Khotan. Samarkand liegt heute in der Sowjetrepublik Usbekistan, Taschkent, die Hauptstadt Usbekistans, nahe der Grenze zu Kasachstan und Kirgisien, die anderen drei Städte in der riesigen westchinesischen Provinz Sinkiang, die auch Chinesisch-Turkistan genannt wird. Der Teil von Sinkiang, in dem Yarkand, Kaschghar und Khotan gelegen sind, wird als Tarimbecken bezeichnet. Das Gebiet ist erst seit dem 18. Jh. in das Chinesische Reich integriert. Es lag an der Route der Großen Seidenstraße und gehörte zu den ersten Gebieten außerhalb des eigentlichen China, in denen die Seidenraupe gezüchtet wurde.

Bis zu seiner Eroberung durch die Chinesen war das Land jahrhundertelang von sehr verschiedenen politischen, religiösen und kulturellen Einflüssen beherrscht gewesen. In den ersten Jahrhunderten unserer Zeitrechnung wirkte sich sogar der griechisch-römische Stil bis hierhin aus, wie wir von zahlreichen Freskenfragmenten und anderen Ausgrabungsgegenständen wissen. Geographisch bildet das Tarimbecken den Mittelpunkt der eurasischen Landmasse: Die Stadt Khotan ist fast gleich weit von London und Tokio entfernt. Deshalb war dieses zentralasiatische Gebiet im ersten nachchristlichen Jahrtausend Kreuzungspunkt für die Einflüsse aus der Türkei und aus Persien im Westen, aus Indien im Süden und aus der Mongolei und aus China im Norden und Osten.

Ausgrabungen von Sir Aurel Stein und anderen Archäologen in den ersten Jahrzehnten des 20. Jh. erbrachten den Beweis, daß man in diesem Gebiet seit dem 4. Jh. n. Chr. vorwiegend das Tocharische, eine der indoarischen Gruppe zugehörige Sprache, gesprochen hat. Merkwürdigerweise gehört das Tocharische zur Familie der Kentum-Sprachen, die man früher für rein westindogermanisch gehalten hatte. Die Benutzer der tocharischen Sprache müssen bis etwa 1500 km östlich von Khotan, in der heutigen Provinz Kansu, gelebt haben. Die dort von Aurel Stein entdeckten Fresken könnten genausogut in Italien oder Alexandria entstanden sein.

In den frühen Jahrhunderten der christlichen Zeitrechnung erstreckte sich das Reich von Kushan von den Ostgrenzen Persiens über das heutige Nordpakistan bis nach Nordwestin-

Das Innere einer silbernen Schale aus Samarkand zeigt starken indo-persischen Einfluß. 15. Jh. Victoria and Albert Museum, London.

dien; die südlichen Teile des heutigen sowjetischen Zentralasien und Afghanistan gehörten ebenfalls zu Kushan. In diesem Großreich verschmolzen die buddhistische Kunst Indiens und die griechisch-römische Kunst aus dem Westen zur sog. Gandhara-Kunst, die sich weiter nach Osten ausbreitete und deren Einfluß auch in China deutlich spürbar wurde. Unter den vielen im Tarimbecken ausgegrabenen Funden aus dem 3. bis 9. Jh. befanden sich auch die Fragmente einiger vom Gandhara-Stil geprägten Knüpfteppiche. Sie waren bis zur Entdeckung des Pazyryk-Teppichs die ältesten bekannten Beispiele der Knüpfkunst.

In jener frühen Periode reichten die religiösen Einflüsse im Tarimbecken vom Manichäismus, der häretischen Sekte des in Persien damals geächteten Zarathustra-Kultes, dem nestorianischen Christentum und dem Buddhismus bis zum Schamanismus der Nomadenstämme. Durch den Einfall der Weißen Hunnen wurde das Gebiet gegen Ende des 4. Jh. dem Kushan-Reich entrissen. Um die Mitte des 6. Jh. gelangte es unter die Herrschaft der Türken. Im 7. Jh. regierten für kurze Zeit die chinesischen T'ang-Kaiser, im 8. Jh. die Tibeter. Im 12. und 13. Jh. wurde das Land ein Teil des Reiches der Kankatai, eines Mongolenvolkes, und gelangte danach in die Hände Tschingis Khans. Schließlich wurde es von den Tschagatai erobert, die ihren Namen von einem der Söhne Tschingis Khans herleiteten. Diese Mongolen hingen damals noch dem Schamanenglauben an und ließen sich erst im 14. Jh. zum Islam bekehren.

Im westlichen Teil des Tarimbeckens blieben türkische Einflüsse vorherrschend. Seit dem 11. Jh. war das Gebiet um Kaschghar ein bedeutendes Zentrum der türkischen Kultur. Die am weitesten verbreitete Sprache war das Osttürkische der Uiguren aus Kotsho. Unter dem Einfluß der Türken begann im 10. Jh. die Ausbreitung des Islam. Die nördlichen Stämme des Tschagatai-Reiches, das zum größten Teil nördlich des Gebirges Tien Schan lag, huldigten weiter dem Schamanismus. Nur die in den Süden, in das Tarimbecken ziehenden Stämme traten zum Islam über. Nach dem Einfall der Nachfolger Timurs im frühen 15. Jh. war das Reich der Tschagatai nur noch eine Provinz. Doch schon um die Mitte des gleichen Jahrhunderts unterhielten zwei seiner Regenten, Essen Buka II. und Yunus, enge Kontakte zu den größeren Städten im Osten des persisch-timuridischen Reiches, z. B. nach Buchara und Samarkand. Vor allem Yunus hegte eine besondere Vorliebe für die timuridische Kultur. Kaschghar wurde damals zum Zentrum der kulturellen Verbindung zwischen Timuriden und Tschagatai.

In der zweiten Hälfte des 17. Jh. wurden die Tschagataiherrscher von den mongolischen Oiraten vertrieben, die abwechselnd Kaschghar, Yarkand und Aqsu zu ihrer Hauptstadt machten. 1759 eroberten die Chinesen das Gebiet von Kaschghar. Im 19. Jh. errichtete der turkmenische Söldner Jakub Beg noch einmal für kurze Zeit ein eigenes Reich, doch seine Herrschaft währte nur von 1865 bis 1877. Danach eroberten die Chinesen das Gebiet mit Unterstützung der Briten wieder zurück. Die Briten fürchteten die russische Expansion und waren bestrebt, ihre indische Grenze dadurch zu sichern, daß sie die chinesischen Armeen, die ihnen damals weitgehend zur Verfügung standen, unterstützten.

FRÜHE TEPPICHE

Wie wir in der historischen Einleitung unseres Kapitels über die orientalischen Teppiche schon gesagt haben, ist die Tatsache, daß die frühesten Beispiele geknüpfter Teppiche in Zentralasien im Gebiet der Mongolei gefunden wurden, vielleicht ein Hinweis dafür, daß diese Kunst hier ihren Ursprung genommen hat und von den mongolischen Stämmen entwickelt wurde, die während mindestens 1500 Jahren große Teile von West- und Mittelasien beherrschten. Dort wurde auch die Bedeutung und die mögliche Herkunft des Pazyryk-Teppichs besprochen, der freilich durch Jahrhunderte von den im nördlichen Tarimbecken bei Loulan ausgegrabenen Fragmenten – sie wurden von Sir Aurel Stein 1928 veröffentlicht – getrennt ist. Mit Ausnahme eines Stückes sind diese Fragmente jedoch nicht im eigentlichen Sinne Knüpfteppiche. Sie sind vielmehr mit in Schußrichtung verlaufenden unaufgeschnittenen Schlingen gearbeitet. Das geknüpfte Fragment wird in das 2. oder 3. Jh. n. Chr. datiert. Es läßt ebenso wie die Schlingenteppiche vermuten, daß stilisierte florale und geometrische Motive schon damals charakteristische Muster waren. Seine Farben sind Schwarz, Naturweiß, Rot, Pink, Hellbraun, Gelb und ein leuchtendes Blau auf rosafarbenem Grund. Der Flor ist mit ein bis zwei Zentimetern Länge ungewöhnlich hoch, ähnlich wie bei den sehr viel später entstandenen Khotan-Teppichen und bei einigen kaukasischen Stücken, die z. T. erstaunliche Parallelen zu ostturkistanischen Arbeiten aus den letzten hundert Jahren aufweisen.

Loulan war ein Posten an der Haupthandelsstraße nach China. Einige Experten meinen, die von Stein ausgegrabenen Fragmente seien eher der chinesischen Kultur zuzuschreiben als dem ständig sich wandelnden Völkergemisch des Tarimbeckens. Andere Fachleute dagegen wiesen nach Folke Bergmann darauf hin, daß man in China zur damaligen Zeit weder die Schlingenweberei noch die Teppichknüpfkunst gekannt habe. Die ersten Teppichdarstellungen in der chinesischen Kunst tauchen während der Sung-Periode (960–1279) auf. Es ist jedoch auffallend, daß die abgebildeten Teppiche – höchstwahrscheinlich waren es Knüpfteppiche – eher mongolische als chinesische Erzeugnisse zu sein scheinen. Ein Grund dafür mag sein, daß für die Chinesen Wolle als ein »barbarisches« Material galt.

Die Welt der Teppiche ist voller Widersprüche: Nach einer ziemlich schwer verständlichen Äußerung von Dimand »sind die Ethnologen sich einig, daß den Mongolen traditionell ein Interesse an der Weberei fehlt«. Dimand fährt fort: »Die Städte Mittelasiens und Persiens waren für ihre Stoffe und Teppiche berühmt, lange bevor die Mongolen über sie hereinbrachen.« Damit meint er offenbar die Mongolenfeldzüge des 13. und 14. Jh., doch hat nie jemand behauptet, daß diese Eroberungen entscheidend dafür gewesen seien, daß die Teppichknüpfkunst aus dem Fernen Osten in den Westen gelangt sei.

Schon weit über tausend Jahre zuvor, zur Entstehungszeit des Pazyryk, waren Mongolenvölker nach Westen gezogen und hatten sich in Zentralasien und Anatolien festgesetzt. Es wäre denkbar, daß diese Völker weit von ihrer ursprünglichen Heimat entfernt Teppiche webten und das Handwerk dann in den Osten brachten. Eine solche Hypothese widerspräche jedoch allen Gesetzen der Logik. Daß Motive und Muster in den Osten gebracht wurden, ist unbestreitbar, doch scheint es mehr als unwahrscheinlich, daß die Kunst selbst diesen Weg genommen hat. Sowohl der Stil als auch die Fundorte des Pazyryk und der Stein-Fragmente sprechen deutlich für die Mongolei als Urheimat des Teppichwebens, zumal die bislang ältesten greifbaren Beweise für eine Teppichherstellung im Westen lange nicht so weit zurückreichen wie diese. Die ersten Nachweise für in China hergestellte Teppiche stammen übrigens aus den Jahren der mongolischen Yüan-Dynastie (1206 bzw. 1279–1368).

Eine anschauliche Darstellung mongolischer Teppiche aus früher Zeit bieten die oben bereits erwähnten Sung-Malereien. Dimand selbst hat auf die Existenz dieser Bilder hingewiesen, deren bedeutendstes, ein Exemplar aus dem 13. Jh., sich in der Sammlung des Nationalpalastes in Taiwan befindet. Wie auch alle übrigen zeigt es die in die Mongolei verschleppte Dame Wen-Tschi, die mit einem mongolischen Stammesfürsten verheiratet wurde und zwölf Jahre mit ihm lebte. Auf dem Gemälde in Taiwan sieht man Wen-Tschi und ihren Gemahl mit gekreuzten Beinen auf einem etwa 2,4 m langen Teppich sitzen. Das Feld dieses Teppichs ist rot und enthält ein quadratisches Medaillon mit einer Mittelraute. Im Inneren dieser Raute befindet sich ein chinesisch inspiriertes Kreuzmotiv. Die Enden bestehen aus einer Fransenleiste, und es handelt sich mit ziemlicher Sicherheit um einen Knüpfteppich. Aus diesem und anderen Stücken mit durchgehendem Feldmuster oder mit in geometrische Abschnitte eingeteilten Feldern mit schematischen Motiven, wie sie auf einigen Rollbildern in einer New Yorker Privatsammlung zu erkennen sind, ergibt sich, daß das Teppichknüpfen in der Mongolei spätestens seit dem 12. Jh. eine hochentwickelte Kunstform war.

Dimand weist darauf hin, daß die geometrischen Muster ziemlich genau denjenigen entsprechen, die auf späteren Seldschukenteppichen verwendet wurden und auf italienischen Gemälden des 14. und 15. Jh. abgebildet sind (zwei Fresken in Assisi aus dem 14. Jh. sind in Erdmanns »*Orientalische Teppiche*«, Nr. 17 und 18, reproduziert). Nach Ansicht des Orientalisten Otto Kümmel wurde im Jahre 1262 in Karakorum, der einstigen mongolischen Hauptstadt Tschingis Khans, eine Teppichmanufaktur errichtet, die für den kaiserlichen Hof in Peking Teppiche herstellte. Wenn das zutrifft, handelt es sich bei dieser Manufaktur um die erste bekannte Einrichtung ihrer Art. Als sie gegründet wurde, war Karakorum jedoch schon nicht mehr die Hauptstadt der Mongolei, denn Kublai Khan (1260–1294) verlegte seinen Sitz nach Kai-pin-fu, nicht weit von Peking.

OSTTURKISTANISCHE TEPPICHE AUS DEM 17. BIS 19. JAHRHUNDERT

Die meisten erhaltenen Teppiche aus Ostturkistan stammen aus dem späten 18., frühen 19. und aus dem 20. Jh. Daneben jedoch existiert noch eine ganze Reihe von Teppichen aus dem frühen 18., vielleicht sogar dem späten 17. Jh. Bevor wir diese näher beschreiben, sollten wir auf einige Besonderheiten in der Nomenklatur der ostturkistanischen Weberei eingehen.

In dem 1928 in England veröffentlichten Buch »*Buried Treasures of Chinese Turkestan*« schrieb Albert von le Coq über die vielen Teppiche »mit schönen Mustern, die als *Samarkands* bekannt sind«. Chinesische Händler bezeichneten ostturkistanische Teppiche als *Kansus*. Beide Namen bezogen sich jedoch auf die Handelsstadt und nicht auf den Herstellungsort. Im Westen waren Teppiche mit einem durchgehenden Muster aus Granatapfel-Motiven und einem Rankengitter als Kaschghar bekannt, obwohl sie tatsächlich in Khotan, möglicherweise auch in Yarkand hergestellt wurden. Nach den Darlegungen von H. A. Lorentz in »*Chinesische Teppiche*« galt bei den chinesischen Händlern die Bezeichnung Kansu als Artname für sämtliche Teppiche aus Ostturkistan, während sie andererseits nur die Stücke

Seidenteppich mit
Granatapfelmuster und
Dreiblattbordüre. Aus Yarkand
oder Khotan, Mitte des 19. Jh.
363 × 193 cm.

mit ovalen Medaillons für *echte* Kansu-Erzeugnisse hielten. Natürlich kann man das Urteil dieser Händler, die den Produktionsstätten vergleichsweise nahe waren, nicht völlig außer acht lassen. Andererseits gibt es keine Beweise, daß diese Stücke ausschließlich – wenn überhaupt – in Kansu hergestellt wurden. Es scheint im Gegenteil so, als seien sie weiter westlich entstanden. Sicher wissen wir, daß die im Westen als Samarkands bekannten Teppiche nicht in Samarkand angefertigt worden sind.

Bis vor nicht allzulanger Zeit wurden die Teppiche aus Ostturkistan in Europa und den Vereinigten Staaten mit ziemlicher Geringschätzung betrachtet. Darin dürfte auch der Grund dafür zu suchen sein, weshalb sie, verglichen mit den persischen, türkischen, kaukasischen und turkmenischen Stücken, relativ selten sind. Ein Beispiel für die abschätzige Haltung westlicher Händler findet man in dem Buch des Amerikaners Charles W. Jacobsen »*Oriental Rugs, A Complete Guide*«, einem nützlichen, aber nicht immer zuverlässigen Werk. Über die Kaschghars schreibt er: »... sind nicht erhältlich ... der Teppich ist zu unbekannt und unbedeutend, um ihn überhaupt zu erwähnen ... es handelt sich dabei um sehr grob gewebte, minderwertige Ware«, und über die Samarkands: »für jemand, der einen Bodenbelag wünscht, ist dieser Name uninteressant ... was die antiken Samarkands, mit wenigen Ausnahmen, betrifft, so gibt es wenig, das für sie spräche ... sehr grobe, dürftige ... drittklassige Teppiche«. Dies sind keineswegs Ansichten von vor fünfzig Jahren; sämtliche Zitate stammen aus der neuesten Auflage dieses Buches von 1972.

Noch heute werden selbst die besten ostturkistanischen Teppiche zu vergleichsweise niedrigen Preisen gehandelt. 1976 fand ein sehr schöner, wenn auch abgetretener blauer Seiden-Khotan mit rotem Granatspalier aus dem späten 18./frühen 19. Jh. bei Christie's in London für 4200 Pfund keinen Käufer. Das Zwillingsstück dazu befindet sich im Metropolitan Museum und ist farbig in Dimands Katalog abgebildet. Ebenfalls 1976, anläßlich des Akeret-Verkaufs bei Sotheby's, erzielte ein schöner rostroter Woll-Khotan mit Medaillon und floralen Motiven aus dem 19. Jh. nur einen Preis von 1650 Pfund. Der bisher höchste Preis, den ein Teppich aus Ostturkistan je auf einer Auktion erreichte, sind die 3900 Pfund, die im Oktober 1976 bei Lefèvre für einen gelben Woll-Khotan mit achtblättrigen Medaillons und Blütenzweigen aus dem frühen 19. Jh. gezahlt wurden. Für gute, doch keineswegs überdurchschnittliche Jomuten-, Tekke-, Saryken- und Salorenteppiche werden beträchtlich höhere Preise gezahlt. Noch erheblich teurer sind selbst neuere persische Seidenteppiche.

In seinem Buch »*Zentralasiatische Teppiche*« äußert Ulrich Schürmann die sehr bemerkenswerte Ansicht, daß die ältesten Beispiele ostturkistanischer Weberei, abgesehen von den antiken Stein-Fragmenten, die Fragmente jenes großen Teppichs seien, der sich einst im Chihil-Sultan-Kiosk zu Isfahan befand. Wir erinnern uns jedoch aus dem Kapitel über Teppiche der Moguldynastie, daß die meisten Experten dieses Stück für eine indische Arbeit halten, über die Sir Cecil Smith im Jahre 1887 schrieb, sie sei »auf dem Rücken zweier Elephanten aus fernen Landen« nach Isfahan gebracht worden.

Den Fond dieses Teppichs muß einst ein kräftiges Karmesinrot gebildet haben, obwohl die Wolle des Flors inzwischen weitgehend abgetreten ist. Das Feldmuster besteht aus einem linearen Gitter in Gelb, das von grünen Ranken und lanzenförmigen Blättern umsponnen ist. Die Ranken scheinen aus kleinen vasenähnlichen Gebilden emporzuwachsen. Sie münden in runde fazettierte Scheiben, die Schürmann für Granatäpfel hält, die jedoch in ihrem Gelb und Braun eher aussehen wie das Innere von Sonnenblumen oder Chrysanthemen. Ähnlich ist das Muster der Hauptbordüre. Die zwei Randstreifen zu beiden Seiten enthalten Weinlaubranken mit realistischen Blüten. Schürmann meint dazu, dieses Muster komme auf keinen Fall aus Indien, und es könne sich fraglos auch nicht um eine indische Kopie eines persischen Musters handeln. Andererseits ist dieses Muster aber auch nur ganz entfernt mit den frühesten Arbeiten aus Ostturkistan zu vergleichen. Die stilistische Ähnlichkeit mit dem großen Kevorkian-Teppich, den wir im Zusammenhang mit dem Chihil-Sultan-Stück erwähnt haben, ist dagegen unverkennbar. Die Farbe des Feldes schließlich ist für einen Teppich aus Ostturkistan äußerst ungewöhnlich, was auch Schürmann selbst feststellte. So dürfte dieses vorzügliche, leider nicht mehr vollständige Stück trotz aller Einwände doch am ehesten den Mogulteppichen zuzurechnen sein.

Die Regionen Kaschghar, Yarkand und Khotan waren schon zur Zeit der T'ang-Dynastie für ihre Teppiche berühmt. Der buddhistische Mönch Hieun Tsiang schrieb damals über Kaschghar: »Sie exportieren feine Wollstoffe und weben schöne Teppiche.« Ähnliches wußte er über Khotan zu berichten, wobei er seine Aufzählung um »fein gewirkte Seidenstoffe« erweiterte. Im übrigen ist man sich in der Literatur zu diesem Thema einig, daß die Produkte aus Khotan und Kaschghar nicht mit absoluter Sicherheit zu unterscheiden sind. Einzig die Erzeugnisse aus Yarkand sind nach Schürmann daran zu erkennen, daß bei ihnen die Kettfä-

Links: Teppich aus Khotan mit dunkelrostrotem Feld, blauweißem Granatapfelmuster und Yün-Tsai-T'uo-*Bordüre, 19. Jh. 384 × 193 cm.*
Rechts: Seiden-Khotan mit auberginefarbenem Feld und einem System aus einzelnen Granatäpfeln, 19. Jh. 211 × 140 cm.

den schräg zueinander verlaufen und daß ihre Schußfäden aus blau gefärbter Baumwolle bestehen.

Übereinstimmend dem Herkunftsort Khotan schreiben neuere Experten einen recht ungewöhnlichen Teppichtyp zu, bei dem das Muster entweder in Wolle oder in Seide mit Goldverbrämung auf ein dunkelblaues Feld gezeichnet ist. Das Muster besteht aus einem eckigen Rankensystem mit grünen Blättern, in das sich vogel- und insektenähnliche Motive und bis zur Unkenntlichkeit schematisierte Versionen des »Drachen-und-Phönix«-Kampfes einfügen. In ähnlichem Stil sind die breiten Bordüren gehalten, deren Muster sich aus Arabesken, grünen Blättern und Blüten zusammensetzt. Ein komplettes Exemplar dieses Typs in Seide mit fortlaufender T-Bordüre, das von Schürmann irrtümlich als Fragment bezeichnet wurde, befindet sich im Victoria and Albert Museum. Im Museum für Kunsthandwerk in Frankfurt ist das fragmentarische Feld eines Wollteppichs zu sehen.

Schürmann veröffentlichte einen kleinen (95 × 120 cm) gelben Seidenteppich mit abgerundeten Ecken aus dem Victoria and Albert Museum und bezeichnete ihn als »17. Jh./ Kaschghar«. Ein sehr ähnliches, vielleicht noch etwas feiner gewebtes Exemplar befindet sich im Metropolitan Museum. Es wird zusammen mit einem weiteren in Farbe und Muster ebenfalls ähnlichen Stück, dessen oberes Ende jedoch zu einer Art Stufengiebel geformt ist, von Dimand als »19. Jh./Khotan« eingeordnet. Bei diesen Teppichen handelte es sich um Thronverkleidungen. Dimand rechtfertigt die späte Datierung mit dem Hinweis auf die Eckigkeit des Arabeskenmusters und auf die Farben, in denen er den ungeschickten, fast mißlungenen Versuch sieht, den Stil der Kienlung-(Ch'ien-Lung-)Periode (1736–1796) nachzuahmen. Manchem mag diese Kritik an den ostturkistanischen Stücken vielleicht ein wenig zu herb erscheinen, doch um seine Vermutung zu erhärten, veröffentlicht Dimand ein besticktes Seidenkissen aus der Regierungszeit des Kaisers Kienlung, das kaum einen Zweifel über den Ursprung der Muster dieser ostturkistanischen Arbeiten zuläßt.

Weniger sicher ist die Frage nach der Herkunft zu beantworten. Offensichtlich ist Dimand der Ansicht, sämtliche Seidenstücke stammten aus Khotan, eine sehr zweifelhafte These, die nicht so leicht zu erhärten sein dürfte. Es ist allerdings korrekt, wenn Dimand darauf hinweist, daß eine andere Gruppe mit sehr zierlichem durchgehendem Gitter und einem

Spalier aus Stämmen und Blüten traditionell als »Khotan« angesprochen wird. Ähnlich wie bei den sog. Polen-Teppichen sind bei diesen Stücken die dekorativen Elemente häufig in pastellfarbener Seide auf ein mit Gold- oder Silberfäden glatt gewebtes Feld geknüpft. Im Metropolitan Museum (Katalog-Nr. 230) befindet sich ein Exemplar aus dem 18. Jh. Sein Muster hat große Ähnlichkeit mit einem in Wolle, Gelb auf hellblauem Feld, gearbeiteten Stück im Victoria and Albert Museum und mit dem Seidenteppich in Grün, Blau und Orange auf hellgrauem Grund aus der Sammlung French & Company, das bei Schürmann (Tafel 74) abgebildet ist. Schürmann datiert die beiden letztgenannten Stücke ins 19. Jh. Wahrscheinlich sind sie tatsächlich später entstanden als das Metropolitan-Stück. Er bezeichnet sie als Kaschghars. In diese Gruppe wäre auch der ebenfalls bei Schürmann (Tafel 72) abgebildete Seidenteppich in Braun und Pink einzureihen. Er verfügt über ein sehr feines Vierblatt-Gitter. Der deutsche Händler Peter Bausback zeigt in seinem Katalog »*Antike Meisterstücke Orientalischer Knüpfkunst*« (1975, S. 356) einen Seidenbrokatteppich mit goldenem Feld und silberner Bordüre, der dem Stück im Metropolitan Museum sehr ähnlich ist, und beschreibt ihn als »spätes 18. Jh./Khotan«.

Zu der ersten von uns beschriebenen Gruppe, zu der auch die Throndecken gehörten, wären noch folgende Stücke zu zählen: das gelbgrundige Seidenfragment mit eckiger Arabeske und realistischen Päonienblüten in Hellblau und Rot im Washingtoner Textilmuseum, das Fragment einer Bordüre im Metropolitan Museum und ein Seidenteppich mit derselben Bordüre wie das Metropolitan-Fragment im Nationalmuseum in Stockholm. Auf diesen Stücken treten die Motive stärker hervor und wirken nicht so verkrampft wie auf den Throndecken, so daß man sie wohl etwas früher einordnen muß.

Ebenfalls verwandt mit dieser Gruppe sind eine ganze Reihe von *Saphs*, die teilweise ganz in Seide, teilweise in Seide und Metallbrokat und teilweise in Wolle gearbeitet sind. Schürmann zeigt ein Exemplar in Gelb und Blau mit fünf Mihrabs, in denen jeweils ein großer Blütenzweig enthalten ist. Es wurde einst auf dem Londoner Kunstmarkt angeboten. Vom Stil her ähnlich ist das außergewöhnliche Exemplar aus der Sammlung von Lady Cunliffe. Es hat elf Mihrabs und ist über 5 m lang. Die Sammlung Bernheimer in München besitzt ein ähnliches Stück mit zehn Mihrabs und knapp 3,60 m Länge. Das Stück der Lady Cunliffe hat einen seidenen Flor, der in den Mihrabs mit Gold- und in den Spandrillen mit Silberbrokat kombiniert ist.

Bei einem weiteren *Saph*, einem Fragment mit korallrotem Fond, das sich im Victoria and Albert Museum befindet, sind zwei der noch verbliebenen vier Mihrabs mit je einem großen Blumenmotiv ausgefüllt, von denen eines aus einer Vase hervorwächst. In den beiden anderen Mihrabs erscheinen genau die gleichen knolligen engen Arabesken, die auch auf den Throndecken zu sehen sind. Die Farbkombinationen sind von links nach rechts: gelbe Mihrab und korallrote Spandrillen, korallrote Mihrab und dunkelblaue Spandrillen, dunkelblaue Mihrab und korallrote Spandrillen und korallrote Mihrab und grüne Spandrillen. Auf Seite 352 in dem bereits erwähnten Bausback-Katalog ist ein Seidenteppich mit acht Mihrabs abgebildet, in denen jeweils ein großes florales Motiv enthalten ist. Die Farbverteilung entspricht etwa der oben beschriebenen. Das knapp 4,20 m lange Stück ist als ein Khotan aus dem 18. oder 19. Jh. ausgewiesen.

Wahrscheinlich das schönste aller mutmaßlich aus dem 18. Jh. stammenden Stücke jedoch ist der Seiden-*Saph* mit sechs Mihrabs in Wien. Die Felder aller Mihrabs sind einfarbig grasgrün und ohne jedes Dekor. Spandrillen, Bordüre und die Mihrab-Säulen sind ziegelrot. Nur das Innere der Spandrillen zeigt geometrische und florale Motive.

Saphs wurden in Khotan bis weit ins 19. Jh. hinein hergestellt. Die meisten haben acht oder zehn Mihrabs in leuchtend bunten Farben. Jede Mihrab enthält einen großen Blütenzweig, der jedoch im Laufe der Zeit zunehmend stilisiert dargestellt wurde. Bei einem Exemplar, das ebenfalls im Bausback-Katalog zu sehen ist, hat die mittlere Mihrab ein geometrisches Feld. Die Hauptbordüre dieser späten *Saphs* besteht aus einer fortlaufenden Reihe farblich kontrastierender Quadrate, die jeweils mit einer Blüte oder einem geometrischen Motiv ausgefüllt sind. Das von uns als Blütenzweige in den Mihrabs bezeichnete Motiv wird oft auch als Lebensbaum-Motiv interpretiert. Damit würden diese Stücke natürlich in die Nähe der Belutschen-Gebetsteppiche gerückt, möglicherweise auch in die Nähe der mogul-indisch-persischen Stücke, die ebenfalls den Blütenzweig enthalten, der als Symbol gedacht sein könnte. Vielleicht ist die Wurzel dieser ostturkistanischen Exemplare tatsächlich ebenso im Schamanismus zu suchen, wie Jon Thompson es bei den Belutschenmustern annahm.

Ganz besonders charakteristisch für Ostturkistan ist das Granatapfel-Feldmuster, das man in Yarkand und vor allem in Khotan verwendete. Kombiniert wurde es meist mit den Grundfarben Pink-Weiß, Dunkelblau, Hellblau, Gelb, Ziegelrot oder Rotbraun. In seinem

Links: Khotan mit »Fünf-
Blüten«-System. Mitte des
19. Jh. 332 × 152 cm. Unten:
Khotan mit abgeflachten ovalen
Medaillons und krapprotem
Feld, zweite Hälfte des 19. Jh.
345 × 188 cm.

187

Seidenmanufaktur in China: Kochen der Kokons und Aufspulen der Seide. Wasserfarbe auf Seide.

grundlegenden Werk »*Teppiche aus Ostturkistan*« schreibt Hans Bidder, dies sei eines der ältesten Muster aus dem Tarimbecken. Als Beispiel nennt er eine geschnitzte Holzdecke aus dem 3. Jh. n. Chr., die in Niya nahe Khotan gefunden wurde. Die Mehrzahl dieser Teppiche ist aus Wolle gewebt, doch gibt es auch Exemplare, z. B. im Metropolitan Museum und bei Christie's, ganz aus Seide. Ebenfalls die meisten haben nur ein Rankensystem, das von einer Vase in der unteren Mitte des Feldes ausgeht. Bei den übrigen Stücken wachsen zwei oder drei Systeme aus ebenso vielen Vasen.

Der überwiegende Teil aller in diesem Kapitel besprochenen Teppiche verfügt über eines der drei ostturkistanischen Standard-Bordürenmuster: Das erste besteht aus einer fortlaufenden Reihe von Blütenzweigen mit je drei Blüten. Die Zweige stehen im Winkel zueinander und kontrastieren in den Farben. Beispielsweise wechseln gelbe Stämme und gelbe Blüten mit gelben Stämmen und blauen Blüten. Die zweite Standardbordüre, eine stilisierte Interpretation des chinesischen Wellenmusters, besteht aus einer Reihe von Zickzacklinien, die von einer Form ähnlich einem Widderkopf mit nach innen gebogenen Hörnern überragt werden. Man kennt dieses Muster auch als *Yun-Tsai-T'uo-Motiv*. Der dritte Bordürentyp kommt entweder als Hauptbordüre oder, verbunden mit einem der beschriebenen Muster und anderen Motiven, als Randstreifen vor. Es handelt sich um die fortlaufende T-Bordüre, die ähnlich wie die Swastika und die griechischen Mäander, die auf ostturkistanischen Teppichen ebenfalls vorkommen, ursprünglich aus China stammt.

Ein schwieriges Problem scheint die Erklärung der ostturkistanischen Güls zu sein. In seinem Buch »*Zentralasiatische Teppiche*« widmete Schürmann dieser Frage einen eigenen Abschnitt, in dem er die verschiedenen Arten turkmenischer und ostturkistanischer Güls skizzierte. Als Kaschghar-Gül bezeichnete er das stilisierte Päonien-Motiv, das auf frühen Stükken, die vermutlich aus Kaschghar stammen, zu sehen ist. Yarkand-Güls nannte er zwei ovale abgeflachte Scheiben mit unterschiedlicher floraler Ausmusterung und ein geometrisches Kreuzmotiv. Ebenfalls drei Motive führt er als Khotan-Güls an: Als erstes eine stilisierte Version des Päonien-Motivs aus Kaschghar, als zweites eine stilisierte Päonie, die von einem Filigranrahmen in Form eines Stufenquadrats umgeben ist, und als drittes ein großes Quadrat mit filigran ausgearbeiteten Ecken, das einen großen Stern bzw. ein von einer Raute überlagertes Rechteck enthält, darin wiederum ein Oktogon, das ein weiteres Oktogon enthält, in dem sich schließlich ein stilisiertes Päonien-Motiv findet. Diese hochkomplizierte Konstruktion ist den beiden sich ähnelnden Medaillons entnommen, die auf dem gegabelten Feld eines Teppichs im Victoria and Albert Museum erscheinen, den Schürmann in das 17. Jh. datiert.

Im Gegensatz zu Schürmann sehen Bidder und Lorentz die abgeflachte ovale Scheibe nicht als Gül, sondern bezeichnen sie schlicht als ein Medaillon. In ihren Augen kann einzig die Päonie als Gül gewertet werden, die auf einigen Teppichen gleichzeitig mit dem abgeflachten Scheibenmedaillon vorkommt. Einige Experten wie Adolf Hackmack in »*Der chinesische Teppich*« oder Wang Te-Chun in dem 1966 in Hongkong veröffentlichten Katalog zu seiner Sammlung meinen, bei der Gül-Blume handle es sich um eine Chrysantheme, während Bidder dagegen behauptet, auf ostturkistanischen Webereien gäbe es keine Chrysanthemen. Trotz allem, das stilisierte Päonien-Motiv, das in Ostturkistan verwendet wird, scheint jedenfalls auf realistischere chinesische Darstellungen zurückzugehen.

Schürmanns Interpretation der abgeflachten Scheibe als Gül wäre im Sinne der turkmenischen Auffassung des Wortes Göl durchaus sinnvoll, doch hatte allem Anschein nach der Gül in Ostturkistan nicht dieselbe Bedeutung. Von den dortigen Webern wird das Motiv als »Mond« bezeichnet. Es ist übrigens auch nicht ausschließlich, noch nicht einmal vorwiegend, in Yarkand zu finden. Schürmanns eigenes Buch enthält einen Teppich mit diesem Muster (Tafel 94), der Khotan zugeordnet ist. Ein interessanter Aspekt dieses ziegelroten Stückes ist sein Aufbau. Er entspricht fast genau den persischen »Medaillon-und-Ecken«-Teppichen. Die dunkelblaue, abgeflachte Scheibe in der Mitte enthält sieben Blüten. In den Ecken des Feldes ist jeweils ein Viertelausschnitt davon zu sehen. Am oberen und unteren Rand des Feldes befindet sich je eine nach innen gerichtete Vase, aus der ein Stamm mit streng parallel ausgerichteten Blättern und einer kleinen Blüte an der Spitze entspringt. Diese Gewächse reichen bis an das Medaillon heran, so daß man auf den ersten Blick den Eindruck hat, es handle sich um ein Stabmedaillon mit Schilden. Streng geometrisch sind um diese Hauptformen verschiedene florale Motive angeordnet. Das Bordürenmuster bildet eine Blütenranke in Wellenform.

Eine ganze Reihe von Teppichen aus Ostturkistan scheint von persischen oder indischen Vorbildern beeinflußt. Auf einem mit Metallfäden durchwirkten Seidenstück in einer Londoner Privatsammlung, das Schürmann als »19. Jh./Kaschghar« bezeichnet, ist das Feld mit Palmetten und von Blättern umgebenen Blüten ausgemustert. Das Motiv der lanzenförmigen

Blätter, die eine Blüte umgeben, entspricht ganz deutlich dem Herati-Muster. Bei H. A. Lorentz (Tafel 8) ist ein mehr als 5 m langer rotgrundiger Teppich aus der Sammlung Bernheimer abgebildet. Sein auffallend dichtes Muster besteht aus Arabeskenranken und kleinen Palmetten. Trotz einer gewissen Ähnlichkeit mit bestimmten Kaschghar- und Khotan-Mustern neigt Lorentz aufgrund der Feinheit der Zeichnung und der Farbe des Feldes dazu, hier einen indischen Einfluß zu sehen.

Teppiche mit durchgehendem Gitter- und Blumenmuster wurden noch während des ganzen 19. Jh. hergestellt, wobei die Gitter in Stern- oder Rautenform bisweilen sehr geometrisch und formalisiert sind. Einige Exemplare haben einen dunklen auberginefarbenen Fond. Ein ganz charakteristisches Muster dieser Gruppe enthält Zweige mit jeweils fünf Blüten. Dann gibt es noch Teppiche mit orangefarbenem Grund und geometrischem Gitter, laut Schürmann u. a. aus Khotan, und andere, bei denen die Blüten ganz formal in Reihen angeordnet sind. Bisweilen fehlt das verbindende Stamm- oder Rankensystem, ein Hinweis auf westlichen, insbesondere französischen Einfluß, der über Rußland importiert wurde.

Chinesische Teppiche

Bevor wir uns mit den chinesischen Teppichen im einzelnen befassen, sind einige Vorbemerkungen nötig. Da China nicht zu den Ländern mit umfangreicher Schafzucht gehört, ist das Wollaufkommen relativ gering. Aber für die Chinesen waren Wollprodukte ohnehin etwas »Barbarisches«, wie sie ja auch die Mongolen, von denen sie den überwiegenden Teil ihrer Wollteppiche bezogen, für Barbaren hielten. Dagegen war die Seidenraupenzucht in China schon vor 4000 Jahren bekannt. Bis zur Zeit der Renaissance wurde in Europa praktisch nur Seide aus China verwendet. Die ältesten bekannten Weberzeugnisse aus China sind aus Seide. Sämtliche chinesischen Knüpfteppiche, sowohl die seidenen als auch die aus Wolle, sind allerdings vergleichsweise neueren Datums. Zwar gibt es einige Fachleute, die bestimmte Einzelstücke in die späte Ming-Zeit (1368–1644) datieren, doch die meisten Experten sind sich einig, daß keines der noch erhaltenen Stücke lange vor Ende des 17. Jh. entstanden ist. Der größte Teil stammt aus dem 18. und 19. Jh. Das Herstellen von Knüpfteppichen gehörte in China eindeutig zu den weniger bedeutenden Kunstformen.

Außerdem unterscheiden sich chinesische Teppiche ganz wesentlich von allen übrigen bisher beschriebenen Produkten. Dies gilt ganz allgemein, sowohl für die Farben als auch für die Muster, obwohl bisweilen Verwechslungen mit ostturkistanischen Arbeiten vorkommen. Schließlich, und das ist vielleicht der wichtigste Punkt, waren im Gegensatz zu allen bisher erwähnten Völkern die Chinesen keine Moslems. Es gab auch, soweit bekannt, keine nennenswerte Nomadenbevölkerung. In seinem Buch »*Orientalische Teppiche*« schreibt Kurt Erdmann, die chinesischen Teppiche folgten so sehr eigenen Gesetzen, daß es unmöglich wäre, sie mit den Begriffen des geknüpften Orientteppichs zu verstehen. Wahrscheinlich seien ihre Muster in der Tradition der Filzteppiche zu sehen. Vielleicht liegt hierin ein Grund, weshalb die meisten Teppichexperten sich nur am Rande mit China beschäftigt haben.

Erdmanns Bemerkung über die Filzteppiche legt es nahe, einen Blick auf die älteste Gruppe noch erhaltener chinesischer, von einigen auch als japanisch bezeichneter Teppiche zu werfen, die gleichzeitig mit zu den ältesten vollständigen Teppichen überhaupt gehören. In der Schatzkammer des Shosoin-Tempels im japanischen Nara befindet sich eine Gruppe von 31 Wollfilzteppichen, bestehend aus zerstampften und verfilzten Fasern, die mit verschiedenen Blüten, Vögeln, Menschen- und Tierfiguren in Braun-, Rot- und Blautönen auf weißem, hellblauem oder grauem Grund ausgemustert sind. All diese Stücke tragen den Stempel des Todaraji-Tempels in Nara. Obwohl wir dafür keine absoluten Beweise haben, scheint es doch wahrscheinlich, daß es sich hier um den Hauptteil des Vermächtnisses von 31 gemusterten und 14 ungemusterten Teppichen handelt, das die Witwe des japanischen Kaisers Shomu dem Todaraji im Jahre 756 n. Chr., also zur Zeit der chinesischen T'ang-Dynastie (618–906), hinterlassen hat. Auf vielen der Stücke sind Vögel, Wolken, Pilger, Büsche auf kleinen Hügeln und ähnliches dargestellt. Auf anderen sieht man große Blüten zwischen Laub- und Rankenarabesken oder ein großes Zentralmedaillon, das von Blüten umgeben ist. Eine Aufteilung in Feld und Bordüre ist nicht vorhanden. Viele dieser Muster sind praktisch unverändert auf Knüpfteppichen wiederzufinden, die mehr als tausend Jahre später entstanden sind.

Außer Filz verwendeten die Chinesen noch andere Materialien zur Herstellung verzierter Bodenbeläge, z. B. Schilf, Binsen und andere Pflanzenfasern. Auch Knüpfteppiche waren in Gebrauch, doch nach den Malereien aus der T'ang- und der Sung-Zeit waren diese mit ziemlicher Sicherheit mongolischen Ursprungs. Wie wir bereits erwähnt haben, wurde 1262 in der

Tsun-Bronze mit in Gold und Silber eingelegten Arabesken. Zeit der Sung-Dynastie (960–1279). Victoria and Albert Museum, London.

Porträt des Ming-Kaisers Wan Li (1573–1620). Zu beachten ist der fünfzehige Kaiser-Drache auf der Feld-Stickerei. Victoria and Albert Museum, London.

mongolischen Stadt Karakorum eigens eine Fabrik installiert, um den chinesischen Hof mit Teppichen zu versorgen. Im Jahre 1279 stürzten die Mongolen den letzten chinesischen Sung-Kaiser und errichteten ihre eigene Yüan-Dynastie. Obwohl sie nur knapp neunzig Jahre, bis 1368, bestand, hatten die Mongolen einen ganz radikalen Einfluß auf die chinesische Kultur. Wahrscheinlich brachten sie auch ihre Vorliebe für aus Wolle geknüpfte Erzeugnisse wie Teppiche, Tiergeschirre, Zelt- und Satteldecken u. a. mit. Obwohl aus dieser Periode keine Originalexemplare erhalten sind, wissen wir doch aus den erwähnten Sung-Malereien, daß ihr geometrischer Stil in das chinesische Musterrepertoire aufgenommen wurde. Diese Motive blieben während der ganzen Ming- (1368–1644) und Ts'ing-Dynastie (1644–1912) in Gebrauch und verbanden sich mit dem Naturalismus der chinesischen Kunst zu einem ausdrucksvollen Stil. Gewisse symbolische und erzählende Elemente sind in allen Teppichen enthalten. Um die einzelnen Muster und Motive wirklich verstehen zu können, muß man davon ausgehen, daß sie aus einer geistigen Struktur entwickelt wurden, die dem Betrachter sofort verständlich war, die er entziffern und »lesen« konnte. Diese »Mitteilungen« hatten sehr verschiedene Inhalte und Formen. Die safawidischen Teppiche Persiens mit ihren Blumen, Jagdszenen und Gärten lassen sich, wie wir gesehen haben, als nach Freude strebende Bilder der Fruchtbarkeit und des Behagens interpretieren, die Gottes Güte auf Erden versinnbildlichen. Gleichzeitig sind sie auch didaktisch gemeint, indem sie das Paradies darstellen, das dem Rechtschaffenen beschieden ist. Sie atmen also gleichsam kosmologischen Symbolismus. Ähnliches gilt, wie Jon Thompson erklärt hat, für gewisse Muster der Belutschen. Bei den Turkmenen ist die Frage nach den völkischen Ursprüngen des Göl erst noch endgültig zu klären. Wahrscheinlich handelte es sich dabei, wie gesagt, ursprünglich um ein Erkennungssymbol der einzelnen Stämme, mehr noch, sie waren wohl Symbole der Autonomie und des Besitzes, Schlachtstandarten und heraldische Embleme.

Von allen östlichen Teppichen sind die chinesischen vielleicht die beredtesten. Kaum eines ihrer Muster ist nur dekorativ. Pflanzen, Tiere und selbst abstrakte Motive haben eine exakte und konkrete Bedeutung. Die chinesischen Weber komponierten nicht selten die dekorativen Elemente ganz bewußt in Abstimmung mit den besonderen Umständen des Empfängers. Wer den reichen Symbolgehalt dieser Muster nicht versteht, verliert deshalb viel von dem Vergnügen, das sie bereiten können.

Meist verwenden die Chinesen Tiere, Pflanzen und scheinbar abstrakte Motive, um gewisse symbolische oder direkte Inhalte anzudeuten. In drei besonderen Fällen verwenden sie auch schematische Versionen von Schriftzeichen, nämlich *shou, fu* und *shuang hsi* für »langes Leben«, »Glück« und »Eheglück«. Das *shou* erscheint am häufigsten in Form eines schematischen symmetrischen Medaillons, wobei nur die untere Hälfte des eigentlichen Schriftzeichens verwendet und spiegelbildlich zu einem Kreis verdoppelt wird. Seltener findet man das *fu*, das vorwiegend durch eine Fledermaus symbolisiert wird. *Shuang-hsi*, das *Eheglück*, wird in der chinesischen Schrift durch die Verdoppelung des Zeichens *hsi* ausgedrückt. Man findet es weniger auf Teppichen als auf Stickereien. In »*Chinesische Teppiche*« zeigt Lorentz eine Stickerei, auf der das Zeichen *hsi* ungewöhnlicherweise nur einfach dargestellt ist: In dieser Form bedeutet es *Glück*.

Die symbolische Bedeutung vieler Tier- und anderer Motive beruht auf dem System des phonetischen Wortspiels. So ist die Fledermaus *(fu)* ein Symbol für Wohlstand, da das Zeichen *fu* genauso ausgesprochen wird wie das Zeichen für Wohlstand. Dieselbe Bedeutung hat der Schmetterling *(hu)*, da er ganz ähnlich ausgesprochen wird. Der Hirsch *(lu)* bedeutet offizielle Anerkennung usw. Mit einem interessanten Beispiel demonstriert Lorentz, daß der Symbolismus des Wortspiels nicht auf einzelne Wörter beschränkt ist, sondern zu ganzen Sätzen erweitert werden kann. So ergibt die Darstellung einer Vase, eines Tisches und eines Szepters phonetisch *p'ing an ju'i*. Das bedeutet »Mögen Dir Frieden und Ruhe gemäß Deinem Wunsche beschieden sein«. Die entsprechende Wortspielreihe sieht folgendermaßen aus:

Vase = *p'ing* = Frieden	*ju* = gemäß		*ju'i* = Szepter
Tisch = *an* = Ruhe	*i* = Wunsch		

Desgleichen stehen Päonien für Reichtum, Liebe, Zuneigung u. a. Bei anderen Motiven ergibt sich der Symbolgehalt aus religiösen oder assoziativen Inhalten. Letzteres etwa gilt für den Fisch, der für Überfluß steht, und den Karpfen, der langes Leben symbolisiert, da man ihn für besonders langlebig hält. Ebenfalls langes Leben versinnbildlichen die Pfirsiche, von denen der Chinese glaubte, sie seien die Nahrung der Götter. Die Swastika *(wan)* ist das chinesische Zeichen für 10 000, und dementsprechend steht die Swastika-Bordüre, auch *Wan*-Muster genannt, für »zehntausendfaches Glück«.

Von den zahlreichen auf chinesischen Teppichen dargestellten Tieren haben wir die Fledermaus, den Schmetterling, den Hirsch und den Fisch erwähnt. Eine ganze Reihe anderer

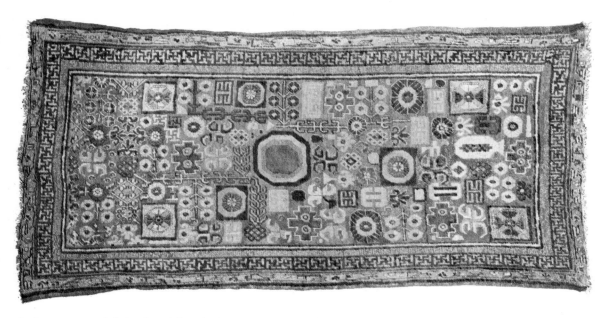

Khotan-Teppich, spätes 19.Jh.
332 × 152,5 cm.

Lebewesen spielt in der chinesischen Mythologie eine Rolle. Der Phönix *(feng huang),* für die Chinesen der König der Vögel und gleichzeitig das Attribut der Kaiserin, gilt als der Glück- und Friedenbringer. Das Einhorn *(ch'i lin)* ist das Tier, dessen Erscheinen die Geburt eines Weisen ankündigt. Es steht dementsprechend für Weisheit. Storch, Kranich und Gans symbolisieren langes Leben. Der Mandschurische Kranich, der Begleiter der Unsterblichen des Taoismus, versinnbildlicht die Unsterblichkeit. Das am häufigsten anzutreffende Tier aus der Mythologie ist der Drache mit seinen drei symbolischen Aspekten als mächtige Gottheit, als Beherrscher der Naturkräfte und als Attribut des Kaisers. Seit Tao Ts'ou im Jahre 206 v. Chr. das Dogma der Göttlichkeit der Könige aufgestellt hatte, glaubte man, der Kaiser könne sich in schwierigen Situationen in einen Drachen verwandeln und dadurch seine Feinde besiegen. Man nimmt an, daß die Darstellung des fünfzehigen Drachen für den Kaiser und seine Familie reserviert war, ohne daß allerdings irgendwelche besonderen Kontrollen durchgeführt worden wären. Erst im Jahre 1783 verbot ein Edikt von Kienlung den Mißbrauch durch Unbefugte.

Auch Blüten und Früchte wurden dargestellt, vor allem der Lotos, die Chrysantheme und die Päonie. Der Lotos, die Blume des Sommers, symbolisiert Reinheit, die Chrysantheme, die Blume des Herbstes, steht für langes Leben, und die Päonie steht, wie bereits angedeutet, für Vornehmheit, Reichtum, Liebe und Zuneigung. Der Pfirsich ist, wie gesagt, ein Symbol für langes Leben. Zusammen mit der Fledermaus wird er häufig für »Glück und langes Leben« dargestellt. Der Granatapfel mit seinen unzähligen Samen gilt als ein Symbol der Fruchtbarkeit, speziell auf männliche Nachkommen bezogen. Die Chinesische Zitrone *(fo shou,* wörtlich: buddha-fingrige Zitrone) wird so genannt, weil ihre Schale sich zu einer blumenblattartigen Form entwickelt, in der die Chinesen eine Ähnlichkeit mit der klassischen Handhaltung des Buddha (chinesisch: *Fo)* sehen. Sie ist ein Symbol für großes Glück. Ebenfalls häufig erscheinen die sog. *Fo-*Hunde, die Gefährten des Buddha und die Wächter der heiligen Stätten des Buddhismus. Diese löwenähnlichen Geschöpfe heißen auch *Shi T'zu* und haben wenig Ähnlichkeit mit der heutigen Hunderasse gleichen Namens, die tibetischen Ursprungs ist. Auch Pferde werden dargestellt, bisweilen die acht legendären Pferde des fünften Königs von Tschou, *Mu Wang* (10.Jh. v.Chr.).

In der folgenden Liste führen wir häufig wiederkehrende Symbolgruppen auf, die sich auf Religion und auf bestimmte Fertigkeiten beziehen.

1. *Die Acht Symbole des Taoismus*
Sie repräsentieren die Acht Geister *(Pa Lsien),* die entweder in Menschengestalt oder durch folgende Symbole dargestellt werden:
Fächer = Wiedererweckung der verstorbenen Seelen; Schwert = übernatürliche Macht; Stab und Kürbis = Arznei, Heilung; Kastagnetten = Beruhigung und Erquickung; Blumenkorb = ebenfalls übernatürliche Macht; Flöte = Magie; Bambus = Weissagung; Lotosschote = höchste Macht

2. *Die Symbole des Buddhismus*
Rad = die Majestät des Gesetzes; Seemuschel = die Aufforderung zum Gebet; Schirm = Würde; Baldachin = Schutz; Vase = dauernder Friede; Endlosknoten = Bestimmung; Lotosblüte = Reinheit

3. Die Acht Kostbarkeiten (Aus »Einhundert Symbole des Buches der Riten«)
Perle = Reinheit; Münze = Reichtum; Bücher = Wissen; Rhombus (hohl) = Sieg und
Reichtum; Rhombus (ausgefüllt) = Malerei als Symbol für den Wert der Kunst an sich;
Klangstein (Jade) = Glück; Rhinozeroshorn = Festigkeit; Beifußblatt = Würde

4. Die Vier Symbole der »vornehmen Fertigkeiten«
Flöte = Musik; Schachbrett = Schach; Bücher = Dichtkunst; Papierrollen = Malerei

Die meisten dieser Motive werden mit einem verschlungenen Wolkenbandmotiv oder,
nach Dimand, einem Blatt abgebildet. Das *Ying-Yang*-Symbol sieht man häufig mit den acht
Trigrammen Himmel, Winde, Erde, Feuer, Wasser, Berg, Donner und Wolken.

Hier konnten nur die wichtigsten Symbole genannt werden. Es existieren noch weitaus
mehr. Für eine eingehendere Erläuterung empfehlen wir das ausgezeichnete Buch von H. A.
Lorentz »*Chinesische Teppiche*«.

Es gibt nur sehr wenige chinesische Teppiche und Sesseldecken, die dem 17. Jh. zugeschrieben werden. Eine kleine Brücke im Washingtoner Textilmuseum hat ein durchgehendes
Muster aus gedrungenen Wolkenformen und Fledermäusen. Verteilt über das Feld sind zehn
fliegende Kraniche. In der Mitte befindet sich ein großer Kranich, dessen Flügel sich zu einem
runden Medaillon formen. In seiner Beschreibung der Wolkenformen dieses Teppichs bemerkt Dimand, daß die welligen, rankenartigen Wolken der Perser, die diese von den Chinesen übernommen hätten, auf chinesischen Stücken offenbar nicht erscheinen würden. John
Kimberley Mumford schrieb in einem 1916 im »*Monitor*« veröffentlichten Aufsatz, die Chinesen würden allen aus fremden Kulturen übernommenen Motiven ihren eigenen Stempel
aufdrücken und sie ihren eigenen Vorstellungen anpassen. Lorentz bemerkt zutreffend, ein
ganzer Teil der Motive, die die Chinesen im 17. und 18. Jh. von den Persern übernommen
hätten, sei ursprünglich im Laufe der mongolischen Invasionen im 13. und 14. Jh. von China
nach Persien gelangt. Sowohl Kimberley als auch Lorentz weisen in ihren Veröffentlichungen
darauf hin, daß in der zweiten Hälfte des 18. Jh. turkmenische Motive in China auftauchten,
was vor allem auf die Heirat des Kaisers Kienlung mit der turkmenischen Prinzessin K'o Fei
im Jahre 1756 zurückzuführen sei.

Die bekanntesten der vermutlich im 17. Jh. entstandenen Stücke sind das oben beschriebene Exemplar, ein Fragment mit Lotosblüten und Blattwerk auf orangefarbenem Grund im
Museum für Kunsthandwerk in Frankfurt, der gelbgrundige Läufer mit Päonien und Blattwerk in Schwarz, Weiß und Braun und einer Swastika-Bordüre im Victoria and Albert
Museum in London und ein orangegrundiges Stück mit einem Drachen, Wolken und Blumenvasen sowie einer *Yun-Tsai-T'uo*-Bordüre in der Sammlung Akeret in Zürich.

Im Metropolitan Museum befindet sich eine Gruppe von Teppichen, die Lorentz ebenfalls in die Periode des Kaisers K'anghi datiert. Es handelt sich dabei um einen Kamelhaartep-
pich mit »Blätter«-Drachen und Filigranmuster, ein gelbgrundiges Stück mit durchgehendem
Rautenmuster und einer Swastika-Bordüre und ein ebenfalls gelbgrundiges Stück mit blauem
Filigran und in Reihen angeordneten Fledermäusen. Bezüglich des ersten Stückes schreibt
Dimand zwar nichts über das Kamelhaarmaterial, doch er stimmt mit der Datierung überein
und fügt hinzu, daß diese spezielle Form des »Blätter«-Drachens in der K'anghi-Periode sehr
verbreitet gewesen sei. Bei dem großen gelbgrundigen Stück mit Rautenmuster wechseln Fle-
dermausreihen mit Pfirsichzweigen. Dimand bemerkt dazu, solche Teppiche seien auf Ming-
Malereien zu sehen, und er würde das Stück früher einstufen als Lorentz. Zu dem letzten Stück
meint Dimand, sein Stil entspreche zwar der K'anghi-Periode, doch er wolle sich mit einer
Datierung nicht festlegen. Die zwei großen Teppiche im Universitätsmuseum von Philadelphia dagegen, der eine mit Blätterranken, der andere mit einem durchgehenden Muster aus
miteinander verbundenen Blütenzweigen, möchte Dimand ebenfalls der K'anghi-Periode zuschreiben. Deren offenkundige Mischung aus persischen und ostturkistanischen Einflüssen
spricht jedoch für eine etwas spätere Entstehungszeit.

Lorentz datiert ein kleines blaugrundiges Stück aus Seide mit Drachen und, wie er es
nennt, »Opfertischen« in das 17. Jh. oder noch früher und einen rotgrundigen, seidenen
Hochzeitsteppich mit aufgerichtetem Drachen und Phönix sowie einer breiten *Shuang-hsi*-
Bordüre in die Ming-Zeit. Beide Stücke befinden sich im Metropolitan Museum. Zu dem erst-
genannten Stück schreibt Dimand, es habe ein Drachen- und Wolkenmuster. Er meint, es sei
nicht aus China, sondern aus Ostturkistan, und datiert es in das 18. Jh. Dazu bemerkt er:
»ziemlich grobe Imitation chinesischer Seidenstoffmuster aus dem 17. und 18. Jh.«. Das Stück
wurde sehr oft veröffentlicht. Im »*Metropolitan Museum-Bulletin*« von 1909 schreibt Wilhelm Valentiner, »wenn es je einen Teppich aus dem 17. Jh. gegeben hat, so ist es dieser«.
Louis Comfort Tiffany äußert in »*Collection of Notable Oriental Rugs*« (1907 durch die Tif-

fany Studios veröffentlicht) zu diesem Stück, es handle sich um einen »Magistratsteppich aus dem 16. Jh.«. Lorentz dagegen meint, das »Magistratssiegel«, als das man die seltsamen Gebilde zwischen den Drachen interpretiert habe, sei in China nicht bekannt gewesen. Es handle sich vielmehr, und hierin stimmt er mit Valentiner überein, um einen buddhistischen Opfertisch. Dimand ist zweifellos korrekt, wenn er diese seltsamen Gebilde als Wolken interpretiert. Seine Zuordnung zu Ostturkistan ist jedoch strittig. Aus dem Tarimbecken jedenfalls ist kein zweites Exemplar mit einem ähnlichen Muster bekannt. Im übrigen sind sich die anderen Experten erstaunlich einig, daß das fragliche Stück aus China kommt. Dimand selbst räumt ein, daß das Muster typisch chinesisch sei, doch er meint, gemessen an dem Seidenbanner aus dem 17. Jh., das er als Vergleich anführt, sei es doch sehr grob und schematisiert. Tatsächlich deutet die mangelnde Feinheit der Zeichnung auf eine Entstehung zwischen Ende des 18. und Anfang des 19. Jh. hin. Möglicherweise war das Stück wie auch das Banner für den tibetischen Markt bestimmt. Den Hochzeitsteppich *(lung-feng)* mit dem hohen rohseidenen Flor datiert Dimand aufgrund der Farben und der Eckigkeit des Musters in das 19. Jh.

Mit Metallfäden durchwirkter chinesischer Seidenteppich mit den Symbolen der »Vier Fertigkeiten«. Spätes 19. oder frühes 20. Jh. 218 × 127 cm.

Stilistisch blieben die chinesischen Teppiche während des ganzen 18. und 19. Jh. bemerkenswert gleichartig. Häufig hatten sie in der Mitte ein großes rundes Medaillon und zwei kleinere Medaillons an den Seiten. Die Eckstücke bestanden aus Päonien, das übrige Feld war mit Päonien, Blättern, Schmetterlingen, Vögeln, Fledermäusen und anderen Symbolen ausgemustert. Mindestens genauso viele Exemplare hatten kein Medaillon.

Eine Gruppe von etwa zwanzig mit Metalldraht (versilbertem Kupfer) durchwirkten Seidenteppichen wird dem 19. Jh. zugeschrieben. Ihre Inschriften deuten zum Teil darauf hin, daß sie speziell für den Hof in der Stadt des Himmels angefertigt wurden. Fünfzehn dieser Stücke waren 1973 anläßlich einer Ausstellung (»*Imperial Carpets from Peking*«) in der Universität von Pittsburgh zu sehen. Sie lassen sich stilistisch in vier Gruppen unterteilen. Die erste Gruppe ist durch neun sich krümmende Kaiserdrachen und eine breite Wellen- und Wolkenbordüre gekennzeichnet. Wenngleich bislang kaum jemand bezweifelt, daß diese Stücke sowie auch der Rest der Gruppe im 19. Jh. entstanden sind, sollte man doch nicht unerwähnt lassen, daß sich im Royal Museum in Ontario ein Teppich mit Drachenmuster befindet, dessen Inschrift *Ch'ien Lung yu Chih* laut Lorentz besagt, daß er »für den Kaiser Kienlung gemacht« worden sei. Im Gegensatz zu der Pittsburgh-Gruppe allerdings hat dieses Exemplar keine Metallfäden im Seidenfeld aufzuweisen. Zwar wissen wir, daß es z.B. durchaus üblich war, Keramiken mit den Namen längst verstorbener Kaiser auszuzeichnen, doch wir sind der Ansicht, daß das Ontario-Stück, selbst wenn seine Herstellungstechnik, nicht sein Stil, dagegen spricht, durchaus ein originales altes Stück sein könnte.

Die zweite Gruppe besteht aus Teppichen mit eindeutig religiösen Symbolen. Vielleicht das bemerkenswerteste Stück ist das einst im Besitz von George de Menasce befindliche Exemplar, das die meisten Experten ursprünglich dem 17. oder dem 18. Jh. zugeschrieben haben. In voller Größe des Feldes zeigt es den Amitabha-Buddha. Er sitzt mit verschränkten Beinen auf dem Lotosthron und hält die rechte Hand in der Geste der Erdberührung *(bumisparsa mudra)*. Über seinem Kopf befinden sich zwei einander gegenüberstehende Drachen und eine flammende Perle. Die Erde ist mit Lotosblüten übersät. In der Bordüre sind die Acht buddhistischen Symbole sowie vier der Acht Kostbarkeiten, das Bild, das Buch, das Beifußblatt und die Perle, dargestellt. Nach seiner Inschrift ist der Teppich für den Palast des Wolkenlosen Himmels *(Ch'ien-Ch'ing Kung)* angefertigt worden.

Die dritte Gruppe besteht aus Teppichen mit bildlichen Darstellungen. Ein Stück zeigt die legendären Pferde des Königs Mu in einer Landschaft mit Bäumen und Gebäuden. Ein anderes bietet, wie aus der Inschrift hervorgeht, eine »Vollständige Ansicht des Neuen Sommerpalastes«. Der Komplex war zwar ursprünglich unter Kienlung (1736–1796) erbaut worden, doch die Kaiserin Tz'u Hsi ließ ihn 1894/95 restaurieren und erweitern. Sowohl die Bezeichnung »Neuer Sommerpalast« in der Inschrift als auch die Darstellung des berühmten Marmorschiffes der Kaiserin Tz'u Hsi lassen keinen Zweifel, daß das Stück frühestens in den letzten fünf Jahren des 19. Jh., wahrscheinlich aber erst im 20. Jh. entstanden ist.

Die vierte Gruppe besteht aus Teppichen entweder mit Medaillon- und Eckenmustern oder mit Reihen stilisierter Päonien in Stufenquadraten vor einem Filigranhintergrund. In dem Pittsburgher Ausstellungskatalog sind Teppiche des ersten Typs aus dem Metropolitan Museum und aus der Sammlung Nessim in Lausanne abgebildet, die auch ein Exemplar mit dem zweiten Muster besitzt. Sämtliche Stücke dieser Gruppe dürften in Ostturkistan, vor allem in Khotan, entstanden sein. Dimand meint sogar, alle sog. Kaiserteppiche kämen von dort. Auf dem Exemplar aus dem Metropolitan Museum sind fünf Kaiserdrachen abgebildet, davon einer in dem mittleren Rondell und die anderen vier in den Eckstücken. Im übrigen ist das Feld mit Ranken und Blüten ausgemustert. Eine Inschrift besagt, das Stück sei für den

Oben links: Der Menasce-
Teppich aus Seide, mit
Metallfäden durchwirkt. Er zeigt
den Amitabha-Buddha auf dem
Lotosthron, buddhistische
Embleme sowie vier der »Acht
Kostbarkeiten« und trägt die
Inschrift »Ch'ien-ch'ing Kung
Yu-yung« (Zu kaiserlicher
Verwendung im Palast des
Wolkenlosen Himmels). Mitte
des 19.Jh. 225 × 124 cm.
Rechts: Mit Metallfäden
durchwirkter chinesischer
Seidenteppich mit der Inschrift
»Ning-shou Kung Yuan-ko«
(Angefertigt für den Palast des
Ewigen Himmels). Mitte des
19.Jh. Ein bisher
unveröffentlichtes Exemplar
dieser Gruppe.
246,5 × 157 cm.

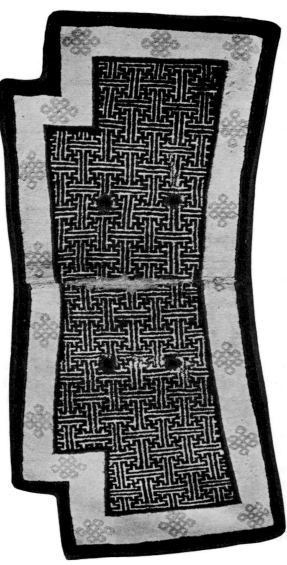

Drei mongolische Satteldecken
aus der ersten Hälfte des 19.Jh.
Von links nach rechts:
132 × 61 cm, 127 × 58,5 cm,
127 × 63,5 cm. Alle drei
gehörten früher zur
Sammlung McMullan.

194

Palast des Ewigen Himmels *(Ning-shou Kung)* angefertigt worden. Im Katalog des Metropolitan Museums weist Dimand darauf hin, daß es noch eine ganze Reihe ähnlicher Teppiche mit Drachen-Medaillons und -Ecken gibt, bei denen nur das Grundmuster des Feldes verschieden ist. Als Beispiel führt er Teppiche im Warner Museum, in der Universität von Oregon und in einer Privatsammlung in Quebec an. Lorentz veröffentlicht noch ein anderes Exemplar, das sich ebenfalls in einer privaten Sammlung befindet, mit einem linearen Filigran- und Blumenmuster, das sogar noch typischer für die Khotan-Webereien ist als das Metropolitan-Stück. Wie auch der Menasce-Buddha-Teppich war dieses Exemplar für den Palast des Wolkenlosen Himmels bestimmt. Ein letzter Teppich schließlich aus Lorentz' eigener Sammlung hat ein Grundmuster aus Filigranquadraten und kreuzförmigen Motiven (das *Ju'i*-Motiv). Er trägt keine Inschrift. Das zweite Muster mit den Päonienreihen und den Filigranquadraten kommt auf ostturkistanischen Arbeiten ziemlich häufig vor.

Wir sollten das Kapitel über chinesische Webereien nicht beenden, ohne über die wunderschönen Satteldecken gesprochen zu haben, die zwar möglicherweise aus mongolischer Produktion stammen, doch stets den Chinesen zugeschrieben werden. Die bekannteste Gruppe davon gehörte einst zur Sammlung von Joseph V. McMullan und befindet sich heute zum größten Teil im Metropolitan Museum. Eine sehr schöne Auswahl besaß auch H. A. Lorentz, der einige Stücke davon in seinem Buch veröffentlichte. In seinem Katalog »*Islamic Carpets*« zeigt McMullan achtzehn dieser Stücke, die entweder abgerundete Enden haben oder eckige Enden mit abgeschnittenen Ecken. Sämtliche Exemplare bestehen aus zwei identischen Stücken, die in der Mitte zusammengenäht sind und so ein Spiegelbild ergeben. Wie McMullan schreibt, ist der mit dem Senneh-Knoten geknüpfte Flor schräg nach unten geneigt, so daß Staub und Regen abgehalten werden und der Reiter bequemer sitzen kann. Außerdem ist jedes Stück mit vier Löchern für die Sattelbeschläge versehen, damit es nicht verrutscht.

Diese hochflorigen Kunstwerke sind in sehr verschiedenen Mustern mit Feld und Bordüre gewebt. Ein Teil hat eine Art Krakelee-Muster, wie man es von den blauen und weißen Porzellangefäßen aus der K'anghi-Periode kennt. Andere zeigen Päonien, Blattranken, *Fo*-Hunde, Schmetterlinge, Fledermäuse, eigentlich sämtliche Motive der chinesischen Teppiche. Auch durchgehende geometrische Muster, die eher typisch für mongolische Arbeiten sind, finden sich, ebenso Streifenmuster, die an Tierhäute, vor allem Tigerfelle, erinnern. Ein Exemplar im Metropolitan Museum zeigt einen eigenartigen, unregelmäßig gebrochenen Streifen, von dem McMullan meint, er erinnere an ein Hirschgeweih und sei wohl ein Relikt aus der Tierverehrung des mongolischen Schamanismus. Die meisten dieser Satteldecken sind im 18. und 19. Jh. entstanden. Nach Meinung McMullans stammen sie aus der Mongolei, doch Lorentz wie übrigens auch Hackmack spricht sich für die traditionelle Zuordnung zu Kansu und anderen chinesischen Provinzen aus.

Tibetische Teppiche

Wie wir im Abschnitt über die Geschichte Ostturkistans angedeutet haben, wurde das Tarimbecken im 8. Jh. von den Tibetern beherrscht. Die Geschichte Tibets vor dem 7. Jh. liegt weitgehend im Dunkel, doch ist es bekannt, daß im 7. Jh. Völker aus den östlichen Gebieten Tibets in das fruchtbare Yarlung-Tal im Grenzraum zu Nepal und Bhutan einwanderten und dort unter dem außergewöhnlichen Monarchen Songsten Gampo (Srong-bstan-sgampo, etwa 609–649 n. Chr.) ein mächtiges Königreich gründeten. Im Laufe der folgenden zwei Jahrhunderte gelangten Nepal, Teile Nordindiens, das westliche China bis Kansu und das Tarimbekken unter tibetische Herrschaft. Es gibt gewisse Anzeichen, daß die Tibeter schon damals diplomatische Beziehungen zur persischen Sassanidendynastie pflegten und auch mit den im Namen des Islam nach Osten drängenden Arabern in Berührung kamen. Etwa zur gleichen Zeit wurde in Tibet der Buddhismus eingeführt.

Um 850 brach das Reich auseinander. Tibet wurde gespalten, bis es im 13. Jh. durch den Einbruch der Mongolen wieder zu einer gewissen Einigung kam. Von da an bis zum Einmarsch der chinesischen Kommunisten im Jahre 1959 wurde Tibet von buddhistischen Orden regiert, seit dem 17. Jh. von den Dalai-Lamas des Gelugpa- bzw. Gelbhut-Ordens. Die Mehrheit der Bevölkerung bestand aus Nomaden und Bauern, die ihren Lebensunterhalt durch die Aufzucht von Schafen, Wasserbüffeln und Yakrindern verdienten.

Nach Philip Denwood, der ein sehr maßgebliches Buch über tibetische Teppiche geschrieben hat (»*The Tibetan Carpet*«, 1974), waren Knüpfteppiche in Tibet seit mindestens 900 Jahren allgemein verbreitet. Die tibetische Sprache kennt vor allem zwei Wörter für Teppich, *gdan* und *grum-tse*. Während *gdan* sich auf alle Teppicharten bezieht, verwendet man

Tibetischer Medaillonteppich,
19. oder 20. Jh. 158 × 91 cm.

grum-tse nur für Knüpfteppiche. Urkundlich ist es erstmals im 11./12. Jh. belegt. Der Begriff *gdan* ist älter und taucht schon in Texten des 8. und 9. Jh. auf.

Obwohl unter den tibetischen Weberzeugnissen auch einige ungewöhnliche Artikel bekannt sind, z. B. Säulenteppiche, mit denen runde Säulen verkleidet wurden und die man auch in China produzierte, finden wir doch vorwiegend Teppiche, auf denen man schlief oder saß oder die man den Eseln überwarf. Daneben gibt es noch spezielle Satteldecken, wobei nicht selten ein kleineres Stück unter dem Sattel und ein größeres obenauf befestigt wurde. Die meisten tibetischen Teppiche haben eine längliche oder quadratische Form und erreichen selten eine Länge von mehr als 180 cm. Seit der Besetzung durch die Chinesen haben Tausende von Flüchtlingen sich an den südlichen Ausläufern des Himalaya niedergelassen, wo heute Standardgrößen von 180 × 90 cm produziert werden. Die Stücke sind verhältnismäßig grob gewebt. Es werden Kett- und Schußfäden aus Baumwolle sowie synthetische Farben verwendet. Man kann diesen Teppichen nur geringe Bedeutung beimessen.

Es existieren kaum Exemplare, die mehr als hundert Jahre alt sind. Wenn Lorentz einige der von ihm veröffentlichten Stücke in »*Chinesische Teppiche*« in das 18. Jh. datiert, so kann man seine Zweifel haben. Die Tibeter verwenden eine spezielle Form der Senneh-Schlingen-Knotung, die sich aus der ältesten Form der U-Schlingen-Weberei entwickelt hat. Die tibetische Version, die übrigens auch in Finnland angewendet wird, hat einen Ein-Schlingen-Knoten, der um zwei bis fünf Kettfäden geknüpft wird. Er hat große Ähnlichkeit mit dem *Dschufti-* oder falschen Knoten, der heute in Persien sehr weit verbreitet ist. Der Flor der tibetischen Stücke ist lang und zottig, teilweise bis zu 2 cm hoch.

Lorentz unterscheidet drei Grundtypen des tibetischen Teppichs. Der erste wurde in Zentraltibet, in den ehemaligen Provinzen Ü und Tsang, hergestellt. Europäische Händler bezeichneten ihn als *Gyangtse* nach der Handelsstadt an der Lhasa-Straße, von der aus der Export dieser Stücke zu den Basaren von Kalimpong und Darjiling in Nordbengalen organisiert wurde. Gröbere Versionen kamen aus Khampa Dsong an der tibetisch-indischen Grenze. Der zweite Typ wurde von tibetischen Siedlern in den chinesischen Regionen Amdo in Kansu und Kham in Szetschuan produziert. Zwar fertigten diese Tibeter auch vergröberte Versionen im chinesischen Stil, doch meistens blieben sie ihren traditionellen tibetischen Mustern und Techniken verhaftet. Möglicherweise wurde jedoch der umstrittene Seidenteppich im Metropolitan Museum mit Drachen und Wolkenmuster, den wir im vorangegangenen Abschnitt über China besprochen haben, von tibetischen Siedlern in China hergestellt. In der Gegend von Kham in Szetschuan produzierte man grobe bäuerliche Stücke mit langen Wollfransen an allen vier Seiten. Sie wurden als *Tso*-Teppiche bezeichnet und hatten ein blau-weißes Muster mit Swastiken, Blumen, Rädern u. a. Wie der tibetische Experte Lobzang Phunthsog Lhalungpa berichtet, waren die für das Volk bestimmten Teppiche meist weißgrundig, jene für die Priesterschaft gelb oder rot. Die feinste Gruppe tibetischer Teppiche, in der auch die größten Stücke zu finden sind, wird als *Gya-rum* bezeichnet. Doch selbst diese sind trotz ihrer Ausrichtung an chinesischen Vorbildern vergleichsweise grob.

Sowohl Lorentz als auch Denwood haben auf gewisse unverkennbare Ähnlichkeiten zwischen tibetischen und kaukasischen Mustern hingewiesen. Sir Aurel Stein sieht auch deutliche Parallelen in der Architektur beider Regionen. Denwood stellte die Theorie auf, daß bestimmte Motive, die einst in ganz Mittel- und Ostasien verbreitet waren, in so abgelegenen Gebieten wie Tibet und dem Kaukasus erhalten geblieben seien. (Auch in diesem Zusammenhang könnten wir an Finnland erinnern.) Doch dies erscheint unwahrscheinlich, denn es handelt sich bei den fraglichen Motiven nicht um uralte Muster, die unverändert geblieben sind, sondern um stark formalisierte und schematisierte Wiedergaben von ursprünglich vielleicht deutlich begrifflichen Symbolen. Glaubhafter ist hier Denwoods Alternativvorschlag, nach dem kaukasische Arbeiten im 17. und 18. Jh. durch armenische Händler nach Tibet gelangt sein könnten.

Ein interessanter Teppich, den Lorentz veröffentlicht (Tafel 84) und in das 18. Jh. datiert, hat ein Rautengitter und stilisierte Kreuzmotive, die sehr stark an Arbeiten der Turkmenen und Belutschen erinnern. Zwar hat das Stück eine typisch chinesisch-ostturkistanische T-Bordüre, doch seine Farbskala mit Braun, Rotbraun, Gelb und Weiß ähnelt ebenfalls den Turkmenen- und Belutschenteppichen. Auch die Betonung der Diagonale durch entsprechende Anordnung weißer bzw. roter Kreuzmotive ist von bestimmten Belutschenteppichen bekannt. Über das Muster bemerkt Lorentz, es handle sich um das *Vajra*, das Symbol der unbestechlichen Tugend, das üblicherweise durch eine Art gegabelten Donnerkeil dargestellt wird. Seine Ähnlichkeit mit den Belutschenmustern legt den Gedanken nahe, daß die Motive der Turkmenen und Belutschen ihren Ursprung nicht nur im Schamanenglauben, sondern auch in der fernöstlichen Kosmologie haben.

Neuere osmanische Teppiche

DIE ENTWICKLUNG DER OSMANISCHEN TEPPICHMUSTER

Wie wir schon einige Male hervorgehoben haben, hat sich die türkische Weberei in ihrer langen Geschichte bemerkenswert folgerichtig entwickelt. Motive und Musterideen, die sich bis zu Fragmenten der Seldschuken aus dem 13. und 14. Jh. zurückverfolgen lassen, findet man in leicht erkennbarer Form auf den Dorfteppichen des späten 19. Jh. wieder. Neben dieser historischen Kontinuität ist bei individuellen Mustern zu beobachten, daß sie zeitweise relativ beliebt waren und dann entweder ganz verschwanden oder in völlig veränderter Form wiederauftauchten.

Wir haben es hier also mit zwei ganz verschiedenen Erscheinungen zu tun: der bewußten Schöpfung einzelner Muster einerseits und der allmählichen Entwicklung aufgrund ethnischer und kultureller Einflüsse andererseits. Im ersten Fall besteht, wie aus dem Abschnitt über frühe Osmanenteppiche klar hervorgeht, wohl kaum ein Zweifel, daß Muster wie der »Lotto«, der Stern-Ushak, die Kairoer Floralteppiche, der Vogel-Ushak und der »Kugel-und-Streifen«-Ushak in wohlausgerüsteten Werkstätten speziell für eine aristokratische und kaiserliche Kundschaft entworfen wurden. In einigen Fällen, z. B. bei den »Holbein«-Teppichen, war das Muster, als es im 15. und 16. Jh. auftauchte, mit ziemlicher Sicherheit der Gipfel einer langen Geschichte; der urbane Entwerfer in den Hofwerkstätten war sich der ursprünglichen Bedeutung der Muster, wie immer diese ausgesehen haben mögen, wahrscheinlich nicht mehr bewußt. Die Ähnlichkeit zwischen den geometrischen Ornamenten dieser frühen türkischen Stücke und den Motiven turkmenischer und anderer Stammesprodukte legt die Vermutung nahe, daß sie alle aus den Symbolen einer gemeinsamen Stammesvergangenheit hervorgegangen sind. Viele dieser Motive dürften über einen Zeitraum von mindestens drei Jahrtausenden geläufig gewesen sein. Das Rautenmuster anatolischer Teppiche, die auf Gemälden des 15. Jh. abgebildet sind, insbesondere bei van Eyck, ist fast identisch mit dem Muster einer Filz-Satteldecke aus dem 5. Jh. v. Chr., die 1947 von Rudenko in Pazyryk ausgegraben wurde.

Die Vitalität der Entwicklung der türkischen Teppichmuster läßt sich daraus ermessen, wie die Weber der Dörfer die höfischen Muster aufgriffen und sie für ihre Zwecke verwandelten. Im 17. Jh., in dem wir erstmals zwischen höfischer und dörflicher Weberei unterscheiden können, ist keineswegs klar, ob die Dorfweber die städtischen Produkte aufgriffen und bewußt abwandelten oder ob sie, was wahrscheinlicher ist, sie einfach in ihr vorhandenes Repertoire an Motiven aufnahmen. Natürlich wurden die höfischen Muster vereinfacht und formalisiert, wenn sie in die ländliche Produktion übernommen wurden. Am deutlichsten ist dies bei den Gebetsteppichen zu erkennen. Im Abschnitt über die frühe osmanische Weberei sprachen wir über Gebetsteppiche für den höfischen Gebrauch, die entweder in Kairo oder in Anatolien hergestellt wurden. Im 18. und 19. Jh. wurden Gebetsteppiche vorwiegend in den Dörfern produziert, vor allem in den Gebieten um Gördes, Ladik und Bergama.

GÖRDES (GHIORDES)

Produktivste dieser Regionen war zweifellos Gördes in Westanatolien. Hier lassen sich zwei Hauptgruppen von Gebetsteppichen unterscheiden, wobei der Ursprung der einen Gruppe noch heute umstritten ist. Sie ist gekennzeichnet durch eine einfarbige, rote Mihrab, in deren hufeisenförmigem Bogen eine schematisch wiedergegebene Moscheelampe hängt. Auf einigen Exemplaren sind auch Säulen zu sehen, die jedoch zu dekorativen Balken ohne architektonische Funktion formalisiert sind. Bekannte Stücke aus dem frühen 18. Jh. befinden oder befanden sich im Metropolitan Museum, im Museum of Art in St. Louis (aus der Sammlung Ballard), in der Sammlung Bernheimer (abgebildet in Erdmanns »*Orientalische Teppiche*«, Tafel 159), früher in der Kevorkian-Sammlung (Auktion bei Sotheby's am 5. Dezember 1969 und bei Lefèvre, London, am 11. Februar 1977) und im Kairoer Museum für Islamische Kunst (abgebildet in »*Prayer Rugs*«, Textilmuseum, Washington, 1974, Abb. 10). Das interessanteste, wenn auch am wenigsten attraktive Stück zeigte Kurt Erdmann in »*Siebenhundert Jahre Orientteppich*« (Tafel 216). Es befindet sich in der evangelischen Kirche von Rosenau in Siebenbürgen. In seiner Mihrab trägt es die gestickte Inschrift »M Hissen A.D. 1736«. Man nimmt an, daß diese Inschrift nachträglich eingefügt wurde, als der Teppich in den Besitz der Kirche überging. Das würde bedeuten, daß die Inschrift weder Bezug auf den Weber noch auf das Jahr der Herstellung nimmt. Wahrscheinlicher ist jedoch, daß der Hersteller selbst die Inschrift eingefügt hat und daß es sich dabei um einen Armenier handelte; denn das »M« vor dem Namen könnte eine Abkürzung für *Machdesi* sein, einen Titel, den jeder Armenier tragen durfte, der nach Jerusalem gepilgert war. Ein Beispiel dafür kann man auf einem

Gördes-Gebetsteppich, 18. Jh.
175 × 137 cm.

197

Links: Gördes-Gebetsteppich
mit typischer Hufeisen-Mihrab,
18. Jh. 172,5 × 134,5 cm.
Rechts: Gördes-Gebetsteppich
mit unüblichem Dreifachbogen,
frühes 18. Jh. 170 × 122 cm.

Exemplar aus dem 19. Jh. sehen, das Iten-Maritz in seinem Buch »*Der anatolische Teppich*«
aufführte, einer Studie, die sich vorwiegend mit neuzeitlichen anatolischen Teppichen beschäftigt. Es ist unwahrscheinlich, daß ein Armenier einen bereits fertigen Teppich mit dem
provozierenden Symbol armenischer Orthodoxie bestickte, um ihn dann einer protestantischen Kirche zu präsentieren.

Die Teppiche dieser Gruppe unterscheiden sich stilistisch so sehr von den weitaus cha-
rakteristischeren, vorherrschenden Gebetsteppichen aus Gördes, daß es einigen Fachleuten
schwerfiel, eine gemeinsame Herkunft der beiden Typen einzuräumen. In seinem Artikel »*The
Ottoman Prayer Rugs*« im »*Textile Museum Journal*« wies Charles Grant Ellis auf die er-
staunliche Verbreitung solcher Teppiche in den protestantischen Kirchen Siebenbürgens hin.
Er vertrat die These, daß diese Stücke möglicherweise in dieser Gegend entstanden seien, als
Siebenbürgen dem Osmanischen Reich angehörte, oder daß sie vielleicht aus der nahegelege-
nen europäischen Türkei kamen. Trotzdem scheint es sicher, daß man Teppiche mit diesem
Muster gegen Ende des 19. Jh. in Gördes produzierte. Ein Stück aus der Sammlung von Iten-
Maritz wird nach Angabe des Besitzers in der Türkei als »Kizil Gördes« (roter Gördes) be-
zeichnet und soll etwa um 1875 entstanden sein.

Die schönsten und besten Stücke dieses Typs stammen überwiegend aus der zweiten
Hälfte des 18. Jh. Obwohl alle dörflichen Gebetsteppiche sich aus den höfischen Gebetsteppichen des 16. Jh. entwickelt haben, bilden diese Hufeisen-Stücke aus Gördes das engste Binde-
glied. Der großartige Hofteppich im Metropolitan Museum, den die meisten Liebhaber für
einen der schönsten osmanischen Gebetsteppiche, wenn nicht den schönsten, halten, hat eine
dreibogige Mihrab mit Säulen. Die beiden äußeren Bögen sind rot, der mittlere dunkel blaugrün. In der Mitte hängt eine realistisch wiedergegebene Moscheelampe. Am Fuß jeder Säule
wachsen realistische Pflanzen. Die breiten hellblauen Bordüren sind mit großen Palmetten,
Nelken, Tulpen, Lilien und lanzettförmigen Blättern gemustert. Bei den Hufeisenteppichen
ist wie auch bei anderen Dorfteppichen der Realismus und die Feinheit der Zeichnung verschwunden. Die Säulen sind bis auf wenige Ausnahmen zu dekorativen Gebilden innerhalb
der Mihrab reduziert. Die Lampen gleichen eher einem Blumenstrauß. In den Bordüren der
Gördes-Teppiche, insbesondere der frühen Exemplare, sind die Palmetten und lanzettförmigen Blätter zwar noch erhalten, doch sie sind schematisiert und wirken schwerfällig – ein ähn-

licher Wandel, wie ihn die Herati-Motive in der kurdischen und kaukasischen Weberei in vielfacher Weise durchmachten.

Die zweite Gruppe von Gebetsteppichen aus Gördes wird traditionell als eine der klassischen Arten türkischer Dorfweberei angesehen. Allerdings schreibt Joseph V. McMullan, einer der bekanntesten und erfolgreichsten Sammler türkischer Teppiche, in seinem Katalog: »Die berühmten Gebetsteppiche aus Gördes und Kula haben keinen Platz in dieser Sammlung. Sie weichen sowohl im Muster als auch in den Farben deutlich vom Hauptstrom des türkischen Gedankens ab, und sie besitzen weder den robusten Charakter noch den Geist, der der großen Tradition türkischer Teppichkunst innewohnt.« Andere Autoren hoben gerade die Feinheit und die »Femininität« dieser Stücke hervor, die gewiß einen starken Kontrast zu der Strenge des geometrischen Ornaments und zur Kraft der Farben bilden, die der Mehrzahl der McMullan-Stücke eigen sind und die ihr Besitzer mit einiger historischer Berechtigung als repräsentativ für den Hauptstrom türkischer Weberei ansieht. Allerdings hat der Gebetsteppich eine Sonderstellung innerhalb der türkischen Weberei. Es besteht kein Zweifel, daß gerade die Feinheit der Details, die nicht nur typisch für Gördes, sondern für alle Herstellungszentren Anatoliens war, sehr hoch geschätzt wurde. Es geht deshalb also doch etwas zu weit, wenn man einen Aspekt, der offensichtlich ein wesentlicher Bestandteil des Hauptstroms türkischer Weberei ist, als eine »deutliche Abweichung« bezeichnet. Außerdem gibt es keinerlei Anzeichen dafür, daß die Türken selbst ebenso dachten.

Die Mihrab des typischen Gördes-Gebetsteppichs ist quadratisch mit Gesimsen und V-förmigem Bogen. Häufigste Farben sind Dunkelblau, Rot, Ledergelb, Creme und Weiß. Die fein ausgearbeiteten floralen Bordüren zu beiden Seiten der Mihrab sind zusammen breiter als die Mihrab selbst. Das Format der Teppiche, vor allem der älteren Stücke, ist auffallend quadratisch. Der »feminine« Effekt, den manche Autoren beschrieben, ist besonders auf die Braun-Creme-Gelb-Färbung der Bordüre zurückzuführen, die wie eine Spitze wirkt.

Man nimmt heute an, daß die frühesten dieser Stücke gegen Ende des 18. Jh. entstanden sind, obwohl Erdmann und einige seiner Kollegen sie in das frühe 18. Jh. datieren. Die ältesten datierten Exemplare tragen Jahreszahlen um 1790. In der überwiegenden Mehrzahl jedoch stammen sie aus dem 19. Jh. Es ist mitunter nicht leicht, ihr genaues Alter und ihre Herkunft zu bestimmen, da es kaum eindeutige Merkmale gibt, um die Stücke aus der Gegend um Gördes und diejenigen, die in großer Zahl im übrigen Anatolien und sogar in Europa, insbesondere in Bulgarien, Rumänien und Italien, produziert wurden, zu unterscheiden. Vielleicht das ausführlichste Werk zu diesem Thema ist das Buch »*Oriental Rugs, a Comprehensive Guide*« von Murray Eiland. Danach zeichnen sich die frühesten Stücke durch eine rundere Linienführung aus. Die Mihrab nimmt eine dominierende Stellung gegenüber den Bordüren ein. Die Mihrab selbst enthält zwei Säulen, die jedoch auch bei den angeblich ältesten Stücken mit dem Bogen nicht verbunden sind und damit eine rein dekorative Funktion haben, und eine kleine Lampe innerhalb des Bogens, die schon sehr früh zu einem floralen Motiv degeneriert ist. Einige Exemplare, z. B. das weißgrundige Stück, das bei Eiland (Nr. 71a) abgebildet ist, zeigen am Fuß der Mihrab drei freistehende Pflanzen, ein deutlicher Hinweis auf die enge Verbindung zu den höfischen Gebetsteppichen, wie etwa zu dem oben erwähnten Exemplar, das im Metropolitan Museum aufbewahrt wird. An beiden Enden der Mihrab befindet sich ein Querbalken oder Paneel *(Takhta)* mit floralen Motiven. Strukturell sind die frühesten Exemplare mit einem Grundgewebe aus Wolle und abwechselnd versenkten Kettfäden gewebt. Die Knotung ist relativ dicht mit 1900 bis 3200 Knoten pro Quadratdezimeter.

Bei der Altersbestimmung sind also folgende Punkte zu berücksichtigen: Struktur des Grundgewebes, Knotendichte, Form und Größe der Mihrab, Bordürengestaltung, Art der Ornamentierung innerhalb der Mihrab und innerhalb der Bordüren und *Takhta.*

Im frühen 19. Jh. wird die Mihrab kompakter, die Bordüre breiter. Das Bordürenmuster wird jedoch nicht feiner, sondern eher steifer und schematischer. Die Zahl der Bortenstreifen wächst. Bei einigen Exemplaren befinden sich im Zentrum der Bordüre sieben schmale Streifen, die sog. *Çubukli-*(oder *Schobokli-*)Bordüre, vermutlich ein Symbol für die sieben Stufen zum Paradies. Dieses Motiv, ebenso wie die zu einem Rechteck zusammengedrückte Mihrab, wird heute als Indiz für eine relativ späte Entstehungszeit gewertet. Wesentliches Strukturmerkmal bei den späten Stücken ist auch der Schußfaden aus Baumwolle. Die Mihrab-Lampe, die bei den älteren Stücken nicht weiter als bis zum Bogenansatz reicht, wächst bei den neueren Exemplaren bis weit ins Zentrum der Mihrab hinab. Außerdem ist zu beobachten, daß die Verwendung von Baumwolle für die weißen Partien des Feldes, die bei den frühen Stücken nur äußerst selten vorkam, im Laufe der Zeit stetig zunahm.

Bis jetzt sprachen wir über Teppiche, die als Original-Gördes gelten können. Kaum zu bezweifeln ist jedoch, daß die schon im 19. Jh. einsetzende große Beliebtheit solcher Stücke

auf den westlichen Märkten dazu geführt hat, sie sowohl in der Türkei als auch in Europa zu kopieren. In der Türkei selbst imitierte man Gördes-Teppiche in Panderma, Kayseri, Bursa, Istanbul und Hereke. Laut Eiland entstanden Kopien auch in Korfu und sogar in Täbris. Am weitesten verbreitet sind die Imitationen aus Kayseri. Man erkennt sie an der auffallend in die Länge gezogenen Mihrab. Im 20. Jh. degenerieren diese Imitationen merklich sowohl hinsichtlich der Muster als auch der Qualität des Gewebes. Der Katalog »*Oriental Rugs from Canadian Collections*« bringt unter der Nummer 9 einen Teppich mit ganz ungewöhnlichen Merkmalen. Er besteht ganz aus Baumwolle. Diese Tatsache und das Gemisch aus Motiven, die z. T. der frühen, z. T. der späteren Weberei von Gördes zu entstammen scheinen, führten zu lebhaften Spekulationen über Alter und Herkunft dieses Teppichs.

Panderma-Gebetsteppich mit weißgrundigem Mihrab-Feld aus Baumwolle, 19. Jh. Knüpft stilistisch an die Gördesteppiche an. 160 × 124,5 cm.

Seit etwa 1920 werden in Gördes selbst so gut wie keine Teppiche mehr hergestellt. Neuere Stücke in der Art des erwähnten kanadischen Exemplars, die in Büchern über moderne türkische Erzeugnisse abgebildet sind, stammen vorwiegend aus Kayseri und dürften während der letzten fünfzig Jahre entstanden sein.

Neben den genannten wurden in Gördes aber auch noch andere Muster verwendet. Dazu gehörten vor allem zwei spezifische Arten von Gebetsteppichen, die *Kiss-Gördes* (Braut- oder Verlobungsteppiche) und die *Mazarliks* (Grabteppiche). Bei den Verlobungsteppichen befindet sich die Mihrab in Form eines großen, seitlich abgeschnittenen Rhombus in einem quadratischen Feld, d. h., die Mihrab hat praktisch zwei Enden. In ihrem Inneren befindet sich ein kleines Rautenmedaillon. Zwei solche Exemplare, eines im Metropolitan Museum, das andere im Museum für Islamische Kunst in Berlin, werden von Dimand und Erdmann dem frühen 19. Jh. zugeordnet. Ein weiteres, vielleicht das schönste, befindet sich in der Sammlung von Iten-Maritz (»*Der anatolische Teppich*«, Seite 149). Es ist datiert mit 1863, und es gibt keinen erkennbaren Grund, weshalb die Stücke in New York und Berlin älter sein sollten als dies Exemplar. Bei allen dreien ist die weißgrundige Mihrab mit kleinen Hohlkreis-Motiven, genannt *Sinekli* oder »Fliegendreck«, ausgemustert, wie man sie auf vielen Gördes-Teppichen und fast auf allen Kiss-Gördes findet. Dieses Muster und die Farbe des Feldes wiederholen sich in den breiten Zickzacklinien in der Hauptbordüre. (Tatsächlich handelt es sich bei diesen Zickzacklinien um ein Netzmuster, das durch das quadratische Feld teilweise überdeckt ist. Man findet diese Idee bisweilen auch auf kaukasischen Teppichen.) Das Rautenmedaillon im Zentrum der Mihrab hat einen blauen Grund. Nach Iten-Maritz ist seine Form ein Symbol für die Ewigkeit, seine Farbe ein Symbol für Treue.

Die Friedhofs- oder Grabteppiche *(Mazarliks)* – zwei davon befinden sich im Metropolitan Museum (Katalognummern 134 und 135) – haben meist einen pastellfarbenen Grund. Ihre Mihrab enthält neben floralen Motiven realistisch wiedergegebene Symbole der Trauer, z. B. Gräber, Mausoleen, Zypressen und Weiden. Traditionsgemäß wurden sie von der ganzen Familie gemeinsam nach dem Tod eines ihrer Mitglieder gewebt. Man vererbte sie entweder von Generation zu Generation oder stiftete sie der örtlichen Moschee, weshalb sie bisweilen auch *Turbeliks* (Moscheeteppiche) genannt werden.

Die großen säkularen Teppiche aus Gördes hatten meist quadratisches Format. Ein schönes Exemplar kam als Nummer 18 am 14. April 1976 bei Sotheby's unter den Hammer. Sein dunkelblaues Feld war mit einem engen Rautengitter aus winzigen Blüten gemustert. Im Zentrum und an den vier Ecken befanden sich große rechteckige Blütenzweige. Innere und äußere Bordüre waren abwechselnd mit Blütenreisig und einzelnen Blütenkelchen dekoriert. Die Mittelborte *(Çubukli)* hatte schwarze und weiße Streifen, die mit winzigen Floralmotiven ähnlich denjenigen des Feldes versehen waren. Das Muster dieses Stücks, offensichtlich eine Abwandlung des Gebetsteppich-Musters, weist auch gewisse Parallelen zu den frühen höfischen Teppichen auf, die mit Medaillon, Eckstücken und einem durchgehenden Muster vorwiegend aus Kugeln und Streifen gearbeitet waren (Beispiele sind der McMullan-Teppich im Metropolitan Museum und ein fast identisches Exemplar im Berliner Museum). Die Regelmäßigkeit der Motive sowie die *Çubukli*-Bordüre lassen für das bei Sotheby's verkaufte Stück eine Entstehungszeit um die Mitte des 19. Jh. vermuten, obwohl es im Auktionskatalog als »18. Jh.« ausgewiesen wurde.

LADIK

Das zweite große Teppichzentrum ist das zentralanatolische Ladik mit seinem Umland. Ebenso wie die Gebetsteppiche aus Gördes mit der hufeisenbogigen Mihrab sind auch die dreibogigen Gebetsteppiche aus Ladik stilistisch sehr nahe mit den höfischen Gebetsteppichen des 16. und 17. Jh. verwandt. Mit dieser Aussage umgehen wir allerdings unbeabsichtigt eine der strittigsten Fragen, die die Teppichwelt heute bewegt. Es gibt nämlich zwei Arten von Ladik-Gebetsteppichen. Die erste hat eine Nische mit drei säulengestützten Bogen. Sechs die-

Linke Seite, oben links: Gördes-Gebetsteppich mit Sinekli-Mihrab und Çubukli-Bordüren, spätes 18. Jh. 140 × 109 cm. Oben rechts: Panderma-Gebetsteppich im Gördes-Stil, 19. Jh. 152 × 124 cm. Unten links: Kiss-Gördes-Gebetsteppich, spätes 18. Jh. 172,5 × 129 cm. Unten rechts: Persischer Seiden-Gebetsteppich im Gördes-Stil aus Täbris, spätes 19. Jh. 168 × 119 cm.

Drei Ladik-Gebetsteppiche aus
dem 18. Jh.
Oben links: 188 × 109 cm.
Oben rechts: 172,5 × 124,5 cm.
Früher Kevorkian-Sammlung.
Unten links: 157 × 104 cm.

ser Säulen befinden sich im Inneren, die beiden äußersten an den Seiten der Mihrab. Überragt wird die Mihrab von floralen Spandrillen, über denen sich ein Querbalken mit reziproken Dreiblatt- oder Speerspitzenmotiven (auch »Vandycks« genannt) und langen schlanken Tulpen befindet. Die Farbe des Feldes ist normalerweise Rot. Obwohl auch einige Teppiche existieren, die zwar dieses Grundmuster aufweisen, im Gewebe und in den Bordüren jedoch abweichen, so daß man vermuten könnte, diese Art habe eine lange Geschichte und sei überdies aus verschiedenen Orten hervorgegangen, können wir vorläufig von einer gewissen Homogenität sprechen.

Die zweite Kategorie der Ladik-Gebetsteppiche wird allgemein als jünger eingeschätzt, obgleich ihre Geschichte mit Sicherheit bis ins 18. Jh. zurückreicht. Was die Provenienz angeht, so zweifelt die Mehrzahl der Fachleute nicht daran, daß diese Stücke aus Ladik stammen. In ihrer Mihrab ist die dreibogige Form zwar noch angedeutet, doch sofern überhaupt Säulen vorhanden sind, was nicht immer der Fall ist –, sind diese auf zwei reduziert und dienen wie bei den Gördes-Teppichen nur noch zur Dekoration. Der auffallendste Unterschied zu der ersten Gruppe besteht in der Größe der Mihrab. Sie ist in der Breite geschrumpft und nimmt in der Länge höchstens die Hälfte des ganzen Teppichs ein, meist sogar nur ein Drittel. Der Querbalken der früheren Stücke ist bei diesen Exemplaren zu einem quadratischen Paneel vergrößert, das zudem bis auf wenige Ausnahmen an den Fuß der Mihrab gerückt ist. Ein Exemplar mit dem Paneel am Kopfende aus der Ballard-Sammlung befindet sich im Museum of Art in St. Louis; »*Prayer Rugs*«, Textilmuseum, Nr. XVI. Das Ornament dieses Paneels jedoch ist dasselbe geblieben wie bei den dreibogigen Ladiks: reziprokes Dreiblatt-Muster und langstielige Tulpen. Die Tulpen zeigen nach unten, wenn das Paneel sich am Fuß der Mihrab befindet, und nach oben, wo das Paneel oberhalb der Spandrillen angebracht ist. Es sind eine ganze Reihe von Exemplaren bekannt, die ein Datum aus den beiden letzten Jahrzehnten des 18. Jh. tragen. Wahrscheinlich sind diese Stücke mit den größten, noch deutlich dreibogigen Mihrabs und den dekorativen Säulen, die also der ersten Gruppe noch am nächsten stehen, auch die ältesten.

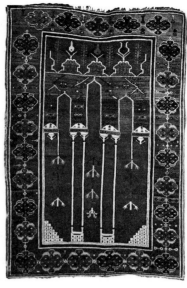

Dreifach-Säulen-Gebetsteppich mit drei ungewöhnlichen Kandelaber-Motiven in der Mihrab, aus Ladik, spätes 17. oder frühes 18. Jh. 162,5 × 104 cm.

Wir sehen also, es gibt viele Ähnlichkeiten, aber auch deutliche Unterschiede zwischen den beiden Gruppen. Man möchte annehmen, daß die zweite Gruppe eindeutig von der ersten abgeleitet ist. Doch an dieser Frage scheiden sich die Geister. Denn die erste Gruppe, der man allgemein eine weiterzurückreichende Tradition nachsagt, überschneidet sich zeitlich mit der zweiten. Sie stellt ihrerseits eine »dörfliche Version« der mit Säulen geschmückten höfischen Gebetsteppiche dar, deren bester Vertreter – wir wiederholen es – sich im Metropolitan Museum befindet.

Aus der ersten Gruppe sind eine ganze Reihe sehr schöner Exemplare bekannt. Ein Teil davon befindet oder befand sich in den folgenden Sammlungen: Textilmuseum in Washington, Dumbarton Oaks, Metropolitan Museum (zwei Stücke aus der McMullan-Sammlung), frühere Kevorkian-Sammlung (bei Sotheby's, 5. Dezember 1969, Nr. 9), Sammlung Bernheimer (abgebildet in Erdmanns »*Orientalische Teppiche*«, Tafel 160), frühere Davazanti-Sammlung (bei Bode und Kühnel, Abb. 36) und Türk ve Islam Museum, Istanbul (bei Iten-Maritz, S. 47). Ein sehr eigenartiges Stück mit drei langen kandelaberartigen Motiven zwischen den Säulen der Mihrab und mit Stufenquadraten in den unteren Ecken sowie unter den mittleren Säulenpaaren finden wir bei Kendrick und Tattersall (Tafel 55) abgebildet. Es wurde als Teil einer sehr erlesenen Sammlung anonym verkaufter Teppiche am 13. Januar 1975 bei Christie's angeboten (Nr. 28). Zu dieser Sammlung gehörte auch der schöne Stern-Ushak, den wir in einem früheren Abschnitt erwähnt haben, sowie ein weiterer dreibogiger Gebetsteppich aus Ladik. Die Auktionsleiter beschrieben das Stück, das bei Kendrick und Tattersall abgebildet ist, als einen Ushak. Die vorherrschende Grundfarbe der Mihrab bei diesen frühen Stücken ist entweder Rot oder Bisterbraun.

Aus der europäischen Malerei wissen wir, daß solche Gebetsteppiche spätestens in der zweiten Hälfte des 17. Jh. in den Westen gelangt sein müssen. Wohl die eindrucksvollste dieser bildlichen Darstellungen finden wir in dem Stilleben von Nicolaes van Gelder (Rijksmuseum, Amsterdam), das mit 1664 datiert ist. Man erkennt darauf deutlich die Details von Mihrab, Säulen, Spandrillen und Bordüren. Sie sind fast identisch mit den Motiven, die wir auch auf den obengenannten Teppichen wiederfinden. Aber trotz solch eindeutiger Beweise, daß derartige Teppiche schon um die Mitte des 17. Jh. existiert haben müssen, sind nur wenige Fachleute bereit, auch nur eines der noch erhaltenen Exemplare so früh zu datieren. Es kam daher zu äußerst kritischen Untersuchungen der Teppiche, die für den Laien einigermaßen verwirrend sein müssen. In einer Veröffentlichung des Textilmuseums steht unter der Rubrik »Gebetsteppiche aus Ladik« zu lesen: »Eine Gruppe von Gebetsteppichen wurde im 18. und 19. Jh. in Ladik, dem antiken Laodicea, hergestellt . . . die frühesten Ladiks, etwa aus der ersten Hälfte des 18. Jh., sind als Säulen-Ladiks bekannt.« Doch wir wissen – und das ohne jeden Zweifel, was höchst selten der Fall ist im Zusammenhang mit orientalischen Teppichen –, daß solche Stücke um die Mitte des 17. Jh. produziert wurden. Es ist durchaus möglich, daß die Spitzenexemplare ebenfalls aus dieser Zeit stammen. Da das höfische Exemplar des Metropolitan Museums gegen Ende des 16. Jh. entstanden ist, würde das bedeuten, daß diese Musterkonzeption in weniger als hundert Jahren Eingang in die traditionelle türkische Dorfweberei gefunden hat. Vielleicht sollte man noch hinzufügen, daß Murray Eiland, der schon die Gleichsetzung von Gördes mit der antiken Stadt Gordion als einen Irrtum aufgedeckt hat, der Überzeugung ist, daß auch Ladik keinesfalls identisch mit Laodicea ist, das er unter dem heutigen Denizli vermutet.

Die traditionelle Zuordnung dieser Stücke zum Herkunftsort Ladik ist besonders in neuester Zeit recht häufig in Frage gestellt worden. In einem Aufsatz in »*Oriental Art*« meint May Beattie, es sei aufgrund der technischen Unterschiede zwischen den dreibogigen oder Säulen-Ladiks und den späteren Klein-Mihrab-Versionen schwer, an eine gemeinsame Herkunft dieser beiden Arten zu glauben. Noch komplizierter wird die Sache dadurch, daß ein Teppich aus dieser Gruppe, das Stück in Dumbarton Oaks, neben einer floralen, geometrischen Bordüre und der blassen rostroten Farbe auch noch doppelte Bögen über den »Seitenschiffen« der Mihrab hat. Außerdem ist sein Gewebe schwerer und dicker als bei allen übrigen Exemplaren. Charles Grant Ellis sieht in diesen Abnormitäten einen Hinweis dafür, daß das Stück mindestens in der europäischen Türkei oder in Siebenbürgen entstanden ist. Siebenbürgen läßt sich nicht so ohne weiteres von der Hand weisen, denn immerhin weisen eine ganze Reihe von mutmaßlich in Siebenbürgen gefertigten Teppichen dieselben Bordüren und dieselbe Spandrillenmusterung auf mit gezackten Lanzettblättern und stilisierten Rosetten (ein Beispiel ist das Stück im Metropolitan Museum, das in McMullans »*Islamic Carpets*«, Nr. 89, abgebildet ist). Andererseits wiederum werden die Siebenbürgen-Teppiche – wir kommen später noch auf sie zurück – heute generell dem Distrikt Bergama zugeordnet. Die spätere Gruppe der Klein-Mihrab-Ladiks ist wenigstens ein Jahrhundert nach den dreibogigen Stücken entstanden, so daß die vergleichsweise geringfügigen technischen Unterschiede nicht unbedingt gegen eine gemeinsame Herkunft der beiden Gruppen sprechen. Im Gegenteil, ihre stilistischen Übereinstimmungen lassen es sogar als unwahrscheinlich erscheinen, daß sie nicht im selben geographischen und kulturellen Milieu entstanden sein sollen. Der dreibogige Ladik im Istanbuler Museum hat Goldgelb und Rot als Hauptfarben. Er verfügt auch über die üblichen Kartuschen-Bordüren. Allerdings sind seine beiden äußeren Bögen wie bei dem Stück in Dumbarton Oaks doppelt gekrönt. Er gehört gewiß zu den ältesten Teppichen dieser Art, obwohl er zweifellos nicht – wie das Museum behauptet – aus dem 16. Jh. stammt. Es wäre jedoch sehr gut möglich, daß er dem amerikanischen Stück ein Jahrhundert voraus hat und damit ein »früheres Modell« darstellt, das den Katalogverfassern des Textilmuseums unbekannt war. Teppiche mit der kleinen Mihrab wurden bis ins 20. Jh. hergestellt, und zwar mit synthetischen Farben und zunehmend vergröberter Zeichnung.

BERGAMA

Die Siebenbürgen-Teppiche, denen wir nun schon mehrmals begegnet sind, bilden eine interessante, wenn auch umstrittene Gruppe für sich. Wir haben schon darauf hingewiesen, daß eine Vielzahl verschiedenartiger Gebetsteppiche in den protestantischen Kirchen Siebenbürgens erhalten geblieben ist. Eine besondere Gruppe, die dabei immer wiederkehrte, wurde nach dem Landstrich ihrer Entdeckung benannt. Heute jedoch sind die meisten Fachleute davon überzeugt, daß diese Stücke in Bergama entstanden sind. Damit allerdings erkennen sie an, daß das Muster der doppelseitigen Mihrab mit den von einem Quadrat umgebenen Spandrillen von den Ushak-Gebetsteppichen des späten 16. und frühen 17. Jh. abgeleitet worden ist, obwohl es angesichts der Entstehungszeit der frühesten Bergamas (nach europäischen Gemälden spätestens zweite Dekade des 17. Jh.) übertrieben scheint, von einer Ableitung zu sprechen. Wahrscheinlich handelt es sich bei den Ushaks und Bergamas um voneinander unabhängige, doch ähnliche dörfliche Modifikationen des persischen Medaillon-und-Eckenmusters und der höfischen türkischen Versionen aus dem späten 16. Jh. Das Muster der doppelseitigen Ushak-Mihrab und das ihm ähnliche »Siebenbürgen-Muster« aus Bergama weisen nur eine geringe Verbindung zu den üblichen eindeutigen Mustern der Gebetsteppiche auf. Bei einigen Exemplaren erscheint eine mehr oder weniger schematische Wiedergabe einer Moscheelampe, doch es gibt genauso viele Exemplare, wo dieses Motiv fehlt. Frühe Autoren wie Kendrick und Tattersall kamen gar nicht auf die Idee, daß es sich bei diesen Stücken um Gebetsteppiche handeln könnte.

Das Gebiet von Siebenbürgen befand sich nur zwischen 1526 und 1699 unter osmanischer Herrschaft. Ein Großteil der uns bekannten Bergamas entstand in den letzten Jahren dieser Periode. Etwa ein Drittel der in den protestantischen Kirchen gefundenen türkischen Teppiche trug das Siebenbürgen-Bergama-Muster. In der europäischen Malerei tauchten sie erstmals um 1620 auf, ausschließlich bei flämischen Meistern (Beispiele: »*Der Gildendiener Abraham Grapheus*« von Cornelis de Vos, Königl. Museum der Schönen Künste, Antwerpen, und »*Constantijn Huygens und sein Sekretär*« von Thomas de Keyser, National Gallery, London. Höchst ungewöhnliche Besonderheiten des Teppichs auf dem letzteren Werk sind die grüne Kette und das grüne Feld.) Dieser Typ war sehr beliebt und wurde bis ins 18. Jh. wiederholt auf Gemälden abgebildet. Berühmt ist die Darstellung eines späteren Siebenbürgen-Teppichs auf dem 1741 entstandenen Gruppenbild »*Isaac Royall und seine Familie*« von dem Amerikaner Robert Feke (Harvard Law School). Typisch für diese Teppiche ist die doppelseitige Mihrab, obwohl vereinzelt auch die konventionelle Mihrab mit nur einer Nische vorkommt, z. B. auf dem schönen Exemplar im Metropolitan Museum (Nr. 89), das zudem über eine ungewöhnlich realistische Moscheelampe verfügt. Das Muster der Mihrab besteht entweder aus einer eckigen Arabeske mit Stielen und großen Blüten und einer Moscheelampe an beiden Seiten, die im Zusammenhang mit dem floralen Muster unbewußt auch als Vase gedacht sein könnte, oder aus einem großen Mittelmedaillon, das mit seinen kurzen Stäben bisweilen die ganze Länge der Mihrab einnimmt. Die Mihrab selbst ist gewöhnlich rot, leder- oder cremefarben. Bei einigen der floral ausgemusterten Mihrabs fehlen die Arabesken als Verbindung zwischen den Blüten (siehe McMullans »*Islamic Carpets*«, Nr. 86). Die Spandrillen enthalten vorwiegend große Blütenköpfe und steif wirkende Lanzettblätter oder (siehe McMullans »*Islamic Carpets*«, Nr. 85, und Bode und Kühnel, Nr. 34, ein Stück aus dem Budapester Industriemuseum) eine geometrische Arabeske, die an das Muster der Lotto-Teppiche erinnert.

Teppich aus Çanakkale bei Bergama, der an einige der großen »Holbein«-Muster aus dem 15. und 16. Jh. erinnert, 19. Jh. 172,5 × 99 cm.

Am beständigsten von allen Merkmalen jedoch ist die Bordüre. Sie ist überwiegend mit abwechselnden quadratischen und rechteckigen Sternmotiven ausgemustert. In den quadratischen Sternen befindet sich jeweils wiederum ein filigranartiger achtzackiger Stern, während die größeren rechteckigen Sterne eckige offene Medaillons, Arabesken und Blüten enthalten, die denjenigen der Mihrab und der Spandrillen ähneln. Interessant bei allen älteren Siebenbürgen-Bergamas ist die Tatsache, daß das Bordürenmuster an den Ecken nie zufriedenstellend gelöst ist. Meist sind die Bordüren innen und außen noch von einem Randstreifen mit reziprokem Dreiblattmuster eingefaßt.

Bis jetzt haben wir nur die typischsten Muster dieser an sich leicht erkennbaren Teppichart beschrieben. Es gibt daneben jedoch noch zahlreiche Variationen, die z. B. in der Bordüre nur die rechteckigen Sterne haben. Diese Version sieht man meist auf Teppichen mit einem Mittelmedaillon, die später entstanden sind als die Stücke mit floralem Gittermuster. Noch spätere Exemplare wie der Teppich auf Robert Fekes Gruppenbild haben nur einzelne rechteckige Sterne in der Bordüre, die mit einem starren System aus sechs Rosetten und einer Mittelraute ausgefüllt sind. Wir haben auch die »Kartuschen-und-Tulpen«-Bordüre des McMullan-Stücks beschrieben. Ein identisches Muster findet sich auf den frühen dreibogigen Gebetsteppichen aus Ladik. Die Bordüre der frühen Siebenbürgen-Teppiche hat natürlich unverkennbar eine gewisse Ähnlichkeit mit den »Stern-und-Kartuschen«-Bordüren der Mamluken-Teppiche. Je nachdem, ob man die Entstehung der letzteren vor oder nach der Eroberung Ägyptens durch die Osmanen ansetzt, könnte es sich bei den Bordüren der Siebenbürger um eine Weiterentwicklung ägyptischer Muster handeln, oder sie sind, wie Dimand glaubt, von persischen Teppichen übernommen, bei denen sie erstmals zu Beginn des 16. Jh. auftauchten. Aus dem Abschnitt über Mamluken-Teppiche geht klar hervor, daß dieses Muster von Buchillustrationen und Einbänden bekannt war, lange bevor es auf persischen Teppichen verwendet wurde. Es ist sehr gut möglich, daß die Mamluken dieses Muster unabhängig von den persischen Einflüssen entwickelt haben, die ihnen von den Osmanen ins Land gebracht wurden. Eine weitere Variation des Siebenbürgen-Musters befindet sich in der Sammlung Bernheimer (siehe Erdmanns »*Orientalische Teppiche*«, Tafel 162). Bei diesem Stück sind die Seiten der Mihrab nicht gerade, sondern gezackt. Die Bordüre mit den rechteckigen Sternen deutet auf eine Entstehung zu Beginn des 18. Jh. hin. Ein anderes bei Erdmann abgebildetes Stück (Tafel 161) hat ein großes Mittelmedaillon, an dessen Rändern Blüten im Profil zu sehen sind. Die Bordüre besteht aus einer Palmettenranke mit großen Blüten.

Auch in Bergama und den umliegenden Dörfern wurden säkulare Teppiche mit geometrischen Ornamenten hergestellt, besonders im 19. Jh. Die meisten dieser Stücke können als direkte Nachfahren der großgemusterten »Holbeins« angesehen werden, die zwischen dem 15. und 17. Jh. ebenfalls in diesem Gebiet entstanden sind. Es existieren allerdings auch nicht zu übersehende kaukasische Einflüsse, die vor allem auf Immigranten aus Baku und anderen Regionen des Kaukasus zurückzuführen sind. Ganz ähnliche Teppiche, die vielleicht sogar noch näher mit den großgemusterten »Holbeins« verwandt sind, wurden auch im Gebiet der Dardanellen um Çanakkale produziert. Viele der Muster mit großen Quadraten und geometrischen Motiven schreibt man seit etwa 1960 eher diesem Gebiet als dem weiter südlich gelegenen Bergama zu. Damals durchforschte Kurt Erdmann das Türk ve Islam Museum in Istanbul. Er bemerkte dabei, wie er in seinem Buch »*Siebenhundert Jahre Orientteppich*« schrieb, daß ein Großteil der späteren Varianten des großgemusterten »Holbeins« die Bezeichnung »Chanakkale« trugen – ein in Europa bis dahin unbekannter Name.

DÖRFLICHE TEPPICHE

Im Süden und Osten von Çanakkale liegen mehrere kleine Städte und Dörfer (Ezine, Manyas, Çan, Avunya, Balikeshir, Kirné u. a.), in denen Teppiche produziert werden, die sich stilistisch bis auf die weicheren Farben kaum von kaukasischen Erzeugnissen unterscheiden. Da diese Stücke vorwiegend über Bergama gehandelt wurden, glaubte man im Westen, daß sie auch

dort entstanden wären. Die Unterschiede in Stil und Qualität sind so gering, daß eine genaue Zuordnung zu den einzelnen Dörfern praktisch unmöglich ist. Die besten Stücke haben einen sehr hohen Flor, der ebenfalls an die kaukasische Weberei erinnert.

Joseph V. McMullan zeigte in »*Islamic Carpets*« eine umfangreiche Gruppe solcher Teppiche, die zu den ersten gehörten, die er systematisch gesammelt hat. Er unterteilte sie in drei Gruppen: Die erste – nach Bode »Holbein-Varianten« genannt – hat in der Mitte ein Quadrat, das oben und unten von zwei kleineren Quadraten flankiert ist. Bei einigen Exemplaren sind die kleineren Quadrate zu Eckstücken geworden und verraten so eine gewisse Nähe zu den zweiseitigen Gebetsteppichen mit Zentralmedaillon aus Ushak und Bergama. Die zweite Gruppe hält McMullan für eine hochstilisierte anatolische Version der Gartenteppiche. Ihr Muster besteht aus ineinandergreifenden Paneelen einer Farbe, die sich zu einer breiten, doppelten Speerspitze formieren. Die Grundfarbe des Feldes wiederholt sich in den Kanälen und geometrischen Flächen der Paneele. Die uns bekannten Exemplare stammen vorwiegend aus Bergama. Das McMullan-Stück Nummer 99 befindet sich heute im Metropolitan Museum. Ein Exemplar aus der Sammlung Kevorkian kam am 11. Dezember 1970 als Nummer 1 bei Sotheby's zur Auktion (bei Ian Bennett, »*Schönheit echter Orientteppiche*«, S. 15). Ein drittes Stück wurde am 13. Januar 1975 bei Christie's verkauft (Nr. 23). Alle drei Exemplare haben fast identische Feldmuster, in denen die Paneele separiert sind, also nicht ineinandergreifen. Etwa zur gleichen Zeit oder etwas später entstanden Teppiche, bei denen nur noch die äußere Kontur jener Form übrigblieb, die von den Paneelen gebildet wurde. An den beiden Enden befanden sich speerspitzenförmige Einschnitte, bei denen es sich nach McMullan (Nr. 100) um architektonische Gebilde handelt, die von den Gebetsteppichen abgeleitet sind. Bei einem dritten Exemplar aus McMullans Sammlung (Nr. 101) hat sich die speerspitzenförmige Einbuchtung zu einem offenen Oktogon am Ende eines Kanals gewandelt.

Wir kennen dieses Motiv von anatolischen Gebetsteppichen aus dem 16. Jh.: In unserem Abschnitt über frühe Osmanen-Teppiche sind einige derartige Exemplare erwähnt. Wir sagten damals, daß solche Teppiche im 16. Jh. häufig auf italienischen Gemälden zu finden seien. In ihrer Arbeit »*Eine Gruppe von Gebetsteppichen und ihre Datierung*« konnte Johanna Zick nachweisen, daß die erste europäische Darstellung aus dem Jahre 1469 stammt. Wir führten als Beispiele zwei Arbeiten von Lorenzo Lotto an (»*Marienaltar*«, 1507, Treviso, und »*Maria mit Kind und Heiligen*«, 1521, San Spirito, Bergamo) und können daher mit Sicherheit an-

Linke Seite, oben: Robert Feke: »Isaac Royall mit Familie«, 1741. Porträt-Sammlung der Harvard University, Fogg Art Museum, Cambridge. Unten links: Bergama-Siebenbürgen-Gebetsteppich, spätes 17. Jh. 175 × 122 cm. Unten rechts: Bergama-Siebenbürgen-Gebetsteppich, frühes 18. Jh. 172,5 × 122 cm.

Unten links: Bergamateppich mit Gartenmuster, frühes 19. Jh. 267 × 162,5 cm. Rechts: Bergama mit kufisch inspirierter Bordüre und einem Feldmuster, das deutlich von den Siebenbürger Gebetsteppichen beeinflußt ist, frühes 19. Jh. 198 × 175 cm.

nehmen, daß dieses Motiv um die Mitte des 15. Jh. häufig auf anatolischen Gebetsteppichen verwendet wurde. Wir wiesen darauf hin, daß die Gebetsteppiche mit doppelseitiger Mihrab im Metropolitan Museum, deren ältester Ende des 16., Anfang des 17. Jh. entstanden sein dürfte, dieses Motiv am Fuße der Mihrab aufweisen. Ein ähnliches Stück befindet sich im Musée des Arts Décoratifs in Paris. Es hat jene schönen Wolkenband-Bordüren, die man auch auf den floralen höfischen Teppichen des sog. Kairoer Typs findet, die entweder in Kairo, Istanbul oder Bursa entstanden sind. Bode und Kühnel ordnen das Pariser Stück Ushak zu. Im Metropolitan Museum hängt auch ein Stück mit Oktogonen, die sich an beiden Enden gegenüberstehen. Dimand hält es für einen Gebetsteppich aus Ushak und datiert auf das späte 17. Jh. Zur Bedeutung des Oktogons und des Kanals meint Johanna Zick, es handle sich dabei um eine Nische innerhalb einer Nische. Ihr Kollege Volkmar Enderlein glaubt aufgrund von Vergleichen mit einem ähnlichen, doch weniger schematischen Motiv, das auf einem sehr frühen Mamlukenteppich zu sehen ist, es handle sich um einen Kanal mit Wasserbecken, aus der Vogelperspektive gesehen, als Symbol für die rituellen Waschungen, die der gläubige Moslem vor dem Gebet zu vollziehen habe. Charles Grant Ellis schließlich vertritt in einem Gebetsteppich-Katalog des Textilmuseums (1975) die Meinung, dieses Motiv stelle einen stilisierten Berg dar, wie man ihn auch auf chinesischen Drachenroben und Tempelsäulen-Teppichen finden könne. Er versinnbildliche die Erhöhung des Gläubigen. Wie immer man das nun sehen mag, das Motiv erfreute sich während des ganzen 18. und 19. Jh. einer sehr großen Beliebtheit und wurde auf Gebetsteppichen wie auf deren säkularen Ableitungen verwendet.

Hinzufügen sollte man, daß vergleichbare Stücke auch im Kaukasus produziert wurden. In dem oben erwähnten Katalog des Textilmuseums ist z. B. ein Kasak-Gebetsteppich des 19. Jh. abgebildet, dessen Bordüren identisch sind mit denjenigen auf McMullans anatolischen Teppichen Nr. 98 und 99. Die Motive im Inneren einschließlich der stilisierten Zypressen ähneln McMullans Nr. 100. In seinem Katalog von 1975 zeigt Peter Bausback einen Bergama aus dem 19. Jh. mit oktogonal geschnittenem Feld, den er mit den Mustern der Lori-Pambak-Teppiche vergleicht. Es läßt sich denken, daß die Ähnlichkeit zwischen den Speerspitzenmotiven aus einzelnen Balken auf dem ersteren der McMullan-Teppiche und ähnlichen Gebilden auf den frühen kaukasischen Drachenteppichen bestimmt nicht nur ein Zufall ist. Auch ein Fragment eines frühen Gebetsteppichs im Staatlichen Museum Berlin hat ein Muster aus Rauten, Balken und Kanälen (Bode und Kühnel, Abb. 37). Bei Murray Eiland (»Oriental Rugs«, Tafel 82) finden wir einen Teppich mit jener ganz typischen doppelseitigen Form wahrscheinlich aus Bergama und dem 18. Jh. Allerdings fehlt diesem Stück die Eleganz des Berliner Fragments. Es dürfte daher später entstanden sein. In seinem Buch »Der anatolische Teppich« zeigt Iten-Maritz einen Bergama-Gebetsteppich aus dem 20. Jh., der dem Berliner Stück sehr nahe kommt, sowie einen Teppich von etwa 1875 mit gegenüberliegendem Doppeloktogon, der sich mit beiden McMullan-Stücken und den Kasak- und Lori-Pambak-Teppichen vergleichen läßt. Dieses Stück beschreibt Iten-Maritz als »Kozak«. Er bemerkt dazu, daß derartige Exemplare, deren Muster in der Türkei als *Kalkali* (»rund«) bekannt sind, im Westen sehr häufig als Bergamas bezeichnet würden. Kozak, eine Verfälschung von Kasak, woher seine Bewohner ursprünglich gekommen waren, ist eine kleine Stadt etwa 20 km nördlich von Bergama, wo seine Erzeugnisse gehandelt werden.

Auf Tafel 102 zeigt McMullan einen Teppich aus seiner Sammlung, bei dem das doppelendige Oktogon und das Quadrat zu einem großen Medaillon auf rotem Feld geworden sind, wie man es auch auf kaukasischen Stücken finden kann. Aufgrund der Farben, vorwiegend Dunkelrot und Blau, kommt McMullan zu der Ansicht, das Stück müsse von anatolischen Kurden angefertigt worden sein. Bei Kendrick und Tattersall jedoch finden wir einen Gebetsteppich (Tafel 108 a), dessen Mihrabbogen in Form eines offenen Sechsecks mit Kanal sich am unteren Ende des Teppichs wiederholt. Die Farben entsprechen weitgehend denjenigen des McMullan-Stücks. Nach Auskunft des Autors werden solche Teppiche als *Jacebedir (Jakshibehdir)* oder »Köhler« bezeichnet. Ein in Form und Farbe ähnliches Exemplar wurde am 13. Januar 1975 unter der Nummer 8 bei Christie's zum Verkauf angeboten.

Die dritte der von McMullan aufgestellten Kategorien dörflicher Teppiche aus dem 19. Jh. besteht aus Stücken, die die Tradition der Zweifach-Medaillons oder der Oktogon-Wiederholungsmuster aus dem 15. Jh. fortsetzen, wie man sie häufig auf europäischen Gemälden aus jener Zeit findet. Die bekanntesten und erfolgreichsten dieser Stücke haben ein quadratisches Feld, in dem zwei große Oktogone enthalten sind. Der Grund dieser Oktogone ist cremefarben. In ihrem Inneren befinden sich wiederum zwei kleinere rote Oktogone, die von acht breiten, kreisförmig angeordneten blauen Balken umgeben sind. Diese sind mit roten geometrischen Hakenmotiven ausgemustert; den Raum zwischen den Balken füllen einzelne Sterne aus. In den freien Flächen zwischen den Oktogonen am Rande des Feldes befinden sich mit Haken versehene Dreiecke, die sich bei einigen Exemplaren (z. B. McMullan Nr. 106) in den Ecken wiederholen. Die großen Oktogone sind von einzelnen Reihen mit geometrischen Motiven oder Blumen umgeben. Das Muster der Hauptbordüre besteht entweder aus einem Rautengitter oder aus einzelnen Blütenmedaillons. Seine leuchtenden Farben erinnern an buntes Glas.

Teppich aus Konya mit aprikosenfarbenem Fond. Das Muster ist sehr urtümlich. Spätes 19. Jh. 221 × 203 cm.

Drei Stücke dieses Typs befanden sich in McMullans Sammlung. Eines (Nr. 103) gehört heute dem Metropolitan Museum. Ein zweites (Nr. 104) ist weniger auffällig und hat kleinere Oktogone, während das dritte am 12. Juni 1975 als Nr. 32 bei Christie's verkauft wurde. Es ähnelt im Stil der Nr. 103, ist jedoch in schlechterem Zustand. Auf der Auktion wurde es irrtümlich als McMullans Nr. 103 angeboten. Ein weiteres Exemplar aus der Sammlung Rose (Dimand-Katalog Nr. 93) befindet sich heute ebenfalls im Metropolitan Museum. Es unterscheidet sich vor allem in den Farben – die kleinen Mitteloktogone beispielsweise sind hellgrün. Die Bordüre besteht aus steif gezeichneten Oktogonen, in denen jeweils ein achtzackiger Stern enthalten ist. Ein fünftes Stück ähnelt dem McMullan im Metropolitan Museum. Es wurde am 14. April 1976 bei Sotheby's (Nr. 26) verkauft. Ein sechstes, ähnlich dem McMullan Nr. 104, war in Bausbacks Katalog von 1975 zu sehen. Ein siebtes schließlich, in Farbe und Zustand wohl das beste der hier aufgezählten Stücke, kam am 18./19. November 1976 unabgebildet bei Sotheby's zum Angebot (Nr. 33) und befindet sich zur Zeit dieser Niederschrift auf dem Londoner Markt. Obwohl das Stück im Auktionskatalog nur als »ziemlich gut« (»fair«) bezeichnet wurde, war es doch in fast tadellosem Zustand mit einem dichten, hohen Flor. Seine Grundfarbe war ein kräftiges Krapprot. Sogar die breiten rostroten Kelimstreifen waren original erhalten. Auch hier erinnerten die Pracht der Farben und der reiche Flor an kaukasische Stücke. Alle aufgeführten Teppiche sind in der ersten Hälfte des 19. Jh. entstanden.

Die Teppiche mit Oktogon-Wiederholungsmuster gehen natürlich auf die Seldschuken-Fragmente aus dem 13. und 14. Jh. zurück. Sie stehen den Kaukasiern, Turkmenen und Damebrett-Mamluken sehr nahe, die, wie wir schon gesagt haben, von vielen Fachleuten als anatolischen Ursprungs angesehen werden. McMullan führt ein Exemplar aus seiner Kollektion vor, in dessen sechs großen, miteinander verbundenen Oktogonen jeweils ein kreuzförmiges geometrisches Motiv enthalten ist. Er interpretiert diese Kreuzformen als die schematisierten Vögel der frühen Seldschuken-Tierteppiche, die sich im Laufe der Zeit in abstrakte Gebilde verwandelt hätten. Uns scheint diese keineswegs uninteressante Auffassung doch ein wenig zu dramatisch. Eine direktere Verbindung zu den rein geometrischen Mustern der Seldschuken-Fragmente läßt sich in zahlreichen türkischen Museumsstücken erkennen.

Ein bemerkenswertes Fragment ist in Erdmanns »*Siebenhundert Jahre Orientteppich*« (Tafel 121) zu sehen. Es hat auf der Längsachse Reihen aus jeweils acht Oktogonen, die mit geometrischen Motiven ausgefüllt sind. Die einzelnen Reihen sind durch weiße Balken voneinander getrennt. In den Zwischenräumen zwischen jeweils vier Oktogonen befinden sich Arabesken. Nach Erdmann ist das Stück zwischen dem 16. und 18. Jh. in Anatolien entstanden. Zwei Exemplare mit demselben Muster, doch offensichtlich später, wahrscheinlich im 19. Jh., entstanden, kamen am 29. November 1974 und am 4. Februar 1977 (Nr. 1) bei Lefèvre in London zum Verkauf. Der Katalog wies auf die Verbindung zwischen diesen Stücken und dem kleinen Holbeinmuster hin, das auf einem Fragment aus der Moschee von Beyshehir (heute im Mervlana-Museum in Konya) zu sehen sei. Erdmann datiert dieses Fragment (»*Siebenhundert Jahre*«, Tafel 44) in das frühe 15. Jh. Er bemerkt dazu, daß diese Art der Einteilung des Feldes in Quadrate mit Hilfe von Axiallinien außer auf diesem Fragment und einigen späteren Versionen sonst nur noch bei einer anderen Gruppe von frühen Teppichen vorkäme, den Damebrett-Mamluken, die wir im Zusammenhang mit einem anderen Seldschuken-Fragment schon erwähnt haben. Bemerkenswerterweise kehrt dieses Muster aus verschränkten Oktogonen mit Axiallinien auf anatolischen Kelims vielfach wieder. David Black und Clive Loveless zeigen in ihrer Studie »*The Undiscovered Kilim*« (Tafel 30 und 31) zwei hervorragende Beispiele dafür.

ANDERE TEPPICHZENTREN IN DER TÜRKEI

Die charakteristischen türkischen Gebetsteppichmuster aus Gördes, Ladik, Ushak und Bergama wurden im 18. und 19. Jh. auch in anderen Städten und Gegenden verarbeitet. Die bekanntesten Namen sind Konya, Panderma, Kula, Megri, Milas, Mudjur, Kirshehir und die Yürük-Nomaden. Natürlich sind all diese Namen auch mit weltlichen Teppichen verbunden, deren Muster von den alten Seldschuken, den Kaukasiern und den großen osmanischen Teppichzentren – Bergama und Ushak – gleichermaßen beeinflußt sind. Es ist schwierig, die Muster dieser verschiedenen Zentren näher zu spezifizieren, da es sich vorwiegend um Ablei-

Oben links: Gestreifter Milas-Gebetsteppich (Karaova-Milas), Mitte des 19. Jh. 132 × 107 cm. Mitte links: Mudjur-Gebetsteppich, spätes 18. oder frühes 19. Jh. 178 × 140 cm. Unten links: Kirshehir, 19. Jh. 173 × 122 cm. Rechts: Kula-Gebetsteppich mit »Grab«-Muster, frühes 19. Jh. 213,5 × 134,5 cm. Früher Sammlung Kevorkian.

tungen, wenn nicht um ausgesprochene Kopien aller bisher besprochenen Typen handelt. Ohne weitreichende Erfahrung ist eine zuverlässige Zuordnung gewiß nicht möglich. Jede Aussage, etwa über das Muster der Kula-Teppiche, das häufig aus einer dreibogigen Mihrab mit dekorativen Säulen besteht, hätte für jede der anderen Gruppen dieselbe Gültigkeit.

MILAS

Eine Gruppe jedoch läßt sich deutlich unterscheiden. Sie kommt aus Milas, einer kleinen Stadt im Südwesten der Türkei. Die dort hergestellten Stücke werden heute besonders hoch geschätzt. Die Preise für gute Exemplare sind beträchtlich, obwohl es sich keineswegs um ausgesprochene Raritäten handelt. Sie zeichnen sich durch eine klar geformte Mihrab und durch ihre ungewöhnliche Farbgebung aus. Der bekannteste Gebetsteppichtyp zeigt ein großes Rechteck in der Mitte, das von mehreren schmalen Streifen mit geometrischen Motiven umgeben ist. Die Mihrab im Inneren nimmt etwa zwei Drittel der Gesamtlänge des Rechtecks ein. Sie hat neun Seiten, die im oberen Bereich zur Form einer Pfeilspitze gebogen sind. Die große weiße Fläche über dem Bogen ist mit eckigen Blumenmotiven ausgemustert. In der breiten Hauptbordüre wechseln große Palmetten mit kleinen Blüten an winkligen Stämmen ab. Den Abschluß bildet ein Randstreifen mit Zickzacklinie. Die vorherrschenden Farben sind Gelb, Rostrot, Braun, Aubergine und Weiß, wobei vor allem das sanfte Aubergine ein besonderes Kennzeichen der Milas-Teppiche dieses Typs ausmacht. Obwohl Eiland bemerkt, daß ein Großteil dieser Stücke ziemlich grob gewebt sei, zeichnen sich die besten Exemplare mit ihrem kurzgeschorenen Flor und der weichen Wolle durch samtigen Glanz und Elastizität aus.

Unter der Bezeichnung Milas erscheinen aber auch noch andere Muster. Die sog. Ada-Milas-Gebetsteppiche werden auf der Halbinsel (ada) zwischen Karaova und Bodrum produziert. Nach Iten-Maritz sollte dieser Name nur für eine ganz bestimmte Art von Teppichen verwendet werden, deren Kennzeichen das ungewöhnliche Muster und die gedämpften Rot-Braun-Töne seien (Blau käme nie vor). Das von ihm angeführte Musterbeispiel (S. 198) besteht aus zwei breiten Bordüren mit geometrischen Motiven und einem Feld mit schlanker Säule in der Mitte und einem über die gesamte Länge reichenden Kamm-Motiv, das wie ein gigantischer Tausendfüßler aussieht. Nun behauptet Iten-Maritz einerseits, daß nur dieser Typus hergestellt würde, und stiftet andererseits totale Verwirrung, indem er sieben Seiten später einen weiteren Ada-Milas mit völlig anderem Muster zeigt. Dieses letztere Stück besitzt ein Stabmedaillon aus zwei Hexagonen. Seine Farbpalette umfaßt Rot, Rotbraun, Orange, Gelb und Grau. In seinem 1975er Katalog bringt Peter Bausback einen als »Ada-Milas« bezeichneten Gebetsteppich (S. 69), dessen eigentlich quadratisches Feld sich an beiden Seiten stufenförmig verjüngt, so daß die Form einer abgeflachten Mihrab entsteht. Die kammartigen Blätter des im Inneren dargestellten Lebensbaumes sehen aus wie große federförmige Botehs. Gleich auf der nächsten Seite des Katalogs ist eine ähnlich ge-

formte Mihrab mit ähnlichem Motiv abgebildet, doch dieses Stück wird nur als »Milas« beschrieben. Es stammte ursprünglich aus der Sammlung McMullan und wurde am 12. Juni 1975 bei Christie's (Nr. 37) verkauft. Das Lebensbaummotiv mit federförmigen Botehs erscheint auch auf weltlichen Milas-Teppichen, z.B. auf dem schönen Exemplar, das Lefèvre in London am 4. Februar 1977 unter der Nr. 14 verkauft hat. Auf derselben Auktion (Nr. 15) befand sich noch ein weiterer weltlicher Milas von kleinerem Format. Sein Feld enthielt zwei Quadrate, die mit Tulpenreihen, kleineren Quadraten und Blütensternen gemustert waren. Andere Milas-Stücke aus dem 19. Jh. zeigen ein Medaillon-und-Eckenmuster in Gelb, Orange und Grau auf lebhaft rotem Feld, das stilistisch den Gebetsteppichen aus Bergama und Ushak sehr nahe steht und ein Nachfahre der Kairoer Hofteppiche ist. Das letzte bedeu-

Links: Milas, Mitte des 19. Jh. 112 × 99 cm. Rechts: Smyrna, möglicherweise in Ushak hergestellt, spätes 18. oder frühes 19. Jh. 208,5 × 190,5 cm. Früher Sammlung Kevorkian.

Von links nach rechts:
Yürükenteppich mit
verschiedenen Stileinflüssen aus
Turkmenien, dem Kaukasus
und Bergama, Mitte des 19. Jh.
269 × 175 cm. Seidener
Hereke-Gebetsteppich mit
Doppelnische, spätes 19. Jh.
211 × 147 cm. Seidener
Kum-Kapu mit indo-persischem
Einfluß, 19. Jh.
190,5 × 129,5 cm.

Rechte Seite, oben links:
Seidener Kum-Kapu mit
persischem Tierteppich-Muster,
19. Jh. 208,5 × 132 cm. Oben
rechts: Mit Metallfäden
durchwirkter Seiden-Kum-
Kapu. Sein Muster basiert auf
dem persischen Fliesenmuster.
Frühes 20. Jh. 295 × 211 cm.
Unten links: Mit Metallfäden
durchwirkter Seiden-Hereke mit
ganz ähnlichem Muster wie der
Salting-Teppich, 19. Jh.
200,5 × 162,5 cm. Unten
rechts: Türkischer Seidenteppich
(Hereke oder Istanbul) mit
indo-persischem Einfluß, frühes
20. Jh. 305 × 99 cm.

tende Muster aus diesem Gebiet ist der Streifen-Milas, bei dem das Feld in vertikale Paneele unterteilt ist. Dieses Muster wird sowohl für weltliche als auch in Verbindung mit der Pfeil-spitzen-Mihrab für Gebetsteppiche verwendet.

SMYRNA

In Stil und Farbe ebenso ausgeprägt wie die Milas-Teppiche sind die sog. Smyrnas. Ihre Bezeichnung ist darauf zurückzuführen, daß sie mit ziemlicher Sicherheit für den Export bestimmt waren und das Land über den Hafen Smyrna (das heutige Izmir) verlassen haben. Hergestellt wurden sie jedoch vermutlich in Ushak. Teppiche aus dieser Gruppe sind verhältnismäßig selten. Von den wenigen uns bekannten Exemplaren gehört eines der Sammlung McMullan an (»Islamic Carpets«, Tafel 95). Ein weiteres befand sich in der Sammlung Kevorkian (Sotheby's, 10. Dezember 1970, Nr. 7; Bennett, »Schönheit echter Orientteppiche«, S. 99). Ein drittes erschien kürzlich auf dem Londoner Markt (Raymond Benardout, »Turkish Rugs«, 1975, Nr. 15). Das bei Bernardout abgebildete Stück ist zwar möglicherweise das älteste, doch die Datierung »spätes 17. Jh.« – wie vom Autor behauptet – ist gewiß zu früh. Nach Ansicht McMullans wurden derartige Teppiche ausschließlich im 18. Jh. hergestellt. Der Sotheby-Katalog datiert das Kevorkian-Exemplar jedoch in das frühe 19. Jh. In Farbe und Muster sind alle drei Stücke sich sehr ähnlich. Das orange-gelbe Feld ist mit großen Pfingstrosen in Gelb, Rot und Blau ausgemustert. Bei den Stücken von Kevorkian und McMullan erscheinen außerdem auch noch Reihen mit Vierblattmotiven. Das Muster der orange-roten Bordüren besteht aus ovalen Kartuschen und Blüten, wie man sie auch auf den frühen dreibogigen Gebetsteppichen aus Ladik und einigen Bergama-Siebenbürgen-Teppichen findet. Die Ursprünge dieser Muster sind mit ziemlicher Sicherheit in den floralen Hofteppichen aus dem 16. und 17. Jh. zu suchen. Der Flor ist verhältnismäßig dicht und schwer. Wahrscheinlich ist keines der Stücke vor Ende des 18. Jh. entstanden.

MEJEDIEH (MEJID)

In vielen Gegenden der Türkei wurden im 19. Jh. Teppiche hergestellt, deren Muster als Mejedieh oder Mejid bezeichnet wird. Der Name bezieht sich nicht auf einen Herstellungsort oder ein Handelszentrum, sondern er benennt einen Stil. Hauptmerkmale sind die hellen Pastellfarben und die europäisch – wahrscheinlich französisch – beeinflußten Blumenmotive. Der Name ist abgeleitet von Sultan Abd ül-Medschid I. (1839–1861), der der europäischen Kultur besonders zugetan war, sich europäisch kleidete und seine Paläste nach französischem Geschmack ausstatten ließ. Im allgemeinen wird diese Chronologie akzeptiert, wenngleich einige Fachleute der Ansicht sind, daß der eigenartige Gebetsteppich in Erdmanns »Orientali-

Oben links: Hereke-Seidenkopie der Ardebil-Moscheeteppiche, spätes 19. oder frühes 20. Jh. 284 × 147,5 cm. Unten links: Hereke-Seidenteppich mit persischem Einfluß, 19. Jh. 417 × 340 cm. Rechts: Mit Metallfäden durchwirkter Seiden-Kum-Kapu mit Arabeskenmuster, Mitte des 19. Jh. 168 × 109 cm.

sche Teppiche« (Tafel 166), datiert auf 1760/61, eine frühere Entstehung dieses Typs vermuten ließe. Dieses Stück, das einst einer Berliner Privatsammlung angehörte, stammt nach Erdmann aus Kirshehir. Er fügt hinzu, daß der europäische Einfluß in dieser Gegend südöstlich von Ankara besonders deutlich zu spüren sei. Tatsächlich war Kirshehir im 19. Jh. berühmt für seine Mejedieh-Teppiche, weltliche wie religiöse, insbesondere für *Mazarliks*. Das bei Erdmann abgebildete Stück hat neoklassische Säulen und in der Mitte eine Zypresse. Sein Stil erinnert weniger an den französischen Geschmack als vielmehr an das Biedermeier. Die stilisierte florale Bordüre ist jedoch nicht untypisch für Kirshehir.

YÜRÜKEN

Das Wort Yürüken, das wörtlich übersetzt soviel wie »Bergnomade« bedeutet, bezeichnet alle Teppiche, die von türkischen Nomaden hergestellt wurden, ohne sich auf einen bestimmten Stamm zu beziehen. Zu diesen Nomaden gehören Kurden, Kaukasier und Turkmenen. Ihre zottigen Teppiche mit den streng geometrischen Ornamenten lassen das Stammeserbe erkennen. Sie werden grundsätzlich nur im östlichen Anatolien produziert. Die Form der modernen Yürüken ist, wie Murray Eiland betont hat, häufig sehr stark verzogen. Leider gibt es so gut wie keine ernsthaften Studien über die türkischen Nomadenteppiche, obwohl zumindest die besten Yürüken mit ihren subtilen Abwandlungen der etablierten dörflichen Muster größere Aufmerksamkeit verdient hätten.

TÜRKISCHE TEPPICHE IM 19. UND 20. JAHRHUNDERT

Wir kommen nun zu den türkischen Seidenteppichen, die im 19. und 20. Jh. produziert wurden. Man nimmt an, daß die kaiserlichen Webstühle in Hereke im Jahre 1844 aufgestellt wurden, also wahrscheinlich zur selben Zeit, als man auch in Bursa wieder anfing, feinere Teppiche zu weben. Unentschieden ist dagegen, ob die Manufakturen von Kum-Kapu in den Außenbezirken von Istanbul ebenfalls damals schon oder, wie viele Autoren glauben, erst gegen Ende des 19. Jh. eingerichtet wurden. Doch wie dem auch sei, es besteht jedenfalls kein Zweifel, daß die türkischen Seidenteppiche des 19. Jh. technisch gesehen eine überragende Stellung in der Geschichte des Knüpfteppichs einnehmen. Wenn man sie dennoch nicht zu den großen Kunstwerken zählt, so liegt das daran, daß ihre Muster trotz der an Wunder grenzenden Präzision ihrer Ausführung und trotz der einmalig schönen Farben praktisch reine

Links: Seidenteppich nach einer Hereke-Kopie eines persischen Tierteppichs, hergestellt in der Tossounia-Fabrik auf Korfu um 1930. 175 × 130 cm.
Rechts oben: Mit Metallfäden durchwirkter Seiden-Kum-Kapu des sog. safawidischen Typs. 19. Jh. 178 × 120 cm. Rechts unten: Hereke-Bildteppich aus Wolle, spätes 19. oder frühes 20. Jh. 191 × 122 cm.

Kopien sind, die jede Kreativität vermissen lassen. Sie bezogen ihre Vorbilder hauptsächlich von den persischen Safawidenteppichen des 16. Jh. In unserem Kapitel über safawidische Teppiche sind wir schon auf jene Stücke eingegangen – die Salting-Gruppe und die Gebetsteppiche –, die von Erdmann und anderen Autoren zweifelsfrei als türkische Erzeugnisse des 19. Jh. identifiziert wurden. Daneben kopierte man auch noch den Stil der Kairoer Hofteppiche und der Mogulteppiche. Eine ganze Reihe von Exemplaren besonders aus Kum-Kapu wurden mit Metallfäden aus mehrfarbigem Gold verarbeitet. Dadurch werden sehr originelle Effekte erzielt.

Das wohl anschaulichste Beispiel für die Vergeudung brillanter technischer Fähigkeiten bietet ein außergewöhnlicher Seiden-Gebetsteppich aus Hereke, der am 12. Juni 1975 und noch einmal ein Jahr später bei Christie's angeboten wurde. Er hatte eine dreibogige Mihrab, deren architektonischer Aufbau und deren Spandrillen-Ornament eindeutig auf den osmanischen Hofteppich im Metropolitan Museum zurückzuführen war. Das Feld der Mihrab jedoch enthielt ein engmaschiges Rautengitter mit stilisierten Blumen. Die Bordüren bestanden aus einer großen stilisierten kufischen Schrift. Diese Kombination von Bordüre und Feldmuster wirkte überaus seltsam, bis man schließlich darauf kam, daß es sich hier um eine direkte und sehr genaue Kopie des wahrscheinlich bekanntesten Seldschuken-Fragments handelte, das 1905 in der Ala-ed-din-Moschee entdeckt worden war. Dieses Stück, das erstmals 1907 von Sarre veröffentlicht und später in F. R. Martins »A History of Oriental Carpets before 1800« in Farbe reproduziert wurde, findet man auch bei Erdmann (»Siebenhundert Jahre Orientteppich«, Abb. 25) und den meisten anderen Autoren, die sich mit der Frühgeschichte des Teppichs auseinandergesetzt haben.

Seine Schmuckmotive auf einem seidenen Hereke-Gebetsteppich aus dem 20. Jh. wiederzufinden, dessen übriges Muster von einem Stück aus dem 16. Jh. kopiert wurde, ist zwar seltsam, doch eigentlich nicht überraschend, denn die Entwerfer von Hereke und Kum-Kapu waren reine Eklektiker.

TUDUC-TEPPICHE

Zum Abschluß soll noch auf eine wahrhaft außergewöhnliche Werkstätte in Rumänien hingewiesen werden, die sich Anfang unseres Jahrhunderts mit ihrem Gründer Tuduc (oder
Duduk) einen beinahe legendären Ruf erworben hat. Ihr Geschäft bestand in der Anfertigung
von Teppichen und Brücken im Stil der großen Zentren und Kulturen des Ostens. Ob man
damit bewußt betrügen wollte, ist umstritten, daß es gelang, ist aber sicher. Obwohl heutzutage die meisten Experten behaupten, sie könnten jede Tuduc-Kopie identifizieren, habe ich
die Erfahrung gemacht, daß es jedesmal Streit und Verbitterung gab, wenn ein solches Stück
auftauchte. Das Ergebnis war nicht selten voller Ironie. Kurt Erdmann beispielsweise schrieb
einen berühmten Aufsatz über die Entlarvung eines Teppichs, der auch in »Siebenhundert
Jahre Orientteppich« enthalten ist. Er schreibt darin über eine Gruppe türkischer und kaukasischer Kopien von Tuduc, zu der auch der weißgrundige »Kugel-und-Streifen«-Ushak gehörte, den das Victoria and Albert Museum im Jahre 1933 erworben hatte. Der Aufsatz hinterläßt keinen Zweifel, daß ein solches Stück heute von keinem größeren Museum mehr
anerkannt werden würde, wenngleich man in der Vergangenheit einige betrübliche Erfahrungen gemacht habe. Ironie des Schicksals ist es, daß Erdmann in »Siebenhundert Jahre Orientteppich« erstmals einen anderen weißgrundigen Ushak mit »Kugel-und-Streifen«-Muster
veröffentlichte, den das Berliner Museum Ende der fünfziger Jahre mit seiner Hilfe gekauft
hatte und den er für ein bedeutendes Exemplar dieses Typs aus dem 17. Jh. gehalten hatte.
Heute wird dieses Stück von allen Experten als eine Tuduc-Kopie aus dem 20. Jh. identifiziert.

Heute sieht es auch so aus, als handle es sich bei einer nicht unbeträchtlichen Anzahl
von Siebenbürgen-Teppichen, die Schmutzler 1937 in seinem Klassiker »Altorientalische
Teppiche in Siebenbürgen« – einer der »Bibeln« der Teppichfachwelt – veröffentlicht hatte,
ebenfalls um Tuduc-Kopien. Und wenigstens ein scheinbar bedeutender Weißgrund-Ushak,
der 1976 für eine hohe Summe auf einer Auktion verkauft wurde, kam ebenfalls aus dieser
rumänischen Fabrik.

Marokkanische und tunesische Teppiche

Von den nordafrikanischen Teppichen sind mit Ausnahme der ägyptischen nur sehr wenige nach Europa gelangt. Auch die neueren Produkte mit ihren meist grellen synthetischen Farben und ihrer geringen Qualität sieht man hier nur recht selten. Deshalb hat man den Teppichen der nordafrikanischen Stämme ebenso wie der angewandten Kunst aus diesem Gebiet selbst unter Experten für islamische Kultur bisher nur geringe Aufmerksamkeit geschenkt. Einzig die Franzosen beschäftigten sich wegen ihrer kolonialen Interessen in gewissem Maß mit der Untersuchung der städtischen und nomadischen Kunstformen Marokkos, Algeriens und Tunesiens. Hinsichtlich der Teppiche sind P. Ricards »*Corpus des tapis maroccains*« (1923) sowie L. Poinssots und J. Revaults »*Tapis tunisiens*« (1950–1957) erwähnenswert.

In den Anfangsjahren der Ausbreitung des Islams gehörten die Gebiete Maghreb und Ifrikiya – die heutigen Atlasländer von Marokko bis Tunesien – zum kulturell vernachlässigten Hinterland des maurischen Reiches in Spanien, obwohl die Mauren selbst aus Nordafrika stammten. In der ersten Hälfte des 8. Jh. gründeten die Mauren das Emirat von Córdoba, das dem omajjadischen Kalifat von Damaskus unterstand. Nachdem die Omajjaden 750 besiegt und in Bagdad das Abbasidenkalifat errichtet worden war, hielten sich im Maghreb und in Spanien die Omajjaden. 929 gründeten sie in Córdoba ihr eigenes anti-abbasidisches Omajjadenkalifat. Die Stadt wurde eines der großen Kulturzentren des westlichen Islams. Sie erreichte ihre Blütezeit unter Abd ar-Rachman III. (912–961) und seinen Nachfolgern Hakam II. (961–976) und Hischam II. (976–1009). Der omajjadische Stil beeinflußte von Córdoba aus ganz Spanien und Nordafrika.

Im 11. und 12. Jh. befand sich Nordafrika ebenso wie das maurische Spanien und Ägypten unter der Herrschaft verschiedener Berberdynastien. Das Sultanat der Almoraviden (1087–1147) errichtete seine Hauptstadt in Marrakesch. Nur in dieser Zeit wurde das maurische Spanien von Nordafrika aus regiert. Rein formell unterwarf sich das besiegte Omajjadenkalifat dem Kalifat der Abbasiden, denn das Maurische Reich blieb auch weiterhin autonom. Die Almoraviden hatten kein besonders großes Interesse an der Kunst, doch unter ihren Nachfolgern, den Almohaden (1147–1269), trieb der neue maurische Stil seine ersten Blüten. Schon vorher gewann das Fatimidenkalifat, eine andere anti-abbasidische Dynastie, die in Teilen Nordafrikas schon seit 909 regierte, die Oberhoheit über Ägypten. Auch die Fatimiden waren Berber wie die Idrisiden von Fès im heutigen Nordmarokko, die von 788 bis 974 regierten, die Aghlabiden, die von 800 bis 909 in Kairouan im heutigen Tunesien herrschten, und ihre Nachfolger, die Ziriden (909–1150), die mit den Fatimidenherrschern in Ägypten verwandt waren. Die Almohaden vereinigten einen Großteil von Nordafrika und Spanien. Nach ihrem Untergang fiel das Gebiet wieder in mehrere Teilstaaten auseinander: Die Nasriden herrschten in Granada (1238–1492), die Meriniden in Fès (1269–1421) und die Hafsiden in Tunis (1228–1574). Etwa zur gleichen Zeit errichteten die Mamluken ihr Reich in Ägypten. Seit der Wende vom 15. zum 16. Jh. übten die Osmanen entweder eine direkte Herrschaft oder einen sehr starken Einfluß auf Nordafrika aus. Sie wurden im 19. und 20. Jh. durch den Expansionsdrang der Europäer, insbesondere der Briten und der Franzosen, abgelöst.

Während wir wissen, daß in Ägypten und im maurischen Spanien schon sehr früh Teppiche produziert wurden – die spanischen Teppiche aus dem 14. und 15. Jh. repräsentieren eine weit zurückreichende Handwerkstradition –, ist über derartige Aktivitäten im Maghreb zu dieser frühen Zeit nichts bekannt. Trotzdem darf man annehmen, daß die ältesten erhaltenen Teppiche aus Marokko und Tunesien, die im 19. Jh. entstanden sind, nicht die ersten waren, die dort hergestellt wurden. Über Tunesien schreibt Jacques Revault allerdings in »*Designs and Patterns from North African Carpets and Textiles*«, die bedeutendsten Teppiche, die *Zerbiya* aus Kairouan, seien in dieser Stadt nicht vor Mitte des 19. Jh. hergestellt worden. Man nimmt an, daß ihre Technik und ihre überwiegend anatolischen Muster von der Tochter eines osmanisch-türkischen Gouverneurs eingeführt wurden.

Alle nordafrikanischen Teppiche sind mehr oder weniger »barbarische« Versionen der anatolischen Weberei. Sie werden vorwiegend von nomadisierenden Völkern hergestellt. Ihre Gewebe sind dementsprechend grob; sie haben einen langen, zottigen Flor. Zwischen den einzelnen Knüpfreihen sind bis zu sieben Schußfäden eingezogen, so daß die Teppiche bisweilen ziemlich wellig wirken. Besonders die marokkanischen Stücke folgen fast stets demselben Standardmuster. Bei einer Länge bis zu 4,5 m, die vor allem die älteren Stücke aufweisen, haben sie im Zentrum des Feldes ein Quadrat, in dem sich ein großes rautenförmiges Stufenmedaillon befindet. Das Innere des Medaillons ist meist mit stilisierten floralen und geometrischen Motiven ausgemustert, die deutlich von anatolischen und maurischen Vorbildern abge-

Marokkanischer Teppich mit dem typischen großen Stufenmedaillon in der Mitte. Interessant ist ein Vergleich zu dem safawidischen Portugiesenteppich. Spätes 19.Jh. 385 × 166 cm. Islamisches Museum, Berlin.

leitet sind. Die Spandrillen enthalten entweder ein engmaschiges geometrisches Muster, wie es auf dem Exemplar in Berlin zu sehen ist, oder sie wiederholen einzelne Motive des Medaillons. Ein Exemplar dieses Typs ist in dem sehr nützlichen Werk von Jack Franses »*European and Oriental Rugs*« (Abb. 45) abgebildet. Um das zentrale Quadrat herum sind meist Reihen von Blumen, oft Tulpen, und vielfarbigen Vierecken angeordnet. Letztere enthalten geometrische Motive und sehen aus wie »Patchwork«. Der Gesamteindruck ist den safawidischen Portugiesen-Teppichen und einer verwandten Gruppe kaukasischer Stücke nicht unähnlich. Die Farben sind das hervorstechendste Merkmal der marokkanischen Weberei. Sie umfassen weiche Töne in Rot, Blau, Malve, Grün und Gelb. Bei einigen Exemplaren, deren Feld in leuchtendem Safrangelb erstrahlt, sind die Motive nicht in Reihen ausgerichtet, sondern locker um das Quadrat verstreut.

Die Mehrzahl der marokkanischen Teppiche wurde von den Kabylen und anderen Nomaden der Gebirge im Atlas und Antiatlas hergestellt. Gehandelt wurden sie vorwiegend in kleinen Städten wie Tiznît, Târoûdânt und Tintazart. Nach Jack Franses erzeugt man in Marokko heute Teppiche von sehr guter Qualität mit naturfarbenem Untergrund und braun und grau getönten Mustern. Sie werden vorwiegend in der Umgebung großer Städte wie Marrakesch angefertigt. In Algerien ist besonders Sétif als Herstellungs- und Handelszentrum bekannt.

Die tunesischen Stücke unterscheiden sich vor allem stilistisch von den marokkanischen, obwohl auch hier das Mittelquadrat mit Stufenraute nicht unbekannt ist. Zu den bekanntesten und besten Knüpfteppichen gehörten diejenigen, die während der letzten etwa einhundert Jahre in Kairouan, im Westen des Landes, angefertigt wurden. Ihre Motive sind von den türkischen Teppichen her vertraut, auch wenn sie hier andere, z. T. recht interessante Bezeichnungen tragen. Ein den Turkmenen entlehntes Muster heißt »Rosen in Schiffen«, ein typisch anatolisches Sternmotiv wird »Schwalbe« genannt, ein Rautengitter mit Kreuzmotiven heißt »Die Ziegeln des Herrn«, und ein großes Gittermedaillon, das auch auf persischen, anatolischen und mittelasiatischen Arbeiten zu finden ist, wird »Gemeinde« oder »Versammlung« genannt. Eine Untersuchung der Herkunft dieser Namen könnte etwas über die ursprüngliche Bedeutung der Motive zutage fördern, doch vielleicht handelt es sich bei den Namen auch nur um Gedächtnishilfen für die Weber.

BEDUINENTEPPICHE

Interessanter als die vom Mittleren Osten beeinflußten Produkte der Siedlungen sind die Teppiche der nomadisierenden Beduinen. Nach Jacques Revault werden sie heute praktisch nicht mehr hergestellt. In der Vergangenheit waren vor allem die Stämme Mittel- und Südtunesiens (die Hamama, Zlass und Mahadba) sowie einige aus dem Norden (die Drid und Ouled bou Ghanem) durch ihre Knüpfteppiche bekannt. Allerdings wurden solche Stücke nur im Auftrag für Stammesoberhäupter und reiche Oasenbesitzer angefertigt. Die Masse der Produktion bestand aus glattgewebten Teppichen. Die Knüpfteppiche (*ktif* oder *ktifa*) wurden im Winter als Matratzen und auch als Decken verwendet, während man sie sonst nur zu zeremoniellen Anlässen und zu Ehren von Gästen benutzte. In ihrem Feld zeigen diese Stücke geometrische Ornamente und nur sehr vereinzelt florale oder Tiermotive. Meist ist das Feld in mehrere große Quadrate oder liegende Vierecke aufgeteilt, die jeweils mit verschiedenen geometrischen Wiederholungsmustern ausgefüllt sind. In ihrem Stil erinnern diese Stücke bisweilen stark an die frühesten seldschukischen oder mongolischen Arbeiten. Daneben scheinen jedoch auch Muster der glatten Webteppiche in Knüpfform übersetzt worden zu sein, was sehr ungewöhnlich ist. Bei den Anatoliern z. B. sind die Kelims manchmal glattgewebte, also schlechte Versionen von Knüpfmustern, doch niemals imitieren Knüpfteppiche die typischen Muster der Kelims.

Neuere persische Teppiche

DER HISTORISCHE HINTERGRUND

1722, mit der Einnahme Isfahans durch die Afghanen, begann das Ende der Herrschaft der Safawiden. Für Persien folgten eineinhalb Jahrhunderte der größten politischen Wirren. Nach der Machtergreifung durch die Afghanen meldeten Türken und Russen ihre Territorialansprüche an. Selbst die Briten rechneten das Land zu ihrer Interessensphäre. 1736 bestieg der afghanische Heerführer Nadir Kuli den Thron und nannte sich von da an Nadir Schah. Er erweiterte die Grenzen seines Reichs über Afghanistan bis nach Indien, wo er 1738 Delhi eroberte. 1747 jedoch wurde er ermordet. Das Land kam von 1750 bis 1779 unter die Herrschaft des Kurden Karim Khan Zänd. Dieser wurde seinerseits von Aga Mohammed Khan Kadschar gestürzt, dem Gründer der Kadscharendynastie. Der letzte Herrscher dieses Hauses fiel 1925 der Revolution zum Opfer, als Riza Khan den Thron bestieg.

In seiner Abhandlung über die moderne Teppichproduktion in Persien schreibt Edwards, der wirkliche Umschwung, d.h. der Wandel von der traditionellen Teppichweberei zu einem wichtigen Zweig der Exportindustrie, sei 1875 unter dem Einfluß der Händler von Täbris erfolgt und 1883 durch die Einrichtung der Niederlassung der britisch-schweizerischen Firma Ziegler & Co. in Sultanabad (dem heutigen Arak) noch verstärkt worden.

Im Zusammenhang mit den persischen Teppichen des 19. und 20. Jh. muß sich der Leser mit einer Reihe von verwirrenden Gegebenheiten vertraut machen. Grundsätzlich unterscheidet man zwischen zwei Hauptgruppen, den Dorf- bzw. Nomadenteppichen und den städtischen Fabrikstücken. Die Namen für die einzelnen Teppicharten beziehen sich nicht unbedingt auf den Ort ihrer Herstellung. Bisweilen bezeichnen sie einen Handelsplatz, ein bestimmtes Muster oder eine spezifische Qualität des Gewebes. Auch die Größe kann damit bezeichnet sein. Man muß bedenken, daß die Teppichherstellung in Persien während der letzten hundert Jahre vorwiegend zu einer kommerziellen Angelegenheit geworden ist, die von Händlern und Kaufleuten bestimmt wurde. Für ihre Zwecke haben Händler die Teppiche natürlich nach geschäftlichen Gesichtspunkten klassifiziert. Im Laufe der Zeit ergab sich daraus ein Gewirr von Namen, das oft nur schwer auseinanderzuhalten ist, vor allem, da die Händler in den verschiedenen Ländern häufig verschiedene Namen für dieselben Teppiche gebrauchten. Selbst die Schreibweise der Namen ist selten einheitlich.

HERSTELLUNGSGEBIETE

Es ist unmöglich in einer vergleichsweise kurzen Abhandlung, alle im heutigen Persien vertretenen Teppicharten einzeln aufzuzählen. Sie gehen in die Hunderte und sind außerdem teilweise kaum zu unterscheiden. Für unsere Zwecke sollte es genügen, das Land in vier große Teile – West-, Zentral-, Ost- und Südpersien – sowie einige Unterbereiche aufzuteilen.

Westpersien
1 *Hoher Nordwesten:* Das Gebiet um Täbris, Heris und Gorovan.
   Die Herstellung ist hauptsächlich auf Täbris konzentriert.
2 *Mittlerer Nordwesten:* Gebiet um Hamadan und Senneh.
3 *Südlicher Nordwesten:* Städte und Dörfer um Saruk, Malayer, Josan u.a.
4 *Mittlerer Westen:* Südlich von Malayer, um Arak.
   In den genannten Gebieten, vor allem 2, 3 und 4, werden auch Nomadenteppiche, besonders von Kurden, erzeugt.

Zentralpersien
1 *Nördliches Zentralpersien:* Teheran.
2 *Mittleres Zentralpersien:* (a) Gebiet um Kashan und Kum.
                               (b) Gebiet um Isfahan, Joshaqan und Nain.
3 *Südliches Zentralpersien:* Gebiet um Kirman.
   Südlich von Kirman entstehen die Nomadenteppiche der Afscharen.

Südpersien
Südwesten: Gebiet um Schiras in der Provinz Fars. Hier werden auch die Teppiche der Gashgai und anderer Nomadenvölker hergestellt.

Ostpersien
1 *Hoher Nordosten:* Im Gebiet der Südostküste des Kaspischen Meeres leben Turkmenenstämme.
2 *Nordosten:* Gebiet um Meshed in der Provinz Khorasan. Hier und auch weiter südlich werden Belutschen- und andere Nomadenteppiche gewebt.

Mit Metallfäden durchwirkter Seidenteppich im Stil der Polenteppiche aus dem 17.Jh., spätes 19.Jh. 310 × 162,5 cm.

221

WESTPERSIEN

Der hohe Nordwesten

In diesem am weitesten nordwestlich gelegenen Teil Persiens um Täbris hat sich, wie gesagt, Ende des 19. Jh. der Wandel von der traditionellen Teppichweberei zu einer Exportindustrie vollzogen. Ebenfalls hier entstanden die Nomadenteppiche der Kurden, deren Muster sich direkt aus den späten Garten- und Baumteppichen des »Goldenen Zeitalters der Safawiden« entwickelt haben und die wir aus Gründen der Kontinuität bereits in unserem Kapitel über safawidische Teppiche behandelten. Zusammen mit Hamadan weiter im Süden gehört dieses Gebiet heute zu den Hauptproduktionszentren in Persien.

Täbris

Die safawidischen Muster wurden, wenn auch vergröbert, noch während des ganzen 18. und 19. Jh. in Täbris hergestellt. Seit jeher war es in den Häusern des Mittleren Ostens Sitte, verschiedenformatige Teppiche in einer ganz bestimmten Form anzuordnen: Ein großer Teppich in der Mitte ist flankiert von zwei schmaleren Streifen, so daß sich ein Quadrat ergibt, an dessen oberem Ende wiederum ein vierter Teppich quer plaziert ist. Nach Edwards wird der Mittelteppich – 4,8 m bis 6 m lang, 1,8 m bis 2,4 m breit – *Mina Farsh* genannt. Die Seitenstücke oder *Kenareh* sind genauso lang, doch nur etwa 1 m (1 Zar) breit. Die Querstücke *(Keleyghi)* messen zwischen 3 m und 3,6 m in der Länge und zwischen 1,5 m und 1,8 m in der Breite. Die meisten Läufer waren ursprünglich als Keleyghi oder Kenareh gedacht.

Die Produkte der letzten fünfzig Jahre aus Täbris zeichnen sich im wesentlichen durch dichte florale Muster aus, bei denen große Palmetten, Vasen, Blätter und kleine Blüten wild durcheinander wuchern. Daneben gibt es auch einige Tierteppiche, die z. T. eng an die Kashans aus dem 16. Jh. angelehnt sind, und Kopien oder Modifikationen von Vasenteppichen. Es sind sogar einige Kopien der Ardebil-Teppiche bekannt. In seinem Buch kritisiert Edwards die Hersteller von Täbris, die, wie er meint, es in den zwanziger und dreißiger Jahren geschafft hätten, ein Maximum an gewebter Fläche mit einem Minimum an Aufwand herzustellen, so daß das Resultat an Grobheit kaum zu überbieten sei. Da ein Großteil dieser Waren in den Westen exportiert wurde, war der Ruf von Täbris natürlich nicht der beste. Die Hersteller

Linke Seite, oben links: Seiden-Täbris, in dessen rostrotes Feld in Nashki- (Neskhi-) *Kalligraphie eine Widmung für Schah Ismael und die Jahreszahl 926 der Hedschra (1509) eingewebt sind. Spätes 19. oder frühes 20. Jh. 188 × 142,5 cm. Oben rechts: Seiden-Täbris mit olivgrünem Feld, spätes 19. oder frühes 20. Jh. 188 × 137,5 cm. Unten: Täbris-Gartenteppich mit Fliesenmuster (Ausschnitt), 19. Jh. 627 × 422 cm.*

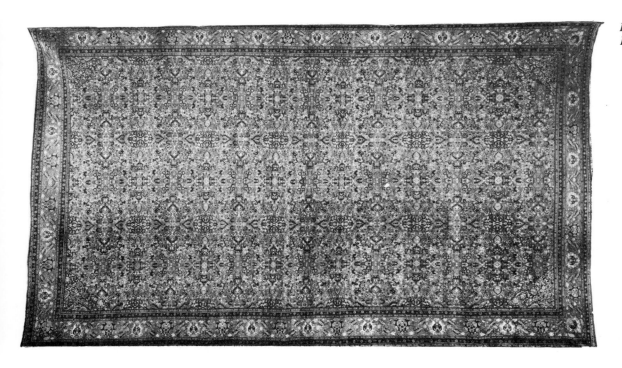

Floraler Täbris mit grasgrünem Fond, 19. Jh. 592 × 352 cm.

waren jedoch in erster Linie Geschäftsleute. Deshalb produzierten sie Teppiche in verschiedenen Qualitäten. Ihre besten Stücke sind handwerklich einwandfrei und halten jedem Vergleich mit Teheran, Heris, Kashan, Nain oder Kum stand, auch wenn die Muster durchweg von anderen Herkunftsorten übernommen sind. Bei den modernen fabrikmäßig hergestellten Teppichen kann ungeachtet ihrer technischen Qualität von Kunst oder ursprünglicher Kultur ohnehin nicht mehr die Rede sein. Man sollte sie als Einrichtungsgegenstände betrachten, die für den Wissenschaftler kaum von Bedeutung sind. Trotzdem entlockt der Gegensatz von technischer Vollkommenheit und ästhetischer Sterilität Bewunderung.

Das Gebiet um Täbris

Im Westen und Süden von Täbris liegen viele kleine Städte und Dörfer, in denen ebenfalls seit Jahrzehnten, wenn nicht Jahrhunderten Teppiche hergestellt werden. Erwähnenswerte Namen in der Gegend von Heris sind Gorovan, Mehravan, Bagschaich und Bilverdi. Nördlich von Täbris liegt das Dorf Karadja, dessen Name für eine ganze Reihe von Produkten aus den umliegenden Dörfern steht, und knapp 100 km südlich von Täbris liegt das Städtchen Serat, das ebenfalls zu einem Synonym für die Teppiche aus seinem Umland geworden ist. Heris ist besonders bekannt für seine hochwertigen Seidenteppiche. In seinem 1966 erschienenen Buch »Orientteppiche« verwies Ulrich Schürmann besonders auf deren auffallende Weichheit, die seiner Ansicht nach auf die horizontale Einknüpfung der Knoten zurückzuführen ist. Auch in Täbris wurden im 19. Jh. nicht geringe Mengen an Seidenteppichen produziert, die jedoch den Heris-Stücken qualitativ unterlegen sind. Einigen Autoren zufolge hatte die Seidenteppichproduktion in Heris schon vor Beginn des 19. Jh. eingesetzt, während Edwards entschieden die Meinung vertritt, es hätte hier überhaupt keine Teppichindustrie in größerem Stil gegeben, bevor die Händler aus Täbris sie um 1880 eingeführt hätten. Seltsamerweise bezieht er sich dabei mit keinem Wort auf die Seidenteppiche, sondern spricht ausschließlich über die Produktion von Wollteppichen. Wie dem auch sei, es besteht trotzdem kein Zweifel, daß in Heris lange vor dem von Edwards angegebenen Zeitpunkt sowohl Seiden- als auch Wollteppiche hergestellt worden sind. Aus dem Gebiet um Serat übrigens kommen eine ganze Anzahl von bemerkenswert guten Stücken, vorwiegend Läufer, die durch den kamelfarbenen Grund sowie rautenförmige Medaillons gekennzeichnet sind.

Mittlerer Nordwesten, südlicher Nordwesten und mittlerer Westen

Diese Gebiete verfügen über eine große und reichhaltige Teppichindustrie, die sich vorwiegend um Hamadan konzentriert. Die Stadt hat einen hohen Anteil an türkischer Bevölkerung und ist außerdem das Haupthandelszentrum für kurdische Produkte. Die wichtigsten Städte in diesem Gebiet sind neben Hamadan Senneh, Bidjar, Malayer, Saruk und Arak (Sultanabad). Die Hauptbezirke um Hamadan sind Khamseh, Sard Rud und Kabudarahang im Norden, Kulayi im Westen, Derghezin und Saveh im Osten und Tuyserkan, Bordschalu und Malayer im Süden. Südlich von Arak liegen die Gebiete Serabend, Japalek, Kezzaz, Kemereh,

Links: Seidener Heris-Gebetsteppich mit weißem Fond. Zu beachten ist die Ähnlichkeit der grotesken Tier- und Vogelköpfe mit dem Mogulfragment. 19. Jh. 267 × 198,5 cm. Rechts: Seiden-Heris mit floralem Gittermuster, 19. Jh. 178 × 129,5 cm.

Seidener Heris-Gebetsteppich mit vier Säulen und Ampeln, 19.Jh. 175,5 × 170,5 cm.

Dulakhor, Muschkabad, Ferrahan und Mahallat. Das bedeutendste Dorf außer Arak selbst ist Lilian. Alle hier erwähnten Regionen, Städte und Dörfer liegen in der Provinz Kurdistan und in den nördlichsten Ausläufern von Luristan.

Khamseh und Derghezin

Die bedeutendsten Teppichzentren innerhalb des Bezirks Hamadan sind Khamseh und Derghezin. Allem Anschein nach wurden hier schon während der safawidischen Periode Teppiche gewebt, da Tahmasp der Überlieferung nach Suleiman dem Großen einen Derghezin geschenkt haben soll. Die in den letzten etwa 150 Jahren entstandenen Stücke zeichnen sich besonders durch ihre Rauheit und Steifheit aus. Obwohl Qualität und Muster von Region zu Region variieren, läßt sich unter den allgemein als »Hamadan« bezeichneten Teppichen ein spezifisches Muster erkennen, das immer wiederkehrt. Seine auffälligsten Merkmale sind Medaillon- und Schildmotive, die bisweilen durch »Stäbe« miteinander verbunden sind. Darin ähneln diese Stücke den Afscharen- und Gashgaiteppichen, die sich jedoch durch ihren kürzeren Flor leicht unterscheiden lassen. Daneben ist die Gegend noch für ihre Läufer bekannt, die gewöhnlich ein Stabmedaillon besitzen.

Senneh und Bidjar

Die beiden am meisten mit der kurdischen Weberei verbundenen Städte sind Senneh (das heutige Sanandaj), die Hauptstadt von Kurdistan, und Bidjar. Die hohe Qualität, die den

Teppichen dieser Städte zugeschrieben wird, zeigt sich beim Vergleich mit den Standards der normalen kurdischen Produktion. Bedauerlicherweise ist hier in neuester Zeit eine zunehmende Verschlechterung zu beobachten. Frühere Generationen waren von der Feinheit der Sennehteppiche so beeindruckt, daß der Name der Stadt auf den persischen Knoten überging, obwohl ihre Teppiche in Wirklichkeit mit dem türkischen oder Gördesknoten gearbeitet waren. Die Zeichnung der Sennehmuster ist vorwiegend eckig und stilisiert. Ihre bevorzugten Motive sind kleine, kompakte Blütenornamente. Eines der bekanntesten Muster besteht aus aneinandergereihten *Botehs* von bisweilen erstaunlicher Größe. Die etwas älteren Stücke aus Bidjar erreichen nicht ganz die Qualität der Sennehs, sind dafür aber höchst attraktiv. Das am häufigsten anzutreffende Muster besteht aus einem einfarbigen Feld, das oben und unten von einem Bogen begrenzt ist (vergleichbar der doppelbogigen Mihrab). In seinem Inneren befindet sich ein großes Stabmedaillon, das häufig in den charakteristischen ankerförmigen Schilden endet. Diese Motive sowie die Spandrillen an beiden Enden des Feldes sind mit dichten Blütenornamenten oder einem Heratimuster gefüllt.

Kurdische Teppiche

Die Teppiche der nomadischen oder halbnomadischen Kurdenstämme wie Herki, Senjabi, Gurani, Jaffid oder Kalhor sind natürlich gröber gearbeitet als die städtischen Produkte aus Senneh oder Bidjar, deren Muster sie teilweise übernommen haben. Ein ganzer Teil ihrer Muster geht aber auch auf gewisse kaukasische Medaillonteppiche zurück – das gleiche gilt auch für die Teppiche der Schasawan-Stämme, die nahe der kaukasischen Grenze leben –, und auch turkmenische Einflüsse sind zu erkennen. Beispiele hierfür finden wir auf einem Fragment mit dem *Tauk-Nuska-Göl*, das in »*Oriental Carpets from Canadian Collections*«, 1975 (Nr. 62), abgebildet ist, und auf einem weiteren Stück von derselben Ausstellung (Nr. 63), das ein fortlaufendes Stufenrauten- und Stabmuster hat, wie wir es von den kleinen Brücken (*asmalyks*) der Jomuten kennen.

Eine Besonderheit der Kurden sind die amüsanten Bilderteppiche, auf deren meist gelbem Grund historische Figuren und Soldaten dargestellt sind, die von antiken Ruinen wie etwa Persepolis kopiert worden sind. Zwar werden ähnliche Teppiche auch in anderen Teilen Persiens hergestellt, doch die kurdischen Exemplare mit ihrer herrlich naiven Zeichnung sind zweifellos die attraktivsten.

Linke Seite, oben links: Bidjar-Medaillonteppich, Mitte des 19.Jh. 267 × 175 cm. Oben rechts: Bidjar-Medaillonteppich, Mitte des 19.Jh. 561,5 × 242,5 cm. Unten links: Senneh-Boteh-Teppich, frühes 19.Jh. 203 × 132 cm. Unten rechts: Bidjar-Bildteppich mit einer Darstellung des Königs Hushang, des zweiten legendären Königs des »Schahname«, spätes 19.Jh. 234 × 142 cm. Links: Ungewöhnlicher Senneh-Medaillonteppich aus dem 19.Jh. 203 × 142 cm.

Unten links: Kurdistanteppich im Heratistil, frühes 19.Jh. 270 × 188,5 cm. Das Stück befand sich einst in der Sammlung McMullan und ist als Nr. 25 in »Islamic Carpets« abgebildet. Unten Mitte: Kurdischer Läufer, dessen Muster von den Vasenteppichen abgeleitet ist. Frühes 19.Jh. 640,5 × 274 cm. Befand sich einst in der Sammlung McMullan; sein Gegenstück (»Islamic Carpets« Nr. 27) befindet sich heute im Metropolitan Museum, New York. Unten rechts: Kurdistan-Läufer, dessen Muster den Vasenteppichen ähnelt, datiert auf das Jahr 1223 der Hedschra (1808). 651 × 248,5 cm. Sammlung Bernheimer, München.

Ferrahan und Serabend

Auch die Region südlich von Arak ist für eine ganz spezifische Art von Teppichen bekannt. Aus Ferrahan und Serabend kommen feingeknüpfte Stücke, die sich in Stil und Qualität ohne weiteres mit den Sennehs messen können. Ihr enggemustertes Feld ist mit kleinen Blüten oder Heratimotiven übersät. Frühe Exemplare aus Ferrahan (etwa erste Hälfte des 19.Jh.) fallen besonders durch ihre Grün-gelb-Färbung auf. Von hier wie übrigens auch aus Senneh kommen herrliche Satteldecken mit halbrunden Schlitzen für den Sattelknauf, die ebenfalls ein sehr dicht gezeichnetes Muster haben.

229

Oben links: Floraler Ferrahan mit dunkelblauem
Fond, 19.Jh. 175,5 × 137,5 cm. Oben rechts:
Bildteppich, möglicherweise aus Nordwestpersien,
vielleicht auch Anatolien. 19.Jh. 218 × 122 cm.
Mitte links: Ferrahan-Bildteppich nach Reliefs aus
Persepolis, Mitte des 19.Jh. 206 × 129,5 cm. Rechts:
Äußerst seltene seidene Satteldecke, wahrscheinlich
aus Ferrahan, um 1850. 142 × 73,5 cm.

Saruk

Saruk, etwa 40 km nördlich von Arak, hat eine sehr alte Teppichtradition, aus der jedoch nach einhelliger Meinung der Experten vor Beginn des Ersten Weltkriegs nichts Bedeutendes hervorgegangen ist. In den letzten fünfzig Jahren war der Name »Saruk« eine Handelsbezeichnung für minderwertige Ware aus dieser Gegend, die mit den älteren Stücken nichts mehr gemein hat.

Die echten alten Saruks jedoch sind sehr schön. Sie zeigen verschiedene florale Muster in teils eckiger, teils runder Form. Charakteristisch für die älteren Stücke sind reiche Farben und Medaillonmuster auf blauem oder cremefarbenem Grund.

Links: Weißgrundiger Ferrahan mit Vögeln, zweite Hälfte des 19.Jh. 259 × 162,5 cm. Sammlung Jay Jones, Kalifornien. Oben rechts: Saruk mit krapprotem Feld, spätes 19.Jh. 221 × 132 cm. Unten rechts: Saruk mit krapprotem Feld, Mitte des 19.Jh. 198 × 119 cm.

Oben links: Bidjar, 19.Jh. 371 × 274 cm. Oben rechts: Seiden-Heris, spätes 19.Jh. 282 × 188 cm. Unten links: Musterstück (Wagireh) aus Nordwestpersien, erste Hälfte des 19.Jh. 178 × 162 cm. Unten rechts: Heris, Wolle mit Seide durchwirkt, spätes 19.Jh. 206 × 129,5 cm.

Arak

1883 errichtete die Firma Ziegler aus Manchester in Arak, dem alten Sultanabad, ein Büro. Ursprünglich importierten sie englische Waren, erkannten aber bald, welche finanziellen Chancen es bringen würde, eine eigene Teppichproduktion zu beginnen und die Erzeugnisse auf den Märkten Europas und der Vereinigten Staaten zu verkaufen. Nach Edwards' Schätzungen standen um die Jahrhundertwende bereits 2500 Webstühle in Arak und Umgebung in Zieglers Diensten. Anfangs gab man den Webern kleine Matten mit Musterdetails, die diese dann auf die Teppiche übertrugen. Diese Mustermatten mit verschiedenen Ausschnitten von Bordüren und Feldmotiven, die als *Wagireh* bezeichnet wurden, konnten bisweilen eine beträchtliche Größe erreichen. Wie Erdmann in »*Siebenhundert Jahre Orientteppich*« schreibt, wurden solche Matten in Nordwestpersien, besonders in Bidjar, und im südlichen Kaukasus während des ganzen 18. und 19. Jh. verwendet. Die bei ihm abgebildeten Stücke, die er und andere Autoren als Bidjar, Heris, Kuba, Karabagh und sogar Ushak bezeichnen, dürften jedoch sämtlich aus dem späten 19. Jh. stammen. Die einzige Ausnahme bildet möglicherweise ein Stück, das 1976 bei Sotheby's verkauft wurde und das er aufgrund gewisser Übereinstimmungen mit dem Muster eines Gerus-Teppichs von 1794, den Joseph V. McMullan dem Metropolitan Museum gestiftet hat, dem nordwestpersischen Gebiet von Gerus zuordnet und um 1800 datiert. Im Sotheby-Katalog wird dieser Wagireh dem 18. Jh. zugeschrieben, doch sein Muster ist weder so elegant noch so verfeinert wie dasjenige des datierten Teppichs. Außerdem zeigt es eine deutliche Anlehnung an typisch kurdische Motive aus dem 19. Jh. Trotz der Schwierigkeit, ein absolut sicheres Urteil abzugeben, spricht doch einiges dafür, daß die Mehrzahl der bei Erdmann abgebildeten Wagireh, einschließlich des von ihm um 1800 datierten Exemplars, mit Zieglers Aktivitäten in und um Arak im letzten Viertel des 19. Jh. in Zusammenhang stehen. Die Ziegler-Teppiche, wie die Produkte genannt werden, sind kräftig und haben oft sehr schöne Farben und eine gute Qualität.

Zwei Saruks aus dem späten 19. Jh. Links: Dieses Stück zeigt deutliche Parallelen zu den safawidischen Portugiesenteppichen. 241,5 × 137 cm. Rechts: Dieses Stück hat ein indigofarbenes Feld. 206 × 127 cm.

Der Handel gebrauchte für Produkte aus der Gegend von Arak drei verschiedene Handelsbezeichnungen, Muschkabad, Mahal und Saruk, die sich auf die Qualität des Gewebes und damit auf den Marktwert bezogen. Es wäre reiner Zufall, wenn eines der so benannten Stücke auch aus dem betreffenden Gebiet käme, dessen Name es trägt. Deshalb denkt ein heutiger Sammler von Perserteppichen des 19. Jh. auch an etwas ganz anderes, wenn er von einem »Saruk« spricht, als der Teppichimporteur der vorigen Generation, der damit einen neuen, grellfarbigen Teppich meinte. Ohne den Leser verwirren zu sollen, sollten wir vielleicht noch einmal betonen: Die Nomenklatur für die persischen Teppiche aus dem 19. Jh. ist mit allergrößter Vorsicht zu genießen; was im 20. Jh. an Bezeichnungen noch hinzugekommen ist, grenzt fast an ein Chaos!

ZENTRALPERSIEN

Ostwärts gelangen wir nach Zentralpersien, das sich von Teheran im Norden bis nach Kirman im Süden erstreckt. In diesem Gebiet liegen einige der berühmtesten Teppichstädte Persiens: Kashan, Kum, Isfahan, Joshaqan, Nain, Yesd und natürlich Kirman. Südlich von Kashan werden die Teppiche der Afscharen produziert.

Das nördliche Zentralpersien

Verschiedenen Berichten zufolge sollen schon Anfang dieses Jahrhunderts Teppiche in Teheran hergestellt worden sein. Mumford dagegen schreibt, daß die von den Händlern aus Täbris um 1900 als »Teheran-Teppiche« bezeichneten Stücke sehr wahrscheinlich im Nordwesten, in der Gegend von Ferrahan, entstanden seien. Nach Edwards soll es zwar in den ersten beiden Jahrzehnten des Jahrhunderts in Teheran schon eine bescheidene Teppichindustrie gegeben haben, doch sei sie vor dem Zweiten Weltkrieg bereits wieder eingeschlafen. In den späten fünfziger Jahren entwickelte Teheran sich dann zu einem der größten Teppichzentren des Landes, sowohl für den heimischen Markt als auch für den Export. Ähnliches gilt für Isfahan, obwohl hier schon seit dem 16. Jh. Teppiche produziert wurden. Die modernen Isfahans, etwa die aus den zwanziger Jahren, unterscheiden sich kaum von den Stücken aus Teheran, Kum oder Nain. In diesen Städten begann man in den fünfziger Jahren sehr schöne Seidenteppiche zu produzieren, deren Qualität jedoch schon wieder zu schwinden scheint, zumindest soweit es die in den Westen exportierten Stücke erkennen lassen.

Das mittlere Zentralpersien
Bachtiariteppiche

Das Gebiet um Isfahan ist die Heimat der Bachtiariteppiche, deren Feld entweder mit Medaillons oder mit einem Gitter gemustert ist. Einiges deutet darauf hin, daß die Bachtiari, ursprünglich ein Hirtenvolk, auf eine lange Tradition der Teppichherstellung zurückblicken können. Vom 12. bis zur Mitte des 15. Jh. war das Land der Bachtiari ein halbautonomes Gebiet, das den Herrschern der Faslujidendynastie unterstand. Das Reich mit der Hauptstadt Idhej (dem heutigen Iseh) erstreckte sich über 300 km von Isfahan im Osten bis nach Shustar jenseits des Zagrosgebirges im Westen. Bei Edwards steht zu lesen, daß Ibn Battuta, der das Land um die Mitte des 14. Jh. bereiste, berichtet hätte, man habe in Idhej einen grünen Teppich vor ihm ausgebreitet. Der Stil der Bachtiaris aus dem 19. und frühen 20. Jh. hat sehr

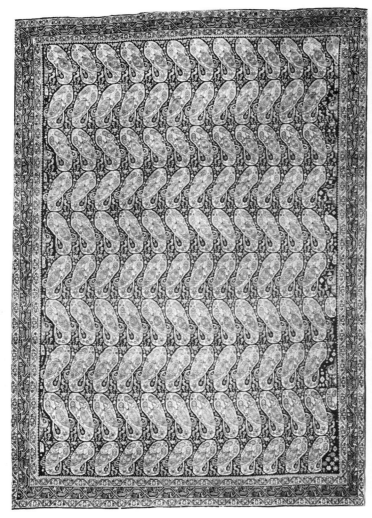

vieles gemeinsam mit den Kurdenteppichen aus der Gegend von Hamadan. Auch strukturell besteht eine gewisse Verwandtschaft.

Joshaqan

Bis heute ist die Stellung Joshaqans in der Geschichte der safawidischen Weberei noch nicht befriedigend geklärt worden. Erinnern wir nur daran, daß Pope dieser Stadt eine ganze Reihe von verschiedenen Mustern zuordnete, einschließlich der Gitter-Vasenteppiche und einiger Gartenteppiche. Neuerdings bringt man es auch mit einem Gittermuster in Zusammenhang, das mit stilisierten geometrischen und floralen Ornamenten ausgemustert ist. Dieses wiederum scheint von den späten dekadenten Vasenteppichen mit »eindimensionalem« Gitter abgeleitet zu sein, die teilweise tatsächlich hier entstanden sein dürften.

Kashan

Kashan war eines der bedeutendsten Teppichzentren während der safawidischen Periode. Seine Spezialität waren Seidenteppiche. Daß die Produktion auch im 18. und 19. Jh. fortgeführt wurde, ist kaum zu bezweifeln. Edwards, ein großer Kenner der neueren Geschichte der Kashanteppiche, schreibt, daß gegen Ende des 19. Jh. sowohl die Wirtschaft als auch die Webereien der Stadt weitgehend verarmt gewesen seien. Er erzählt eine Geschichte, die nicht ohne weiteres von der Hand zu weisen ist. Danach war der neue Aufschwung vor allem den Bemühungen des Händlers Hadschi Mollah Hassan zu verdanken, der Merinowolle aus Australien importierte und dessen Frau selbst in Arak Teppiche geknüpft hatte. Tatsächlich unterschieden sich die Kashans aus den ersten beiden Jahrzehnten dieses Jahrhunderts nach Edwards in einem Punkt von allen übrigen persischen Teppichen: Sie waren mit importierten Merinogarnen gewebt. Vereinzelt wurde diese Wollart noch bis zum Ausbruch des Zweiten Weltkriegs verwendet, als der Bezirk Kashan etwa 12 000 Webstühle besaß. Die gebräuchlichsten Muster bestanden und bestehen aus komplizierten floralen Kompositionen, die mit

Links: Mochtachen, *ein Schafwoll-Kashan, 20. Jh. 198 × 129,5 cm. Rechts: Seidendurchwirkter Kashan-Gebetsteppich, spätes 19. oder frühes 20. Jh. 198×129,5 cm.*

Linke Seite, oben links und rechts: Zwei Seiden-Kums aus dem 20. Jh. Links mit tomatenrotem Feld. 211 × 140 cm, rechts mit indigofarbenem Feld. 208,5 × 145 cm. Unten links: Bachtiari mit Boteh, *um 1900. 386 × 257 cm. Unten rechts: Moderner Kum. 312 × 236 cm.*

237

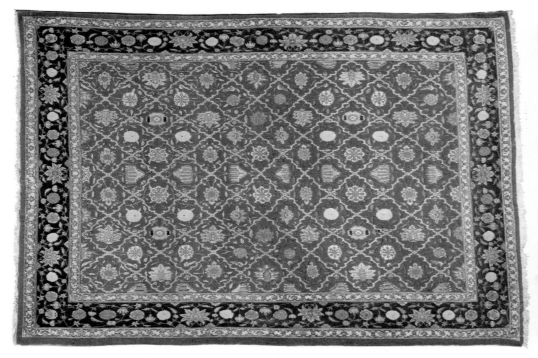 

Links: Joshaqan-Gitterteppich,
frühes 19.Jh. 274 × 183 cm.
Rechts: Kashan-Gebetsteppich
aus Wolle mit
Lebensbaummotiv, 19.Jh.
190,5 × 134,5 cm.

Arabesken über das ganze Feld verteilt sind, oder aus floralen Medaillons, Schilden und Eck-stücken. Dasselbe gilt auch für die Seidenteppiche. Eine Variation sind die sog. erhabenen Seiden-Kashans, bei denen nur das Muster geknüpft ist, während der Grund glatt gewebt und mit Metallfäden durchsetzt ist. Daneben werden auch noch ziemlich große Bildteppiche mit religiösen Sufisymbolen hergestellt.

Das südliche Zentralpersien
Kirman

Kirman gehörte ebenso wie Kashan zu den ganz großen Teppichzentren während der safawi-dischen Periode. Aller Wahrscheinlichkeit nach wurde diese Tradition auch nach dem Zusam-menbruch des Safawidenreiches Anfang des 18.Jh. weitergeführt. Drei Teppiche in der Sammlung der Moschee in Meshed stammen aus dem Dorf Lawer (Ravar), etwa 160 km nordöstlich von Kirman. Sie tragen die Jahreszahl 1866 und sind offensichtlich Vertreter einer ununterbrochenen Teppichtradition. Zwar besagt ein bei Edwards zitierter Bericht von Colo-nel Euan-Smith, daß 1871 in Kirman nur noch ganze sechs Webstühle in Betrieb gewesen seien, doch 1895 spricht Major P. M. Sykes (»Ten Thousand Miles In Persia«) schon wieder von 1000. Nun scheint den meisten Experten diese letztgenannte Ziffer übertrieben, doch es bestehen kaum Zweifel, daß Kirman ebenso wie die anderen hier erwähnten Städte im letzten Viertel des 19.Jh. einen Aufschwung erlebte, der zum einen auf die Händler von Täbris und zum anderen auf eine wachsende Nachfrage in Europa und den Vereinigten Staaten zurück-zuführen ist. Warenhäuser in London und Paris importierten Teppiche in riesigen Mengen, um den neuerwachten Geschmack für »Exotisches« und »Maurisches« befriedigen zu können. 1975, anläßlich des hundertjährigen Bestehens von Liberty's of London, zeigte man im Vic-toria and Albert Museum drei Teppiche, die das Museum 1878 von Liberty's gekauft hatte: einen persischen Niris-Kelim, einen kaukasischen Kubateppich und einen türkischen Gör-des-Gebetsteppich. Bezeichnenderweise waren alle diese Stücke vom Verkäufer damals als sehr viel älter ausgegeben worden, als es der Wahrheit entsprach, ohne daß das Museum pro-testiert hätte. Jedenfalls waren sie symptomatisch für jene neue Haltung in Europa, die unter dem Einfluß von Firmen wie Ziegler's enorme Folgen sowohl für die Teppichherstellung als auch für die Wirtschaft Persiens haben sollte. Die gewaltige Zunahme der Webstühle in Kir-man war nur eine der Auswirkungen. Auch der künstlerische Geschmack Europas und Ame-rikas wurde damals für lange Zeit geprägt.

Während des 19.Jh. war Kirman einer der führenden Produzenten von Schals, deren Muster aus Variationen des *Boteh*-Motivs bestand und in England als Paisley-Muster be-kannt wurde. Es ist daher nicht verwunderlich, daß ein Großteil der Kirmanteppiche, die an-fänglich auch von ehemaligen Schalproduzenten hergestellt wurden, mit ähnlichen Mustern ausgestattet ist. Daneben gab es auch noch Baum-, Garten- und Jagdteppiche, die den klassi-schen Originalen der safawidischen Periode nachempfunden waren. Einige größere Teppiche hatten ein Gitter aus Paneelen, auf denen jeweils eine Miniatur-Garten- oder Jagdszene oder

Linke Seite: Bachtiari mit der
Inschrift »Von den Bachtiari
hergestellt« und der Jahreszahl
1302 der Hedschra (1885/86).
214 × 152,5 cm.

*Von links nach rechts: Kirman-Bildteppich, spätes 19.Jh.
223 × 147,5 cm. Kirman-Bildteppich, spätes 19.Jh.
264 × 175,5 cm. Kashan-Bildteppich mit der Darstellung
eines Sufi-Propheten, spätes 19.Jh. 203 × 140 cm.*

*Unten links: Ovale Porträtmatte aus Kirman mit einer
Darstellung des Präsidenten Theodore Roosevelt, frühes
20.Jh. 89 × 68,5 cm. Unten rechts: Seidener Jagdteppich
aus Kirman von Typ Kirmanschah, 19.Jh. 190×127 cm.*

240

ein blühender Zweig dargestellt war. Solche Stücke wurden auch in Tebi hergestellt. Nach dem Zweiten Weltkrieg, als die USA zu einem immer größeren Markt wurden, produzierte man große Teppiche mit ziemlich vulgären floralen Bordüren und großen »Filigran«-Medaillons auf dunkelrotem Grund. Kirman hatte aber auch einen Namen als Produzent von Seidenteppichen und Porträtteppichen. Letztere – sämtlich numeriert und beschriftet – entstanden Ende des 19. Jh. und enthielten Darstellungen historischer Berühmtheiten von Moses bis Napoleon. Ähnliche Stücke aus dem 20. Jh. zeigen Persönlichkeiten aus dem Westen und dem Mittleren Osten, aus Politik, Adel und Militär.

Afscharen-Medaillonteppich,
Mitte des 19. Jh. 183 × 142 cm.

Afscharen

Das Volk der Afscharen lebt südlich von Kirman. Seine Teppiche ähneln teilweise den kurdischen Arbeiten mit eckigen Medaillons und teilweise den gröberen Versionen der Sennehs und Ferrahans mit freistehenden oder in ein Gitter eingefügten stilisierten Motiven, z. B. *Botehs*, die in Reihen angeordnet sind. Dies ist kein Zufall, denn die Afscharen, ursprünglich ein Turkmenenvolk, wurde erst in Aserbeidschan angesiedelt und dann zu Beginn des 16. Jh. von Schah Ismail nach Osten vertrieben. Nach Edwards' Erfahrungen über die Teppichherstellung in diesem Gebiet in den frühen fünfziger Jahren stammt nur ein geringer Teil der den Afscharen zugeschriebenen Teppiche auch wirklich aus deren Produktion, während im übrigen die kleinen Dörfer der Gegend sich deren Muster und Webart angeeignet haben. Unmöglich können wir jedoch Edwards' Behauptung hinnehmen, die Teppiche der Afscharen wären mit keinem Muster der übrigen persischen Stämme und Dörfer zu vergleichen. Auf die Ähnlichkeit mit gewissen kurdischen Arbeiten haben wir ja schon hingewiesen. Sogar Edwards selbst nimmt sich teilweise zurück und räumt ein, daß bisweilen eine Übereinstimmung mit den Gashgaiteppichen festzustellen sei. Hinzuzufügen wäre noch, daß die Verwendung dunkler Farben (Blau, Rot, Aubergine und Grün in verschiedenen Schattierungen) teilweise an die Belutschen erinnert, obwohl die Belutschen ihre Ideen wahrscheinlich von den Afscharen bezogen, und nicht umgekehrt, und daß einige der geometrischen Motive auf den Afscharenteppichen auch auf anatolischen und kaukasischen Erzeugnissen zu finden sind. Edwards hat jedoch recht, wenn er den Afscharen eine Fähigkeit zu ursprünglicher Kreativität bescheinigt, wobei er besonders auf das *Morgi-* oder Hühnermuster verweist, das aus schematisch dargestellten Vögeln innerhalb eines Gitters besteht.

SÜDPERSIEN

Gashgai

Tief im Südwesten Persiens liegt die Provinz Fars, die Heimat des Gashgai-Stammes, der wahrscheinlich die berühmtesten aller persischen Nomadenteppiche produzierte. Die Gashgai sind ebenso wie der andere große Stamm in Fars, die Khalaj, mit denen sie sich weitgehend vermischt haben, mongolisch-turkmenischer Abstammung. Ihren Namen leiten sie wahrscheinlich von Jain Aga Gashgai (oder Qashqa'i) ab, den Schah Abbas als Oberlehnsherrn von Fars eingesetzt hatte. Freilich hatten sich schon lange vor dieser Zeit Stämme in diesem Gebiet niedergelassen, wahrscheinlich Nachfahren der Seldschuken, die ihrerseits von den Togusen und Ogusen aus der Mongolei abstammten, die im 8. und 9. Jh. Richtung Westen gezogen waren. Die Seldschuken gelangten im 11. Jh. nach Zentralpersien, wo sie als Iraqi-Turkmenen (nach *Iraq-i Ajam* = Zentralpersien) bekannt wurden. Eine mündliche Überlieferung der Gashgai besagt, daß sie von jenen Mongolen abstammten, die mit Tschingis Khan nach Westen gekommen waren, und daß ihr Name sich von Kashgar in Ostturkistan herleitete, wo sie ursprünglich gelebt hätten. Die Khalaj dagegen sollen von den Hephtaliten oder Weißen Hunnen abstammen, die wir im Zusammenhang mit Ostturkistan schon erwähnten. Diese wiederum sind identisch mit den Choliaten, einem mittelasiatischen Volk, das mit den Ogusen verwandt ist. Im 12. und 13. Jh. ließen die Khalaj sich in Afghanistan nieder, errichteten in Indien das Sultanat von Delhi und in Afghanistan die Ghilsai-Dynastie, die im Jahre 1722 die Safawiden zu verdrängen begann. Etwa seit Anfang des 13. Jh. wurden sie auch in Süd- und Mittelpersien angesiedelt. Ein interessanter linguistischer Aspekt der Gashgai und Khalaj ist die Tatsache, daß die ersteren westtürkisch, die letzteren osttürkisch sprechen.

Die ältesten erhaltenen Gashgaiteppiche dürften etwa in der zweiten Hälfte des 19. Jh. entstanden sein. Ihre Farben, vorwiegend Rot, sind von besonderer Leuchtkraft. Ihre Muster ähneln weitgehend denjenigen anderer persischer Stämme: Kurden, Afscharen, Belutschen, Bachtiari und Turkmenen. Auch zu den Kaukasiern bestehen gewisse Parallelen. Vielleicht das gebräuchlichste Muster ist ein Rautenmedaillon mit parallelverlaufenden Zickzacklinien, wie wir es auch von kaukasischen und einigen turkmenischen Stücken, z. B. den Beshiren, kennen. Weitverbreitet sind auch in Reihen angeordnete formalisierte *Botehs* und meist hoch-

Außergewöhnlicher Gashgaiteppich mit elfenbeinfarbenem Fond, zweite Hälfte des 19. Jh. 137 × 107 cm.

stilisierte Tierdarstellungen, die ebenfalls mit kaukasischen Motiven vergleichbar sind. Der Flor dieser Gashgais ist sehr hoch und die Wolle von feiner Qualität. Daneben werden auch noch verschiedene Taschen, ähnlich denjenigen der Turkmenen und der Belutschen, reich bestickte oder geknüpfte Pferdegeschirre und Kelims in großer Zahl hergestellt.

Khamseh

Die Gashgai sind jedoch nicht die einzige Stämmegruppe in Fars. Hier leben auch die Khamseh, ein Zusammenschluß mehrerer verschiedener Gruppen wie Basiri, Araber, Ainalu und Baharlu. Ihre Teppiche sind zwar vielleicht nicht ganz so fein verarbeitet wie diejenigen der

Linke Seite: Kirman-Bildteppich mit »Mohammeds Himmelfahrt« aus dem »Khamsa« von Nisami, um 1900. 323 × 218 cm.

Gashgai, doch ihre geometrischen Kompositionen und Muster sind denen der Gashgai sehr ähnlich. In mancher Hinsicht stehen sie den kaukasischen Vorbildern noch näher. Die Erzeugnisse der Mamassani, Hulagu und Luri sind unter ihrem richtigen Namen im Westen so gut wie gar nicht bekannt. Ihre Muster ähneln denjenigen der Gashgai, sind jedoch einfacher gehalten und nicht so gefragt wie diese. Edwards meint, daß viele der Teppiche aus Fars, die man den Gashgai zuschreibt, in Wahrheit aus den Dörfern und nicht von den Nomaden stammen. In dem Katalog der großartigen »Qashqa'i of Iran«-Ausstellung, die 1976 in England abgehalten wurde, schrieb Joan Allgrove, daß die Lebensweise der Stämme erheblich differenzierter sei als ursprünglich angenommen, da die meisten Stämme in nomadisierende und seßhafte Gruppen gegliedert seien. Es bliebe daher im Bereich der Stammesidentifizierung noch einiges zu tun. Wahrscheinlich, so müssen wir hinzufügen, gilt das auch für die Teppiche.

Schiras: Die Millefleurs-Gebetsteppiche
Eine sehr interessante Frage wird wahrscheinlich zu unrecht mit Schiras in Verbindung gebracht. Man weiß, daß in dieser Stadt schon zu Beginn der safawidischen Periode Teppiche hergestellt wurden, doch diese Produkte sind bis heute umstritten. Das Problem, um das es hier geht, betrifft die sog. Millefleurs-Gebetsteppiche (mille fleurs = 1000 Blüten). Wir besprechen sie hier und nicht in dem Kapitel über die Mogulteppiche, wo die frühen Exemplare eigentlich einzuordnen wären, da die meisten Autoren sie auch heute noch als Schiras-Teppiche bezeichnen. Ohne Zweifel sind diese Teppiche in zwei Gruppen einzuteilen, von denen die eine sehr viel älter ist als die andere. Mit ziemlicher Sicherheit ist die erste Gruppe indischer, die zweite persischer Herkunft. Man kann daraus schließen, daß es sich bei der zweiten um Kopien der ersten handelt; doch wie und weshalb es dazu gekommen ist, müßte erst noch befriedigend geklärt werden. Das Muster beider Gruppen ist bemerkenswert einheitlich. Die Mihrab ist zu beiden Seiten aus je einer Hälfte einer Zypresse geformt, d. h., das Feld der Mihrab nimmt den Raum zwischen den Bäumen ein. Infolgedessen ist auch der Mihrabbogen ausgezackt. Im Inneren der Mihrab befindet sich ein phantastischer Strauch (vielleicht ein Symbol des Lebensbaums) mit Hunderten von Blüten in allen Farben. Dieser einem Pfauenrad nicht unähnliche Strauch verrät eine eindrucksvolle Ähnlichkeit zu vergleichbaren Blumendekorationen, wie sie von flämischen Malern des 17. Jh., z. B. von Jan Breughel und Osias Beert, gemalt wurden. Da einige europäische Maler im 17. Jh. die Höfe der Mogule und Safawiden besucht haben, wäre es durchaus denkbar, daß sie dort Anregungen für die dekorativen Elemente ihrer Gemälde aufgenommen haben.

Die Spandrillen sind mit Blattwerk und ebenfalls mit Blüten ausgefüllt. In einigen Fällen sind Schmuckbänder um das untere Ende des Zypressenstammes gewickelt – es könnte sich auch um Kübel handeln –, doch meistens wachsen die Bäume direkt aus dem Grund heraus. Der Strauch im Inneren der Mihrab wächst meist aus einer Vase empor, obwohl er bei wenigstens einem Exemplar der frühen Gruppe, das sich heute in Wien befindet, und bei einem Stück der zweiten Gruppe direkt aus dem Boden kommt.

Eindeutig weniger Exemplare sind aus der ersten Gruppe erhalten. Die bekanntesten Stücke befinden sich in folgenden Sammlungen: Textilmuseum in Washington, Metropolitan Museum in New York (früher McMullan-Sammlung), Musée des Tissus in Lyon (große Ähnlichkeit mit dem Stück im Metropolitan Museum), Österreichisches Museum für angewandte Kunst in Wien, Fogg Art Museum in Philadelphia (früher ebenfalls bei McMullan) und Art Institute of Chicago (früher bei McMullan). Ebenfalls zu dieser Gruppe gehört der häufig den Besitzer wechselnde »Ex-Marquand-Benguiat-Kevorkian-Teppich« (Marquand-Verkauf, American Art Association, New York, 24.–31. Januar 1903, Nr. 1285; Benguiat-Verkauf, American Art Association, 4. Dezember 1925, Nr. 44; Kevorkian-Verkauf, Sotheby's, 5. Dezember 1969, Nr. 8, und erneut Sotheby's, 14. April 1976, Nr. 1; gegenwärtiger Besitzer Peter Bausback, Mannheim).

Von den hier aufgezählten Teppichen werden die Stücke in Lyon und Wien traditionell als indisch eingestuft. Das Wiener Exemplar ist abgebildet bei Bode und Kühnel (»*Vorderasiatische Knüpfteppiche aus alter Zeit*«, Tafel 121) und bei Sarre und Trenkwald (»*Altorientalische Teppiche*«, Tafel 37), die sich ebenfalls für die Mogulherkunft aussprechen. Sämtliche der aufgeführten Stücke dürften zur Zeit Aurangsebs (1658–1707) entstanden sein. McMullan dagegen bezeichnete die drei aus seinem Besitz stammenden Teppiche als südpersisch und datierte sie in das späte 18. Jh., in die Regierungszeit Karim Khan Zänds (1750–1779). Er wandte sich entschieden gegen die Mogultheorie. Gleichlautend äußerte sich Dimand in bezug auf den Teppich im Metropolitan Museum, während er für das Wiener Stück eine indische Herkunft akzeptiert. In dem 1969 im Journal des Textilmuseums erschienenen Artikel »*The Ottoman Prayer Rugs*« vertrat Charles Grant Ellis die Meinung, daß der Teppich in Washington und vergleichbare Exemplare indischer Herkunft seien. Ebenso dachten May Beattie und R. Ettinghausen. Beattie wies auf strukturelle Übereinstimmungen zwischen diesen und anderen eindeutigen Mogulteppichen hin und gab Kaschmir als ein wahrscheinliches Herstellungsgebiet an. Der Kevorkian-Teppich ist nach F. R. Martin ebenfalls der Mogulgruppe zuzurechnen, obwohl er ihn fälschlicherweise als Seidenteppich bezeichnete, und etwa um 1640 zu datieren. Allerdings halten selbst Anhänger der Mogultheorie dieses Datum für zu früh. Auf beiden Sotheby-Auktionen war das Stück als »18. Jh./Schiras« katalogisiert, doch sein gegenwärtiger Besitzer Peter Bausback führt es in seinem Katalog von 1976 wieder als »17. Jh./Indien«. Arthur Upham Pope veröffentlichte den Chicagoer McMullan-Teppich und bezeichnete ihn als eine Arbeit aus Niris in Fars aus dem späten 17. oder frühen 18. Jh.

Vertreter der zweiten Gruppe von Millefleurs-Gebetsteppichen sind in der Literatur weitverbreitet. In der vierten Auflage seines Buchs »*Oriental Rugs*« von 1960 zeigt John K. Mumford ein Exemplar (Tafel XVII) und beschreibt es als »antiken Gebetsteppich aus Schiras«. Ein fast identisches Stück finden wir bei Charles W. Jacobsen in »*Oriental Rugs, a Complete Guide*« (Tafel 102). Dazu schreibt der Autor, man dürfe wohl mit einiger Berechtigung und Bestimmtheit schließen, daß beide Stücke zwischen 1850 und 1890 vom selben Weber hergestellt worden sind. Ein drittes Exemplar aus dem Besitz von H. McCoy Jones war im Katalog der Ausstellung »*Persian Tribal Rugs*« abgebildet (Nr. 12), die 1971 organisiert wurde.

Nach Aussagen des Besitzers hat er selbst dieses Stück von einem Gashgai-Häuptling erhalten, als er die Provinz Fars bereiste. Ein viertes Exemplar war als Nr. 49 in »*Oriental Rugs from Canadian Collections*« abgebildet, dem Katalog zu einer Ausstellung in Ontario 1975. Das Stück, das als »Qashgai circa 1900 (?)« ausgewiesen war, hat in seinem Muster große Ähnlichkeit mit den bei Mumford und Jacobsen gezeigten Teppichen, wenn auch seine Mihrab weißgrundig ist. Meist ist der Grund der Mihrab blau, manchmal rot, gelb oder auch weiß.

Ein fünftes Exemplar schließlich finden wir bei Peter Bausback in seinem 1975 erschienenen Katalog »Antike Meisterstücke Orientalischer Knüpfkunst«, Seite 207. Allerdings muß die Einordnung dieses Stückes etwas befremdlich erscheinen, da es als »Täbris – südliches Zentralpersien« beschrieben wird. Nach Ansicht des Autors handelt es sich bei der Knotung um typische Gashgai-Arbeit, doch Christie's, wo das Stück gekauft wurde, gab als Herkunftsort Malayer an. Heute würde man sich allerdings auch dort wahrscheinlich von dieser Zuordnung distanzieren. John Siudmak jedenfalls äußerte in einem Gespräch mit dem Autor dieses Buches, daß er die Farbe und die Struktur dieses Teppichs als typisch für die Arbeiten aus Ferrahan ansehe. Zweifellos hat dieses Stück einige sehr ungewöhnliche Merkmale. Bei allen bisher erwähnten Exemplaren – mit einer Ausnahme – wächst der Strauch in der Mitte aus einer Vase empor. Die Ausnahme ist das Wiener Stück, bei dem der Strauch direkt aus dem Grund aufsteigt. Dies ist auch bei dem Bausback-Stück der Fall, dessen Feld eine fast genaue

Kopie des Wiener Teppichs darstellt. Ebenso ungewöhnlich für diesen Typ sind seine Bordüren, die aus Heratmotiven bestehen. Die hier aufgeführten Stücke stellen noch nicht einmal die Hälfte der bekannten Exemplare dieser zweiten Gruppe dar. Ihre Zuordnung zu Südpersien dürfte in den Traditionen der Händler begründet sein. In einem Fall, dem McCoy-Jones-Teppich, ist die Herkunft von den Gashgai aus Fars gesichert. Sehr bezeichnendes Mustermerkmal dieser Teppiche ist die Hauptbordüre, die bei fast allen Exemplaren aus einer Art Achteckmuster besteht, das mit paarweise gegenständigen Blütenstauden ausgefüllt und abwechselnd durch Palmetten und Rosetten verbunden ist. Hiervon weicht das Stück in Chicago ab, das eine Blüten- und Mäanderbordüre hat. Auf die Heratibordüre des Bausback-Stückes haben wir schon hingewiesen. Ungewöhnlich ist auch die innere Borte des kanadischen Teppichs, die mit Palmetten und Vögeln ausgemustert ist. Eine solche besondere Innenbordüre findet sich auf dem Exemplar, das im Katalog zur Ausstellung »Persische Teppiche« (Museum für Kunst und Gewerbe, Hamburg, 1971, Tafel 93) abgebildet ist.

In seinem Katalog »Islamic Carpets« bringt McMullan zwei weltliche Teppiche mit dem Millefleurs-Muster. Einer davon (Nr. 34) hat dieselbe Bordüre wie die meisten der Gebetsteppiche und ist mit 11 200 Knoten pro Quadratdezimeter sehr fein gearbeitet. Gröber sind die Stücke der zweiten Gruppe, etwa das kanadische Exemplar mit nur 3200 Knoten pro Quadratdezimeter. Der andere bei McMullan abgebildete Teppich (Nr. 33) hat verschiedene florale Bordüren und im Feld ein Rautengitter. Er ist vergleichsweise grob gewebt mit nur 2850 Knoten pro Quadratdezimeter. Zwar bezeichnet Dimand dieses Stück im Katalog des Metropolitan Museums (Nr. 51) als »Schiras/spätes 18. Jh.«, doch scheint uns diese Datierung etwas zu früh angesetzt. Das feinere Exemplar dagegen dürfte früher entstanden sein.

Man muß jedoch anmerken, daß sowohl die Datierung als auch die Herkunft beider Gruppen noch weitgehend umstritten und keineswegs abschließend geklärt sind. Über die Zuordnung der späteren Gruppe zu Südpersien und insbesondere zu den Gashgai scheint eine weitgehende Übereinstimmung zu herrschen, angefangen von Mumford im Jahre 1900, zu einer Zeit also, als die Stücke noch hergestellt wurden, bis in unsere Tage. Dies dürfte vor allem auf die dokumentarische Absicherung des McCoy-Jones-Teppichs zurückzuführen sein. Andererseits scheinen diese Stücke jedoch keineswegs typisch für die Gashgaiweberei zu sein, denn sie sind weder bei Edwards, der sich sehr sorgfältig mit den Erzeugnissen aus Fars beschäftigt hat, noch in dem Katalog »The Qashqa'i of Iran«, der bei weitem umfassendsten Studie dieser Art, erwähnt. Erinnern wir auch an John Siudmak, der den Christie-Bausback-Teppich aufgrund farblicher und struktureller Merkmale für einen Ferrahan hält. Außerdem sind derartige Gebetsteppiche auch nicht auf diese beiden Gruppen beschränkt. Es existieren weitere persische Exemplare aus dem späten 19. und frühen 20. Jh., die offensichtlich auf demselben Grundschema beruhen. In seinem Katalog von 1975 zeigt Bausback einen Teppich (S. 269) mit noch ornamentalerem Muster und klassifiziert ihn als Kirman. Deshalb könnten vielleicht dieses Stück und das mutmaßlich aus Ferrahan stammende Exemplar ein Hinweis dafür sein, welche Verbreitung dieses Muster von Südpersien aus gefunden hat.

Selbst wenn wir aber für die spätere Gruppe eine südpersische Herkunft anerkennen, so gibt es doch zu denken, daß nie zuvor und auch nicht später ein persisches Nomadenvolk ein so hochkompliziertes Muster, das 200 Jahre zuvor für die Mogulherrscher angefertigt wurde, so genau und detailgetreu nachgeahmt hat. Wie und weshalb es dazu gekommen sein soll, warum und von wem das Muster nach 200 Jahren in Südpersien eingeführt wurde, darüber wird man sich noch lange die Köpfe zerbrechen. Angesichts der späteren Exemplare wäre man fast versucht, auch die frühere Gruppe für persisch zu halten, sie vielleicht sogar mit Schiras in Verbindung zu bringen. Andererseits sind die frühen Stücke von hervorragender Qualität, technisch wie künstlerisch brillant, und haben zudem sehr vieles mit den Mogulteppichen gemein. Anzunehmen, daß sie in Fars im späten 18. Jh. entstanden seien, obwohl es sonst keinerlei Hinweise dafür gibt, daß man dort jemals mit solcher Perfektion gearbeitet hat, erscheint völlig unlogisch. Wir sollten hinzufügen, daß die Verfasser des kanadischen Katalogs besonders hervorhoben, daß sämtliche späten Millefleurs-Gebetsteppiche mit dem persischen Knoten geknüpft sind, was sie ebenso wie Edwards als untypisch für die Gashgaiweberei ansahen. Andererseits sind mehr als die Hälfte aller auf der »Qashqa'i of Iran«-Ausstellung in London gezeigten Stücke mit dem persischen Knoten gearbeitet, wodurch Edwards' Behauptung, die Gashgai hätten ausschließlich den türkischen Knoten verwendet, praktisch widerlegt ist.

Löwenteppiche aus Fars

Bevor wir Fars verlassen, sollten wir noch auf jene eigentümliche Gruppe von Teppichen verweisen, deren Muster sich durch die charakteristischen Löwendarstellungen auszeichnet.

Rechte Seite: Millefleurs-Mogul-Gebetsteppich, spätes 17. oder frühes 18. Jh. 163 × 112 cm.

246

247

Links: Floraler Herat, 19. Jh. 284 × 150 cm. Rechts: Millefleurs-Gebetsteppich, möglicherweise aus Ferrahan, spätes 19. Jh. 173 × 119,5 cm.

Außer in Fars werden solche Stücke auch von einigen Stämmen in Nordwestpersien angefertigt. Im Katalog zu einer Ausstellung, auf der nur solche Teppiche gezeigt wurden (»*Lion Rugs from Fars*«, eine Wanderausstellung des Smithsonian Institute, 1974–1977), berichtet Parviz Tanavoli, daß es in Persien schon in der Antike Sitte gewesen sei, die Gräber von Soldaten mit Löwendarstellungen zu schmücken. Auch der Löwenfries im Nordpalast von Assurbanipal in Ninive sollte in diesem Zusammenhang erwähnt werden. Große symbolische Bedeutung hatte der Löwe im antiken Mithraskult. Später, in islamischer Zeit, wurde der vierte Kalif und der erste der zwölf schiitischen Imame, Ali ibn Ali Talib, »der Löwe Gottes« genannt. Im 19. Jh. hielt der Gashgaiführer Darab Khan sich einen Löwen als Haustier und hatte außerdem eine besondere Vorliebe für die Löwenjagd. Tanavoli weist auch noch darauf hin, daß es bei den Gashgai üblich sei, die persischen, türkischen und arabischen Wörter für »Löwe« als Namen für die Söhne zu verwenden. Ende des 19. Jh. war der Löwe auf den Teppichen meist sehr grob und schematisiert dargestellt. Gegen Ende des Ersten Weltkriegs kamen mit den Briten indische Decken mit realistischeren Löwendarstellungen nach Südpersien und beeinflußten den dortigen Stil. Neuerdings, so schreibt Tanavoli, sei der »britische Deckenlöwe« eine Synthese mit den traditionellen Löwenformen eingegangen.

OSTPERSIEN

Die östlichen Randgebiete Persiens sind ebenso wie die westlichen durch ihre Nomadenteppiche bekannt, insbesondere durch die Erzeugnisse der Turkmenen und der Belutschen, die in dem Kapitel über die Stammesteppiche näher beschrieben sind. Hauptzentrum der Teppichindustrie in diesem Gebiet ist die Stadt Meshed mit ihren umliegenden Dörfern. Meshed ist die Hauptstadt von Khorasan und einer der historisch und religiös bedeutendsten Orte Persiens, wo sich u. a. das Mausoleum des Imam Riza (gest. 818) und das Grab des berühmten Harun al-Raschid, des Kalifen von Bagdad, befinden. Welche Stellung Meshed jedoch innerhalb der safawidischen Weberei hatte, ist noch nicht abschließend geklärt. Interessant ist hier vielleicht Edwards' Ansicht, daß die als »Herat« bezeichneten Teppiche nicht unbedingt ausschließlich in Herat selbst (im heutigen Afghanistan), sondern auch im Qainât, an der Westgrenze Khorasans, zwischen Juymand und Birdschend, und auch weiter nördlich in Meshed entstanden sein dürften. In Meshed selbst ist man überzeugt, daß ein Großteil der in der Sammlung des Mausoleums aufbewahrten Teppiche in der Stadt hergestellt worden seien. Allerdings befinden sich heute dort nicht einmal mehr zehn safawidische Stücke.

Der Einfall der Afghanen im Jahre 1722 zerschlug jedenfalls, was immer es in Meshed an Teppichproduktion gegeben haben mochte. Bis Ende des 19. Jh. finden sich keinerlei Hinweise für eine Wiederaufnahme der Produktion. Selbst heute ist Meshed eher ein Handelsplatz als ein Herstellungszentrum. In den zwanziger Jahren unseres Jahrhunderts wurden die in Meshed angefertigten Teppiche von den Händlern als »Farsibaffs« und »Turkbaffs« bezeichnet, wobei diese Benennungen sich einerseits auf das Gewebe – persischer oder türkischer Knoten – und andererseits auf die Qualität bezogen. Die mit dem persischen Knoten geknüpften Stücke waren die feineren. Beide Typen besaßen dichte florale Muster, die teilweise den alten Heratimustern nachempfunden, in der Hauptsache jedoch von den durch die Händler aus Täbris importierten europäischen Konzepten beeinflußt waren. Ähnliche Beobachtungen lassen sich auch bei den Teppichen aus Birdschend und Dorusch im Qainât und aus Kaschmar, dem früheren Turschis, machen.

KLASSIFIZIERUNG PERSISCHER TEPPICHE

Zweifellos konnten wir nicht sehr viel mehr als einige allgemeine Anhaltspunkte für die persischen Teppiche der letzten 175 Jahre geben. Da im Westen jedoch vorwiegend persische Teppiche auf den Markt kommen, müssen wenigstens die gebräuchlichsten Namen und Typen alphabetisch aufgeführt und kurz skizziert werden. Natürlich kann auch diese Liste nicht vollständig sein, da die Produkte einer in die Hunderte gehenden Anzahl von Dörfern teilweise so identisch sind, daß sie aufgrund des Musters oder des Gewebes allein nicht zu identifizieren sind. Auch eine Untergruppierung der Nomadenteppiche haben wir unterlassen. Unsere Liste enthält nur jene Namen, die im heutigen Teppichhandel gebräuchlich sind und in neueren Auktions- und Handelskatalogen vorkommen.

AFSCHAR Nomadenteppiche aus der Gegend südlich von Kirman.
AINABAD Kurdische Teppiche aus diesem Dorf in Nordwestpersien; im Handel auch als Bibikabad bezeichnet (siehe unten).
ARAK (SULTANABAD) Handelsname für Teppiche, die in dieser Stadt gehandelt werden.
ARDEBIL Teppiche, die in den letzten dreißig Jahren in dieser Stadt hergestellt wurden.
BACHTIARI Halbnomadische Stammesteppiche aus der Gegend von Isfahan.
BAGSCHAICH (BAKSHAISH) Teppiche eines kurdischen Typs, die in diesem Dorf in der Nähe von Heris hergestellt werden.
BIBIKABAD Kurdische Teppiche aus diesem Dorf in der Nähe von Heris; auch als allgemeiner Handelsname gebräuchlich.
BIDJAR (BIJAR) Kurdischer Teppichtyp aus diesem Dorf in Nordwestpersien.
BIRDSCHEND Handelsname für grobe Teppiche, die über Meshed gehandelt werden.
BORDSCHALU (BOZCHELU) Kurdische Dorfteppiche, die in diesem Distrikt hergestellt und über Hamadan gehandelt werden.
DERGHEZIN Kurdische Teppiche, die in diesem Distrikt hergestellt und über Hamadan gehandelt werden.
DORUSCH (DOROSH) Sehr schöne Stücke aus dem frühen 19. Jh.; neuere Exemplare minderwertig; Gebiet im Qainât, in Ostpersien.
FERRAHAN (FEREGHAN) Artname für schöne Kurdenteppiche aus diesem Gebiet.
GASHGAI Nomaden- und Dorfteppiche aus Südpersien (Fars).
GOROVAN Minderwertige Teppiche aus den Dörfern um Heris.
HERAT Stadt in Afghanistan.

HERIS Bedeutendes Teppichzentrum in Nordwestpersien.

INDJELAS (INGELES) Teppiche aus diesem Dorf; werden über Hamadan gehandelt.

ISFAHAN Neuere Teppiche aus dieser Stadt; in Meshed auch Handelsbezeichnung für nicht in Isfahan hergestellte Stücke.

JOSAN (JOZAN) Teppiche aus diesem Dorf in der Nähe von Malayer in Nordwestpersien.

JOSHAQAN (DSCHOUSCHEGAN) Teppiche, die im 18., 19. und 20. Jh. in dieser Stadt hergestellt wurden; im Handel oft auch nur für ein bestimmtes Muster gebräuchlich.

KABUDARAHANG Kleine Stadt in der Nähe von Hamadan; ihre Produkte werden auch dort gehandelt.

KARADJA (KARAJA) Teppiche aus Nordwestpersien mit kaukasischem Einfluß.

KASHAN Bedeutendes Teppichzentrum in Zentralpersien.

KASWIN Handelsname für hochwertige Teppiche aus Hamadan.

KHORASAN Artname für Teppiche aus dieser östlichen Provinz Persiens; im Handel oft mißbrauchter Name.

KIRMAN Bedeutendes Zentrum in Zentralpersien.

KIRMANSCHAH Handelsname für bestimmte Teppiche aus Kirman.

KUM Stadt in Zentralpersien; heute bedeutende Teppichindustrie.

KURDISCH Artname für nordwestpersische Nomadenteppiche, die sich nicht näher spezifizieren lassen.

LAWER KIRMAN Handelsname für altmodische Kirmanteppiche; abgeleitet von »Ravar«, wo sie hergestellt wurden.

LILIAN Kurdische Teppiche aus diesem Dorf in der Nähe von Arak.

LURISTAN (LARISTAN) Artname für Nomadenteppiche aus dieser nördlich von Fars in Südpersien gelegenen Provinz.

MAHAL Handelsname für eine bestimmte Qualität aus der Gegend von Arak.

MALAYER Dorf in der Nähe von Arak; hochwertige kurdische Teppiche.

MEHRAVAN Gebiet in der Nähe von Heris; Bezeichnung für Teppiche einer bestimmten Qualität, die nicht unbedingt aus diesem Gebiet stammen müssen.

MESHED Hauptstadt von Khorasan.

MOSUL Handelsbezeichnung für grobgewebte kurdische Teppiche, die in Hamadan gehandelt werden.

MUSCHKABAD Handelsname für bestimmte Teppiche aus der Gegend von Arak.

NAIN Stadt in Zentralpersien; bedeutende moderne Teppichindustrie.

NIRIS (NERIZ) Stadt in Fars; Gashgaiteppiche.

NORDWESTPERSISCH Artname für Teppiche in kurdisch-kaukasischem Stil ohne spezifische Stilmerkmale.

PETAG Abkürzung für Persische Teppich-Gesellschaft AG; arbeitete von 1900 bis 1930 in Täbris als Hersteller und Exporteur.

RAVAR KIRMAN Dorf bei Kirman; dort hergestellte, vor allem frühe Teppiche; auch als Handelsname für hochwertige Teppiche, die in Kirman gehandelt werden, gebräuchlich.

SARAB (SERAB) Teppiche aus diesem Dorf nahe Hamadan.

SARUK Kurdische Teppiche aus Nordwestpersien; auch als Artname gebräuchlich; wird heute auch oft für moderne florale Teppiche verwendet.

SAUDSCHBULAG Kurdische Teppiche aus dieser Gegend in Nordwestpersien.

SCHIRAS Heute Handelsbezeichnung für bestimmte Gashgaiteppiche, z. B. Mekka Schiras.

SENDJAN (ZENJAN) Handelsbezeichnung für Teppiche aus dem Distrikt Khamseh nördlich von Hamadan.

SENNEH (SINÄH) Stadt in der Nähe von Hamadan; hochwertige Kurdenteppiche; im Handel oft mißbrauchter Name.

SERABEND (SARABAND) Handelsbezeichnung für in Arak hergestellte Teppiche; besonders schöne Stücke werden Mir Serabends genannt.

SIL-I-SULTAN (ZELI SULTAN) Handelsname für eine bestimmte Art von floralen Teppichen aus Hamadan; auch als Bezeichnung für ein bestimmtes Muster gebräuchlich.

TÄBRIS Hauptstadt von Persisch-Aserbeidschan in Nordwestpersien; bedeutendes Herstellungs- und Handelszentrum.

TEHERAN Hauptstadt des Iran; moderne Teppichindustrie.

VERAMIN Teppiche aus diesem Dorf nahe Teheran.

YESD (YAZD) Stadt in Zentralpersien; moderne Teppichindustrie, die von Händlern aus Täbris aufgebaut wurde.

ZIEGLER Teppiche, die von Ziegler's entworfen und etwa zwischen 1885 und 1930 in Arak (Sultanabad) für Ziegler's hergestellt wurden.

Flachgewebe

In allen vorangegangenen Kapiteln über orientalische Weberei haben wir auch verschiedene Formen von flach gewebten Arbeiten erwähnt. Diese Gewebe sind nicht auf eine bestimmte Region beschränkt, sondern in allen Ländern und unter allen Gruppen verbreitet.

Es gibt mehrere Arten von Flachweberei, die sich vor allem durch ihre Herstellungstechnik unterscheiden. Zu den bekanntesten gehören die Tapisserie-Wirkereien, die in Anatolien *Kelim*, im Kaukasus *Palas* und in Thrakien *Sarköy* genannt werden. Zu den *Sumakhs* rechnet man die beiden Teppicharten *Sileh* und *Verneh* (letztere jedoch nicht ausschließlich). Weitere Arten sind die Brokatteppiche, zu denen auch einige *Vernehs* zu zählen sind, bestickte Teppiche, Teppiche mit Mischgewebe sowie Teppiche, die verschiedene Techniken vereinen. Die Verbindung von Flachgewebe und Knüpferei ist vor allem auf turkmenischen Taschendecken und Zeltbändern zu finden. Im allgemeinen nimmt man an, daß die flachgewebten Stücke nicht für den Export bestimmt waren. Ausnahmen sind vielleicht die persischen Seiden-Kelims aus Kashan (spätes 16. und 17. Jh.) sowie die kaukasischen *Vernehs* und *Silehs* aus dem 19. Jh. Außerdem ist bekannt, daß viele der nordafrikanischen, insbesondere marokkanischen und tunesischen Flachwebereien speziell für den Handel angefertigt wurden, wobei zu bemerken ist, daß diese Stücke weit weniger sorgfältig gearbeitet sind als die für den eigenen Gebrauch bestimmten. Mit Ausnahme der safawidischen Kelims und der Senneh-Kelims aus dem 19. Jh. sind die Flachwebereien vorwiegend in geometrischen Mustern gehalten, was ihrem Ursprung von Nomaden oder aus Dörfern entspricht. Die Senneh-Kelims mit ihren komplizierten floralen Mustern unterscheiden sich deutlich von allen übrigen Flachwebereien jeglicher Herkunft. Sie erinnern sehr stark an die Knüpfteppiche aus derselben Region.

Der am weitesten verbreitete Typ ist der sog. Schlitz-Kelim, bei dem die einzelnen Farbblöcke durch Schlitze voneinander getrennt sind, da die Schußfäden nicht durchgehend verlaufen, sondern am Rande eines Farbblocks immer wieder zurückgeführt werden, so daß zwischen aneinanderstoßenden Farbpartien jeweils eine Öffnung entsteht.

Anatolischer Kelim-Gebetsteppich, 19. Jh. 183 × 112 cm.

ANATOLISCHE KELIMS

Die anatolischen Kelims sind meist sehr lang und schmal und bestehen aus zwei zusammengefügten Hälften. Ihre Musteraufteilung folgt dem üblichen Teppichschema von Feld und Bordüre, wobei das Feld von großen Medaillons beherrscht wird, die von einzelnen geometrischen oder stilisierten floralen Motiven umgeben sind. Sie ähneln damit bestimmten geknüpften Dorfteppichen, etwa denjenigen aus der Gegend von Bergama, doch schon aufgrund ihrer Größe wirken die Kelims auffallender. Sie haben durchaus ihren eigenen Stil, bei dem die leuchtenden Farben sich harmonisch mit den kräftigen geometrischen Medaillons ergänzen.

Eine zweite Gruppe anatolischer Kelims bilden die Gebetsteppiche, von denen ein Exemplar im Metropolitan Museum mit dem Jahr 1774/75 datiert ist. Diese Stücke folgen weitgehend den Mustern der geknüpften Gebetsteppiche, wobei sie stilistisch den Konya- und Ladik-Arbeiten am nächsten kommen. Bisweilen sind sie mit Metallfäden durchwirkt. Einige seltene Stücke bestehen ganz aus Seide und Silberfäden. In gewisser Hinsicht finden diese Gebetskelims, auch wenn sie unter Sammlern hoch geschätzt sind, weniger Anklang als die großen Stücke mit ihren auffallenden abstrakten Mustern, da sie allzu nahe an den herkömmlichen Knüpfteppichen orientiert sind. Natürlich muß man berücksichtigen, daß der Gebetsteppich, ob flach gewebt oder geknüpft, einen ganz bestimmten Zweck zu erfüllen hat, daß die Mihrab nicht nach Gutdünken verändert werden kann und der Spielraum des Webers daher beschränkt ist. Mit anderen Worten: den stilistischen Neuerungen sind beim Gebetsteppich enge Grenzen gesetzt.

Bei wenigen Ausnahmen jedoch, wie etwa dem schönen alten Exemplar aus dem Besitz von David Black und Clive Loveless (»*The Undiscovered Kilim*«, Tafel 12) mit mehreren vertikal angelegten Nischen, ist es gelungen, die Geometrie der Kelimmuster mit den Erfordernissen des Gebetsteppichs in harmonischen Einklang zu bringen. Interessant sind auch einige Kelim-*Saphs*, die sich aufgrund ihres größeren Formats und der Abstraktion der Motive besser für die schematische Vereinfachung der Flachweberei eignen und daher auch größeren Anklang finden.

KAUKASISCHE PALAS

Die Kelims oder *Palas* aus dem Kaukasus lassen sich in zwei Gruppen unterteilen, die Kuba-Kelims aus dem Norden und die Schirwan-Kelims aus dem Süden. Erstere haben Bordüren und ein Feldmuster, das entweder aus sich wiederholenden stilisierten Tierfiguren besteht oder aus großen schildförmigen Medaillons, wie man sie auch auf den Knüpfteppichen findet. Die Schirwan-Kelims ähneln eher den anatolischen Stücken. Sie haben abwechselnd schmale und breite Bordürenstreifen, die mit geometrischen Formen (Rauten, Oktogonen, Rechtecken u. a.) ausgemustert sind.

KAUKASISCHE SUMAKH-WEBEREI

Ebenso verbreitet ist im Kaukasus die Sumakh-Weberei, bei der die Schußfäden nicht waagerecht, sondern schräg verlaufen, optisch vergleichbar mit der Kelim-Stickerei. Experten unterscheiden zwischen der Sumakh-Wickeltechnik und der Sumakh-Brokattechnik. Bei ersterer findet sich zwischen den musterbildenden Schußfäden kein Grundschuß, während bei letzterer Grundschuß und Musterschuß sich ergänzen. Ähnlich wie bei der oben beschriebenen Schlitztechnik sind auch hier die Schußfäden nicht durchgehend. Ihre Wickelung kann stets in der gleichen Richtung, also »glatt«, erfolgen oder »entgegengesetzt«, d. h., die Richtung wechselt von Reihe zu Reihe. Jene Stücke, bei denen die Rückseite ebenso verwendet werden kann wie die Vorderseite, nennt man »Umkehr«-Sumakhs. Bei anderen Exemplaren, etwa aus Lenkoran, sind die Fäden, die das Muster bilden, unverarbeitet stehen gelassen, so daß man deutlich zwischen Vorder- und Rückseite unterscheiden kann.

Nach Schürmann heißen solche Lenkorans *Djidjims*. Diese auch als *Djedjim, Jijim, Jimjim, Cicim* oder *Dyeddyim* anzutreffende Bezeichnung ist in der westlichen Teppichliteratur sehr umstritten. Mumford verwendete sie erstmals für türkische Kelims, die aus mehreren dünnen Streifen bestanden und als Portieren (Türvorhänge) dienten. Spätere Autoren unterstellten Mumford, er habe das türkische Wort *cici*, das soviel wie »eine kleine Schönheit« bedeutet und von den Händlern zur Beschreibung der von ihnen feilgebotenen Stücke benutzt wird, irrtümlich für die Bezeichnung einer bestimmten Art von Weberei gehalten. Nach Hony's türkisch-englischem Wörterbuch von 1967 bedeutet dagegen *cicim* »leichter Teppich, der als Vorhang oder Wandbehang verwendet wird«. In ihrem Buch »*From the Bosporus to Samarkand, Flatwoven Rugs*« schlagen Landreau und Pickering daher vor, man solle dieses Wort nur für jene Stücke benutzen, die eindeutig als Portieren zu erkennen seien. Ob solche Stücke jedoch aus Streifen oder mehreren Abschnitten bestehen müssen, wie Mumford behauptet hat, können sie nicht mit Sicherheit sagen. Eine derart enggefaßte Definition stimmt natürlich weder mit Schürmanns Interpretation überein noch mit dem Sotheby's Katalog vom 18. November 1976 (Nr. 66), wo eine bestickte Gashgai-Pferdedecke als *Dyeddyim* beschrieben wurde. Iten-Maritz schreibt in »*Der anatolische Teppich*«, *cicim* bezeichne eine bestimmte Technik zur Herstellung von Vorhängen und Decken, und veröffentlicht dann einen Gebetsteppich, der in »*cicim*-Technik ausgeführt« ist. Die Methode bestand darin, daß das Muster in Farbe auf einen ungefärbten Wolluntergrund, bisweilen auch auf Gitterleinen, gestickt wurde. Meist nähte man mehrere schmale Streifen (etwa 30 cm breit und 285 bis 390 cm lang) aneinander. Nach Aussage Schürmanns kam die Mehrzahl der kaukasischen Sumakhs aus der Gegend von Dagestan. Minderwertige Stücke produzierte man in Derbend und sehr schöne in Sejchur. Daneben gibt es natürlich noch die oben genannten *Djidjims* aus Lenkoran. Zwei spezielle Gruppen bilden die sog. »Kuba-Drachen-Sumakhs« und die »Kuba-Blüten-Sumakhs«, von denen man, wie der Name erkennen läßt, annimmt, daß sie entweder in der Region Kuba selbst oder, wie Schürmann vermutet, weiter nördlich in Dagestan hergestellt wurden.

DIE SILEHS

Schürmann ordnet auch die Drachen-*Silehs* Dagestan, und zwar vermutlich Sejchur, zu, die *Vernehs* dagegen Schirwan, das etwas weiter südlich liegt. Er scheint jedoch ein etwas »zerstreuter Professor« zu sein, denn er äußert an anderer Stelle über eben diese Arten, sie kämen »wahrscheinlich aus Karabagh«, das noch weiter südwestlich gelegen ist. Im Katalog des Metropolitan Museums spricht Dimand sich bezüglich der Drachen-Sumakhs ebenfalls für Kuba aus. Als Herkunftsgebiet der Silehs jedoch gibt er Schirwan an.

Dimand hat eine ganz bestimmte Theorie für die Deutung der Motive der Silehs. Das Muster besteht meist aus in Reihen angeordneten großen S-Formen, die in zwei Farben abwechseln. Das »S« hat an dem einen Ende gewöhnlich zwei, manchmal auch drei kommaähnliche Anhängsel und am anderen Ende eine dünne Parallellinie. Dieses »S« wurde üblicherweise als ein hochstilisierter Drachen bzw. als der formalisierte, doch noch erkennbare Drachen alter kaukasischer Webereien erklärt, dessen ursprüngliche Tierform bis zur völligen Abstraktion degeneriert ist. Man nahm an, daß im vorigen Jahrhundert die Weber schon nicht mehr gewußt hätten, welches Tiermotiv sich hinter diesem S-Muster verbarg. Die kommaähnlichen Anhängsel und die dünne Linie deutete man als Ohren und Schwanz. Bezüglich

*Zwei Drachen-Silehs, möglicherweise aus
Schirwan. Links: Wahrscheinlich datiert auf
1258 der Hedschra (1843). 282 × 188 cm.
Rechts: Zweite Hälfte des 19.Jh.
234 × 203 cm.*

*Gestickte Gashgai-Pferdedecke, spätes 19.Jh.
175 × 152 cm. Früher Akeret-Sammlung.*

253

*Links: Mit Juwelen besetzter
Medaillon-Sumakh, wahrscheinlich aus
Kuba oder Dagestan, 19.Jh.
325 × 193 cm.
Rechts: Südkaukasischer
Brokat-Verneh aus Schasawan. Im Stil
ähnlich wie die Stücke aus Akstafa,
Mitte des 19.Jh. 214 × 122 cm.*

*Unten links: Drachen-Sumakh,
wahrscheinlich aus Kuba oder Dagestan,
datiert 1806. 336 × 229 cm. Unten
rechts: Drachen-Sileh, wahrscheinlich
aus Schirwan, Mitte des 19.Jh.
366 × 183 cm.*

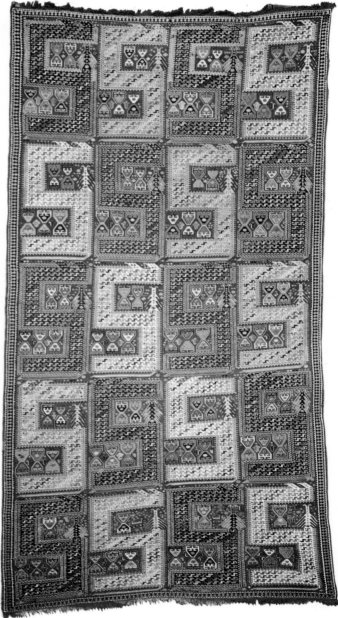

des manchmal vorhandenen dritten Kommas meinte man, daß die Weber, da sie ja nicht wußten, worum es sich handelte, ebensogut drei statt zwei Anhängsel anbringen konnten. Die zweite Version, der gegenwärtig die Mehrheit der Experten anzuhängen scheint, interpretiert die Anhängsel als die Füße und den Schwanz des Drachens, während die dünne Linie als Kiefer des geöffneten Mauls gedeutet wird.

Nun gibt es jedoch eine Tatsache, die gegen diese letzte Deutung spricht, nämlich den außergewöhnlichen bestickten Teppich aus der Sammlung McMullan, der sich heute im Metropolitan Museum befindet. Dieses Stück stellt ein erhebliches Problem. Entstanden ist es mit ziemlicher Sicherheit im frühen 19. Jh., doch bei den darauf dargestellten Formen handelt es sich nun recht offensichtlich um Tiersymbole, wenn nicht um Drachen, so doch wenigstens um gehörnte Schlangen oder andere mythologische Ungeheuer. Die kommaähnlichen Anhängsel und die parallelen Linien sind in diesem Fall deutlich als Ohren und Schwanz zu erkennen. Trotzdem kommen wir damit einer Lösung des Problems der Silehmotive um nichts näher, denn beide Muster sind etwa zur gleichen Zeit entstanden. Wäre das McMullan-Stück um ein- oder zweihundert Jahre älter, so könnte man diese Entwicklung von erkennbarem Formalismus zur Abstraktion ohne Schwierigkeiten verstehen, doch es ist kaum einsehbar, wie und warum zwei so unterschiedliche Muster zur gleichen Zeit entstehen konnten. Ohne dieses Problem zu berücksichtigen, bezeichnet Dimand den McMullan-Teppich als einen »Drachenteppich« aus Kuba, während er gleichzeitig den Sileh mit S-Motiv aus dem Metropolitan Museum als »wahrscheinlich ein Schirwan« anspricht. Dessen Komma-Anhängsel erklärt er als Vogelköpfe und bezeichnet deshalb das ganze Stück als Vogelteppich. Mit anderen Worten: Dimand sieht in den Motiven dieser sog. Drachen-Silehs gar keine Drachen, sondern rein abstrakte Gebilde. Man kann diese Deutung allerdings nur schwer akzeptieren, da es sinnlos und unlogisch wäre, ein abstraktes Motiv mit zwei Vogelköpfen zu verzieren. Das McMullan-Stück mit seinen deutlich erkennbaren Tierfiguren jedenfalls beweist, daß das alte Drachenmotiv im 19. Jh. noch keineswegs so abstrahiert war, wie es das S-Muster vermuten läßt. Man sollte vielleicht noch hinzufügen, daß die Kuba-Drachen-Sumakhs aus dem 19. Jh. stilistisch und farblich den geknüpften Drachenteppichen aus dem 16. und 17. Jh. sehr nahestehen. Die größten Parallelen zu den S-Muster-Silehs aus dem 19. Jh. finden sich auf Exemplaren wie dem im Zweiten Weltkrieg zerstörten »Hitler«-Teppich aus dem 16. oder 17. Jh. (Erdmann, »Siebenhundert Jahre Orientteppich«). Dieses Stück enthielt von Quadraten umgebene Swastiken, die in Reihen angeordnet waren. Es wäre durchaus denkbar, daß das S-Muster sich aus einem ähnlichen Motiv entwickelt hat.

DIE HERKUNFT DER KAUKASISCHEN SUMAKHS

Die Zuordnung der Drachen-Sumakhs zu Kuba bzw. Dagestan beruhte auf der Annahme, daß die früheren Knüpfteppiche ebenfalls in dieser Gegend entstanden seien. Diese Ansicht wird jedoch nur noch von wenigen Experten geteilt. Abgesehen davon, daß Kuba vor dem 18. Jh. eine völlig unbedeutende Stadt war, ist es ziemlich offensichtlich, daß die Drachenteppiche große Ähnlichkeit mit den Karabagh-Teppichen des 19. Jh. aufweisen, während sie mit den Kuba-Knüpfteppichen des 19. Jh. nichts gemein haben. Man neigt daher heute zu der Ansicht, daß die Drachenteppiche im Südwestkaukasus um Karabagh und insbesondere um die Stadt Schuscha beheimatet sind. Demzufolge kämen auch die späteren Drachen-Sumakhs aus dieser Gegend.

Außer für teilweise recht große Teppiche verwendeten die Kaukasier die Sumakh-Technik häufig auch für kleinere Stücke wie Bettvorhänge, Satteltaschen und andere Behältnisse. Die Qualität dieser Produkte, insbesondere der Satteltaschen, ist meist ganz hervorragend. Nicht wenige Experten sind der Ansicht, daß etwa eine schöne Sumakh-Tasche repräsentativer für die spezifischen Muster- und Farbqualitäten dieser Technik sei als die Teppiche.

DIE VERNEHS

Die gestickten oder in Sumakh-Technik hergestellten *Vernehs* werden meist dem Südostkaukasus zugeordnet. Man nimmt an, daß sie wie die Silehs für den Export angefertigt wurden. In den zwanziger und dreißiger Jahren unseres Jahrhunderts jedenfalls gelangten noch große Mengen aus neuerer Produktion in den Westen. Ihr Muster besteht üblicherweise aus einem krapproten Feld, auf dem sich ein offenes Rechteck in Blau befindet. Weiße Streifen teilen das Feld und das Rechteck in zahlreiche Quadrate auf, die mit geometrischen Motiven, stilisierten Vögeln, die meist als Pfauen bezeichnet werden, und anderen Tieren ausgemustert sind. In einigen seltenen Fällen ist das Muster auch völlig abstrakt. Die Farben sind fast stets ziemlich dunkel. Aufgrund ihrer Motive, vor allem der langschwänzigen Vögel, sind sie in der Nähe der Tierteppiche aus Akstafa, einem Dorf im Gebiet von Schirwan, anzusiedeln.

Schirwan-Sumakh aus dem Dorf Bidschof, Mitte des 19. Jh. 259 × 101,5 cm.

Zwei zusammengehörige Sumakh-Taschendecken, zweite Hälfte des 19. Jh. 61 × 61 cm.

MAROKKANISCHE UND TUNESISCHE FLACHWEBEREIEN

In Marokko und Tunesien wurden eine ganze Reihe von Flachwebereien produziert, die jedoch nur selten, wenn überhaupt, zum Export gelangten. Schöne alte Exemplare sind fast nur in Museen zu finden. Aus Gafsa, einer Oase im südlichen Tunesien am Knotenpunkt der wichtigsten Karawanenrouten, kamen flachgewebte Teppiche und Decken, die man als *fras* und *ferrasiya* bezeichnet. Stilistisch ähneln diese Stücke den Schirwan-Kelims, d. h., sie zeigen ebenfalls horizontal verlaufende schmale und breite Motivbänder, ohne jedoch einem ebenso strikten Schema zu folgen wie die Arbeiten aus dem Kaukasus. Die Muster der Bänder enthalten abstrakte geometrische Motive und auch stilisierte Menschen- und Tierfiguren (Kamele, Fische u. a.). Ihre ziemlich gedämpften Farben umfassen Rot, Blau, Grün, Gelb und Schwarz und erinnern an die Kelims aus Thrakien.

Weitere Flachwebereien werden in Kairouan im Nordosten Tunesiens und in mehreren Dörfern der Sahel-Zone etwas weiter im Süden produziert. El Djem, La Chebba, Bou-Merdas, Djebeniana sind einige der bekanntesten Dorfnamen. Unter den hier angefertigten Artikeln findet man Tücher *(mendil, mustiya)*, Kissenbezüge *(usada)*, Decken *(wazra)*, Wandbehänge oder Portieren *(ksaya)*, Gebetsteppiche *(klim)* und Satteldecken *(best)*. Teppiche mit rein ornamentalen Mustern ähnlich den Gafsa-Stücken werden als *mergum* bezeichnet, jene mit schmalen farbigen Streifen und einigen bildlichen Motiven nennt man *klim-mergum*, wobei das Wort *klim* vermutlich von Kelim abgeleitet ist. Die Muster der meisten dieser Arbeiten bestehen aus horizontal verlaufenden Streifen in weichen Grün-, Braun-, Beige- und Purpurtönen, in die an den Seiten sich wiederholende Motive eingewebt sind.

FLACHWEBEREI DER NOMADEN

Natürlich produzierten auch die Nomadenvölker der Turkmenen, Gashgai und Belutschen Flachwebereien. Bei Turkmenen und Belutschen finden sich sogar Stücke, die teilweise geknüpft und teilweise flach gewebt sind. Die flach gewebten Stücke dieser Gruppen haben kaum eine Ähnlichkeit mit ihren Knüpfarbeiten, wenngleich die Turkmenen hier wie dort Krapprot als vorherrschende Farbe verwenden. Die Muster bestehen überwiegend aus querverlaufenden Bändern oder engen Rautensystemen. In »*The Undiscovered Kilim*« bemerkt Jon Thompson, daß gewisse turkmenische Knüpfteppiche des 20. Jh. aus dem nördlichen Iran offensichtlich auf den Mustern flach gewebter Teppiche basierten – eine sehr ungewöhnliche Übertragung, die im übrigen genauso erfolglos war wie der umgekehrte Versuch, Knüpfmuster in Kelimtechnik zu kopieren.

Links: Südkaukasischer Verneh aus Schasawan, im Stil ähnlich wie die Stücke aus Akstafa, spätes 19. Jh. 180,5 × 137 cm
Rechts: Brokat-Verneh, möglicherweise aus dem Südostkaukasus, 19. Jh. 170 × 157,5 cm. Früher Sammlung McMullan, abgebildet in »Islamic Carpets« (Nr. 60).

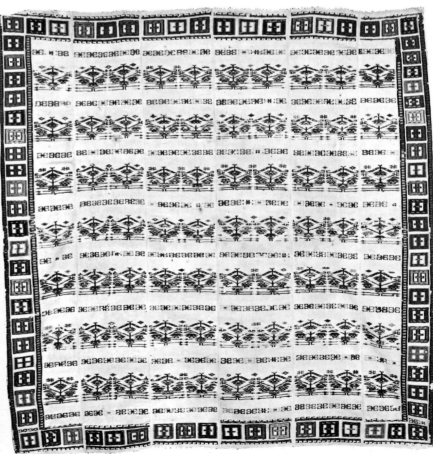

STICKEREIEN

Stickereien haben eigentlich keinen Platz in einem Buch über Teppiche, doch einige Exemplare scheinen uns interessant genug und den Teppichen so nahe verwandt, um hier erwähnt zu werden. Vor allem in der Türkei und im Kaukasus produzierte man Stickereien teilweise im selben Stil wie geknüpfte oder flachgewebte Teppiche. So gibt es beispielsweise aus der Türkei gestickte Gördes-Gebetsteppiche und aus dem Kaukasus wunderschöne kleine Petit-Point-Seidenstickereien im Stil der Drachen- und Blütenteppiche. In »*Teppiche aus dem Kaukasus*« zeigt Schürmann auch kleine gestickte Seidenstücke aus Chila, Schemacha und Ssurachany. Aus Zentralasien und insbesondere aus Usbekistan kommen *Susanis* (*suzani* ist das persische Wort für Nadel), mit Seide auf Baumwolle gestickte Einsatzstücke mit floralen und geometrischen Motiven. Sie gehörten anscheinend zur Brautausstuer und ähneln mit ihren schlichten Formen, die wie aus dem Feld geschnitten wirken, den schönsten amerikanischen Steppstickereien.

Als Objekt für den westlichen Sammler sind flach gewebte Teppiche, Taschen u. a. noch relativ neu. Ähnlich wie die Belutschenteppiche, die man lange Zeit als Geschenk hergab, wurden schöne alte Kelims noch vor kurzem verwendet, um aufgerollte Knüpfteppiche einzuwickeln. Flachwebereien waren, wie wir gesehen haben, nur in Ausnahmefällen für den Export bestimmt. Ihre Technik und ihre Beschaffenheit ließen sie im übrigen ohnedies als ungeeignet für westliche Haushalte erscheinen. Erst in jüngster Zeit kann man von einem ernsthaften Interesse an solchen Stücken sprechen. Obwohl sie im Gegensatz zu Knüpfteppichen nur zweidimensional wirken, haben sie doch einen ganz eigenen Reiz und bilden schon aufgrund ihrer Farben und Muster einen heute nicht mehr wegzudenkenden Aspekt der orientalischen Weberei.

Von links nach rechts: Buchara-Susani, Mitte des 19. Jh. 269 × 213 cm, südwestpersischer Kelim (Fars), Mitte des 19. Jh. 260 × 148 cm, Gashgai-Kelim, spätes 19. Jh. 310 × 167,5 cm.

Rumänischer Kelim, 19.Jh. Victoria and Albert Museum, London.

Europäische Teppiche

Die Ursprünge des Teppichknüpfens in Europa liegen im dunkeln; doch gibt es Beweise dafür, daß schon sehr früh orientalische Teppiche importiert worden sind, die Kunst ihrer Herstellung also bekannt war und sehr wahrscheinlich auch recht bald imitiert wurde. Verbreitung fanden Knüpfteppiche in Europa wohl in erster Linie durch die Mauren in Spanien, durch die Kreuzritter (vom 11. bis 13. Jh.), durch die Reisen des Marco Polo (geb. 1254, gest. 1324), durch die Gesandtschaften in Venedig (seit dem 13. Jh.) sowie durch die koloniale Expansion Portugals, die im 15. Jh. begann und mit Niederlassungen am Persischen Golf (1509), in Goa (1510) und in Japan (1542) bis zum Jahre 1580 andauerte, als das Land unter Philipp II. von Spanien erobert wurde.

Eines der frühesten Fragmente eines Knüpfteppichs wird in der Schloßkirche zu Quedlinburg im Harz (DDR) aufbewahrt. Es handelt sich dabei um Teile eines Wandbehangs mit den ursprünglichen Maßen 7,2 m × 6 m, der verschiedene Szenen der »Hochzeit von Merkur und Philologie« von Martianus Capella darstellt. Das Stück wurde zu Zeiten der Äbtissin Agnes (1186–1203) in der Technik des einfachen Knotens gefertigt, wie man sie häufig bei spanischen Teppichen antrifft, obwohl es keinerlei Anzeichen für eine Verbindung zu spanischen Herstellern gibt. Das Fragment wurde 1977 bei der »Staufer-Ausstellung« in Stuttgart gezeigt.

In England war es bis zum Beginn des 17. Jh. üblich, Heu und Schilf auf den Boden zu streuen. Für Frankreich dagegen berichtet das »Stundenbuch« schon zweihundert Jahre früher über den Gebrauch von gewobenen Strohmatten. Eine der Darstellungen zeigt den Herzog von Berry im Schloß von Chantilly an der Tafel. Der Fußboden des Raumes ist mit Schilfmatten ausgelegt, eine Sitte, die sich in England erst sehr viel später einbürgerte. Paul Hentzner, ein deutscher Reisender, berichtet 1598, daß er persönlich gesehen habe, wie das Audienzzimmer der Königin Elizabeth im Palast von Greenwich mit Heu ausgelegt war. In »Worte und Aussprüche der Philosophen«, einem Buch, das Earl Rivers in Lambeth aus dem Lateinischen übersetzt hat, befindet sich eine Illustration von Edward IV. in einem Raum, dessen einziger Teppich dem König vorbehalten ist, während der übrige Fußboden mit Schilf aufgeschüttet ist.

Die Beschreibungen berühmter Häuser verzeichnen bis in das frühe 17. Jh. hinein die Verwendung von Schilf als Bodenbelag. Man kann sich vorstellen, daß eine solche Praxis nicht besonders hygienisch war, doch wird von dem aufgeklärten Kardinal Wolsey berichtet, daß er in Hampton Court das Schilf täglich erneuern ließ.

Im Jahre 1255, nach ihrer Heirat mit Edward I. von England, brachte Eleonore von Kastilien viele herrliche Teppiche aus Granada und Córdoba mit, die sie nach spanischer Sitte auf den Straßen und in ihrer Residenz auslegen ließ.

Außer auf Bildern haben wir aus dieser Frühzeit keinerlei Beweise für europäische Teppichknüpfereien. Es bleibt also offen, ob diese Kunst zur damaligen Zeit bekannt war und inwieweit sie ausgeübt wurde; denn bei den dargestellten Stücken könnte es sich auch um gewebte Tapisserien oder, wie auf vielen italienischen Gemälden, um importierte orientalische Teppiche handeln. Es gibt in England zwei Porträts von Heinrich VIII., einmal in Belvoir und einmal in Hampton Court, wo neben den anderen Möbeln auch Teppiche zu erkennen sind. Natürlich wurden Teppiche damals als viel zu wertvoll angesehen, um auf den Boden gelegt zu werden. Man verwendete sie als Tischdekoration, zu zeremoniellen Anlässen oder als Altardecken. Etwa ab 1600 wird in England deutlich zwischen Tisch- und Bodenteppichen unterschieden.

Venedig soll schon seit dem 15. Jh. Teppiche und Brücken aus Kleinasien importiert haben, die bei Festlichkeiten Gondeln und Balkone zierten. Im übrigen Italien jedoch blieben sie noch für lange Zeit weitgehend unbekannt. Als um die Mitte des 15. Jh., nach der Eroberung Konstantinopels, das Osmanische Reich sich ausweitete und Venedig seine Besitzungen im östlichen Mittelmeerraum verlor, müssen die Teppiche aus der Türkei über Konstantinopel nach Europa gebracht worden sein.

Diese importierten Teppiche waren auffällig gemustert und besonders farbenprächtig; auf einigen Stücken aus Ushak waren sogar italienische Wappenschilde dargestellt, und man darf annehmen, daß sie nicht als Fußbodenbeläge verwendet wurden. Die auf den Renaissancegemälden am häufigsten wiedergegebenen Teppiche zeigen figürliche Ornamente in rechteckigen Feldern und stammen wahrscheinlich aus der Gegend von Bergama in Nordwest-Anatolien. Auch aus Kairo kamen Teppiche, die besonders gern als Kirchenschmuck verwendet wurden.

Anfang des 17. Jh. gelangten persische Teppiche als Geschenke von Gesandten nach Venedig. In der St.-Markus-Kirche befinden sich seidene Perserteppiche, die 1603 bzw. 1622 von Fethi Bey, einem Botschafter von Schah Abbas dem Großen, überbracht worden sind.

Linke Seite: Aubusson-Teppich des Empire mit zentralem Rosenmotiv. Mobilier National, Paris.

Einer davon ist mit silbernen und goldenen Fäden gearbeitet und zeigt in der Mitte ein Medaillon, die anderen schmückt ein üppiges Blumenmuster mit spiralenförmigen Schnörkeln und Ornamenten.

Etwa zur gleichen Zeit, als Venedig in höchster Blüte stand, nahm auch Holland rege Handelsverbindungen mit Persien und Indien auf. Die flämischen Weber in Gent, Brügge, Ypern und Kortrijk waren seit dem 12. Jh. für ihre Arbeiten berühmt. Sie importierten die Wolle über Antwerpen, das damals einer der größten Seehäfen der Welt war, aus England. Gent war damals fünfmal so groß wie London. Arras, das im 13. und 14. Jh. führend in der Tapisserieherstellung war, fiel im 15. Jh. in den Machtbereich Ludwigs XI. von Frankreich.

Der Einfluß der italienischen Renaissance erreichte die Niederlande im ersten Jahrzehnt des 16. Jh., als diese durch die Vermählung von Maria von Burgund und Maximilian von Österreich, der 1493 zum Kaiser des Hl. Römischen Reiches gekürt wurde, zuerst unter österreichische und dann unter spanische Herrschaft gerieten. Nach den Religionskriegen des Jahrhunderts bildeten die südlichen Provinzen eine Liga zur Verteidigung des katholischen Glaubens und erhielten sich so die spanischen und maurischen Einflüsse auf ihren Stil.

Die nördlichen Republiken vereinigten sich und stiegen zu einer Seemacht auf, auch sie berühmt für ihre Tapisserien. Doch trotz dieser weit zurückgreifenden Tradition auf dem Gebiet des Webens sind die ersten Anfänge des Teppichknüpfens in diesem Raum unbekannt. Der Brüsseler Teppich wird in Belgien seit 1749 erwähnt und kopiert, seine Geschichte jedoch ist nur schwer zu enträtseln. Die erste Teppichmanufaktur Hollands befand sich in Amersfoort. 1797 wurde die Königliche Manufaktur in Deventer gegründet. Die verwendeten Muster lassen deutlich den orientalischen Einfluß erkennen, der auch später vor allem im Zuge der expansiven Kolonialpolitik zu Beginn des 19. Jh. beibehalten wurde.

In Deutschland lag die Entwicklung der Webkunst vorwiegend in den Händen der Klöster, doch schon Ende des 11. Jh. wird von den ersten Weberzünften berichtet. Zu größerer Bedeutung als Teppichhersteller kam das Land aber erst im 19. Jh. mit dem industriellen Aufschwung. Frühe indische Teppiche werden in Düsseldorf aufbewahrt, und man fand auch orientalische Teppiche aus der Zeit von Schah Abbas.

Eine Inventarliste des Erzherzogs Ferdinand von Österreich aus dem Jahre 1596 führt u. a. einen türkischen Teppich »mit dem österreichischen Schild« auf, was darauf hindeutet, daß man auch dort Verbindungen unterhielt, um eigene Entwürfe in türkische Teppiche einarbeiten zu lassen. Der österreichische Kaiser erhielt von Zar Peter dem Großen auch einen persischen Teppich (16. Jh.) zum Geschenk, der eine lebhafte Jagdszene darstellt.

Es ist immer schwierig, den wechselseitigen Einfluß zurückzuverfolgen, den die Kulturen aufeinander ausüben, vor allem dann, wenn die Zeugnisse dieses Einflusses, in diesem Fall die Teppiche, in Zeiten des Krieges und der Unordnung vergängliche Güter sind. Doch diese wenigen Fakten zeigen, daß die Kunst des Teppichknüpfens zumindest aus Beispielen in Europa bekannt war.

SPANISCHE TEPPICHE

Spanien ist in Europa der erste Hersteller geknüpfter Teppiche. Das früheste erhalten gebliebene Dokument zu diesem Thema datiert aus dem 12. Jh. Danach gab es schon zu jener Zeit eine gut entwickelte Teppichindustrie, deren Produkte sogar bis nach Ägypten und in den Nahen Osten exportiert wurden. Bis zum 13. Jh. waren die Herstellungsverfahren unter den Mauren so hoch entwickelt, daß man von einem Gipfel an Technik und Kultur sprechen kann.

Die maurische Herrschaft über Spanien dauerte von der Eroberung (710–712), als die Mauren von Nordafrika her einbrachen, bis in das späte 15. Jh. Ihre endgültige Vertreibung geschah im Jahre 1609. Ihre erste größere Stadt war Córdoba in Andalusien, dessen Paläste mit den schönsten und kostbarsten Teppichen der Welt ausgelegt gewesen sein sollen. Die letzte der Moslemdynastien waren die Nasriden, die Erbauer der berühmten Alhambra. Ihre Hauptstadt war Granada, und man findet die Staatsfarbe, Rot, und das Stadtsymbol, den Granatapfel, häufig in den Teppichmustern der Gegend, oft in Verbindung mit einfachen Farbzusammenstellungen in Grün und Weiß.

Erobert wurde Granada im Jahre 1492 unter Ferdinand und Isabella. Die Blüte der Teppichherstellung in Spanien fiel also in die Zeit der maurischen Herrschaft, obwohl die Mauren, als sie sich unter dem wachsenden katholischen Einfluß allmählich an die christliche Bevölkerung assimilierten und wie die Mudéjars für christliche Kunden arbeiteten, auch immer mehr europäische Elemente aufgriffen und sie erfolgreich in ihre islamische Tradition einbauten. Allein in Almería gab es im 12. Jh. achthundert Webstühle zur Seidenverarbeitung. Alcatraz in der damaligen Provinz Murcia war das größte Teppichzentrum jener Zeit

Rechte Seite: Grob gewebter Cuenca-Teppich, 16. Jh.

262

263

*Spanischer Wollteppich, 16.Jh., nach
zeitgenössischen Stoffentwürfen, wahrscheinlich
aus Alcatraz.*

und blieb es bis in das späte 16. und frühe 17. Jh. hinein. Im 11. Jh. war auch Cuenca berühmt für seine Wollbrücken, den wichtigsten Erwerbszweig der Stadt.

Alle spanischen Brücken wurden in der sogenannten einfädigen Knotung gefertigt. Der Ursprung dieser Technik liegt wahrscheinlich in Ägypten, denn ein ähnlicher einfädiger Knoten wurde im 7. und 8. Jh. bei den Kopten für die Schlingen-Aufschneidetechnik verwendet; die Araber benutzten ihn im 9. Jh., und es ist bekannt, daß koptische Teppichweber im 10. Jh. auch in Spanien tätig waren. Die Verwendung dieses einfädigen Knotens ist ein eindeutiger Hinweis darauf, daß die Mauren die Techniken des Teppichknüpfens nicht aus Persien oder der Türkei importiert haben, wo die doppelte oder zweifädige Knotung verwendet wird. Bei dieser einfädigen Knotung wird das Garn jeweils nur um einen Kettfaden geknüpft, der nächste Faden bleibt frei, und dann folgt wieder ein Knoten. In der darüberliegenden Reihe werden die Knoten um einen Faden versetzt angeordnet. Aufgrund dieser charakteristischen Technik ist es meistens nicht schwer, einen spanischen Teppich zu identifizieren. Der Gördes- oder türkische Knoten, der im gesamten übrigen Europa verwendet wurde, tauchte in Spanien erst um die Mitte des 17. Jh. in Cuenca auf.

Einige der ältesten überlieferten Beispiele spanischer Teppiche lassen sich mit Hilfe der dargestellten heraldischen Waffen und Geräte datieren: Sie stammen aus der ersten Hälfte des 15. Jh.; einige sind vielleicht sogar noch etwas älter. In einer handgeschriebenen Bibel, der sog. Manfred-Bibel, die sich heute in der Vatikanischen Bibliothek befindet, gibt es eine Miniatur, die die Übergabe des Buches, wahrscheinlich an Manfred selbst (er wurde 1258 zum König von Sizilien gekrönt), illustriert. Man kann dort einen weiß-braunen befransten Teppich erkennen, der mit einem kufischen Schriftband, mit Adlerköpfen und Wappenschilden geschmückt ist. Dieser Teppich ist wahrscheinlich spanischen, vielleicht auch sizilianischen Ursprungs und zeigt, daß man schon sehr früh heraldische Embleme in die Muster einfügte.

Es ist dokumentarisch belegt, daß Papst Johannes XXII. (1316–1334) für seinen Palast in Avignon Brücken mit Wappenmustern erworben hat, die von den Mauren in Spanien gefertigt wurden. Zwei weitere Beispiele für »Wappenteppiche« stammen aus dem Kloster Santa Clara in Valencia (Alt-Kastilien). Sie wurden in den Jahren 1405 und 1473 für die Familie Enriquez, die Gründer des Klosters, hergestellt. Alfonso Enriquez, der 1429 starb und in Santa Clara beigesetzt wurde, war Admiral von Kastilien: Einer der Teppiche zeigt neben den Wappen zwei Ankerpaare, die mit verschlungenen Tauen verbunden sind.

Es existiert auch eine ganze Reihe von Teppichen mit den Wappen von Kastilien und Aragón. Sie wurden wahrscheinlich von Maria von Kastilien in Auftrag gegeben, die nach ihrer Heirat mit Alfonso von Aragón im Jahre 1416 Königin von Spanien wurde. Diese Wappenteppiche sind von den Mauren vorwiegend für christliche Kundschaft hergestellt worden, und so ergab sich daraus eine Verbindung europäischer und islamischer Traditionen. Die Wappen sind meistens ganz im islamischen Stil von kleinen, sich wiederholenden Polygonen umgeben, die mit Stern- oder Kreuzmotiven, stilisierten Vogel-, Tier- oder Menschendarstellungen verziert sind. Ein spezifisches Merkmal dieser Teppiche besteht darin, daß sie besonders lang und schmal sind, vielleicht um den langen, mit Fliesen ausgelegten Hallen der spanischen Architektur zu entsprechen, und daß sie häufig Borten und Bordüren mit geometrischen Mustern, Figuren oder kufischen Schriftzeichen aufweisen. Da figürliche Darstellung durch den Koran verboten ist, sind die Figuren auf den Teppichen meist nur sehr grob gezeichnet. Denn während für die europäische Kunst die figürliche Darstellung im Mittelpunkt stand, war die Verzierung das Kennzeichen der Mauren. Die Verwendung figuraler Elemente könnte auch durch zeitgenössische Wappen-, Keramik- oder Seidenzeichnungen beeinflußt worden sein, an deren Herstellung die Mauren ebenfalls beteiligt waren, vor allem in Valencia.

1492 hatte Christoph Kolumbus, der Sohn eines Genueser Webers, die Neue Welt entdeckt. Kurz darauf, zwischen 1519 und 1522, nahm Cortez Mexiko in Besitz. Zwischen 1531 und 1534 eroberte Pizarro Peru. Für die heimische Teppichproduktion gehörten neuartige Farbstoffe zu den wesentlichsten Entdeckungen in der Neuen Welt. Zusammen mit den Teppichmustern der Eingeborenen brachten sie völlig neue Elemente in die spanische Teppichweberei ein. Zuvor waren die vorherrschenden Farben Rot und Dunkelblau, ein wenig Grün, Gelb und Hellblau, doch nun kamen aus Mexiko neue, ganz verschiedenartige rote Farbstoffe, die man beispielsweise aus getrockneten Insekten (Dactylopius coccus) gewann.

Viele der islamischen Färbe- und Fixierungsgeheimnisse gingen verloren, als die Mauren unter der katholischen Herrschaft Ferdinands und Isabellas Spanien verließen. Die Anzahl der verwendeten Farbstoffe wurde im 16. und 17. Jh. immer mehr reduziert. Neue Einflüsse, hervorgerufen durch Importe venezianischer Samtstoffe sowie französischer und niederländischer Tapisserien, inspirierten zu neuen Entwürfen. Man ging zu neuen Mustern von ausgesprochen europäischem Charakter über, die man bewußt fast nur noch zweifarbig hielt.

Papst Johannes XXII. kaufte maurische Teppiche für seinen Palast in Avignon.

*Spanischer Wollflorteppich,
16. Jh., aus Alcatraz.
Girlandenmuster mit dem
Wappen des
Dominikanerordens in den
Ecken. Hispanic Society of
America, New York.*

266

Seit Beginn des 15. Jh. wurden Brücken aus Anatolien und auch Seidenwaren aus Bagdad importiert und kopiert, so daß in den frühen spanischen Teppichmustern ein starker anatolischer Einfluß unverkennbar ist. Besonders auffallend ist die Verwendung des Lebensbaum-Symbols und der kufischen Schriftzeichen als Bordürenmotive. Sie wurden im Laufe der Zeit jedoch immer mehr verfälscht, vor allem nachdem sie auch in der spanischen Seidenweberei Verwendung fanden. Ein besonders populäres Motiv war das »großgemusterte Holbein«, so benannt, weil man es häufig in den Gemälden europäischer Maler wiederfand. Es besteht aus aneinandergereihten, geometrisch verzierten Achtecken in quadratischen Feldern. Die Bordüren zeigen häufig ein stilisiertes Blumenmotiv, ebenfalls anatolischen Ursprungs, das man in Spanien Skorpion nannte, oder das persische Endlosknotenmotiv, das auf zahlreichen persischen Malereien des 15. Jh. abgebildet ist. Eingeführt wurde dieses Muster möglicherweise von den persischen Töpfern, die sich im 13. Jh. in Spanien niederließen und wesentlichen Anteil an der Ausgestaltung der Alhambra hatten. Die meisten der großgemusterten »Holbeins« wurden in Alcatraz hergestellt. Es gibt aber auch ein kleingemustertes Holbein-Motiv. Es besteht aus alternierenden Achtecken und kleinen Rhomben in abgesetzten Reihen. Offenbar hat dieses Muster sich besonders erfolgreich durchgesetzt, doch fällt es bei manchen Stücken schwer, die zugrunde liegende geometrische Form noch klar zu erkennen.

Im 15. Jh. wurden in Alcatraz zunehmend auch westliche Motive eingeführt, die sich an den damals in Europa vorherrschenden gotischen Stil anlehnten. Ein ganz typisches gotisches Blumenmuster ist der Granatapfel, der schon früher in Granada verwendet wurde und auch in Italien sehr populär war. Ein Teppich mit diesem Motiv befindet sich im Victoria and Albert Museum in London. Ähnlich wie die älteren Wappenteppiche besitzt er eine stilisierte kufische Bordüre.

Viele Gotik- und Renaissance-Muster wurden meist mit nur wenigen Farben durch christliche Teppichweber von spanischen und italienischen Stoffen kopiert. Ein sehr beliebtes Motiv waren Girlanden und Kränze, die jedoch eckiger geformt waren als ihre italienischen Vorbilder. Häufig findet man sie in Reihen angeordnet, wodurch sie den großflächigen »Holbeins« nicht unähnlich wirken, obwohl sie andererseits eine Abkehr von der islamischen Tra-

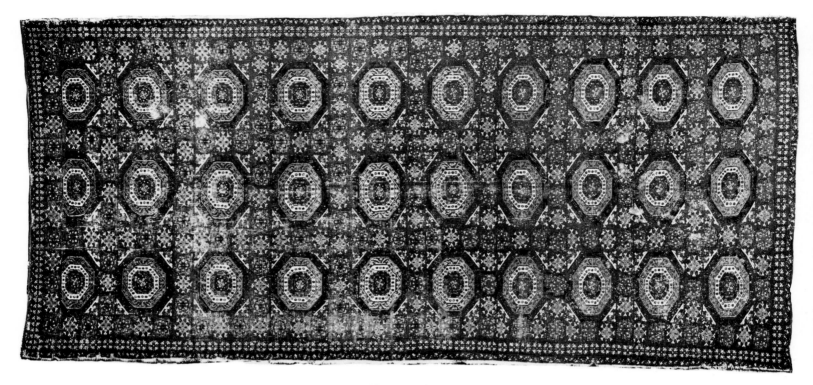

dition erkennen lassen. Auch Arabesken aus den Körpern geflügelter Tiere und Drachen waren ein gern verwendetes Motiv zu jener Zeit.

Im 16. und 17. Jh. gelangten türkische Brücken aus Ushak nach Spanien, deren eckige Arabesken, gelb auf rotem Grund, ebenfalls häufig kopiert wurden. Nach der osmanischen Eroberung kam ein neues, weniger geometrisches Muster auf: naturalistische Blütenornamente, die sich um ein zentrales Medaillon ranken. Viele spätere Zeichnungen haben sich aus dieser Grundidee entwickelt. Um diese Zeit findet man auch schon einige spanische Teppiche und Brücken, die mit dem Gördes- oder türkischen Knoten geknüpft sind, nachdem man so lange ausschließlich den einfachen Knoten verwendet hatte.

Mit dem Rückzug der Moslems jedoch setzte ein stetiger Qualitätsrückgang ein. Seit Mitte des 17. Jh. wurden immer häufiger westliche Stile kopiert. Im 18. Jh., zur Zeit der spanischen Bourbonen, starb der islamische Einfluß schließlich ganz aus, da man nur noch Kopien der Teppiche aus England, von Aubusson und der Savonnerie herstellte. Die spanischen Aubusson-Teppiche des 19. Jh. entsprechen weitgehend den französischen, nur sind ihre Farben etwas greller, und die Konturen der Muster sind durch Schwarz und leuchtendes Rot hervorgehoben.

In Alpujarra (Provinz Granada) hatte sich eine örtliche Webetradition entwickelt, die eindeutig unter maurischem Einfluß stand. Wie bei jeder bäuerlichen Kunst ist es schwer zu sagen, wann die ersten Stücke gefertigt wurden; wahrscheinlich datieren sie im späten 15. oder Anfang des 16. Jh. Kennzeichnend für die Alpujarra-Brücken sind die dicke, grobe Webart sowie die nicht aufgeschnittenen Schlingen. Sie wurden auf Handwebstühlen hergestellt, wobei, fast vergleichbar mit der Brüsseler Technik, Schlingen und Schuß in die Kettfäden eingewebt wurden mit einem bis drei Knoten pro Quadratzentimeter. Typisch für diese Brücken

Spanischer Schlingenflorteppich, datiert auf 1792. Victoria and Albert Museum, London.

ist auch die Befransung. Sie wurde separat gewebt und läuft um alle vier Seiten, ganz im Gegensatz zu den orientalischen Fransen, die aus den überstehenden Kettenfäden geknüpft sind. Da diese Art der Befransung für die Verwendung als Bodenbelag äußerst unpraktisch wäre, kann man annehmen, daß Alpujarra-Teppiche als Bettdecken gedacht waren.

Ihre Zeichnung ist sehr viel schlichter als bei den maurischen Brücken; meistens verwenden sie auch nur zwei Farben: Blau und ein schmutziges Weiß, Rot und Schwarz oder Rot und Grün. Einige Exemplare jedoch sind besonders bunt mit bis zu zehn Farben in Kombinationen von verschiedenen Blautönen, Rot und Weiß oder von Blautönen mit Gelb und einer sehr beliebten Honigfarbe. Bei manchen Einzelstücken sind die Schlingen an verschiedenen Stellen weggelassen, so daß der glatte, gewebte Hintergrund sichtbar ist und das Muster reliefartig hervortritt. Ähnliche Beispiele finden sich übrigens auch in der bäuerlichen Kunst Italiens. Am häufigsten verwendete Motive sind der Lebensbaum, Blumenvasen, Vögel, Tiere, besonders der Löwe, der Granatapfel, das Emblem von Granada, sowie Ranken und Bordüren aus Weinlaub und Trauben.

Nach der endgültigen Vertreibung der Mauren im Jahre 1609 kamen noch weitere Motive hinzu: Kirchliche Symbole, Wappen, der Doppeladler Karls V., Namen, Initialen und Daten. Insgesamt jedoch blieben diese Bauern den maurisch inspirierten Mustern verhaftet. Bis in das 19. Jh. hinein fertigten sie ihre Brücken in der alten Technik mit Blüten- und Tiermotiven in hellen Farben.

Äußerst seltene bessarabische Brücke, um 1850, im Stil der Louis-Quatorze-Savonnerie-Muster. 391 × 401 cm.

POLNISCHE TEPPICHE

Auch im Osten und Südosten Europas, in Polen, Rumänien und Österreich-Ungarn, entwickelte sich eine west-östlich beeinflußte Kunst des Teppichknüpfens. Besonders in Polen trafen islamische, russisch-byzantinische und, bedingt durch eine traditionelle Freundschaft, französische Einflüsse aufeinander. Außerdem galt Polen im 16. Jh. als einer der wichtigsten Märkte für den Verkauf türkischer und persischer Waren. Im Jahre 1601 sandte König Sigismund

Links: Polnischer Teppich aus dem 18.Jh. mit Datierung, wahrscheinlich aus Lemberg. 310 × 198 cm.
Oben rechts: Glatt gewebter polnischer Kelim, um 1800, mit stilisierter Blumenbandbordüre.
Mitte rechts: Glatt gewebter bessarabischer Kelim, um 1870.
Unten rechts: Ukrainische Knüpfbrücke, um 1810.

271

III. Sefer Muratowicz, einen Armenier, von Lemberg nach Isfahan und Kashan in Persien, um Teppiche für seinen Palast einzukaufen. Hier ein Auszug aus der Liste, die der polnischen Schatzkammer am 12. Dezember 1602 übergeben wurde:

»Preise der Objekte, die ich in Persien in der Stadt Kashan für Seine Majestät, unseren gnädigen König, erwarb.

2 Zelte	360 Kronen
2 Paar Teppiche zu je 40 Kronen, zusammen	160 Kronen
2 Teppiche zu je 41 Kronen, zusammen	82 Kronen
Für die Ausführung der königlichen Wappen extra	5 Kronen
2 Teppiche zu je 39 Kronen, zusammen	78 Kronen

(es folgen weitere Punkte)«

Rechts: Rumänische Brücke mit geometrischem Lebensbaummotiv, spätes 19. Jh.

Unten: Bessarabische Brücke mit stilisierten Blumensträußen, um 1860. 381 × 249 cm.

Diese acht Teppiche sind wahrscheinlich mit jenen identisch, die sich heute im Münchener Residenzmuseum befinden. Nach den Berechnungen T. Mankowskis hätte man für den Preis dieser Teppiche damals 81 Zentner Weizen bekommen. Nimmt man die Reisekosten und die an vier Grenzen zu entrichtenden Zölle noch hinzu, so müssen diese Teppiche immens teuer gewesen sein. Wahrscheinlich deshalb hat man daraufhin in Polen denjenigen Teppichen den Vorzug gegeben, die aus weniger weit entfernten Herstellungsgebieten, z. B. Ushak in der Türkei, kamen. Nach der Schlacht von Wien im Jahre 1683 erbeutete König Johann Sobieski eine ganze Menge persischer Teppiche aus der Zeit von Schah Abbas.

Die polnischen Teppiche sind aus Seidenmaterial, vermischt mit Goldfäden hergestellt. Häufig enthalten sie Wappendarstellungen. Einige Tapisserien des 16. Jh. sind in der büscheligen Manier der Savonnerie gefertigt, doch die meisten ähneln nach Art ihrer Herstellung eher den Kelims, sind also glatt gewirkt. 1643 versuchte der Heerführer Stanislaw Koniecpolski, Teppichweber aus Flandern in Polen anzusiedeln, die Wolle und Seide nach italienischem Vorbild verarbeiten sollten. Es stellte sich jedoch heraus, daß die Einfuhr des erforderlichen Rohmaterials aus Italien und Spanien viel zu schwierig war. So baute man eine Fabrik in Brod und ließ dort griechische Arbeiter Teppiche im persischen Stil herstellen.

Im Jahre 1649 scheint eine abrupte Änderung des Geschmacks zugunsten östlicher Waren stattgefunden zu haben, denn es ist überliefert, daß in jenem Jahr sämtliche Händler italienischer Stoffe in Lemberg bankrott gingen. Von da an entwickelte sich ein eigener polnischer Stil. Man verwendete andere, d.h. orientalische Wollsorten, häufig in Verbindung mit Kettfäden aus Leinen, und man benutzte andere Farben, mehr Grün und Blau, weniger Rot. Charakteristisch für den typischen polnischen Teppich sind naturalistische und sehr üppige Blumen- und Blättermotive.

TEPPICHWEBEREI IN SÜDOSTEUROPA

In Rumänien entstand in den Provinzen Moldau im Norden, Oltenia (Kleine Walachei) im Süden und in dem zentral gelegenen Siebenbürgen jeweils ein eigener Stil, obwohl auch hier die Einflüsse aus Ost und West deutlich zu erkennen sind. Die rumänischen Brücken basieren auf dem bessarabischen Kelim, einer festen, beidseitig verwendbaren Webart, die man vor allem als Wandbehänge und Decken verwendete. Das rumänische Wort für diese Teppiche heißt »scoarta« und bedeutet Baumrinde: Die Wände der ältesten Bauernhäuser waren mit Rinde verkleidet; als man diese durch Teppiche ersetzte, wurde die Bezeichnung beibehalten.

Diese ganz alten Brücken wurden auf schmalen, waagerechten Webrahmen hergestellt, so daß die fertigen Stücke meist aus mehreren zusammengenähten Streifen bestehen. Bis ins 19. Jh. wurde ausschließlich Wolle verwendet; erst danach kamen Baumwolle, Hanf und Flachs als Kettfäden hinzu. Die dominierenden Farben waren Schwarz, das man aus Erlenrinde oder Majoran gewann, Rot (aus Krapp), Grün, Braun und Gelb (aus Saffran). Blau gehörte zu den teuren Farben, da es aus dem Orient importiert werden mußte.

Die Entwicklung der Muster ging von waagerechten, zweifarbigen Streifen – braun, gelb, blaßgrün und blau in der Moldau, grün, rot schwarz und verschiedene Orangetöne in Siebenbürgen sowie blau, weiß, kirsch- und purpurrot in Oltenia (wo man auch breitere Webrahmen verwendete) – über die Unterteilung dieser Streifen durch feine, meist weiße Linien bis zu verschiedenen geometrischen Mustern, die alle einen Namen hatten. Man nannte sie »Kettenpanzer«, »kleine Ecken«, »Täfelchen«, »Doppelkreuz«, »kleiner Mund«, »Äuglein«, »Sternchen« usw. Zu jener Zeit fällt eine starke Ähnlichkeit mit nordischen Fabrikaten wie den Ryijy-Brücken auf. Später kamen figürliche Darstellungen, Tiere und Bordüren hinzu.

Auf den Teppichen aus Oltenia findet man, meist auf schwarzem oder grünem Grund, Jagdszenen oder Figuren, wie man sie von persischen Miniaturen her kennt. Ihre Blütenmuster sind eher fließend. Nicht selten reichen sie bis an den Rand. Ganz anders die Teppiche aus der Moldau: Ihre Dessins sind streng geometrisch. Häufige Symbole sind der Lebensbaum, der ursprünglich aus Babylonien stammt, mit Schlangen am Fuße und Vögeln in den Zweigen, Blumen und Frauen mit erhobenen Armen. Die Farben sind zart gehalten.

Am stärksten orientalisch beeinflußt sind die Brücken aus Siebenbürgen mit ihren breiten Bordüren, stilisierten Blumen, Vögeln und Tieren und ihren Rautenmustern. Überhaupt ist der orientalische Einfluß in den volkstümlichen Brücken fast ganz Europas zu erkennen. Bordürenränder und in Streifen aufgeteilte Mittelstücke mit schmalen inneren und äußeren Pfeilspitzenmustern, die man überall antrifft, stammen eindeutig aus dem Osten.

ITALIENISCHE TEPPICHE

In Italien existierte eine bäuerliche Teppichproduktion, die relativ unberührt von orientalischen Importen geblieben ist. Möglicherweise waren einige zurückgezogen lebende, nach Süditalien und Sardinien eingewanderte Weber die Gründer dieser Produktion. Die »tappeti abruzzesi« waren keine richtigen Brücken, sondern man verwendete sie als Decken für Tische, Betten und Stühle. Gewirkt wurden sie in langen Streifen in einer glatten, doppelseitigen Webart: Verschiedenfarbige Fäden wurden zwischen die regulären Schußfäden eingefügt, um das Muster zu bilden. Sie wurden jedoch nicht abgeschnitten, sondern auf der Unterseite weitergeführt, bis man sie dort, wo das Muster es erforderte, wieder nach oben holte. Diese Art der Brücken blieb von den stilistischen Veränderungen in den italienischen Stadtstaaten wie auch von der Renaissance weitgehend unbeeinflußt. Ihre Dessins sind vorwiegend heraldisch oder religiös mit Symbolen wie dem Doppeladler, dem Lamm, stilisierten Blumen, Bäumen, Vasen, Vögeln und anderen Tieren wie z.B. dem Pferd. Besonders häufig verwendete man Zick-Zack-Linien und ein bestimmtes Sternmotiv.

Rechts: Bäuerliche italienische Brücke mit Zickzacklinie. Museo delle Arti Tradizioni Popolari, Rom. Links: Italienische Abruzzi-Brücke, datiert 1647. 265 × 80 cm.

Einige Exemplare sind auch in persischer Knotung ausgeführt, und es gibt eine Hypothese, nach der die einheimische Bevölkerung diese Techniken von türkischen oder zyprischen Sklaven übernommen hat, die um 1600 herum in Pescocostanzo festgehalten wurden. Möglicherweise sind aber auch einige importierte orientalische Brücken Vorbild für eine Nachahmung gewesen. Diejenigen Stücke, die chinesische oder orientalische Motive verwenden, lassen sich jedoch aufgrund der geringen Wollqualität, der primitiven Knüpfmethode und der Tatsache, daß die Bordüre meist nicht wie im Orient üblich andersfarbig als das Mittelstück gehalten ist, leicht als Imitationen erkennen. Es sind jedoch nur die geknüpften Brücken, die orientalische Einflüsse widerspiegeln.

TEPPICHE AUS NORDEUROPA

Auch bei den Teppichen Nordeuropas sind östliche Einflüsse wirksam geworden. Ein anatolisches Stück, das man in der Dorfkirche von Marby gefunden hat (es befindet sich heute im Historischen Museum zu Stockholm), zeigt, wenn seine Datierung korrekt ist, daß schon im 15. Jh. orientalische Teppiche in die Ostseestaaten gelangt sind. Die Hersteller skandinavischer Teppiche verwendeten vier verschiedene Techniken: eine glatte Webart ähnlich der in der Moldau, die Ryijy-Technik, die dem Gördesknoten sehr verwandt ist, eine Doppel-Webart sowie den Schlingenknoten.

Die Ryijy- oder Rye-Brücken Finnlands und Norwegens ähneln den bessarabischen Kelims und sind wahrscheinlich aus den glattgewebten Teppichen hervorgegangen, die die Goten und Wikinger von ihren Handelsfahrten durch Rußland, die Flüsse abwärts bis nach Byzanz, mitgebracht haben. Seit dem 15. Jh. wurde in Schweden eine den Kelims vergleich-bare Teppichart gewebt, während die frühesten Ryijys noch einfarbig und zottig gewesen wa-ren, aus ungefärbtem Garn, mit langen Noppen und oft beidseitig beflort, da man sie als Bett-decken benutzte. Die Lässne-Ryijys aus dem 16. Jh. hatten einen kürzeren Flor.

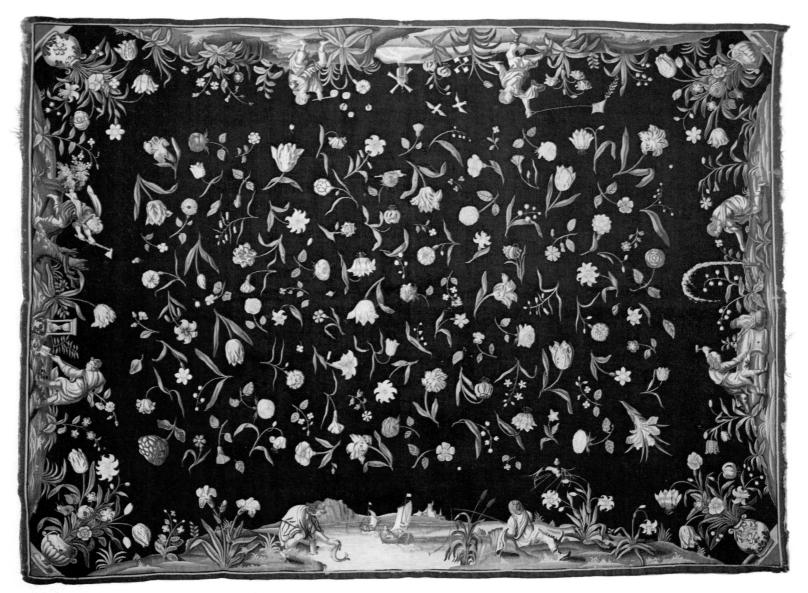

Damals waren die finnischen Brücken von feinerer Qualität als die schwedischen. Obwohl man bei der Herstellung in Island und Norwegen nach ganz ähnlichen Methoden ver-fuhr, ist bekannt, daß Königin Margareta von Schweden im Jahre 1544 mehrere Teppiche in Finnland kaufte. Erstmals erwähnt wurden finnische Brücken in der Inventarliste eines Klosters in der Nähe von Naantali aus dem Jahre 1495.

Schwedische Teppiche tauchen erstmalig 1451/52 in einer Bettwäscheverordnung des Klosters Vadstenå auf. Diese vorwiegend in Schlössern hergestellten Brücken waren ein wich-tiges Zahlungsmittel im Handelsverkehr; häufig wurden sie der Tochter als Aussteuer mitge-geben. Man benutzte sie zur Ausschmückung des Brautbetts oder als Hochzeitsteppich, auf dem das Paar während der Trauungszeremonie stand – ein Brauch, der übrigens heute wieder in Mode gekommen ist. Als Motiv haben diese Hochzeitsteppiche meist ein Pärchen, das sich bei der Hand hält. Beim Tode des Ehemanns kamen diese Brücken der Witwe zu.

Die ersten Ryijys waren mit nur geringen Abweichungen in schlichten Farben gehalten – schwarz, weiß oder grau. Gelegentlich verwendete man auch Gelb, später kam noch Rot

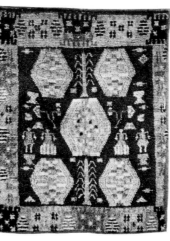

hinzu. Erst im 18. Jh. führte man natürlich gewonnene blaue, gelbe, rote und braune Farbstoffe ein. Um das Jahr 1600 wurde es in adeligen Häusern Mode, Steppdecken statt der bisher
üblichen Brücken als Bettzeug zu benutzen. So begann die Entwicklung der Schmuck- und
Bildtteppiche, die in den Häusern der wohlhabenden Bürger und Gutsbesitzer gewebt wur-

den. Das älteste Motiv der Ryijy-Brücken war der Lebensbaum mit Bordüren und geometrischen Mustern. Sehr beliebt waren auch Tulpendarstellungen, doch ist es nicht bekannt, ob diese eher auf türkische oder auf holländische Tulpenmotive zurückzuführen sind. Kennzeichnend für die Brücken jener Epoche sind die leuchtenden Farben sowie die geometrisch gestalteten Blumen- und Blumentopfmotive, Menschen- und Tierfiguren.

Im 18. Jh., möglicherweise auch schon früher, entwickelte sich ein langhaariger Teppich in türkischer Knotung, der jedoch ähnlich wie bei der spanischen Methode zwischen den einzelnen Knüpfreihen mehrere Schußfäden aufweist. Auch hier ist die Zeichnung meist schlicht und vorwiegend geometrisch. Oft stehen mehrere Bordüren nebeneinander, und die einzelnen Felder sind mit Blumen- oder Figurenmotiven ausgefüllt. Am beliebtesten waren Löwen- und Rehdarstellungen, Doppelherz- und Blumentopfmotive. In Norwegen wurden des öfteren auch religiöse Motive eingesetzt.

FRÜHE ENGLISCHE TEPPICHE

Aus England wird zur Zeit der Kanzlerschaft Kardinal Wolseys von einer Transaktion mit Sebastian Guistinian, dem Botschafter Venedigs, berichtet, die in engem Zusammenhang mit den Zöllen stand, die man den venezianischen Wein- und Gewürzhändlern auferlegt hatte. Diese Händler hatten eine absolute Monopolstellung inne. Als Wolsey ihnen für ihre kretischen Weine enorme Zollgebühren abverlangte, versuchte Guistinian mit einem Bestechungsangebot von sieben Teppichen, diese Forderungen wieder rückgängig zu machen. Im Juni 1518 schrieb er an die Signoria, daß Wolsey einhundert Damaszenerteppiche gefordert habe als Gegenleistung für eine Anhörung des Botschafters vor dem Rat. Die Händler selbst erklärten sich bereit, einen großen Teil der Anschaffungskosten dieser Teppiche zu übernehmen. Man beschloß, die kostbare Kette im Wert von 500 Dukaten zu verkaufen, die Guistinian vom englischen König erhalten hatte, sowie zwei Pokale des Botschafters Bon im Wert von 200 Dukaten, die ein Geschenk des Königs von Ungarn waren. Schließlich mußte sogar noch der Reservefonds der Signoria an rheinischen Gulden verpfändet werden, um den Kauf der Teppiche zu ermöglichen.

Im Oktober 1520 »kamen aus Antwerpen die sechzig Teppiche an, die als Geschenk für Kardinal Wolsey bestimmt waren . . . Sie wurden gnädig angenommen, und der Kardinal inspizierte sie Stück für Stück. Sie waren wunderschön und machten ihm große Freude. Das Geschenk erschien ihm einer sehr viel größeren Persönlichkeit würdig als seiner selbst.« Er versprach daraufhin der Signoria, in Zukunft »alles und jedes zu tun«, um zu helfen. Leider ist keiner dieser Teppiche in Hampton Court erhalten geblieben, und in britischen Aufzeichnungen erscheinen sie nur als »türkische Teppiche« ohne nähere Beschreibungen und Größenangaben.

Das älteste Beispiel englischer Knüpfkunst scheint jener Teppich zu sein, der sich heute im Besitz des Earl of Verulam befindet. Er trägt in der Mitte das englische Königswappen mit den Initialen der Königin Elizabeth und der Jahreszahl 1570. Zur Linken sehen wir das

Englischer elisabethanischer Teppich aus dem Besitz des Earl of Verulam. Gorhambury, Hertfordshire.

Kardinal Wolsey, der Hampton Court zu Beginn des 16.Jh. mit orientalischen Teppichen ausstattete.

277

Wappen der Stadt Ipswich, zur Rechten das Wappen der Familie Harbottle. Das übrige Muster ist ganz und gar englisch, typisch elisabethanisch mit frohen Farben, Geißblattranken und Eichenlaub. Für die Kettfäden wurde Hanf verwendet, was darauf hindeutet, daß dieser Teppich in England hergestellt wurde. C. F. Kendrick meint dazu: »Natürlich könnte man annehmen, daß man ebensogut wie die Vorlagen für Wappen (wie es damals üblich war) auch Entwürfe für ganze Teppiche in den Orient hätte schicken können. Doch nach allem, was wir wissen, wurde dies nicht getan. Der Grund dafür mag darin liegen, daß die anatolischen Weber unter derartigen Auflagen weder frei noch erfolgreich genug gearbeitet hätten.«

Seit der Gründung der Moskau-Kompanie für den Handel mit den Weißmeerküsten und mit Moskau im Jahre 1555 müssen englische Händler über Wolga und Kaspisches Meer auch nach Persien gelangt sein. Die Türkische Handelsgesellschaft hatte ihren wichtigsten Umschlagplatz in Ushak, in den anatolischen Hügeln nicht weit von Smyrna, das lange Zeit das berühmteste Zentrum für die Herstellung von Teppichen war. So ist es nicht verwunderlich, daß die Reichen und Vornehmen Westeuropas Muster ihrer Familienwappen in den Orient schickten, um sie in Teppiche einweben zu lassen. Zwei solche Exemplare, die sich heute im Besitz des Herzogs von Buccleuch in Boughton House befinden, wurden für Sir Edward Montagu gefertigt und tragen die Jahreszahlen 1584 und 1585. Zu jener Zeit gab es in England noch keine persischen Teppiche, nur »Türken«. In Hakluyts »Reisen« aber finden wir ein Kapitel mit der Überschrift »Einige Anweisungen für M. Morgan Hubblethorne, Färber, 1579 nach Persien gesandt«:

»Sie werden in Persien Teppiche aus grober, fransiger Wolle finden, die besten der Welt in ausgezeichneten Farben. In diese Orte und Städte müssen Sie sich begeben, und Sie müssen unter allen Umständen die genaue Art und Reihenfolge des Färbeprozesses dieser Garne kennenlernen. Sie sind so gefärbt, wie weder Regen noch Wein und nicht einmal Essig es je vermöchten . . . Wenn Sie vor Ihrer Rückkehr einen guten Arbeiter in der Kunst des türkischen Teppichknüpfens ausfindig machen können, sollten Sie ihn und seine Kunst in unser Reich bringen, um dadurch auch die Arbeit in Ihrer Kompanie zu verbessern.«

(»Türkisch« war zu jener Zeit die Bezeichnung für alle geknüpften Teppiche.) Leider gibt es keinerlei Zeugnis davon, ob Hubblethorne seinen persischen Arbeiter gefunden hat.

Während der zweiten Hälfte des 17. Jh. gelangten viele Teppiche durch die Ostindien-Kompanie, die 1601 von Königin Elizabeth gegründet worden war, nach England. Ein Beispiel ist der »Gürtelmacher-Teppich«, den Sir Robert Bell im Jahre 1634 erworben hat. Er trägt das Wappen der Kompanie und wurde in Lahore hergestellt, wo unter dem Großmogul Akbar eine Fabrik mit persischen Teppichknüpfern entstanden war. Nachdem die Seewege zunehmend sicherer geworden waren und sich dadurch der Handelsaustausch verstärkte, nahmen auch die Importe von Teppichen aus der Türkei, aus Persien und Indien zu. Da diese Importe zudem immer billiger wurden, ging im 17. Jh. die Herstellung handgeknüpfter Teppiche in England allmählich zurück. Man fertigte damals vorwiegend zwei Arten von Teppichen: Die einen wurden mit türkischen Knoten und Leinengrund auf Webstühlen hergestellt, kopierten östliche, teilweise sogar chinesische Muster und enthielten häufig Wappen und Jahreszahlen. Die anderen wurden gestickt, indem man die Leinwand über einen Rahmen spannte. An ihren floralen und abstrakten Designs kann man erkennen, daß sie stark unter dem Einfluß des Opus Anglicanum (mittelalterliche englische Stickerei) standen. Während der jakobinischen Periode machten die Architektur und alle Zweige der bildenen Künste große Fortschritte. Nach einem Rückschlag unter dem Puritanismus der Zeit Cromwells kam es mit der Restauration zu einem um so stärkeren Wiederaufleben des Interesses. Insgesamt war in der ersten Hälfte des 17. Jh. »Türkisches« sehr in Mode, und man fertigte in türkischer Manier winzige Teppiche, die man als Stuhlbespannungen und Kissenbezüge verwendete.

DAS GROSSE ZEITALTER DER FRANZÖSISCHEN TEPPICHWEBEREI

Im 17. Jh. entwickelte sich die Teppichweberei auch in Frankreich, das in der Folge zu *dem* Zentrum europäischer Teppichherstellung wurde. Teppiche sind in Frankreich schon seit der Zeit der Kreuzzüge gewirkt worden, als Ludwig IX. »sarazenische« Brücken aus dem Orient mitbrachte. Es gab schon eine Zunft der Teppichmacher, doch da in den mittelalterlichen Dokumenten die Bezeichnungen »tapis sarrazinois« und »tapis nostrez« nicht eindeutig verwendet wurden, ist es nicht ganz klar, ob ihre Erzeugnisse für den Fußboden oder als Wandbehänge benutzt wurden.

Savonnerie-Teppich, um 1660. Bemerkenswert ist die Frische der Farben an jenen Stellen, die wahrscheinlich durch Möbel vor der Lichteinwirkung geschützt waren. Musée Nissim de Camondo, Paris.

Rechts: Savonnerie-Teppich im Louis-Quatorze-Stil. Unten: Savonnerie-Teppich für die Grande Galerie du Louvre, nach einem Entwurf von Charles Lebrun, um 1675; in der Mitte das Monogramm Ludwigs XIV., umgeben von Köchern und Trophäen. Mobilier National, Paris.

Jedenfalls überlebte keiner dieser Teppiche den Hundertjährigen Krieg. Als jedoch Heinrich IV. den Thron bestieg, war es sein erstes Ziel, die Ordnung wiederherzustellen und nach den Kriegen und Religionszwistigkeiten der vergangenen Jahrzehnte eine nationale Industrie aufzubauen. Der Friede wurde 1598 mit dem Edikt von Nantes geschlossen. Das mag protestantische Weber aus Flandern ermutigt haben, in Frankreich zu bleiben. 1601 setzte Heinrich eine Ratskommission ein, die den Handel im Königreich wieder in Gang bringen sollte. Im Jahre 1604 wurde dieser Kommission von Jean Fortier aus Melun der Vorschlag unterbreitet, Fabriken zu errichten, um Teppiche »nach Art der Perser und der Levantiner« herzustellen.

1608 wurde dem 31jährigen Maler Pierre Dupont unter königlichem Patronat die Lizenz erteilt, in einer Werkstatt des Louvre Teppiche zu erzeugen. Dupont war der Sohn eines Schatzmeisters der Gendarmerie de France. Er hatte die hilfreiche Unterstützung der mächtigen Madame de Châteauneuf. Im Jahre 1623 veröffentlichte er eine Abhandlung, die er dem König überreichte, mit dem Titel »Über die Stromatik (Teppichwebkunst) oder die Vortrefflichkeit der Herstellung türkischer Teppiche, wie sie neuerdings in Frankreich einge-führt wurde, unter der Leitung des ehrenwerten Pierre Dupont, Tapissier des Königs für besagte Arbeiten«. In diesem Aufsatz erklärt er feierlich mit zahlreichen gewichtigen latein-ischen Zitaten, daß er die östliche Technik zur Herstellung von Noppenteppichen in Seide und Wolle mit goldfädigem Grund entdeckt habe, ähnlich den sog. Polenteppichen, die in Kon-stantinopel oder Damaskus angefertigt wurden.

1627 nahm Dupont seinen Schüler Simon Lourdet zum Partner und richtete sich in den Räumen einer früheren Seifenfabrik – daher der Name »Savonnerie« – ein, die die Krone in der Nähe des Colline de Chaillot erworben hatte. Als Gegenleistung für die finanzielle Hilfe bildete er Waisenkinder des Hôpital de Bon Port aus. Auch die Werkstätten im Louvre wur-den beibehalten. Die in der Savonnerie verwendeten Webstühle waren besonders breit und hoch; sie mußten einen Zug von mehreren Tonnen aushalten. Auf ihnen wurden nicht nur Teppiche, sondern auch Leinwände, Stuhlbespannungen und Wandbehänge hergestellt.

Mit einem Beschluß des Staatsrats vom 17. April 1627 erhielten die Ateliers ihre eigene Verfassung. Die gesamte Produktion der Savonnerie war ausschließlich für den König reser-viert, zur Ausstattung seiner Paläste und als Geschenke für ausländische Würdenträger. Von

Savonnerie-Teppich des Empire mit floralem Mittelmedaillon. 904 × 553 cm.

da an wurden die dort hergestellten Teppiche nicht mehr als »tapis à la façon de Perse et du Levant«, sondern als »Savonnerie« bezeichnet.

Die Beziehungen zwischen Dupont und Lourdet verschlechterten sich immer mehr, so daß Dupont sich an das Parlament wenden mußte, um sein Recht, die Räumlichkeiten am Chaillot zu betreten, durchzusetzen. Einige Lehrlinge nützten diese Querelen aus und gingen nach England, wo sie ein Konkurrenzunternehmen aufzogen. Deshalb durften ohne die Erlaubnis des Königs keine Teppiche mehr importiert werden.

Dupont starb im Jahre 1640. Sein Sohn Louis trat die Nachfolge an. Aus Patenturkun-den von 1650 geht hervor, daß die Produkte der Louvre- und Savonnerie-Werkstätten inzwi-

Wasserfarbenstudie für einen
Louis-Quinze-Savonnerie-
Teppich, nach Chevillon.

Savonnerie-Teppich, 18.Jh.,
vermutlich aus Versailles.
457 × 396 cm.

schen so berühmt geworden waren, daß ihre Handelsbezeichnung nicht mehr »tapis façon de Turquie«, sondern »tapis façon de France« war. Diese Teppiche waren von ausgezeichneter Qualität. So zeigt ein Wandbehang, den Dupont im Louvre gewebt hat und der sich heute im Mobilier National befindet, die Porträts von Ludwig XIII. und seiner Familie. Die Beschreibung eines weiteren Teppichs findet sich in der »Inventarliste sämtlicher Möbel des Kardinals Mazarin« von 1653:

> *»Ein großer Savonnerie-Teppich mit schwarzem Grund, in dessen Mitte sich ein ovales Medaillon befindet, das mit Blumen und Früchten ausgefüllt ist; darum herum mehrere verbundene Zweige mit Blättern und vielen Blüten; zwischen den Zweigen Blumentöpfe und zwischen zwei schmalen Bordüren, von denen die eine mit weißen Muscheln, die andere mit blauen Röschen und grünen Blättern verziert ist, mehrere mit Blumen gefüllte Töpfe und Körbe. Die Länge des Teppichs beträgt 5 1/16 Ellen, seine Breite 3 3/4 Ellen.«*

Hieraus geht eindeutig hervor, daß die Teppiche inzwischen einen vollkommen eigenständigen europäischen Charakter bekommen hatten und ihre Vorbilder nicht mehr aus dem Osten bezogen.

1663 übergab Colbert an Simon Lourdet und dessen Sohn Philippe eine neue Satzung für die Savonnerie, ein Jahr nachdem Philippe Lourdet das »hôtel« der Gebrüder Gobelin außerhalb von Paris aufgekauft und dort neue Werkstätten eingerichtet hatte. 1667 wurden die Werkstätten der Gobelins zur »Manufacture Royale des Meubles de la Couronne« ernannt, die die Ausstattung der Residenzen übernehmen und unter Aufsicht einen neuen nationalen Stil entwickeln sollte. Allerdings forderte man die dort beschäftigten Flamen und Italiener zum Bleiben auf. Die Gobelins-Werkstätten produzierten auch Möbel. Für die Savonnerie bedeutete die neue Satzung, daß die Verwaltung nicht mehr Sache des Webemeisters war. Seine Rolle war darauf beschränkt, die Werkstatt zu führen und die Lehrlinge auszubilden, jährlich etwa 60 zehn- bis zwölfjährige Kinder aus dem Hôpital Géneral, die eine sechsjährige Lehrzeit abzuleisten hatten. Außerdem sollte jeden Monat ein Maler der Königlichen Akademie erscheinen, um die Muster zu begutachten und die Belegschaft im Zeichnen zu unterweisen. Bei dieser Regelung blieb es bis zum Ende der Regierungszeit Ludwigs XIV.

Colbert war bestrebt, Reichtum und Macht Frankreichs auszuweiten und gleichzeitig einen nationalen Stil zu entfalten, der die neue Position Frankreichs in der Welt dokumentieren sollte. Er förderte die Erforschung und Erschließung von Ländern und Naturschätzen in

Tapisserie zur Erinnerung an einen Besuch Ludwigs XIV. in der Gobelins-Fabrik.

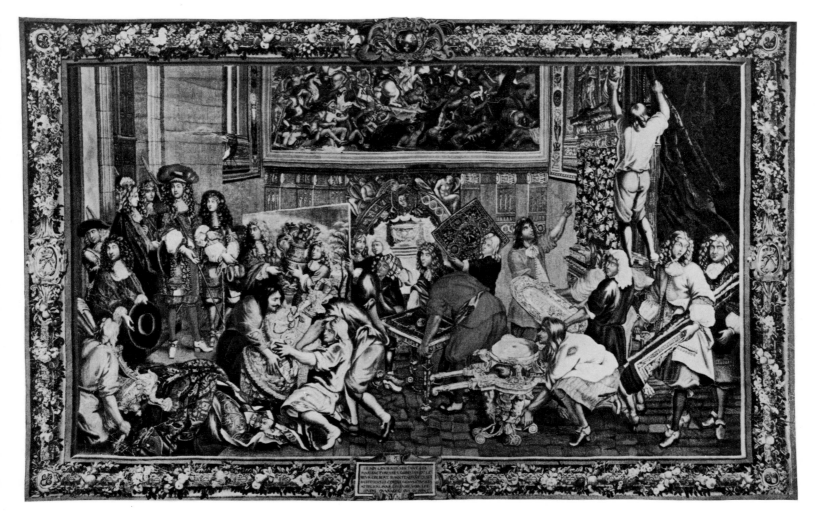

Übersee. Als er 1664 zum Surintendant des Bâtiments (Überwacher des Bauwesens) ernannt wurde, gründete er eine Akademie für Architektur, der jedes Projekt zur Genehmigung vorgelegt werden mußte.

Versailles war der glanzvolle Höhepunkt dieser Bestrebungen, sowohl in seinem Stil als auch als Darstellung eines absoluten Machtzentrums königlichen Gottesgnadentums. 1682 hielt der Hof Einzug in diesen Prachtbau, der mit unzähligen Teppichen der Savonnerie, von Aubusson und den Gobelins ausgelegt war. Frankreich als Ganzes entsprach in seinem Zustand jedoch keineswegs diesem Bild des Reichtums, wie Fénelon im Jahre 1699 schrieb:

»Während Du (Ludwig) im Ausland so viele Feinde hattest, die Dein schwankendes Königreich bedrohten, hattest Du nur Gedanken für die Ausschmückung Deiner neuen Stadt mit großartigen Bauwerken. Du erschöpftest Deinen Reichtum; Du dachtest nie daran, die Lage Deines Volkes zu verbessern oder die fruchtbare Erde zu bestellen . . . Indem Du versuchtest, groß zu erscheinen, hast Du nur die Grundlagen echter Größe vernichtet.«

Sowohl die Werkstätten der Gobelins als auch diejenigen der Savonnerie wurden von Colbert der Oberaufsicht des Ersten Hofmalers Charles Lebrun unterstellt. Er war verantwortlich für die Teppiche, die die Savonnerie für die Tuilerien und den Louvre fabrizierte. Seine Vorliebe galt den klassischen Formen. Bald darauf bekam die Savonnerie einen Großauftrag über dreizehn Teppiche für die Galerie d'Apollon und über einhundert Teppiche für die Grande Galerie à Bord de l'Eau im Louvre. Mit den Entwürfen wurde 1665 begonnen; auf den Webstuhl kamen die ersten Teppiche 1668. Ihre Herstellung erforderte insgesamt zwanzig Jahre.

Allein 1680 zahlte Ludwig XIV. 14 449 Livres für die Arbeit an diesen Teppichen. Gleichzeitig wurden aber auch andere Teppiche als Geschenke für ausländische Botschafter und Fürsten gewebt. Die Entwürfe Lebruns für die Grande Galerie du Louvre spiegeln den Glanz jener Epoche wider. Teilweise wirkt die Komposition der einzelnen Stücke etwas uniform, doch das wird durch die immense Vielfalt in den Details wieder wettgemacht. Da findet man vielfarbige Blumengirlanden und auffallende Blattranken vor schwarzem Hintergrund; rein ornamentale Motive wie Akanthusblätter oder Schnörkel Seite an Seite mit naturalistischen Blumen, Tableaus mit Allegorien oder Landschaften nach Art des Basrelief. Das Mittelfeld enthält vorwiegend symbolische Darstellungen wie den Globus, Militärtrophäen, die Sonnenblume oder das Emblem Ludwigs XIV., die Sonne, das verschlungene Monogramm des Königs oder den Kopf des Apollo. Weitere klassische Motive sind der Kopf des Herkules mit Löwenfell und jungen Tieren, Jagdtrophäen, Ungeheuer und weiblichen Sphinxen.

Ende des 17. Jh. war die königliche Kasse erschöpft. Die Gobelins mußten zwischen 1694 und 1699 sogar schließen. Der Herzog d'Antin, der neue Surintendant des Bâtiments, schrieb an Ludwig:

»Ich war in der Savonnerie. Diese schöne Manufaktur steht vor dem Ruin.«

1712 bestellte der König weitere Ausstattung für das Schloß von Versailles, das trotz seines barocken Stils an die römischen Paläste erinnerte, die man als Vorbild herangezogen hatte. Die Savonnerie bekam nun den Titel »Manufacture des Meubles de la Couronne de tapis façon de Perse et du Levant«, doch die Fabrik blühte nicht wieder auf. Sie litt später unter der Revolution und mußte die alten königlichen Insignien aus den Teppichen entfernen, da Symbole wie die Krone oder die Lilie nicht länger geduldet wurden.

Im Jahre 1797 versuchte man, Teppiche unter großen Verlusten an die Öffentlichkeit zu verkaufen, doch die neue Bourgeoisie zog die noch billigeren Aubussons vor. 1805 gab es nur noch neunzehn Beschäftigte, und die Aufträge kamen sehr spärlich. 1804 hatte Napoleon Papst Pius VII. zwei Savonnerie-Teppiche geschenkt, nachdem dieser ihn in Notre-Dame zum Kaiser gekrönt hatte. Bis 1812 wuchs die Zahl der Arbeiter wieder auf vierzig an.

Schon 1780 war der Vorschlag gemacht worden, die Savonnerie in die Gobelins-Werkstätten zu übersiedeln. Das geschah dann allerdings erst 45 Jahre später, nachdem die Savonnerie während der Zeit der Restauration nahezu völlig verlassen gewesen war. Mit dieser Übersiedlung im Jahre 1825 war eine noch größere Anpassung an den Zeitgeschmack verbunden. Unter Louis Philippe wurden mehrere sehr bedeutende Savonnerie-Teppiche hergestellt, z.B. ein sehr großer für den Chor von Notre-Dame (1833).

Die Praxis, die Entwürfe der Manufaktur durch einen eigens dafür bestellten Künstler überwachen zu lassen, wurde während des ganzen 18. Jh. beibehalten. Die meisten dieser Maler kamen von Gobelins. Nachfolger von Lebrun wurde 1667 Belin de Fontenay, der bei Gobelins Blumenmaler gewesen war. Unter ihm gewannen die Modelle an Leichtigkeit. 1715 folgte sein Sohn, der zusammen mit Pierre Josse Perrot, einem der besten Musterzeichner jener Zeit, bis 1749 arbeitete. Perrot wirkte dann bis 1760 mit Chevillon, einem ehemaligen Schüler, zusammen, der als Maler der Menus Plaisirs du Roi bekannt war.

Teppichherstellung bei Gobelins.

Durch diese beiden kamen mehr florale Elemente in die Teppichdesigns sowie neue Rokokosymbole, z. B. grüne Palmen, Fledermausflügel, Muscheln und Lilien, die die früheren Barockkränze ersetzten. Auch das bis dahin als Hintergrund verwendete Braun und Schwarz wurde abgelöst durch Rosa, Gelb, Hellblau und Weiß. Für kurze Zeit wurde es unter der Herrschaft Ludwigs XVI. auch wieder Mode, Porträts in die Knüpfteppiche einzuweben. Auf Perrot und Chevillon folgte Maurice Jacques, Maler und Musterzeichner bei Gobelins, der die neue Moderichtung »à la grecque« einführte.

Unter dem Ersten Kaiserreich kam ein neuer Stil auf, den Percier und Fontaine sowie La Hamayade de Saint-Ange, der 1810 zum Stilisten für das kaiserliche Mobiliar ernannt wurde, geprägt haben. Die von der Revolution verwüsteten Paläste sollten neu ausgestattet werden; dazu wurden neue Teppiche mit neuen Mustern benötigt. Diese neuen Teppiche waren ungewöhnlich groß und enthielten vielfach kriegerische Embleme, wie Helme, Schwerter, Schilde, und römische Abzeichen, wie die Faszes der Liktoren, Adler und schwere Gewinde aus Lorbeer und Eiche. Daneben gab es aber auch einfachere Teppichmuster mit Füllhörnern, mit Rosen- und Margeritengirlanden, die häufig den Prunkgärten nachempfunden waren. Auf hellem Grund wurden kräftige Farben in kühner Zusammenstellung verwendet.

Zur Zeit der Restauration wurden wieder romantischere Bilder, wie die Federhelme mittelalterlicher Ritter, den römischen Kriegsabzeichen vorgezogen.

In der zweiten Hälfte des 19. Jh. unter dem Zweiten Kaiserreich wurden sämtliche Stile kopiert und teilweise auch stark vermischt. Um 1850 brachte Viollet le Duc ein »gotisches« Modell heraus, das sich großer Beliebtheit erfreute. Insgesamt jedoch zeigte die Savonnerie während ihrer ganzen Geschichte eine relativ konservative Haltung in ihren Designs. So wurden die Entwürfe Lebruns und Perrots während der Regierungszeit Ludwigs XVI. wieder verwendet.

Heute beschäftigt sich die Manufaktur sowohl mit der Reproduktion alter Teppiche wie mit der Herstellung neuer Stücke nach modernen Entwürfen.

Im Jahre 1665 verlieh Colbert den privaten Werkstätten in Aubusson an der Creuse in der Region La Marche das Privileg zur Herstellung von Teppichen. Dieses Handwerk soll in

Aubusson-Teppich aus dem Empire für Schloß Malmaison.

Aubusson-Florteppich mit Mittelmedaillon aus einer »Rosette à la mosaïque«, um 1760–1770. Musée Nissim de Camondo, Paris.

jener Gegend schon seit dem Einbruch der Araber im 8. Jh. bestanden haben. Wahrscheinlich wurden allerdings die ersten Werkstätten im 13. Jh. von flämischen Teppichwebern gegründet. Das neue Privileg garantierte den Webereien auch weiterhin eigene Entscheidungsfreiheit und verlieh ihnen den Titel »Königliche Manufaktur«. Die Ausbildung der Lehrlinge und die Zunftmitgliedschaft waren von nun an gewissen Regeln unterworfen. Die fertigen Produkte mußten den Stempel Aubussons sowie die Initialen des Herstellers tragen.

1743 beschloß der Königliche Rat, in Aubusson eine Teppichfabrik zu errichten. Den Auftrag zur Durchführung dieses Projekts erhielt Orry de Fulvy, der Generalinspekteur der Finanzen. Er hatte auch schon die Prozellanmanufaktur in Vincennes aufgebaut, die später nach Sevres übersiedelte. Man beschäftigte in Aubusson auch weibliche Arbeiter. Paris schickte Beispiele türkischer Teppiche mit präzisen Angaben darüber, wie sie zu fertigen seien. Ende 1774 hatte man acht Vertikalwebstühle, die vom Hof finanziert wurden.

Man verfuhr nach zwei Methoden, wobei die eine praktisch derjenigen entsprach, die auch in der Savonnerie verwendet wurde. Hochflorige Teppiche wurden auf den vertikalen Hochwebrahmen hergestellt. Auf den horizontalen Flachwebrahmen erzeugte man kurzflorige, die von der Rückseite her gefertigt wurden. Diese sog. Samtteppiche sind erstmalig in Aubusson produziert worden. 1746 erhielten zwei Pariser Kaufleute, Pierre Mage und Jacques Dessarteaux, durch ein Dekret das exklusive Privileg zu ihrer Herstellung und begannen damit die erfolgreiche Tradition des Unternehmens.

Erster Designer in Aubusson war der Maler Jean-Joseph Dumons. Seine ersten Entwürfe waren genaue Kopien von türkischen Teppichen aus Smyrna. Einen dieser Teppiche, der 1745 im Auftrag des Kardinals Rohan für dessen Palais in Straßburg hergestellt wurde, kann man heute noch dort besichtigen. Es handelt sich dabei um die recht unglückliche Imitation eines Smyrnateppichs, in deren Mitte Hut und Wappen des Kardinals prangen. In dem Bericht eines Inspekteurs werden die fachmännische Ausführung, die Genauigkeit der Entwürfe, die harmonische Farbgebung und auch die Ähnlichkeit mit den Originalen aus Smyrna und Konstantinopel gepriesen.

Verglichen mit den Erzeugnissen der Savonnerie waren die Aubusson-Teppiche sehr viel schlichter in ihrer Zeichnung und auch sehr viel billiger, wodurch sie eine weniger exklusive Kundschaft ansprachen und trotzdem die Bedürfnisse des aufsteigenden Bürgertums befriedigten, während die Savonnerie den Adel und das Königshaus belieferte. 1748 jedoch be-

Oben: Ausschnitt eines
Aubusson-Teppichs aus der Zeit
Karls X. 681 × 495 cm.
Links: Tapisserie von
Aubusson, 19.Jh. Victoria and
Albert Museum, London.

stellte Ludwig XV. zwei Teppiche für das Schloß von Choisy, einen kleineren für die Kapelle, der als »persische Imitation« mit rotem Grund, Blumen und blau-gelben Arabesken beschrieben wird, sowie einen größeren mit ähnlicher Zeichnung für eines der Gemächer im ersten Geschoß. Die Inventarlisten von Versailles weisen eine ganze Reihe von Aubusson-Teppichen für weniger wichtige Gemächer aus. Die Werkstätten haben auch das Gardemeuble bis zum Fall der Monarchie beliefert.

Auf eigenen Wunsch wurde Dumons 1751 durch Roby abgelöst. Im selben Jahr wurden für die Marquise de Pompadour Teppiche und Sitzmöbelbespannungen nach persischem Vorbild angefertigt. Eine der größten Schwierigkeiten, über die in jener Zeit berichtet wird, war das Herstellen der Entwürfe, die auf besonderem karierten Papier, »papier maillé«, gezeichnet und koloriert werden mußten, um alle Schattierungen des fertigen Teppichs zu zeigen. Schließlich mußten sie im selben Maßstab wie das spätere Original auf ebenfalls karierten Stoff übertragen werden. Robys Entwürfe wurden kritisiert, da die Motive der Muster unsymmetrisch, die Konturen zu dünn und undeutlich und die handgezogenen Linien nicht gerade waren. Eines der Hauptanliegen bestand darin, die Zeichnungen zu vereinfachen, um die Produktionskosten zu senken.

Man fühlte, daß eine Stiländerung nötig war, und bat Perrot, den Designer der Savonnerie und der Gobelins, für Aubusson ein Modell zu entwerfen. Auch der König gab drei Savonnerieteppiche aus seinem Gardemeuble als Muster. 1753 schuf der Maler Louis-Joseph Le Lorrain mit einem Muster, das er »à la grande mosaïque« nannte, eine wirkliche Neuerung auf dem Gebiet des Teppichdesigns, die allgemein großen Anklang fand; denn dieses Muster war besonders schlicht und ließ daher das übrige Mobiliar in einem Raum besser zur Geltung kommen. Es hatte ein sehr beliebtes Rundmotiv oder eine Rosette, die man auch »rose mauresque« (maurische Rose) nannte.

Allmählich entwickelte sich ein neues Zentralmotiv, das von Blütengirlanden oder Streublumen umgeben war und ein Grundmuster hatte, das als »en camaïeu« bezeichnet wurde, was soviel bedeutet wie Ton in Ton, ähnlich den damaligen Gobelins, die aus verschiedenen Tonabstufungen einer Farbe komponiert waren. Begünstigt wurde diese Entwicklung durch die Tatsache, daß die Färbetechnik in Aubusson weit davon entfernt war, perfekt zu sein, obwohl aus verschiedenen Dokumenten jener Zeit hervorgeht, daß man ständig daran arbeitete, sie zu verbessern. 1767 findet sich eine Notiz über ein »Teppichmuster aus verschiedenen Tierhäuten, nach dem Leben gezeichnet«, das für den Inspekteur der Finanzen angefertigt wurde. Dieses neue Modell, daß die »Felle von Tigern und anderen wilden Tieren« porträtierte, war ein großer Erfolg. Es leitete den Beginn einer Mode ein, die unter dem Ersten Kaiserreich sehr populär war.

Ende des 18. Jh. wurden die Zeichnungen linearer und hatten nach dem neuen klassizistischen Geschmack mosaikartige Muster. Unter Ludwig XVI. wuchs auch für Aubusson die Zahl königlicher Aufträge: 1780 fertigte man einen Teppich für das »Kabinett der Königin« in Versailles. Er war groß, hatte einen grau-weißen Mosaikgrund und war mit Blumengirlanden und einer Bordüre aus kleinen blauen Blüten verziert. Die charakteristischen Motive jener Zeit waren Girlanden, Füllhörner, Blumensträuße, Bänder und Lorbeer- oder Eichenlaubzweige, obwohl man daneben die Herstellung von Perserteppich-Imitationen beibehielt.

Im Ersten Kaiserreich kamen Wandbehänge aus der Mode. Deshalb wurden in Aubusson praktisch nur noch Teppiche produziert. Einer der erfolgreichsten Unternehmer in Aubusson war zu jener Zeit Sallandrouze de la Mornaix. Schon vor 1800 hatte er in Paris einen Laden zum Verkauf der Aubussonprodukte eröffnet. Das Geschäft überdauerte die Revolution. 1801 errichtete er in der Hauptstadt eine eigene Werkstätte, in der er von Arbeitern, die er von der Savonnerie abgeworben hatte, langflorige Teppiche herstellen ließ.

Mit diesen beiden Unternehmen wurde er zu einem der größten Teppichlieferanten für die Schlösser des Kaisers und der Prinzen in Compiègne, den Tuilerien, Fontainebleau, Trianon, Saint-Cloud, dem Elysée und Rambouillet. Sein stärkster Konkurrent war der Kaufmann Bellanger, der ebenfalls ein Geschäft in Paris und Werkstätten in Tournai besaß. Der neue Stil des Kaiserreichs, der von Percier und Fontaine kreiert worden war, gab den Anstoß zu zahlreichen neuen Mustern. In den Rechnungen, die Sallandrouze an das Gardemeuble schickte, finden sich Hinweise auf Teppiche »mit Leiern und Schwänen verziert«, »mit einem Pfauenmuster«, »mit neun Musen« und mit »braunem Mosaik, genannt etruskisch«.

Eine 1809 an Aubusson ergangene Bestellung für Versailles und den Kleinen Trianon liest sich wie folgt:

»Für den Prinzensalon ein kurzgeschorener ›double broché‹-Teppich, Bonaparte-Muster, Mosaikgrund in zwei Purpurtönen, in der Mitte ein Stern vor flammendrotem Grund. Für den Salon des Kaisers einen hochflorigen Teppich mit den Neun Musen, mohnrotem Mit-

Mitte: Glatt gewebter Aubusson-Teppich im Empire-Stil. Mobilier National, Paris. Unten: Glatt gewebter Louis-Philippe-Aubusson-Teppich, Blumengirlande auf braunem Hintergrund.

Aubusson-Teppich mit floralem Mittelmedaillon, 19. Jh. 195,5 × 165 cm.

telteil, und in den Ecken Adler auf purpurnem Grund. Für das Grand Cabinet des Kaisers ein Teppich besonders feiner Qualität, nach Art der Savonnerie, hochflorig, Mohnblumenmuster, gelbe Bordüre, weißes Mittelstück auf braunem Mosaikgrund, Lorbeerblatt-Bordüre, Mittelstück mit Eichenblatt-Umrandung, Schwanenmuster.«

Sallandrouzes Geschäft bestand bis zum Ende des Zweiten Kaiserreichs, obwohl zweifellos die Savonnerieteppiche strapazierfähiger und von besserer Qualität waren.

1810 wurde La Hamayade de Saint-Ange Designer für das Mobilier Imperial. Er belieferte Aubusson und die Savonnerie mit groben Skizzen. Die Entwürfe für die Savonnerie waren etwas pompös und offiziell mit Emblemen und Waffendarstellungen, wogegen die Aubusson-Muster geradezu schlicht wirkten mit ihren Füllhörnern, Girlanden aus Rosen und Gänseblümchen und buntem Schnörkelwerk. Die verwendeten Grundfarben waren meist hell, weiß, blaßgelb und manchmal karmesin. Zu jener Zeit war die Nachfrage nach Orient-Kopien gleich Null, deshalb verarbeitete man nur noch französische Muster. Saint-Ange blieb maßgebender Designer während der Regierungszeit dreier Könige: Ludwig XVIII., Karl X. und Louis Philippe.

Sallandrouze mußte 1810 alle seine Arbeiter in Paris und die Hälfte der Arbeiter in Aubusson entlassen. Die Werkstätten in Aubusson ließen sich nur durch die Hilfe einiger einflußreicher Leute und durch eine direkt an den König gerichtete Bitte um Aufträge erhalten. Früh genug hatte er erkannt, daß durch den Import der neuen mechanischen Webstühle aus England der Markt für die teuren handgewebten Teppiche schrumpfen würden, denn schon jetzt waren selbst die Savonnerieteppiche nur noch sehr schwer abzusetzen. So übersiedelte er in neue Räumlichkeiten in Aubusson und begann, billigere »tapis jaspé«, melierte Teppiche, in seinen Werkstätten in Felletin herzustellen. Nach der Revolution von 1830 importierte er auch Teppiche, die auf mechanischen Plüsch-Webstühlen in England angefertigt wurden. Selbst die Grande Galerie in den Tuilerien wurde unter Louis Philippe mit einem dieser Maschinenteppiche ausgestattet.

Um mit der Konkurrenz aus Amiens, Abbeville und Lille mithalten zu können, ließ Sallandrouze unter großen Kosten Spezialisten aus Kidderminster herüberkommen, die seine Arbeiter in Aubusson mit der neuen Technik vertraut machen sollten. Die Teppichmuster waren nun überladen mit Mischungen aller Stilrichtungen und Motive – Louis-XV.-Embleme neben Arabesken, phantastischen Tieren und gebräuchlichen Orientmustern. Einige Bezeichnungen aus dem Angebot maschinengewebter Teppiche von Sallandrouze waren »Zweigmuster«, »gotisch«, »chinesisch«, »schottisch«, »Kaschmir«, »Blattmuster«. 1848, mit dem Sturz der Monarchie, wurden alle Fabriken in Aubusson stillgelegt, doch bis 1856 gab es wieder fünfzehn Werkstätten in Aubusson und elf in Felletin. Bis zum Krieg 1871 bestanden dann wieder nur noch zehn Betriebe in Aubusson. Sallandrouze erklärte Bankrott.

Ähnlich wie die Engländer hatten auch die Franzosen zu Beginn des 18. Jh. eine Stadt (Pondicherry) in Indien erobert, in der sie in kleinem Umfang billige Teppiche nach französischen Mustern herstellen ließen. Auch noch im 19. Jh. war Indien eine Quelle billiger Arbeitskräfte und Materialien.

ENGLISCHE TEPPICHE DES 18. JAHRHUNDERTS

Auch in England hat der Einfluß der Savonnerieteppiche im 18. Jh. starke Spuren hinterlassen. Durch die Aufhebung des Edikts von Nantes (1675) waren viele französische und wallonische hugenottische Handwerker gezwungen, das Land zu verlassen und in England und anderen protestantischen Staaten Zuflucht zu suchen. Innerhalb weniger Jahre flohen mehr als 250 000 Protestanten, um religiösen Verfolgungen und den von der Regierung über die Industrie verhängten Einschränkungen zu entgehen.

1750 verließen zwei Handwerker wegen der schlechten Behandlung, die man ihnen angedeihen ließ, die Savonneriewerkstätten und baten in England um Asyl. Schon zwei Jahre zuvor war Pierre Norbert, ein Priester aus Lothringen, der Anti-Jesuit geworden war, nach London geflohen, wo er sich Peter Parisot nannte. Er schrieb einen Bericht über die Anfänge der Teppichweberei in England:

»Zwei Arbeiter, die sich aus Widerwillen von Chaillot abgewandt hatten, kamen im Jahre 1750 nach London, um sich hier eine Anstellung zu suchen. Nachdem sie schon einige Monate hier gewesen waren und sich selbst in große Schwierigkeiten gebracht hatten, bewarben sie sich bei mir. Mit Hilfe einiger Gelder, die durch Subskription zusammengekommen waren, begannen sie in einem Raum in Westminister einen Teppich zu weben; doch bald schon stürzten sie sich in Schulden und mußten das Vorhaben wieder aufgeben. Daraufhin kamen sie mit einem Londoner Kaufmann überein, eine Art Partnerschaft einzugehen, und auf ihre Bitten hin setzte ich den Vertrag auf. Bald jedoch zog dieser Mann sich wieder zurück, da er seinen Vorteil in dieser Verbindung nicht gewahrt sah. Daraufhin begannen diese beiden vernünftig zu werden und auf meine Ratschläge zu hören. Ich sagte ihnen, daß es für ein derartiges Unternehmen nötig sei, die Protektion einer wohlhabenden Persönlichkeit zu erlangen, die in der Lage und willens sei, dem öffentlichen Wohl einen gewissen Betrag zu opfern, um der Nation den Vorteil einer solchen Einrichtung zu verschaffen.«

In diesem Sinne gelang es Parisot, der dem Adel schmeichelte, das Interesse des Herzogs von Cumberland zu wecken. Im Mai 1751 wurden die Verträge unterzeichnet und die Fabrik in Paddington eröffnet. Der erste Teppich wurde im Dezember des gleichen Jahres fertiggestellt. Der Herzog schenkte ihn der Prinzessin von Wales. Nach diesem erfolgreichen Start jedoch schreibt Parisot über die beiden Franzosen: ». . . sie begannen, äußerst extravagante Ansprüche zu stellen, und verweigerten schließlich sogar die Arbeit, falls ihren Forderungen nicht entsprochen werde. Man nahm sie daraufhin beim Wort und entließ sie.«

Ein paar Monate später stellte Parisot neue Arbeiter ein und verlegte die Fabrik in eine größere Werkstatt in Fulham neben dem Gasthaus »Zum Goldenen Löwen«. 1753 waren schon einhundert Arbeiter und viele Lehrlinge beschäftigt, und es gab keinen Mangel an Arbeit. Doch 1755 wurde auf einer Auktion des Versteigerungshauses Pisa in Covent Garden alles verkauft. Den Grund dafür erfährt man aus Thomas Whittys Geschichte der Axminster-Teppichfabrik von 1790:

»Als ich in London weilte, sah ich eine Anzeige von Mr. Parisot, der in Fulham eine Teppichmanufaktur betrieb, die erst kürzlich unter einflußreichem Patronat mit französischen Arbeitern eröffnet worden war. In dieser Anzeige schreibt er, daß er unbedingt öffentlicher Unterstützung bedürfe, da er andernfalls die Manufaktur schließen und die Lehrlinge zu ihren Eltern zurückschicken müsse. Hinterher fand ich heraus, daß der wahre Grund darin lag, daß seine Teppiche zu einem so exorbitanen Preis verkauft wurden, daß niemand sie kaufen wollte, obwohl sie sehr schön waren. Später war das ein großer Vorteil für mich, als ich meine Teppiche sehr viel billiger anbieten konnte.«

Rechte Seite: Gestickte Brücke aus England, 18. Jh.

Das Zimmer von Lady Betty Germain in Knole mit einem frühen englischen Teppich, um 1650.

Peter Parisot, der hugenottische Emigrant, war zweifellos ein hervorragender Public-Relations-Mann, doch galt seine Liebe wohl mehr dem Geld als den Teppichen. Thomas Whitty aber, der Gründer der Axminster-Teppichfabrik, der Wollstoffweber gewesen war und ein treuer Independent (Kongregationalist), verlegte sich auf die Teppichweberei, nachdem er 1754 bei William Freeke von Ironmongers Lane seinen ersten türkischen Teppich gesehen hatte. Er war völlig verblüfft darüber, wie ein so große Stück (der Teppich, den er gesehen hatte, maß 8 m × 12 m) ohne Naht gewebt werden konnte. Er selbst schreibt dazu:

»Nachdem ich diesen Teppich gesehen hatte, ging er mir nicht mehr aus dem Kopf. Trotzdem hatte ich nicht die mindeste Idee, nach welcher Methode er wohl geschaffen wurde.

Ich dachte fast nur noch daran und verbrachte meine Freizeit damit, kleine Versuchsstücke auf meinen Breitwebstühlen herzustellen. Schließlich, am 25. April 1755, dem Tag des Jahrmarkts, als unsere Weber frei hatten, machte ich auf einem meiner Webstühle ein kleines, etwa 18 cm × 18 cm großes Stück Teppichstoff, das dem türkischen Teppich so ähnlich war, wie ich es nur irgend vermochte.«

Nach diesem ersten Experiment gelang es Whitty auch, einen Besuch in Parisots Fulhamer Fabrik abzustatten:

»Dort konnte ich all das sehen, was ich sehen wollte. All meine noch verbliebenen Zweifel wurden ausgeräumt. Ich war vollkommen befriedigt und sicher, daß ich mit der Arbeit fortfahren konnte. Allerdings waren die Fulham-Teppiche um so vieles feiner, als ich erwartet hatte, daß es mir nicht in den Sinn kam, je mit ihnen konkurrieren zu können.

Als ich nach Axminster zurückkehrte, begann ich sofort, einen Webstuhl und das nötige Material herzurichten, und am Tag der Sommersonnenwende (Johannistag) des Jahres 1755 (ein wichtiges Datum für meine Familie) begann ich meinen allerersten Teppich zu weben. Meine Kinder und ihre Tante Betty Harvey halfen dabei; sie waren meine ersten Arbeiter.«

Whittys Töchter lernten den Gördesknoten zu knüpfen. 1756 war der erste Teppich im Format 16 × 12 Fuß fertig. Er bestand aus Leinengewebe und einem Flor aus weichem Kammgarn. Die so gefertigten Teppiche wurden zu einem Stückpreis von 15 Pfund verkauft. Übrigens wurden vorwiegend Frauen und Kinder an Teppichwebstühlen beschäftigt, teils wegen ihrer kleinen und flinken Hände, vor allem aber, weil ihre Arbeitskraft billiger war. Früher gab es nur wenige Weberinnen, da man der Meinung war, das ständige Beugen über den Webstuhl sei schädlich für die weiblichen Organe – ein Grund, weshalb man sie in Aubusson nur an den senkrechten Webstühlen arbeiten ließ –, aber an den Teppichwebstühlen konnten die Frauen ihre Arbeit im Sitzen ausüben.

»Nachdem die Manufaktur eröffnet war, kamen viele Herrschaften aus Neugierde, um sie anzuschauen. Sie bekundeten ihren Wunsch, sie durch eigene Aufträge zu unterstützen. Einer der ersten war Mr. Cook aus Stape nahe Beaminster. Er bestellte einen Teppich nach dem ersten Muster. Als ich diesen Teppich nach Hause trug, traf ich Mr. Cook in Beaminster, und er bat mich, ihn aufzumachen und auszurollen und ihn einem Herrn zu zeigen. Es war Mr. Twiniker aus Temple in London, der Majordomus des Earl of Shaftesbury.«

(Am Ende wurde dieser erste Teppich von Lady Shaftesbury gekauft.)

»Lord und Lady Shaftesbury waren so begeistert von diesem Teppich, daß sie und ihre Familie seither zu unseren besten Kunden zählten.«

Im Jahre 1756 erlangte das neuerwachte Interesse für die Teppichweberei auch offizielle Anerkennung, als die Royal Society of Arts einen Preis für den besten Teppich aussetzte. Hier ein Auszug aus der Denkschrift der Gesellschaft:

»14. Türkische Teppiche sind aufgrund ihrer Haltbarkeit und Qualität äußerst nützlich für das Volk. Der Wert ihrer Importe beläuft sich auf mehr als 16000 Pfund im Jahr. Könnten solche Teppiche hier hergestellt werden, so würde das einen großen Absatz unserer Wolle, eine beträchtliche Zunahme des Färbereiwesens und Arbeit für viele Männer, Frauen und Kinder bedeuten. Deshalb wird ein Preis von 30 Pfund für die Person ausgesetzt, die den in Farbe, Muster und Ausführung besten Teppich nach Art der türkischen herstellt. Seine Größe soll mindestens 15 × 12 Fuß betragen. Der Stichtag für die Ablieferung ist der letzte Mittwoch im März des Jahres 1757.«

Thomas Whitty hörte von dieser Ausschreibung:

»Und so reichte ich im März 1757 bei dieser noblen Gesellschaft einen etwa 16 × 12 Fuß großen Teppich ein, den ich mit 15 Pfund veranschlagte. Mr. Thomas Moore aus London präsentierte ebenfalls einen Teppich mit etwa denselben Ausmaßen, dessen Wert er mit 40 Guineen angab. Nach Begutachtung beider Stücke kam die Gesellschaft zu der Überzeugung, daß Mr. Moores Teppich aus feinstem Material gemacht und daher auch teurer sei, daß jedoch der meine – im Verhältnis zu seinem Preis – der bessere Teppich sei. So kam man überein, mir und Mr. Moore jeweils die Hälfte der 30 Pfund zuzusprechen.«

Im folgenden Jahr teilte Whitty den Preis mit Passavant, einem ehemaligen Schweizer aus Basel, der Parisots Werk gekauft und es mitsamt den Webern nach Exeter verlegt hatte, wo es sich zu einem blühenden Unternehmen entwickelte. 1759 wurde der Preis auf 50 Pfund erhöht, von denen Whitty 30 Pfund und sein Konkurrent William Jeffer 20 Pfund erhielt.

TEPPICHE AUS IRLAND

Um jene Zeit begann mit Unterstützung der Royal Society of Dublin die Teppichindustrie auch in Irland Fuß zu fassen. Der erste Hinweis auf das Teppichknüpfen in Irland stammt jedoch schon aus dem Jahre 1525, als Piers Butler, der zweite Earl of Ormond, und seine Gemahlin Margaret, Tochter des Earl of Kildare, Handwerker aus Flandern und benachbarten Provinzen nach Kilkenny brachten, um dort »Leinenstoffe, Wandbehänge, türkische Teppiche, Kissenbezüge und dergleichen« zu weben. Allerdings ist nichts darüber bekannt, ob sich daraus eine Industrie entwickelt hat. Wie in England gibt es erst wieder im 18. Jh. Berichte über die Herstellung von Teppichen, als die Dubliner Royal Society 1740 Preise für verschiedene Webarten aussetzte. Den ersten dieser Preise in Höhe von 5 Pfund für die »beste Nachahmung eines türkischen Teppichs« gewann Richard Hogarth aus der Chamber's Street in Dublin. Im darauffolgenden Jahr wurde der Preis für türkische oder persische Teppiche auf 10 Pfund erhöht; der Gewinner hieß wiederum Richard Hogarth.

Da es nur wenige Bewerber gab, wurde erst 1752 wieder ein Preis ausgesetzt. Damals erhielt William McCreagh einen Sonderpreis in Höhe von zwei Guineen für ein »von ihm hergestelltes Stück nach Art der schottischen Teppiche«, wobei es sich wahrscheinlich um einen beidseitig verwendbaren Maschinenteppich ohne Flor handelte, wie sie damals in England produziert wurden. Im Juni 1752 wurden 10 Pfund für türkische und 5 Pfund für Wilton- oder Tournay-Teppiche geboten. Wilton-Teppiche mit aufgeschnittenen Schlingen waren gerade neu in England aufgekommen; sie wirkten wie rauher Samt. Ähnlich waren die Tournay- oder Brüsseler Teppiche, die um 1745 von Belgien nach England gekommen waren, doch blieben hier die Schlingen unaufgeschnitten.

Während der nächsten Jahre bewarben sich nur wenige um den Preis für türkische Teppiche, wahrscheinlich weil ihre Herstellung und die dazu benötigten Webstühle zu teuer waren. Außerdem waren die Preise für den kleinen, um seine Existenz kämpfenden Hersteller, der das Geld am nötigsten gebraucht hätte, von nur geringem Nutzen. 1756 zahlte die Gesellschaft 45 Pfund für die Anschaffung eines Teppichwebstuhls an einen gewissen Patrick Brady. Doch dieser hatte entweder Pech oder er tauchte mit dem Geld unter, denn er wird in den Unterlagen der Gesellschaft nie wieder erwähnt. Allmählich aber stieg das Niveau. Im Jahre 1760 gewann den Preis für türkische Teppiche William Reed, ein ehemaliger Leinenweber, der von der Gesellschaft ebenfalls ein Darlehen zur Anschaffung von Webstühlen erhalten hatte und außerdem von Lady Arabella Denny großzügig unterstützt wurde. Sein erster Teppich, den er 1759 für die Gesellschaft herstellte, war in der Tapisserietechnik gefertigt: »Mr. Reed zeigte einen wunderschönen, reich gestalteten Teppich nach Art der französischen Gobelins und ähnlich demjenigen, den ihre Gnaden, die Herzogin von Bedford, von ihm erworben hat. Die Gesellschaft zeigt sich hocherfreut und gibt bekannt, daß der Teppich in Mr. Reeds Manufaktur zu besichtigen ist.« 1760 war Reed Mitgewinner des Preises für türkische und schottische Teppiche.

1761 wurden auch französische Teppiche in die Liste der Preisausschreibung aufgenommen; aber nach 1762 wurden überhaupt keine Preise mehr verliehen, bis man 1780 auf neuer Grundlage wieder mit den Ausschreibungen begann.

DIE WEITERE ENTWICKLUNG DES BRITISCHEN TEPPICHS

Der Teppich, den Reed für die Herzogin von Bedford gemacht hat, ist nicht erhalten, doch er muß seinerzeit sehr berühmt gewesen sein. Reed war bis zu seinem Tod im Jahre 1772 sehr erfolgreich. 1762 wandte er sich um Geld und Unterstützung an das irische Parlament, da – wie er sagte – seit Eröffnung seiner Manufaktur der Teppichimport nach Irland um mehr als die Hälfte zurückgegangen sei. Im Juni 1764 inserierte er im Freeman's Journal: »Royal Charter School (Königl. Hofschule) (er beschäftigte die Knaben der Schule), am Strand, Teppich- und Kammgarnstoffe etc. Die ersten und die besten in diesem Königreich; werden in besagter Schule von William Reed, Meister, N.B., hergestellt. Nur hier zu besichtigen. Preis pro Pfund: £ 4/–.« Er war zu jener Zeit zweifellos der bedeutendste Teppichhersteller in Dublin, und zwar sowohl was die Vielfalt als auch den Umfang seiner Erzeugnisse betraf. Da jedoch keine authentischen Teppiche mehr erhalten sind, wissen wir nichts über deren Qualität.

Unter den übrigen zeitgenössischen Teppichwebern war neben Samuel Lapham von Cork Street, Henry Lapham (nicht verwandt) von Cambre Street und Benjamin Bowes von Marylebone Lane, John Long von Dolphin's Barn Lane der bedeutendste. Er produzierte türkische, schottische und Wilton-Teppiche, und auch er wurde von der Königlichen Gesellschaft finanziell unterstützt. Um 1770 gab es Versuche von hugenottischen Teppichwebern in Innishane, Cork, und von Denis Duffy in Limerick. Erfolgreichster Hersteller in Cork war William Hutchinson. Nach den Inseraten jener Zeit zu schließen, muß der Verkauf irischer Teppiche zwischen 1750 und 1800 beträchtlich gewesen sein. Allerdings war ihre Qualität wahrscheinlich nicht überragend, da einerseits das Geld fehlte und es andererseits auch keinen eigenen irischen Stil gab, der die Handwerker dazu ermutigt hätte, etwa mit dem Adam-Stil in England zu wetteifern.

Als die Royal Society 1780 erstmals wieder einen Preis ausschrieb, wurde als Bedingung gestellt: »Ein 28 Fuß langer und 18 Fuß breiter irischer Teppich in Wilton-Technik mit antikem Mosaikmuster und Bordüre.« Man wollte damit offenbar erreichen, daß die alten Blumen- und Blattwerkmuster zugunsten der geometrischen östlichen Muster aufgegeben würden. Aus den später prämierten Teppichen gewinnt man den Eindruck, daß »Wilton« die am häufigsten verwendete Webart war und wahrscheinlich unter den »Irischen Teppichen« überwog. Weder die türkische noch die Tapisserie-Machart konnten sich durchsetzen.

Die Teppichherstellung in England gelangte indessen zu ihrer Blüte. Kidderminster wurde eines ihrer Zentren. Die Stadt hatte schon seit dem 16. Jh. eine eigene Weberindustrie besessen. Die ersten Kidderminster-Teppiche werden 1635 in einer Inventarliste des Schlafzimmers von Lady Lettice erwähnt, obwohl die genaue Bedeutung des Wortes Teppich in diesem Fall nicht ganz geklärt ist.

In seinen »*Reisen durch England*« (1751) schreibt Richard Pococke, daß die Stadt für ihre Teppiche berühmt sei. Um 1800 jedenfalls war die Teppichindustrie ihr Haupterwerbszweig, der jedoch durch die Konkurrenz der Wilton-Teppichmanufaktur des Earl of Pembroke empfindlich bedroht war. Man weiß, daß einer der Hersteller, John Broom, nach Brüssel und Tournay gegangen ist, um dort die neuen Techniken zu erlernen. Allerdings überlebten nur zwei der ursprünglich zahlreichen Firmen die technischen Neuerungen der industriellen Revolution gegen Ende des Jahrhunderts. 1760 veranstaltete die Royal Society in ihrem Gro-

Rechte Seite: Der von Robert Adam entworfene Salon in Osterley Park. Man erkennt, wie das Teppichmuster sich an der Decke wiederholt.

Oben: Robert Adam, der gegen Ende des 18. Jh. in Zusammenarbeit mit Thomas Moore die Teppiche für die Häuser entwarf, die er einrichtete. Unten: Georg IV. In seiner Zeit wurde »Prinnie's Folly«, der königliche Pavillon in Brighton, ausgestaltet.

ßen Saal eine vierzehntägige Ausstellung, auf der jeder ihrer erfolgreichsten Gewinner – Whitty, Moore und Passavant – zwei seiner Teppiche zeigte. Whitty schrieb damals:

»*Diese wiederholten Erfolge verbesserten den Ruf meiner Teppiche so sehr, daß sie sich für viele Jahre einer konstanten Nachfrage erfreuten.*«

Durch Mr. Crompton, einen Londoner Warenhausbesitzer, hatte Whitty sich auch einen Markt in der Hauptstadt geschaffen, der ihm sogar Aufträge aus Amerika einbrachte. 1768 schrieb Lady Mary Coke in ihr Tagebuch:

»*Ging auf der neuen Straße nach Moorfields zur Teppichmanufaktur (Thomas Moore's Fabrik in der Chiswill Street). Sie machen verschiedene Arten, und einige sind bemerkenswert hübsch. Wir sahen einen Teppich, der gerade für Lord Coventry hergestellt wird, für einen ausgehandelten Preis von 140 Guineen. Er ist wirklich unsagbar schön. Sie haben auch andere, wie die Perser, und die sahen genauso hübsch aus. Ich werde mir einen davon leisten.*«

1783 heißt es im ersten Band der Geschäftsberichte der Royal Society, die Herstellung von Teppichen »ist inzwischen in verschiedenen Teilen des Königreiches etabliert, und sie haben einen Grad an Eleganz und Schönheit erreicht, wie sie die türkischen Teppiche niemals je zeigten«. Diese Beurteilung spiegelt den damaligen Zeitgeschmack wider und mag heute sehr wohl als absurd erscheinen, doch zu der Zeit waren die heimischen Produkte wichtiger geworden als die Importe, da die orientalischen Muster nicht zu den Schnörkeln, Kameen und Stukkaturen des bombastischen Adam-Stils paßten. Nach Vanburgh waren die Adam-Brüder, Leverton, Chippendale, Wyatt und schließlich John Nash gekommen. Es war eine Zeit, da das Land vergleichsweise friedlich und wohlhabend war. Eine reiche Aristokratie hatte die Zeit und die Mittel, sich Gedanken über ihre Wohnkultur zu machen.

Mode der Zeit war es, Teppichmuster und Eckengemälde aufeinander abzustimmen. Thomas Moore, Whittys stärkster Konkurrent, war ein Freund von Robert Adam, der viele Aufträge nach Moorfields brachte, wo er selbst die Herstellung seiner Entwürfe überwachte. Einen dieser Teppiche kann man im Roten Zimmer in Syon House besichtigen. Er wurde von Adam entworfen und trägt in der Bordüre das Zeichen »Thomas Moore 1769«. Der Erfolg von Moores Fabrik ließ nach, als Adam 1792 starb. Sie wurde 1795 verkauft.

Auch andere Preisgewinner setzten sich nicht durch: Passavant scheint nach 1760 nicht mehr viel geliefert zu haben, denn im folgenden Jahr ging er bankrott. Jeffer aus Frome muß ein sehr kleines Geschäft gehabt haben; von seinen Teppichen ist keiner erhalten. Nur Whittys Fabrik in Axminster florierte weiter. Innerhalb von fünf Jahren hatte er sie zu einem der wichtigsten Wirtschaftsfaktoren der Stadt gemacht. Er beschäftigte Frauen und Kinder als billige Arbeitskräfte, doch allem Anschein nach sorgte er gut für sie. Es wurde Sitte, die besseren Teppiche zur Kongregationalisten-Kirche zu bringen und sie dort über die Kirchenbänke zu breiten, so daß alle sie bewundern und Dankgebete für ihre Fertigstellung sprechen konnten, bevor man sie an ihren Bestimmungsort sandte.

Whitty war ein eifriger Botaniker und ein erfahrener Färber. Deshalb sind die vollkommenen Blumenformen und die meisterliche Farbgebung hervorstechendste Kennzeichen seiner Teppiche. Leider verwendete er keine Signierung. Es ist daher oft schwierig, die frühen Axminsters zu identifizieren. Häufig hat er dieselben Muster mit nur geringfügigen Änderungen in Größe und Farbe für verschiedene Teppiche und Kunden benutzt. Als der Enkel des ersten Thomas Whitty im August 1799 die Fabrik übernahm, verloren die Blumenmuster mehr und mehr an Qualität und wurden schließlich durch klassischere Motive ersetzt. Aus den Geschäftsbüchern von Crawley House in Bedford geht z. B. hervor, daß 1808 eine Summe von 65 Pfund, 12 Shilling und Sixpence an den Teppichhändler Drury für einen gelb-schwarzen Axminster im ägyptischen Stil gezahlt wurde.

Am 13. August 1783 hatten Georg III. und die Queen der Fabrik einen Besuch abgestattet. Die Folge war eine Flut von Aufträgen. Der Kronprinz und spätere König Georg IV. bestellte mehrere Teppiche, u. a. für den Thronsaal in Carlton House. Offensichtlich erinnerte er sich der Fabrik, als er später den Pavillon in Brighton ausstatten ließ. Es besteht ein großer Unterschied zwischen den eleganten Teppichen, die für die im Adam-Stil eingerichteten Häuser hergestellt wurden, und denjenigen für den Königlichen Pavillon mit seinem unglaublichen Reichtum an Chinoiserien und üppigen Dekorationen. Der Pavillon war 1748 errichtet worden; Henry Holland entwarf ihn als Sommerresidenz an der Küste. 1802 stattete P. F. Robinson die Bibliothek und das Speisezimmer mit chinesischen Tapeten aus und wandelte den Korridor in eine chinesische Galerie um. 1817 schließlich war es John Nash, der mit der Gestaltung beauftragt wurde, als der Pavillon anläßlich der Thronbesteigung Georgs IV. (1820) königlicher Palast wurde. Für die Einrichtung wurden enorme Summen aufgewendet. Allein Whitty bekam 2119 Pfund und 9 Shilling für die drei gelieferten Axminster-Teppiche – und das war nur ein geringer Teil der Gesamtkosten.

Diese drei Teppiche waren für das Musikzimmer, das Nordzimmer und für den Bankett-saal bestimmt. Der erste war mit ca. 20 m × 13 m und einem Gewicht von 1700 Pfund der größte Teppich im Königreich. Die beiden anderen waren von Robert Jones entworfen wor-den: ein Rundteppich und ein großer Viereckteppich mit zwei Endstücken für die Nischen des Raumes; letzterer war fast genauso groß wie der Teppich für das Musikzimmer. John Nashs eigene Beschreibung des Teppichs für den Bankettsaal ist überliefert: im Mittelteil ein Drache, um den sich drei Schlangen winden, »umgeben von mannigfaltig gearbeiteten, ineinander-greifenden Kränzen, die nach außen hin immer größer werden«. Alle drei Teppiche sind in Stil und Farbe auf den Raum abgestimmt. Sie zeigen Schlangen und Drachen im chinesischen Stil mit goldenen Sternen, Insekten, Vögeln und Lotusblumen auf blauem oder pinkfarbenem Grund.

Am 23. Januar 1828 brannte die Fabrik in Axminster bis auf die Grundmauern nieder. Zwar wurden an gleicher Stelle neue Gebäude errichtet, doch die Firma erholte sich nicht mehr von den Folgen des Brandes, dem Auftragsrückgang und der Abwanderung der fähigsten Arbeiter. 1835 mußte Samuel Whitty seinen Bankrott erklären, und am 31. August 1836 wurde die ganze Fabrik verkauft. Die gelagerten Teppiche, Webstühle und Maschinen wurden von einem Mr. Blackmore aufgekauft, der alles, einschließlich der Weber, nach Wilton brin-gen ließ, wo er eine neue Produktion aufbaute. Begünstigt durch die parallel laufende Herstel-lung von Maschinenteppichen konnte Blackmore trotz der Konkurrenz anderer Firmen das alte Axminster-Geschäft wieder aufbauen. Sein stärkster Konkurrent waren Jackson & Gra-ham von der Bond Street, die in den späten vierziger Jahren das Unternehmen von Parisot in London wiedereröffnet hatten. Peter Graham gehörte zum Komitee der Großen Ausstel-lung von 1851; er stellte 1862 auch in South Kensington aus. Das war natürlich eine große Reklame für das Geschäft, doch man hörte später nur noch sehr wenig über diese Firma.

Trotz gewisser Gegenstimmen wurde Blackmore beauftragt, fünf Teppiche für Königin Victorias Schloß Windsor zu weben. Sie waren 1851 auf der Ausstellung zu sehen: eine typi-

Ausschnitt eines Büschelteppichs, entworfen von Robert Adam, ausgeführt von Thomas Moore in Moorfields, um 1770. Das Stück kommt aus Ingestre Hall, doch ist es identisch mit dem Teppich, der für den Roten Salon in Syon House angefertigt wurde.

Bankettsaal des königlichen Pavillons in Brighton.

sche Stilmixtur der Viktorianischen Ära – Renaissance, Louis Quatorze, Italienisches und Persisches. Zwischen 1836 und 1860, als er die Manufaktur an Alfred Lapworth, einen Londoner Teppichweber, verkaufte, erhöhte Blackmore die Zahl seiner Beschäftigten von dreißig oder vierzig auf über zweihundert.

Wir besitzen den Bericht eines Amerikaners, Elihu Burritt, der die Wilton-Fabrik 1864 besuchte und seine Eindrücke in seinem »*Spaziergang von London nach Lands' End und zurück*« niederschrieb:

»*Es sind zwei oder drei Besonderheiten, die diesen (Axminster) Teppich von allen anderen der verschiedensten Länder unterscheiden. Vor allem wird er in einem Stück hergestellt ohne Naht oder Saum. Die Fabrik besitzt zwanzig Webstühle, deren längster 45 Fuß mißt. (In Wahrheit war der größte Webstuhl nur 40 Fuß breit.) Das bedeutet, man könnte auf diesem Webstuhl einen Teppich wirken, der 45 Fuß breit und unbegrenzt lang ist. Es gibt auf der ganzen Welt kein Privathaus, das über einen breiteren Teppich ohne Naht verfügt als diesen.*«

Lapworth starb 1871. Seine Nachfolger verkauften an Yates & Wills, später bekannt als Yates & Co., unter denen die Fabrik dreißig Jahre weiterarbeitete. 1891 eröffnete Yates in New Jersey auch eine amerikanische Filiale sowie Dependancen in Southampton und Bremerton, die jedoch alle fehlschlugen. In Wilton war Yates als extrem frommer Mann und als Abstinenzler bekannt gewesen, doch als er starb, entdeckte man, daß er in Wirklichkeit Firmengelder für Glücksspiele, Trinkgelage und Chormädchen in London und Chicago vergeudet hatte. So ging die Fabrik 1905 erneut in Liquidation, wurde aber schließlich unter dem Patronat des Earl of Pembroke und des Earl of Rednor durch private Subskriptionen gerettet, vor allem, um die Arbeitsplätze für jenes Gebiet zu erhalten. 1946 besaß man noch 102 Webstühle, doch trotz eines Aufschwungs nach dem Zweiten Weltkrieg waren 1956 nur noch sechs in Betrieb. Handarbeit war nicht mehr rentabel; viele der Handweber wollten auf die weniger anstrengende Maschinenarbeit überwechseln. 1957 schloß die letzte Fabrik für handgeknüpfte Teppiche in Großbritannien ihre Pforten.

Um die Entwicklung der Teppichherstellung im 19. Jh. zu verstehen, muß man etwas über die Neuerungen in der Maschinenproduktion wissen. Die Maschinenweberei nahm ihren Ausgang mit den Erfindungen Arkwrights, die im letzten Viertel des 18. Jh. in der Woll- und Kammgarnindustrie angewendet wurden. Boulton und Watts hatten für ihre Dampfmaschine eine praktische Anwendung gefunden, Cartwright hatte einen Maschinenwebstuhl zur Herstellung von Kattun entwickelt und eine Maschine zum Wollkämmen patentieren lassen.

Um 1825 hatte der in Frankreich entwickelte Jacquard-Mechanismus, mit dem die Fäden für das Muster selektiert und gehoben werden, begonnen, den alten und komplizierten Einspannmechanismus der Handwebstühle zu ersetzen. Aber obwohl die Einführung des Fabriksystems zu einem Anstieg der Produktion, des Handels und des Wohlstands führte, waren die erforderlichen Kapitalinvestitionen für Maschinen und Neuorganisation für viele der kleineren Hersteller nicht erschwinglich. Von den zahlreichen Teppichproduzenten, die es noch zu Anfang des 19. Jh. in Kidderminster gegeben hatte, sind nur zwei übriggeblieben – Brintons, die etwa 1783 gegründet wurden, und Woodward Grosvenors, inzwischen zu Guthries gehörig, die um 1790 begannen.

Die Brüsseler Webart gehörte zu den ersten, die von den Fabriken aufgegriffen wurden, da ihre Herstellung relativ billig war. Man verwendete für den Teppichrücken Leinen und später Jute. Nur der sichtbare Flor bestand aus teurerer Wolle. Bei dieser Methode wird der Flor

Links: Nordsalon. Rechts: Musikzimmer im Pavillon in Brighton.

nach oben gebracht und entweder mit der Hand oder mit dem Jacquard-System mit Extrakettfäden – gewöhnlich sind es fünf – in einer Schlinge, die um einen Draht läuft, über die Grundkette gehoben, um das Muster zu bilden. Die Schlingen konnten dann aufgeschnitten werden, so daß ein samtiger Flor entstand. Die Qualität dieser Teppiche richtete sich nach der Anzahl der Drähte pro Zentimeter bzw. Zoll. Außerdem konnte die Höhe des Flors durch die Dicke des Drahtes variiert werden. Man wickelte das farbige Kammgarn über den Draht, der mit einer Kerbe versehen war. Schnitt man das Garn dann mit einem scharfen Messer entlang dieser Kerbe auf, so erhielt man den Flor.

Ein Brüsseler Teppich hat gewöhnlich neun Drähte pro Zoll, ein Wilton-Teppich zehn. 1830 ließ Mr. Whyttock aus Edinburgh und Glasgow ein Tapisserieherstellungsverfahren patentieren, das mit einem komplizierten Trommelsystem arbeitete. Dabei wird nur eine Garnlitze gefärbt, und zwar an verschiedenen Stellen in der jeweils für das Muster erforderlichen Farbe. Dies bedeutete eine nicht unerhebliche Ersparnis und erlaubte gleichzeitig die Verwendung eines größeren Farbenspektrums.

Nach anfänglichen Protesten wurde dieses Verfahren zuerst in Schottland und – nach 1842 – in Halifax entwickelt. Bis 1850 gab es in England und Schottland neben zweieinhalbtausend Brüsseler Webstühlen auch schon 1299 Tapisserie-Handwebstühle.

Im Jahre 1839 ließ James Templeton aus Glasgow einen Apparat zur Herstellung von Teppichen patentieren, die als Chenille-Axminsters bekannt wurden. Hierbei wurde der Flor

Oben: Inneneinrichtung in Strawberry Hill, errichtet 1754–1756 von Horace Walpole im »gotischen Stil«. Unten: Ausschnitt eines Musters von Templeton & Co. nach einem Entwurf von Owen Jones.

mit dem Muster separat gewoben und dann mit der Hand auf den Schuß aufgenäht. Auch mit dieser Methode konnte man Wolle sparen, doch war das Gewebe nicht sehr stabil: Unter Belastung löste sich häufig der Flor von der Leinen- oder Juteunterlage. Um diese Zeit wurde das von Erasmus Bigelow verbesserte englische Patent auf den amerikanischen Brüsseler Maschinenwebstuhl von Crossleys in Halifax übernommen. Wieder einmal erhielt Großbritannien Konkurrenz auf dem wachsenden amerikanischen Markt.

Der von Alexander Smith & Sons in Yonkers, New York, entwickelte Moquette- oder Royal-Axminster-Webstuhl wurde um 1870 in England erstmals von Tomkinson & Adam aus Kidderminster verwendet. In den neunziger Jahren beschloß die Stoffweberei Alexander Morton & Co. in Carlisle, ebenfalls in die Teppichproduktion einzusteigen. Sie arbeiteten nach Templetons Chenille-Axminster-Verfahren. Schon 1895 machte der Teppichverkauf ein Viertel des Gesamtumsatzes der Firma aus.

1897 fuhr Alexander Morton nach Amerika, um sich über den damals in der Entwicklung befindlichen Crompton-Knowles-Axminster-Spulenwebstuhl zu informieren. Um die Herstellung zu verbilligen, kaufte man Webstühle von Brintons in Kidderminster und fertigte flachgewebte Tapisserieteppiche mit gewöhnlichem Garn anstatt des haarigen Chenillefadens. Sie waren eine Weiterentwicklung der alten handgewebten »Scotch«-Teppiche und wurden »Caledon« genannt.

Auf einer Ausstellung in Brüssel sah Alexander Morton eine Donegal-Weberei. Sein Sohn James, der von den Schriften William Morris' über die Notwendigkeit der Bewahrung der Handwerkskunst beeinflußt war, ging daraufhin nach Irland, wo er eine Fabrik für handgewebte Donegal-Teppiche gründete. Bis 1906 war der Jahresumsatz dieser Brücken auf 25 000 Pfund gestiegen.

Eine ganze Reihe der bisher genannten Hersteller war auch auf der Großen Ausstellung von 1851 vertreten – Templeton aus Glasgow, A. Lapworth & Co. und Waton Bell & Co. aus London und J. Bright & Co aus Craig in der Nähe von Macclesfield. Auf dieser Ausstellung entbrannte die Diskussion um die Prinzipien der viktorianischen Formgebung, obwohl man sich vielfach schon seit den dreißiger Jahren bewußt war, daß das englische Design – vor allem im Vergleich mit dem übrigen Europa und insbesondere mit Frankreich – eine ganze Menge zu wünschen übrig ließ. 1836 hatte die Regierung ein Auswahlkomitee eingesetzt, das zusammen mit ausländischen Beratern über den Zustand des britischen Industriedesigns berichten sollte: »Nach Aussage von M. Guillotte, einem Hersteller von Jacquard-Webstühlen . . ., beschäftigt ein französischer Kapitalist drei oder vier Künstler, wo in England ein einziger für acht bis zehn Hersteller arbeitet.«

Viele der auf der Ausstellung von 1851 gezeigten Entwürfe wurden von den Kommentatoren, Sir Matthew Digby Wyatt, Henry Cole, Owen Jones, Richard Redgrave u. a. als »in-

Rechts: Beispiel für die plastisch wirkenden Schnörkelornamente, die von den Kritikern des »Art-Journal Illustrated Catalogue of the Great Exhibition of 1851« *verurteilt wurden. Links: Zwei Beispiele naturalistischer Teppichmuster aus dem* »Art-Journal Catalogue«.

dolent und servil« verurteilt. Mit Ruskin und den Verfechtern einer »gotischen Renaissance« war man einer Meinung darüber, daß der Zustand der Architektur und des Dekorationsstils den moralischen Niedergang des Landes widerspiegelte. Kritiker wie Carlyle und Matthew Arnold riefen nach einem neuen Stil »eines intelligenten und phantasievollen Eklektizismus«. Besonders kritisiert wurde die Zusammenhanglosigkeit, in der die verschiedenen Stile kombiniert wurden, und die überreichliche Verwendung naturalistischer Details, die mit ihren Blatt- und Blütenranken oft den Eindruck einer dritten Dimension vermittelten und völlig ungeeignet für glatte Oberflächen waren:

Speiseraum in Kelmscott House, Hammersmith, wo William Morris mit dem Teppichweben begann. An der Wand ein persischer Teppich.

*Schlafzimmer in Wightwick
Manor, Tapete und Teppich
entworfen von William Morris.*

William Morris.

»*Dieser Stil entspricht in keiner Weise mehr dem Zeitgeschmack. Es steht wohl völlig
außer Zweifel, daß für die Ornamentierung einer Ebene, wie sie der Fußboden darstellt und
auf der man gehen soll, nur ein ebenso flaches Muster in Frage kommt. Schließlich sollen Teppiche nicht mit Gemälden, Frauenkleidern oder gar mit Möbeln wetteifern.*«

Der neue Stil also war auf völlig flache, herkömmliche Muster ausgerichtet und fand seinen vielleicht besten Vertreter in Owen Jones, der sehr stark von persischen Zeichnungen beeinflußt war. Persische Teppiche kamen wieder in Mode. Ihre schlichteren Bordüren, zarteren
Farben und traditionellen Motive ersetzten die überladenen, grellfarbigen Rosen, Fingerhüte
und Farne.

Ein Teppich, der von Owen Jones entworfen und von Jackson und Graham gefertigt
worden war, wurde 1871 auf der Internationalen Ausstellung in South Kensington gezeigt;
man bestaunte die meisterliche Wiedergabe persischer Formen und die Farbgebung und lobte
ihn als den »erfolgreichsten Teppich« der Ausstellung. Auch Digby Wyatt, ebenfalls Verfechter eines neuen Stils, entwarf Patent-Axminsters für Templeton in Glasgow, die 1871 auf der
Pariser Ausstellung gezeigt wurden. Diese neuen Entwürfe waren auch weitgehend auf die
Bedürfnisse der Maschinenproduktion abgestimmt.

Zu jener Zeit wurde dort, wo sich heute das Victoria and Albert Museum befindet, eine
zentrale Kunstsammlung zusammengetragen, in der auch eine beträchtliche Anzahl von Per-
ser- und anderen Orientteppichen vertreten war. Bezeichnend für den Einfluß dieser Sammlung mag die Tatsache sein, daß 1885 für »The Pinnacle«, ein Haus in Mount Lofty, Süd-
australien, von Templeton ein Teppich angefertigt wurde, der getreue Kopien der Bordüren
und Mittelstücke zweier Perserteppiche in sich vereint, die das Museum erworben hatte.

Einer der Prüfer der Akademie für Kunst und Wissenschaft in South Kensington war
William Morris, der an diesem Institut die neuerworbene Kollektion persischer Teppiche,
Stoffe und Keramiken untersucht hat. In seinem Vortrag »*Die Geschichte des Musterentwer-
fens*« schrieb er:

»*Für uns Musterentwerfer ist Persien zu einem heiligen Land geworden, denn dort ist
unsere Kunst im Laufe der Zeit perfektioniert worden und hat die Welt in Ost und West erobert.*«

In einem anderen Vortrag von 1880 kritisiert er das Kunsthandwerk Indiens und sagt,
daß indische Teppiche, die einen profitablen Export darstellten, nun unter Regierungsaufsicht

in den Gefängnissen hergestellt würden und daß es unter diesen Umständen nur noch wenig Hoffnung für die Kunst des Ostens gebe:

»In diesem Fall hat die Regierung beschlossen, ihre Waren billig zu machen, auch auf die Gefahr hin, daß diese dadurch schlechter werden. Und sie sind billig und schlecht, das kann ich Ihnen versichern. Doch obwohl sie in ihrer Art noch nicht die schlechtesten sind, wäre es nie so weit gekommen, wenn nicht alles in dieselbe Richtung neigen würde. Und es ist überall dasselbe mit allen indischen Handarbeiten . . . Eines ist gewiß, wenn wir nicht schleunigst unsere eigenen Teppiche machen, wird es nicht mehr lange dauern, und der Osten läßt uns im

Unten: Ausschnitt aus einem maschinengewebten Wilton-Teppich, entworfen von William Morris, um 1880. Oben: Handgeknüpfte Brücke, die wahrscheinlich von Morris & Co. für die Century Guild hergestellt wurde, um 1884. William Morris Gallery, Walthamstow.

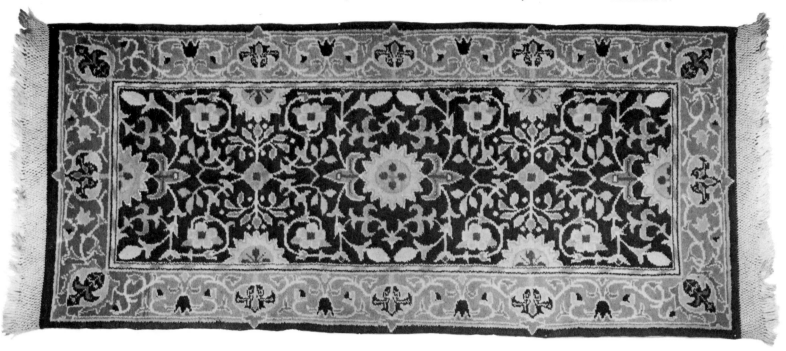

Stich: Denn diese letzte Begabung, die Begabung eines harmonischen Farbensinns, ist im Osten rapide im Aussterben begriffen, noch vor der Eroberung durch europäische Gewehre und Geldbeutel.«

In der Tat wurde der Teppich des Waterloo-Saales in Windsor, angeblich der größte nahtlose Teppich Europas, in den Gefängnissen von Agra in Indien angefertigt.

Morris selbst war zweifellos der beste Designer der viktorianischen Ära. So war es nicht verwunderlich, daß er seine Aufmerksamkeit auch dem Teppichentwurf und der Technik des Webens zuwandte. Am 13. April 1877 schrieb er an George Wardle:

»Gestern sah ich ein antikes persisches Stück aus der Zeit von Schah Abbas (die Zeit unserer Elizabeth), das mich fast umgeworfen hat. Ich hatte keine Ahnung, daß solche Wunder an Teppichen vollbracht werden konnten.«

Nachdem er nach Kelmscott House übergesiedelt war, ließ er in seinem Schlafzimmer einen Teppichwebstuhl aufstellen. Während des Winters 1878/79 wandte er sich vom Färben dem Weben zu. Er unternahm eingehende Studien an persischen Arbeiten, bevor er selbst mit dem Weben von Teppichen begann. Praktisch gleichzeitig, zwischen 1876 und 1883, entwarf er noch 24 Modelle für Maschinenteppiche und mehrere andere für die handgewebten Brükken von Hammersmith. Die Maschinenentwürfe waren für die Wilton Royal Carpet Factory und für die Heckmondwike Manufacturing Co. in Yorkshire bestimmt.

Die ersten handgeknüpften Teppiche wurden 1878 hergestellt; Morris fertigte im Maßstab 1:8 eine Zeichnung des Designs, kolorierte sie selbst und übertrug sie dann im Originalmaßstab auf Millimeterpapier, so daß der Weber das Muster kopieren konnte. Lewis F. Day schrieb 1899:

»Mit den Teppichen begann er sehr bescheiden, indem er billige Kidderminster, Brüsseler, Wilton-Flor- und Patent-Axminster-Teppiche entwarf. Sie alle waren Maschinenteppiche, die nicht in seinen eigenen, sondern für ihn in anderen Werkstätten hergestellt wurden. Doch abgesehen von dem Einwand, daß sie maschinengefertigt waren, waren für ihn als Designer auch die Bedingungen des Webstuhls ärgerlich; er wollte sich nicht einschränken lassen. Angespornt von der Schönheit der importierten Orientteppiche, begann er schließlich, ›echte‹ Axminsters zu weben, das heißt Teppiche mit dichtem, weichem Flor in einem Stück nach östlichem Vorbild . . . Er selbst beschreibt das Teppichweben in dieser Art als ein ›Mosaik‹ aus kleinen Wollvierecken; der Designer muß nur die Größe der Vierecke beachten und kann dann seine Phantasie frei über den Teppich wandern lassen . . . Die in modernen Teppichen so gern

*Die Werkstätten von Morris & Co. in Merton Abbey.
Unten links: Die Färberküpen.
Unten Mitte: Originalentwurf der Morris-Werkstätten für einen Teppich »mit Pfauen-und-Drachen«, der jedoch nie in Produktion ging.
Unten rechts: Bullerswood-Teppich von William Morris. William Morris Gallery, Walthamstow.*

verwendeten Farbschattierungen hieß er nicht gut. Er zog seinerseits ein Muster vor, das ›absolut flach am Boden lag‹; es gelang ihm, eine wunderbare Vielfalt und Schönheit der Farben zu erzielen, indem er kontrastierende Farben (vorwiegend Rot und Blau) übereinanderlegte, die durch geschickt gewählte Konturen abgegrenzt waren. Seiner Meinung nach sollte ein Teppich nicht nur eine passable, sondern eine exquisite Farbkomposition aufweisen. Und natürlich sollte er eine eigene Aussage haben.«

Der Einfluß persischer Vorbilder ist in vielen seiner Entwürfe deutlich zu spüren. Stets aufs neue beweist er seine Meisterschaft, den Wuchs pflanzlicher Formen erkennbar zu machen. Doch im Gegensatz zu seinen Stoff- und Tapetenentwürfen vermitteln seine Teppiche niemals den Eindruck von Tiefe oder plastischem Relief, wie es sonst damals die Regel war.

Die ersten Teppichquadrate wurden in einem Hinterhof von Queen Square gewebt. Als die Produktion sich vergrößerte, brachte man den Webstuhl in die Remise nach Hammersmith, wo man Frauen als Weber beschäftigte. Im Mai 1880 fand eine Ausstellung der Hammersmith-Teppiche statt. Morris veröffentlichte ein Rundschreiben, in dem er seine Absicht zum Ausdruck brachte, »England in bezug auf Teppiche, die als Kunstwerke verstanden sein wollen, vom Osten unabhängig zu machen«.

Der Naworth-Teppich, eine Auftragsarbeit für George Howard, war das größte Stück, das Morris & Co. jemals produzierten. Er wurde in der Remise von Hammersmith gewoben; seine Fertigstellung dauerte fast ein Jahr. Einige der Hammersmithteppiche tragen in der Bordüre als Kennzeichen einen Schmiedehammer, ein großes »M« und eine geschlängelte Linie als Symbol für den Fluß. Im November 1881 wurde der Webstuhl in die Merton-Abbey-Werke verbracht, wo die Produktion fortgesetzt wurde. Obwohl Morris' sozialistische Ansichten auf seinem Haß gegen die Maschinen basierten, waren es doch gerade seine Entwürfe, die den Stil der Maschinenteppiche in hohem Maße beeinflußten.

Als diese Anfänge auf dem Gebiet des Entwurfs zu immer konkreteren Stilbewegungen führten, begannen auch andere Designer, sich mit Teppichen zu beschäftigen. Es war zu jener Zeit allgemein üblich, daß ein Stilist die gesamte Inneneinrichtung eines Hauses übernahm. So ist es wahrscheinlich, daß viele der großen Namen des Art Nouveau und der Kunst-und-Handwerk-Bewegung auch Teppiche entwarfen, obwohl sich das heute nicht mehr genau feststellen läßt. Ein paar Namen jedoch sind uns bekannt: zunächst Walter Crane, dann C. F. A. Voysey, Produzent zahlreicher Teppich-, Stoff- und Tapetenmuster. Er arbeitete für Tomkinson & Adam, Heal & Son und für Alex. Morton in Carlisle, mit dem er einen Fünfjahres-

Oben:
Strahlenteppich-Herstellung in der Royal Wilton Carpet Factory, um 1900.
Unten:
Handgewebte Brücke, die wahrscheinlich von Morris & Co. für die Century Guild hergestellt wurde, um 1884. William Morris Gallery, Walthamstow.

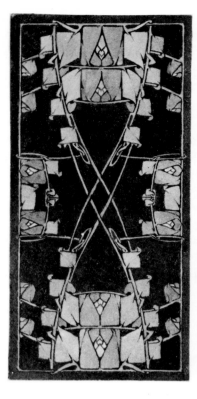 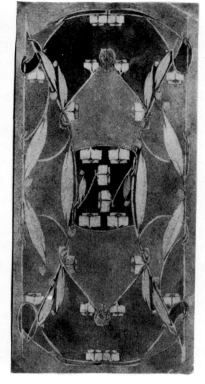 

Drei Wasserfarbenentwürfe für handgewebte Teppiche, von Archibald Knox, wahrscheinlich für Alexander Morton & Co. angefertigt. Manx Museum, Isle of Man.

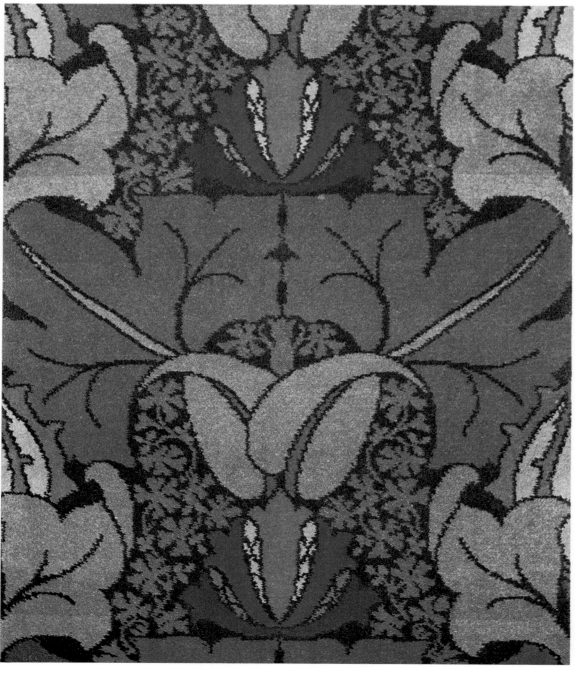

Rechts: Der »Wykehamist« (Ausschnitt), von C. F. A. Voysey für Tomkinson & Adam entworfen, 1897. Links: »Grüne Wiesen«, ebenfalls von Voysey für Tomkinson entworfen, 1890. Victoria and Albert Museum, London.

vertrag abschloß, worin für die exklusive Nutzung seiner sämtlichen Textilentwürfe – ausgenommen Teppiche – sowie für zehn Originalentwürfe ein Minimum-Honorar von 120 Pfund vereinbart war. Christopher Dresser entwarf für Crossleys und Brintons, Archibald Knox für Morton & Co. und für Liberty's. Von Templetons weiß man, daß sie für Hill House in Helensburgh Brücken nach Plänen von C. R. Mackintosh angefertigt haben.

Die Vorliebe für kleingemusterte Entwürfe im orientalischen Stil blieb bestehen, auch als der Jugendstil (Art Nouveau) großflächigere, bewegtere Muster und neue Farben brachte. Denn obwohl man in dieser neuen Kunstrichtung zahlreiche Wandbehänge und Tapisserien schuf, gab es nur relativ wenige Teppiche, da diese durch ihre Zweidimensionalität und die Tatsache, daß sie von allen Seiten betrachtbar sein mußten, größere Anforderungen an den Designer stellten.

In England waren vielleicht die Teppiche von Voysey die erfolgreichsten. Die Brücken von Archibald Knox erwecken den Anschein, als wollten sie – für einen Bodenbelag – zuviel Bewegung auf kleinem Raum einfangen, während Mackintosh genau in das andere Extrem verfiel mit seinen schlichten blassen Farben und kleinen Schachbrettmustern. Viele der Liberty-Teppiche waren einfarbig mit ornamentalen Bordüren, wie z.B. die Kildares, handgeknüpfte, mit Naturfarben gefärbte Teppiche, die mit Unterstützung der Gräfin Mayo seit 1903 hergestellt wurden.

Die meisten Fotografien zeitgenössischer Interieurs, die von Architekten wie George Walton, Lutyens oder Norman Shaw gestaltet waren, zeigen Orientbrücken. Die Bewegung

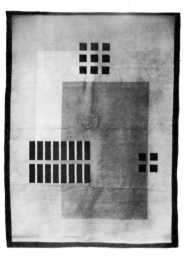

Oben: Teppich aus der Glasgower Schule. Er trägt auf der Rückseite das Schild »Templeton Romney«, um 1910. Links: Inneneinrichtung in C. R. Mackintoshs Hill House. Der Teppich wurde von Mackintosh entworfen.

des Art Nouveau verlief zeitgleich mit einem Wiederaufleben des Stils der Zeit Jakobs I., wodurch ebenfalls der Verkauf östlicher Teppiche begünstigt wurde.

Auf dem Kontinent waren es ebenfalls Designer, die Teppiche produzierten. Horta z. B. entwarf eine ganze Reihe für die Solvay-Residenz in Brüssel. John Betjeman schrieb 1930: *»Das Jahr 1900 war eine starke Herausforderung für die Künstler. Sie glaubten, sie würden einen neuen Stil des 20. Jahrhunderts hervorbringen, und so war es dann auch.«*

In Europa regierte der Jugendstil. Die Darmstädter Ausstellung von 1901 machte deutlich, welchen Enthusiasmus diese Kunst entfachte, die sich aus den Arbeiten Mackintoshs und der Glasgower Schule entwickelt hatte. Später vereinfachten Le Corbusier und Dufy das Werk von Mackintosh und Morris. So entstand ein neuer Stil, der schließlich »die unerträgliche Muffigkeit viktorianischer Häuser mit der modrigen Atmosphäre drittklassiger Museen« völlig verdrängte.

NEUERE STILRICHTUNGEN IN EUROPA

Skandinavien

Es ist unbekannt, ob und in welcher Hinsicht William Morris von seinen Reisen nach Island beeinflußt war. Sein Einfluß in Finnland jedoch war spürbar. 1879 gründete Fanny Churberg den Verein der Freunde finnischen Handwerks, dessen Ziele mit den Idealen von Morris weitgehend übereinstimmten. Dieser Verein verhalf der finnischen Textilkunst zu neuem Leben, nachdem sie um die Mitte des 19. Jh. im Zuge der Industrialisierung ziemlich zurückgegangen war. Auch in Schweden war 1874 eine ähnliche Organisation gegründet worden. 1878 eröffnete Johanna Brunsson eine Webereischule. Beide Institutionen existieren noch heute.

Angeregt durch »Kallela«, das Haus, das Akseli Gallen sich in Ruovesi im Stil der karelischen Blockhütten gebaut hatte, errichteten Heman Gesellius, Armas Lindgren und Eliel Saarinen 1902 ihr Haus mit dem Namen »Hvitträsk« in der Nähe von Helsinki. Akseli Gallen entwarf selbst Teppiche und engagierte sich für die Wiederbelebung der Volkskunst seines Landes. Er leitete eine romantische Welle des finnischen Stils ein. »Hvitträsk«, das in allen Details bis zu den Möbeln von seinen Erbauern entworfen worden war, ist einerseits ein

Links: Der »Silberryan«, ein geknüpfter Leinen-Rye aus Schweden, entworfen von Märta Måås-Fjetterström, 1923. 250 × 153 cm. Rechts: Geknüpfter Schwedenteppich von Måås-Fjetterström, 1918/19. 315 × 220 cm. Beide: Röhsska Konstlöjdmuseet, Göteborg.

Oben: Flach gewebter Wollteppich aus Märta Måås-
Fjetterströms Båstad-Studio, Schweden, um 1930.
Rechts: Flach gewebter Wollteppich nach einem
Entwurf von Barbra Nilssen, Schweden, um 1955.
Victoria and Albert Museum, London. Links: Der
»Popocatepetl«, ein flach gewebter Leinen-,
Rinderhaar- und Wollteppich, den Inga-Lill Sjöblom
für das Handwerkszentrum in Göteborg entworfen
hat, 1968.

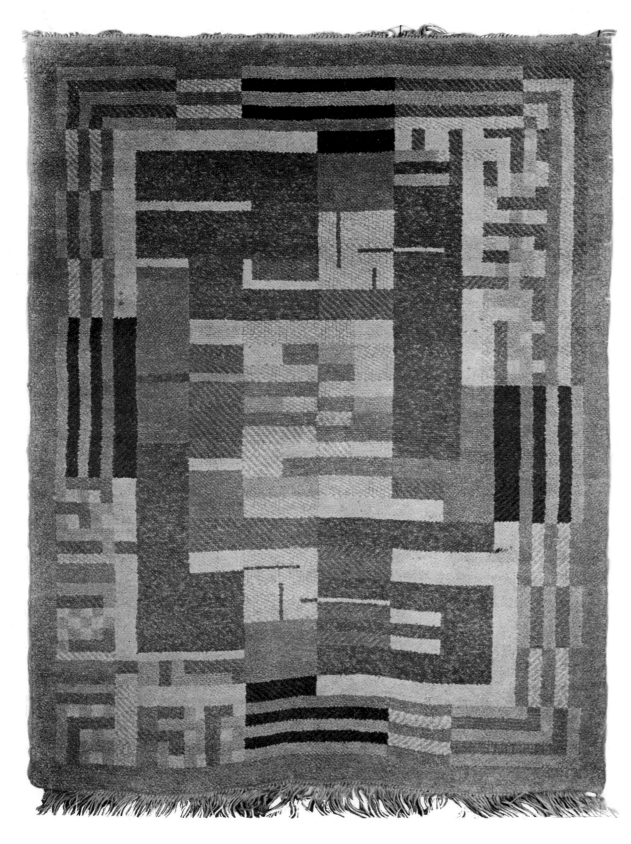

Kleiner Wollteppich, entworfen von Benita Otte, 1923. Leuchtende Farbschattierungen in Blau, Grün, Gelb, Rot und Violett. 205 × 152 cm.

Manifest finnischer Kunst gegen den russischen Panslawismus jener Zeit und andererseits eine Widerspiegelung des Jugendstils in Finnland. Saarinens Frau war Teppichweberin. Sie entwarf u. a. Brücken für Frank Lloyd-Wright in Amerika.

Finnische Folkloreteppichmuster kamen in den zwanziger Jahren groß in Mode; doch wie im übrigen Europa wurde dieser Trend in den dreißiger Jahren vom Kubismus und Funktionalismus abgelöst. Ein Jahrzehnt später kamen dann die getönten Brücken auf, deren Muster nicht mehr streng geometrisch waren, sondern fließend ineinander übergingen. Die Pioniere auf diesem Gebiet waren Impi Satavalta und Eva Brummer. Eine ganze Reihe hervorragender Künstler folgte ihnen nach. Die Zahl der Designer – fast nur Frauen – nahm, ermutigt durch Wettbewerbe großer Textilfirmen, nach 1950 erheblich zu. Auch die modernen Brücken werden noch mit Wollgarn und dem Gördesknoten geknüpft. Nur liegen die Noppen weiter auseinander und der Flor ist höher geworden – bis zu 5 cm. Man will damit in moderner expressionistischer Form die Schnee- und Eislandschaften wiedergeben.

Baumwollteppich, der von der Bauhaus-Schülerin Benita Otte für ein Kinderheim entworfen wurde, 1923. Der Hintergrund ist vorwiegend grau und grün, die Vierecke sind leuchtend rot, gelb und blau. 177 × 101 cm.

Deutschland

In Deutschland war unter der Führung von Walter Gropius die Bauhaus-Bewegung entstanden, deren Einfluß sich, ausgehend von der Architektur, auf alle Zweige der bildenden Kunst erstreckte. 1919 verteilte Gropius in Weimar sein Manifest, das sich eng an die Grundzüge des 1907 von Hermann Muthesius gegründeten Deutschen Werkbundes anlehnte. Das Ziel des Bauhauses war die Schulung und Ausbildung von Künstlern und Handwerkern im Geiste der modernen Technologie, so daß deren Pläne und Entwürfe sich später direkt auf die Massenproduktion anwenden ließen. Erster Lehrmeister für Weberei war Hélène Börner, die früher mit Van de Velde zusammengearbeitet hatte. 1920 wurde der Maler Georg Muche als Formmeister berufen. Zu seinen Schülern zählten Hedwig Jungnich, Benita Otte und Gunta Stölzl. Paul Klee machte zahlreiche Entwürfe für sie.

Nachdem das Bauhaus nach Dessau übergesiedelt war, konzentrierte man die Ausbildung in Färbe- und Webetechniken noch mehr auf die maschinellen Verfahren, was zu einem Bruch zwischen Georg Muche und Gunta Stölzl führte. Denn Muche war ein Verfechter des Maschinenwebens, während für Gunta Stölzl die Maschinentechnik noch nicht flexibel genug war, um die revolutionären Fortschritte, die sie und ihre Schüler auf den Handwebstühlen erreicht hatten, entsprechend umzusetzen. Sie bestand darauf, daß man den Handwebern die Freiheit lassen sollte, ihre Experimente fortzuführen.

1926 verließ Muche die Werkstätten. Gunta Stölzl wurde seine Nachfolgerin. Ihre Schülerinnen waren Otti Berger, Anni Albers und Lis Beyer. Unter ihrer Leitung stand die Praxis wieder mehr im Vordergund, und man experimentierte mit neuen Ideen. Viele ihrer Vorschläge und Entwürfe wurden von den deutschen Herstellern aufgegriffen und realisiert.

Frankreich

Auch in Frankreich blieb der Kubismus nicht ohne Folgen. Für die Teppiche war seine Wirkung sogar noch stärker als in Deutschland jene der Lehren des Bauhauses. Auf der Pariser Ausstellung von 1925 waren mehrere Brücken im modernistischen Stil zu sehen. Das Revolutionäre an ihren Designs bestand darin, daß sie auf die Bordüren verzichteten und somit viel Platz für eine mehr nach außen gerichtete Bewegung der Formen und Linien ließen. Eine Neuerung war die Verwendung von Weiß und Rohweiß als Hintergrund.

England

Obwohl man England zu dieser Zeit wegen seines Provinzialismus und der Tendenz, hereinkommende Ideen eher zu kopieren, als sie weiterzuentwickeln, kritisierte, kam doch langsam ein neuer Stil der Inneneinrichtung auf: schlichte Oberflächen, viel Raum und Licht und statt der Zusammenhanglosigkeit eine gewisse Harmonie. »The Studio« von 1930 meinte:

»Das Ölgemälde hat schon jetzt einiges von seiner Vorherrschaft im Hause eingebüßt. Es war in der Vergangenheit zu oft ein absoluter Störfaktor, und nun, da eine zunehmende Harmonisierung in der Inneneinrichtung zu beobachten ist, wird sein Ehrenplatz gefährdet.«

Sein stärkster Konkurrent sollte schließlich der Bildteppich werden. Der Kubismus als ein rein dekorativer Stil brachte einen Zug zur Abstraktion mit sich, der einen Raum wirklich möblierte und nicht nur dekorierte.

Rechts: Entwurf von Marion Dorn für einen Wilton-Wessex-Teppich. Links: Entwurf von Marian Pepler für Wilton.

Damals wurde in London über zahllose Ideen für neue Inneneinrichtungen diskutiert. Eine davon war das Zimmer »ganz in Weiß«, das jedoch in dem smoggeplagten London äußerst unpraktisch gewesen wäre. Der erste echte Impuls für das Teppichdesign kam von zwei Amerikanern, dem Plakatmaler E. McKnight Kauffer, der in England als erster den abstrakten Kubismus in die Werbung eingeführt hatte, und der Textildesignerin Marion Dorn, die McKnight Kauffer wahrscheinlich auf die Möglichkeiten des Mediums hingewiesen hat.

Ihre ersten Brücken wurden von der Irin Jean Orage gewebt, die in Chelsea lebte und später auch für Ronald Grierson arbeitete. Da die großen Hersteller sich davor hüteten, derart ungewöhnliche Entwürfe zu verarbeiten, webten die Künstler ihre Brücken selbst oder beauftragten kleinere Firmen, wodurch die Auflage begrenzt und die Herstellung natürlich kostspielig wurde.

Um die Mitte der zwanziger Jahre hatten viele französische Designer ihre Entwürfe ohne Copyright in nicht gebundenen Mappen verkauft, die später in London, Berlin und New York

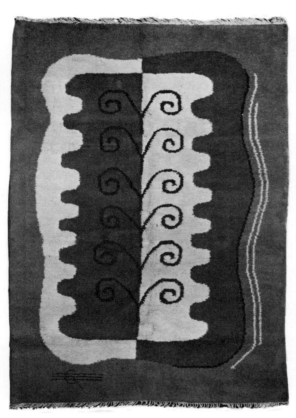

gehandelt wurden. So ist es wahrscheinlich, daß Teppiche nach diesen Entwürfen auch in England oder wegen der billigeren Herstellungskosten in Indien und China produziert wurden. Viele dieser ausgezeichneten, unsignierten Designs wurden von Neal's, Fortnum und Mason's verkauft. In Frankreich verarbeitete die Savonnerie Entwürfe von Da Silva Bruhns. In England beauftragte in den dreißiger Jahren die Wilton Royal Carpet Factory Marion Dorn und später auch Marian Pepler, Ronald Grierson und John Tandy, Entwürfe für sie herzustellen. Als Reaktion auf die Wirtschaftskrise begann auch Morton Sundours Carlisle-Teppich- und Textilfabrik, modernistische Designs zu produzieren, allerdings in einem Zweigwerk, das sich Edinburgh Weavers nannte und von Alastair Morton geleitet wurde. Dessen Vater, James Morton, schrieb später über diese Periode:

»Lange Zeit hatte ich das Gefühl, daß wir Textilweber mit den Entwicklungen verwandter Industriezweige nicht mithalten konnten. Beispielsweise scheuten wir uns, die herrlichen neuen Fasern und Farben mit ihren wunderbaren Eigenschaften, die uns die Chemie gab, für

Mitte: Royal-Wilton-Wessex-Teppich, Entwurf von E. McKnight Kauffer. Unten links: Modernistische Brücke aus Frankreich. Unten rechts: Von Terence Prentis für die Edinburgh Weavers entworfene Brücke, 1936/37.

unsere Gewebe zu verwenden und damit Neuland zu betreten. Statt dessen zogen wir es vor, uns mit alten Ideen und Methoden zufriedenzugeben.«

Wohnraum in Ronald Griersons Haus in Hampstead, London, in den dreißiger Jahren. Der Teppich wurde 1933 in Indien hergestellt.

Edinburgh Weavers war also ein bewußter Versuch, dekorative Gewebe zu entwickeln, die dem modernen Geschmack entsprachen, und nach Bauhaus-Vorbild moderne Technik und Textilien stilistisch in Einklang zu bringen. Alastair Morton, der selber Maler war, kannte viele Künstler, die er später für Entwürfe gewinnen konnte. 1932 traf er in Düsseldorf Hans Aufseeser (später Tisdall), der seine Ideen unterstützte und auch für ihn entwarf. Am Hanover Square und später in der Bond Street mietete man Ausstellungsräume, um die Teppiche zu verkaufen, die von Marion Dorn, Hans Aufseeser, Marian Pepler, Ashley Havinden, McKnight Kauffer, Terence Prentis und Paul Nash entworfen waren.

Durch dieses Unternehmen wurden auch solche Künstler ermutigt, die zuvor wenig oder gar keinen Kontakt zur angewandten Kunst hatten: Ben Nicholson, Jean Varda und John Tandy, der Entwürfe von seinen Holzschnitten herleitete. Duncan Miller, der eng mit den Edinburgh Weavers verbunden war, besaß ein Geschäft am Lower Grosvenor Place, wo er die Brücken zusammen mit Möbeln von Marcel Breuer, Wells Coates, Serge Chermayeff und Denham McLaren ausstellte.

Eine der ersten Ausstellungen modernistischer Brücken fand in der Picture Gallery statt, wo man »point-noué« (geknüpfte) Teppiche und Brücken von Da Silva Bruhns zeigte.

»Sie waren frühe und in einigen Fällen brillante Interpretationen abstrakter Kompositionen. Einige dieser Teppiche schienen von ziemlich primitiven maurischen Mustern beeinflußt zu sein, doch ihre Farben waren exzellent.«

Marion Dorn machte einige »Seitensprünge« und arbeitete für Fortnum und Mason's, die einmal ein ganzes Stockwerk den Designs der Modernen Bewegung widmeten. 1932 entwarf sie Teppiche in Schwarz-, Grau- und Beigetönen für Claridges. Simpsons verkaufte Teppiche von Ashley Havinden; Betty Joel verkaufte ihre eigenen Brücken, die in Tientsin (China) hergestellt wurden, in ihrem Geschäft »Betty Joel Ltd.« in Knightsbridge. 1935 fand die Dorland-House-Ausstellung statt; 1936 zeigte Ronald Grierson seine Brücken in der

Linke Seite: Inneneinrichtung in Claridges Hotel, London, Teppiche von Marion Dorn.

317

Redfern Gallery, Cork Street. In kurzer Zeit wurden alle Teppiche, die in Indien gewebt waren und bei einer Größe von 3 m × 2 m 12 Pfund kosteten, verkauft.

Die Entwürfe von Duncan Grant und Vanessa Bell, zwei Malern der Bloomsbury-Gruppe, wurden in der Blindenfabrik (Blind Employment Factory) gewebt und über die Allan Walton Fabrics Ltd. verkauft. Eine weitere Designerin, die ihre Brücken selbst webte und deren Arbeiten sogar von Jean Orage gelobt wurden, war Evelyn Wyld, eine Engländerin, die in Paris lebte und in der Curtis Moffat Gallery in Mayfair ausstellte. Michael Heulen arbeitete für Tomkinsons in Kidderminster und Mrs. Pindar Davis für Crossleys in Halifax.

DIE NACHKRIEGSZEIT

In den dreißiger Jahren begann diese Designbewegung zu schwinden; sie überlebte den Krieg kaum. Betty Joel zog sich 1937 vom Geschäft zurück; John Tandy, Terence Prentis und Ashley Havinden gingen in die Werbung und Designberatung; Marion Dorn und McKnight Kauffer kehrten in die Vereinigten Staaten zurück. Einer der wenigen, die auch nach dem Krieg noch Entwürfe machten, war Ronald Grierson. Seine Teppich- und Stoffdesigns wurden von Crossleys und S. J. Stockwells gewebt und bei Liberty's verkauft. Das Britische Festival von 1951 brachte nochmals neue Impulse, aber die Mode hatte sich geändert. Die Brücken waren jetzt stark skandinavisch beeinflußt mit teilweise plastisch ausgearbeitetem Flor. Auch die Edinburgh Weavers blieben nach dem Krieg noch erfolgreich im Geschäft, doch die kreative Zeit der Brücken war vorbei. Royal Wilton schlossen ihre Handwebstühle 1957.

Die eigenwilligen Brücken der modernistischen Bewegung hatten mit ihren abstrakten Formen, der neuen Auffassung klassischer Themen und ihrer Loslösung von den traditionellen Teppichmustern großen Mut gezeigt. Ihre charakteristischen Merkmale waren der sorgfältige Umgang mit Raum und Linien sowie die neuartige Farbgebung durch verschiedene Tonabstufungen vor hellem Hintergrund. Daneben kamen auch viele stilisierte Jazzmotive auf den Markt, die teilweise von Hollywood beeinflußt oder vom amerikanischen »Art Deco« angeregt waren. Insgesamt jedoch hat nach den zwanziger und dreißiger Jahren kein individueller Stil mehr zu vergleichbaren Neuerungen geführt, während andererseits das Interesse an Perser- und Orientbrücken nach dem Krieg sehr stark belebt wurde.

Seither hat es vielfache Wandlungen in Kunst und Innenarchitektur gegeben, doch die hohen Preise handgeknüpfter Waren, neue Materialien und die Verbreitung von Teppichböden haben dazu geführt, daß, abgesehen von wenigen Spezialaufträgen für Restaurants, Theater oder Privatpersonen, das Knüpfen mit der Hand heutzutage in Europa wieder weitgehend unbekannt und ungebräuchlich geworden ist.

Linke Seite: Handweberei in der Royal Wilton Carpet Factory, um 1900.

319

Navajo-Satteldecke aus dem späten 19. Jh. 81 × 76 cm.

Amerikanische Teppiche

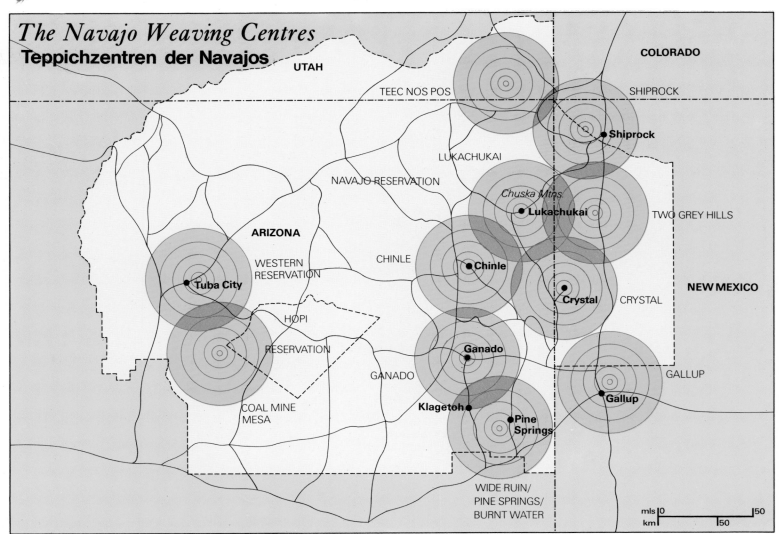

The Navajo Weaving Centres
Teppichzentren der Navajos

COLORADO

UTAH

TEEC NOS POS

SHIPROCK

● **Shiprock**

LUKACHUKAI

NAVAJO RESERVATION

Chuska Mtns.

ARIZONA

WESTERN
RESERVATION

● **Lukachukai**

TWO GREY HILLS

CHINLE

● **Chinle**

● **Tuba City**

NEW MEXICO

● **Crystal**

CRYSTAL

HOPI

RESERVATION

GANADO

● **Ganado**

GALLUP

COAL MINE
MESA

Klagetoh ●

● **Gallup**

● **Pine
Springs**

WIDE RUIN/
PINE SPRINGS/
BURNT WATER

mls 0   50
km   50

Die Teppiche der Navajos

Die Teppiche der Navajos (Navahos) setzen eine lange handwerkliche Tradition fort, die beinahe drei Jahrhunderte zurückreicht. Die Navajos lernten die Kunst des Webens etwa um 1700 von den Pueblo-Indianern. Die frühen Produkte zeigen noch deutliche Parallelen zwischen den beiden Stammesgruppen. Der Hauptunterschied besteht darin, daß die Navajos Schafwolle verwendeten, während die Pueblo-Erzeugnisse ausschließlich aus Baumwolle verfertigt sind. Die Spanier hatten Anfang des 17. Jh. Schafe in den Südwesten gebracht, die für die nomadisierenden Navajos bald zur Grundlage ihrer Wirtschaft wurden.

Vor 1890 stellten die Navajos hauptsächlich Decken für den Eigenbedarf her (Kleidung, Schlafdecken). Die »klassische Periode«, in der die Indianer europäische Garne und Industriegarne aus Germantown in Pennsylvania bezogen, dauerte etwa von 1850 bis 1875. Während dieser Zeit wurden einheimische Farbstoffe neben ungefärbter Naturwolle in Schwarz, Weiß und Braun und industriellen Garnen verwendet. Wahrscheinlich produzierten die Navajos feinere Gewebe schon seit 1800, doch sind erhaltene Beispiele selten. Besonders fein gesponnenes Garn aus Deutschland verwendeten die Navajos erstmals um 1875.

Indigo aus Europa gelangte Anfang des 19. Jh. in den Südwesten. Etwa ab 1850 findet man pflanzlich gewonnene Gelb- und Grüntöne neben der naturfarbenen weißen, braunen und schwarzen Wolle. Zweifellos die auffallendste Farbe in der Navajo-Weberei jedoch war das sog. Bayetarot. Die Spanier hatten ganze Ladungen englischen Baumwollflanells (spanisch »Bayeta«) eingeführt, und die Indianer trennten das geschätzte Tuch Faser für Faser auf und verwebten es.

Die bekanntesten Erzeugnisse der »klassischen Periode« sind wohl die »Häuptlingsdecken«. Sie wurden wie die »Manta« um die Schultern getragen. Die Mehrzahl dieser sehr geschätzten Decken wurde an die südlichen Plains-Indianer (Cheyenne, Arapaho, Sioux, Comanche und Kiowa) verkauft oder vertauscht. Weitere Kleiderdecken der klassischen Periode waren die *Bayeta-Serape* (Sarape) und die »Moki«-Decke, die nur bei den Hopi-Indianern gebräuchlich war.

Serape (Umhangdecke) aus der klassischen Periode, um 1870. 162,5 × 109,22 cm.
Linke Seite: Solche Teppiche wurden von den Navajos gegen Ende des 19. Jh. mit Industriegarnen aus Germantown in Pennsylvania hergestellt.
Rechts: 206 × 134,5 cm.
Links: Germantown-Bildteppich, um 1890. 63,5 × 48,25 cm.

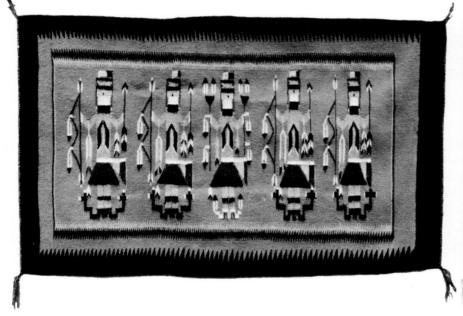

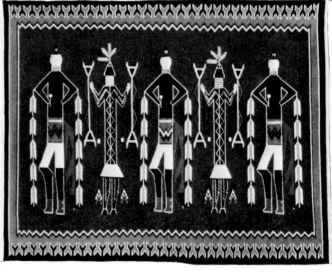

Im letzten Viertel des vorigen Jahrhunderts erfuhr die Navajo-Weberei eine radikale Veränderung. Die Schafe wurden empfindlich dezimiert. Industrielle Fertiggarne in allen Farben des Regenbogens gewannen die Überhand. Ab etwa 1890 webten die Indianer vorwiegend für weiße Händler und für die ersten Touristen.

Bis 1870 hatten die Navajos ausschließlich für ihren eigenen Bedarf gewebt, für ihre Kleidung und den Tauschhandel mit anderen Indianern. Doch seit 1880 kamen weiße Händler, deren Läden überall im Reservat aus dem Boden schossen, und tauschten Indianerdecken gegen Kleidung, Lebensmittel und andere Gebrauchsgegenstände ein, um sie dann an Touristen weiterzuverkaufen.

Diese Händler übten einen sehr starken Einfluß auf die Weber aus. Die Nachfrage nach Kissenbezügen und Bettdecken als Schmuck für weiße Haushalte führte zur massenhaften Produktion schnell gefertigter, schlechter Ware. Handgesponnene Garne wurden fast über-

Links: Moderner Yei-Teppich. Die Yeis waren übernatürliche Wesen der Navajo-Religion. 117 × 73,5 cm. Rechts: Moderner Yeibichai-Teppich. Diese Stücke sind nahe verwandt mit den Yei-Teppichen, doch zeigen sie nicht die Geister selbst, sondern nur die Navajo-Tänzer, die die Yeis verkörpern. 170 × 142 cm.

haupt nicht mehr verwendet, da sie von den fertigen Industriegarnen aus Germantown verdrängt wurden. Schreiend bunte Decken, die sog. »Augenblender«, wurden die große Mode.

In den achtziger Jahren wurden die billigen Anilinfarben eingeführt. Das teure Garn aus Germantown verlor an Popularität.

Um 1890 erwachte bei den weißen Konsumenten der Wunsch nach Navajo-Tapisserien, die man auch für den Boden verwenden konnte. Händler und Indianer beeilten sich, dieser Nachfrage zu entsprechen: Der Navajo-Teppich war geboren. Man führte Bordüren ein und veränderte die Dimensionen der Gewebe, um sie den Erfordernissen anzupassen.

In deutlichem Kontrast zu ihren ursprünglichen abstrakten Mustern begannen die Navajos nun auch bildliche Darstellungen zu weben. Das Ergebnis waren oft sehr ausgefeilte Tapisserien, die mit amerikanischen patriotischen Motiven, mit Tieren, Eisenbahnszenen, Häusern oder mit Pfeil und Bogen geschmückt waren. Auch die »Yeis«, die übernatürlichen Wesen der Navajos, wurden in die Muster aufgenommen.

Um 1890 hatten die Schafherden der Navajos sich wieder vervielfacht. Einheimische Wolle war reichlich vorhanden. Die Verwendung von Industriegarn ging infolgedessen zwar zurück, doch die Qualität der Produkte ließ weiterhin zu wünschen übrig. Nur einige wenige Händler – J. B. Moore aus Crystal und Lorenzo Hubbell aus Ganado waren unter den ersten – setzten sich für die Bewahrung und Neubelebung der indianischen Webekunst ein. Noch heute spielen die Händler eine große Rolle für die Entwicklung der Navajo-Teppiche.

TEEC NOS POS

Teec Nos Pos bedeutet in der Sprache der Navajos soviel wie »Kreis der Baumwollstauden« (oder »Baumwollkreis«) und bezeichnet die nördlichste Region der Navajo-Weberei. Ihre Teppichtradition reicht bis in die neunziger Jahre des vorigen Jahrhunderts zurück. Der Teec-Nos-Pos-Stil erinnert stark an die Muster des Mittleren Orients. Möglicherweise handelt es sich tatsächlich um eine Nachschöpfung, die von Fotografien der damals modernen Perserbrücken inspiriert wurde. Die Bordüren sind sehr breit mit ineinandergreifenden geometrischen Formen. Die Zentralmotive ähneln häufig den Two-Grey-Hills-Teppichen. Rauten-, Gitter- und Zickzackmuster wechseln mit Feder- und Pfeilmotiven ab.

Der Ursprung der meisten Navajo-Muster verliert sich in grauer Vorzeit, und die wenigsten Indianer kennen noch die Bedeutung der Symbole, die sie verarbeiten.

Anilinfarben sind bei den Teec-Nos-Pos-Teppichen durchaus üblich. Auch die Verwendung von Industriegarnen nimmt wieder ständig zu.

Namhafte Teec-Nos-Pos-Weberinnen sind Hilda Begay, Dee Etsitty, Mary Moon, Alice Nelson, Esther Williams und Emma Yabeney.

SHIPROCK

Der vulkanische Schlot von Shiprock in der Nordostecke des Navajo-Reservats ist das Zentrum der »Yei«-Weberei.

Zu Beginn dieses Jahrhunderts überredete Will Evans von der Shiprock Trading Company die indianischen Weber, »Yeis« zu porträtieren, jene übernatürlichen Wesen, die als Vermittler zwischen den Indianern und ihren Gottheiten fungieren. Anfangs gab es große Bedenken bei den Stammesmitgliedern, da die Figuren direkt von den heiligen Sandbildern kopiert wurden. Da die Teppiche jedoch keinen religiösen Zwecken dienen, gibt es heute kaum noch Widerstände gegen die säkularen Yei-Teppiche.

Der typische Yei-Teppich aus der Gegend von Shiprock hat einen hellen, oft weißen Fond. Große, schlanke Yei-Figuren in steifer Haltung, ausgestattet mit Pfeilen, Pflanzenstengeln und anderen symbolischen Motiven, sind über den ganzen Teppich verteilt. Manchmal ist auch die übertrieben dünn liegende Gestalt der Regenbogengöttin auf drei Seiten des Teppichs dargestellt. Die Yeis sind gewöhnlich in lebhaften Farben nach Art der Germantown-Garne gewebt. Anilinfarben sind stark vertreten.

Mit dem Yei verwandt und doch deutlich zu unterscheiden ist der »Yeibichai«. Während der Yei-Teppich die Geister selbst darstellt, sind auf dem Yeibichai nur die Navajo-Tänzer abgebildet, die die Yei-Geister personifizieren. Deshalb sind die Figuren auf den Yeibichai-Teppichen auch menschenähnlicher und ihre Füße sind – wie im Tanz – erhoben.

Namhafte Shiprock-Weberinnen sind Anna Funston und Edith Johnson.

TWO GREY HILLS

Two Grey Hills liegt im Norden der Chuska Mountains am östlichen Rand des Navajo-Reservats. Die Teppiche aus dieser Region gehören zu den festesten und zugleich zu den geschätztesten im ganzen Navajo-Gebiet.

Moderner Teec-Nos-Pos-Teppich. Die Teec Nos Pos haben eine Teppichtradition, die bis in die neunziger Jahre des vorigen Jahrhunderts zurückreicht. 203 × 157,5 cm.

Links: Moderner Two-Grey-Hills-Teppich in den traditionellen Farben Weiß, Schwarz, Hautfarben und Grau; Weberin: Lucy Bigman. 170 × 122 cm. Rechts: Moderner Two-Grey-Hills-Teppich in Tapisserie-Webart von Mary Louise Gould. 140 × 81,25 cm.

Vor 1915 waren die naturfarbenen Teppiche dieser Gegend grob und ohne Besonderheiten. Doch um 1920 begann man teilweise nach den Entwürfen von J. B. Moore hochwertige Ware herzustellen. Vor allem zwei konkurrierende Händler, George Bloomfield und Ed Davies, gaben den Anstoß und erteilten den Webern die entsprechenden Anleitungen.

Man war darauf bedacht, möglichst keine Anilinfarben und keine Germantown-Garne, sondern ausschließlich handgesponnenes Garn zu verwenden. Die sehr feine Wolle wird mit bis zu 60 Schußfäden je Zentimeter verarbeitet. Die besten Teppiche sind ziemlich klein und werden vorwiegend als Wandbehänge verkauft.

Die Hauptfarben der Two Grey Hills sind Weiß, Schwarz, Braun und Grau mit feinsten Schattierungen, die durch Verkrempelung verschiedener Farben erzielt werden. Bisweilen wird auch natürliches Gelb und in geringen Mengen industrielles Türkisblau verwendet.

Die Muster dieser Gegend sind sehr komplex. Oft haben sie einen schwarzen Randstreifen und bis zu drei innere Borten in helleren Farbtönen. Das Mittelstück ist mit Stufenrauten, Gitter- und Zickzackmotiven gefüllt. Die bis zum Zweiten Weltkrieg häufig verwendeten Swastiken sind wegen der nicht-indianischen Bedeutung dieses Symbols heute nur noch vereinzelt zu sehen. Möglicherweise stammt die Anregung zu einigen der geometrischen Motive von den prähistorischen »Schwarz-auf-Weiß«-Scherben, die in den Chaco-Ruinen ausgegraben wurden.

Namhafte Two-Grey-Hills-Weberinnen sind Donna Marie Cohoe, Ramon Curley, Mary Gilmore, Mary Joe Gould, Mary Louise Gould, Julie Jumbo, Dorothy Mike, Elizabeth Mute, Mildred Natoni, Daisy Taugelchee, Esther Taugelchee, Priscilla Taugelchee, Julia Theadore, Stella Todacheenie und Mary Tom.

LUKACHUKAI

Die Lukachukai Trading Post Region, zu der auch Upper Greasewood und Round Rock gehören, ist das zweite »Yei«-Gebiet.

Die Lukachukai-Yeis sind vor allem durch ihren dunklen Hintergrund – grau, schwarz, braun oder rot – gekennzeichnet. Die stilisierten Figuren sind in einer einfachen oder einer doppelten Reihe angeordnet, bisweilen mit, bisweilen ohne Bordüre. Wie die Shiprocks sind auch die Lukachukai-Teppiche ziemlich klein. Große Exemplare sind selten. Es wird nur handgesponnenes Garn verwendet, doch die Qualität ist gröber als bei den Shiprocks.

CRYSTAL

Crystal in New Mexico, genau nördlich von Window Rock, der Navajo-Hauptstadt, war von 1897 bis 1911 der Wohnsitz des Händlers J. B. Moore. Dieser Mann führte eine regelrechte Produktionskette in sein Teppichgeschäft ein. Zuerst wurde die Rohwolle zum Entschweißen in den Osten geschickt, dann, auf dem Rückweg, kam sie zu den besten Spinnern. Danach färbte Moores Frau selbst das Garn mit den besten Anilinfarben. Schließlich wurde es an die qualifiziertesten Weber ausgegeben. Moore traf eine Vorauswahl der Muster, wobei er oft auf orientalische und andere Quellen zurückgriff. Charakteristisch sind die Mittelrauten auf hellem Grund und die kräftigen komplexen Bordüren.

Wahrscheinlich war Moore der erste Händler, der einen Versandkatalog für Navajo-Teppiche herausbrachte. Das Sortiment von 1911 enthielt u. a. den weithin bekannten Sturm-

Moderner Lukachukai-Yei-Teppich von Irene Kayonnie. 134,5 × 43 cm.

muster-Teppich. Die Kunden konnten Teppiche aller Muster, Farben, Größen und Qualitäten bestellen.

Auch nach Moores Weggang von dem Handelsposten Crystal blieb diese Tradition bestehen, doch während des großen Aufschwungs in den dreißiger und vierziger Jahren entwikkelte sich ein völlig anderer Teppichstil. Diese neueren Crystals haben ein sehr schlichtes, unkompliziertes Muster. Die aus Pflanzen gewonnenen Farben bewegen sich zwischen Braun, Gelb und Orange.

Namhafte Crystal-Weberinnen sind Mary Arthur, Lottie Buck, Sarah Curley, Faye C. George, Laura Harvey, Ruth Moore, Helen Peshlakai und Mary Wingate.

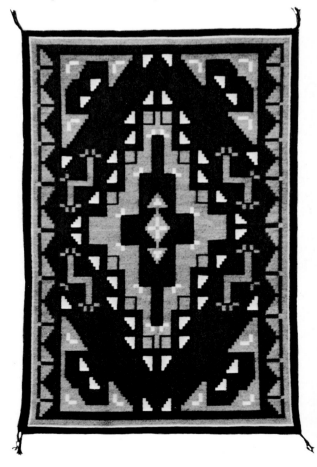

CHINLE

Die Chinle-Region liegt nördlich von Ganado am Ende des Canyon de Chelly, des heiligen Bezirks der Navajos. Das Teppichgebiet erstreckte sich von Many Farms im Norden bis Nazlini im Süden.

Schon seit der Jahrhundertwende waren die Chinle-Teppiche bekannt für ihr festes Gewebe und ihre gute Qualität. Bis zu den dreißiger Jahren ähnelten sie mehr oder weniger allen anderen Teppichen, die überall im Reservat hergestellt wurden, mit der üblichen schwarzen Bordüre, mit der großen Stufenraute in der Mitte und mit den Farben Rot, Schwarz und Grau.

Dann, in den dreißiger Jahren, kam es zu wesentlichen Veränderungen, als L. H. »Cozy« McSparron von der Thunderbird Ranch und Mary Wheelwright die Weber dazu ermunterten, mit Pastelltönen und weicheren Farben zu experimentieren, die Bordüren wegzulassen und statt dessen Streifen über die ganze Breite zu weben. Zwar versuchte der Handelsposten Garcia, die alten Muster und Motive zu erhalten und zu fördern, doch am Ende setzte sich doch der McSparron-Stil durch.

Die typischen Chinle-Pflanzenfarben wurden etwa zwischen 1930 und 1940 entwickelt. Man gewinnt sie aus Baumrinde, Blütenblättern, Fichtennadeln, Blättern, Moosen, Beeren, Getreide und zahlreichen anderen Grundstoffen. Insgesamt sind über 250 Rezepte zur Herstellung dieser Naturfarben bekannt.

Heute werden die Chinle-Teppiche mit einem ziemlich groben Schußfaden gewebt, woraus sich ein dickes, strukturiertes Gewebe ergibt. Neben den warmen Erdfarben treten auch die leuchtenden Anilinfarben auf. Das Stufenrautenmotiv findet eine weiterhin zunehmende Verbreitung.

Eine namhafte Chinle-Weberin ist Mary L. Yazzie.

GANADO-KLAGETOH

Don Lorenzo Hubbell, der die Hubbell-Handelsstation westlich von Ganado betrieb, gehörte zu den ersten Händlern, die sich um eine Qualitätsverbesserung der Navajo-Teppiche bemühten. Außerdem unternahm er den Versuch, die Muster zu standardisieren. Die Handelsstation wurde 1876 gegründet. Noch heute ist sie für die Indianer ein blühendes soziales Zentrum. Sie gehört inzwischen zum Parksystem der Vereinigten Staaten und ist ein »*National Monument*«.

Der Ganado ist zweifellos der bekannteste aller Navajo-Teppiche. Sein Muster ist unkompliziert und fällt besonders durch ein strahlendes Rot auf (Hubbell hatte den Webern geraten, die Farbmenge beim Färben zu verdoppeln), das als »Ganado-Rot« bekannt wurde. Wesentlichste Merkmale des Ganado-Teppichs sind die schwarzen oder roten Bordüren sowie der Reichtum an Stern- und Kreuzmotiven und gezackten Rauten.

Die Klagetoh-Teppiche zeichnen sich durch ihren weißen Hintergrund und eine große oder mehrere kleine Rauten in Grau, intensivem Schwarz oder Anilinrot aus.

Namhafte Ganado-Klagetoh-Weberinnen sind: Alice Begay, Louise Begay, Maggie Begay, Mary Begay, Sadie Curtis, Desbah Evans, Anna Francis, Clara Jim, Mary Jones, Rose Maloney, Esther Morgan, Grace Henderson Nez, Nellie Roan, Stella Toadachini, Esther Whipple, Elsie Wilson, Annie Yazzie und Faye Yazzie.

GALLUP

Leichte Teppichdecken sind die Hauptprodukte der Gallup-Indianer in New Mexico. Sie eignen sich besser als Tisch- und Stuhldecken, weniger als Teppiche. Diese langen und schmalen Stücke haben ein sehr einfaches Muster und sind mit hellen Industriegarnen und Baumwollkette oft sehr grob gewebt.

Die hochwertigen Gallups haben schwarze, weiße, graue und rote geometrische Muster. Nur vereinzelt treten abstrakte Bildmotive wie Pflanzen und tanzende Figuren auf.

WIDE RUIN/PINE SPRINGS/BURNT WATER

Das Hauptzentrum für Pflanzenfarben innerhalb der Navajo-Teppichkultur liegt im Südosten des Reservats. Vor allem Bill und Sallie Wagner Lippincott von der Handelsstation Wide Ruin ist es zu verdanken, daß in den dreißiger Jahren die Pflanzenfarben wieder verstärkt in Gebrauch kamen.

Sie ermunterten die Weber auch, die alten Muster wieder zu verwenden, und lehnten es ab, mindere Qualität zu akzeptieren. Die heutigen Teppiche aus diesem Gebiet haben keine Bordüren. Ihr Muster besteht vorwiegend aus verbundenen Rauten und Dreiecken, die mit über die ganze Breite verlaufenden Streifen abwechseln.

Die am häufigsten verwendeten Farben sind ein herbstliches Ocker, Sepia und Umbra, teilweise kombiniert mit Grau und hellen Blautönen.

Namhafte Wide-Ruin-, Pine-Springs-, Burnt-Water-Weberinnen sind: Helen Bia, Nora Brown, Blache Hale, Mabel Burnside Myers, Maggie Price, Maggie Roan, Nellie Roan, Mary Six, Agnes Smith, Ellen Smith, Marjorie Spencer, Lottie Thompson, Ruth Tsosie und Philomena Yazzie.

COAL MINE MESA

Eine ungewöhnliche und interessante Webart wurde in Coal Mine Mesa, südöstlich von Tuba City, entwickelt. Durch zusätzliche Schußfäden werden die Muster erhaben gewebt.

Dr. Ned Hatathli, ein Navajo-Lehrer und Erzieher, war wesentlich an der Förderung und Verbreitung dieser Relieftechnik beteiligt. Nach diesem Verfahren werden auch Köper-Satteldecken und doppelseitig verwendbare Teppiche gefertigt.

WESTERN RESERVATION

Das Gebiet der Western Reservation mit einer Fläche von gut 15 000 Quadratkilometern ist eine der größten Teppichregionen der Navajos. Die bekanntesten Produktionszentren sind Cameron, Cedar Ridge, Chilchinbito, Coppermine, The Gap, Inscription House, Kaibito, Kerley's Trading Post, Navajo Mountain, Paiute Mesa, Shonto und Tuba City.

Die charakteristischen Stilarten der Western Reservation bestehen aus konventionellen geometrischen Formen mit schwarzen, weißen, braunen und grauen Bordüren unter gelegentlicher Beimengung von Anilinrot.

Das bekannteste Muster aus dieser Gegend ist wohl der Tuba-City-Sturmteppich. Sein Ursprung ist jedoch unklar. J. B. Moore aus Crystal nahm das Sturmmuster 1911 in seinen Katalog auf. Es ist jedoch unbekannt, ob dieses Muster von ihm oder einer anderen Quelle stammt. In seiner typischen Form besteht das Sturmmuster aus einer zentralen Stufenraute oder einem Viereck als Symbol für das »Zentrum der Welt«, aus kleineren Quadraten in den Ecken (»die Häuser des Windes«, »die geheiligten vier Berge«) und aus Zickzacklinien (»Blitze«), die das Zentralmotiv mit den Eckelementen verbinden. Gelegentlich kommen noch Swastiken und stilisierte Wasserkäfer hinzu.

NICHTLOKALISIERTE TEPPICHE

Köper-Bindung: Geköperte Gewebe werden fast überall im gesamten Navajo-Territorium hergestellt. Für diese Technik ist der Webstuhl so eingerichtet, daß die Schußfäden über eine variierende Anzahl von Kettfäden geführt werden können. Man erzielt damit subtile geometrische Muster wie Rauten, Zickzacks oder Fischgräten und verwendet Naturfarben.

Satteldecken: Die einzigen Produkte, die die Navajos noch für den Eigenbedarf weben, sind Satteldecken (Standardgröße etwa 75 cm × 75 cm und 75 cm × 150 cm für den Doppelsattel). Abgesehen von einigen Prunkstücken sind sie meist sehr grob gewebt und haben nur ein einfaches Streifenmuster.

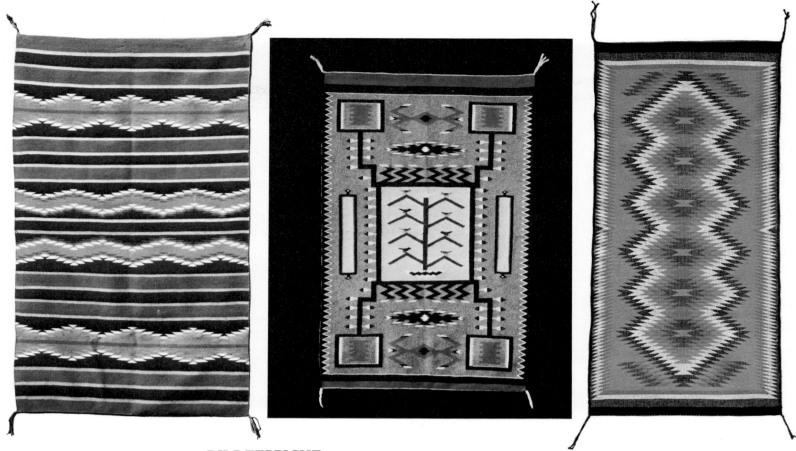

BILDTEPPICHE

Links: Moderner Wide-Ruin-Teppich von Eleanor Nelson. 145 × 89 cm. Mitte: Moderner Sturmmuster-Teppich von Lelia Featherhead. Solche Stücke kommen vorwiegend aus dem Westteil des Navajo-Reservats. 200,5 × 157,5 cm. Rechts: Coal-Mine-Mesa-Teppich mit erhabenen Konturen, von einem unbekannten zeitgenössischen Weber. 150 × 73,5 cm.

Die ältesten Beispiele von Bildmotiven sind etwa um 1860 entstanden. Erst zwischen 1880 und 1890 entwickelte sich daraus eine Tradition, die bis heute fortlebt.

Die Motive dieser Bildteppiche beziehen sich in oft eigenwilligen Formen auf aktuelle Tagesereignisse. So sehen wir z. B. auf den frühen Teppichen den Bau der Eisenbahn, wie die Indianer ihn erlebten. Später hat man Flugzeuge und Hubschrauber dargestellt, amerikanische Fahnen und Adler, Häuser und Hogans (Navajo-Hütten), wilde und zahme Tiere und Vögel auf Kornähren. Sogar Walt-Disney-Figuren wie Micky Maus und Minnie Maus sind zu finden. Selbst vor den Firmenschildern der großen Ölgesellschaften, Reinigungsmittelhersteller und Nahrungsmittelfabrikanten hat man nicht haltgemacht.

Namhafte Bildteppich-Weberinnen sind Sarah Begay, Julia Bryant, Linda Hadley, Virginia Ray Leonard und Ella Ninrod.

SANDBILDERTEPPICHE

Auf den Sandbilderteppichen sind zeremonielle Zeichnungen dargestellt, wie sie die Navajo-Medizinmänner zu Heilzwecken aus Sand, Mineralien und organischem Material in den Hogans herstellen. Da diese geweihten Zeichnungen nach der Zeremonie zerstört werden müssen, gab es große Widerstände, als Ende der neunziger Jahre die ersten Sandbilderteppiche angefertigt wurden. Die Weber riskierten den Zorn der Götter ähnlich wie im Fall der Yei-Teppiche.

Links: Moderner Bildteppich von Ella Gene vom Hubbel-Handelsposten. 106,5 × 79 cm. Rechts: Bildteppich aus den zwanziger Jahren. 178 × 104 cm.

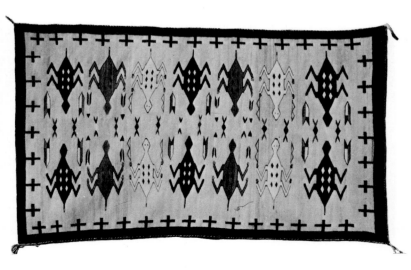

Hosteen Klah, ein Schamane und Sandzeichner, webte zwischen 1905 und seinem Tod im Jahre 1938 etwa zwanzig Sandbilderteppiche und trug damit sehr zur Beschwichtigung der Stammesängste bei.

Bei den heute hergestellten Mustern handelt es sich meist um geringfügige Modifikationen der Original-Sandbilder.

DIE »GEISTERSPUR«

Auf vielen Navajo-Teppichen fällt ein kleiner schmaler Streifen auf, der in die rechte obere Ecke eingewebt ist. Er verläuft in kontrastierender Farbe über die äußere Bordüre bis an den Rand des Teppichs.

Über die Bedeutung dieses Streifens ist viel gemutmaßt worden, doch nicht einmal die Indianer selbst sind sich über seinen Sinn im klaren. Die einen sehen darin ein Tor, durch das die bösen Geister den Teppich verlassen sollen. Andere glauben, der Streifen sei ein absichtlicher Fehler, der die Unvollkommenheit des Menschen im Vergleich zu den Göttern symbolisieren soll. Eine dritte These schließlich besagt, auf dieser Spur können der Geist und die Energien des Webers den Teppich verlassen, um auch später verfügbar zu sein.

DER »JERGA«

Die Einwohner New Mexicos schmückten Häuser und Kirchen schon Ende des 18. Jh. mit Teppichen, die als »Jerga« (nach dem arabischen Wort »xerca«, was soviel wie Sackleinen bedeutet) bekannt sind.

Keines der noch existierenden Exemplare ist älter als aus dem 19. Jh. Abgesehen von ein paar Stücken aus ungefärbter Naturwolle enthalten sie alle auch Industriefarben.

Das Jerga-Garn war meist ziemlich dick gesponnen, da es auf den unebenen und felsigen Böden sehr viel auszuhalten hatte. In Diagonal-, Fischgräten- oder Rauten-Köper wurde die ungefärbte Naturwolle vorwiegend zu Karo-, Quadrat- und Streifenmustern verarbeitet.

Die mit Indigo, Blauholz und pflanzlichem Gelb gefärbten Stücke sind wahrscheinlich vor 1865, also vor Einführung der Industriefarben in New Mexico, entstanden. Später treten Indigo, Naturgelb und Industrierot vermischt auf.

Neuere amerikanische Teppiche

GARNTEPPICHE

Bis zum Beginn des 19. Jh. blieb in den meisten amerikanischen Häusern der Boden blank. Erst etwa um 1830 kann man von einer nennenswerten einheimischen Produktion verzierter Teppiche sprechen.

Garnteppiche wurden hauptsächlich zwischen 1800 und 1840 produziert. Sie sind die frühesten Vertreter amerikanischer Bildteppiche. Meist bestanden sie aus einem zweifaserigen Garn, das auf selbstgesponnenem Leinen, auf Jute oder auf einem Kornsack verarbeitet wurde.

Viele Exemplare aus dem 19. Jh. zeigen patriotische Motive. Realistische Darstellungen von Menschen, Schiffen, Häusern und Tieren ersetzten die traditionellen englischen Muster mit ihren ausgewogenen floralen und geometrischen Motiven.

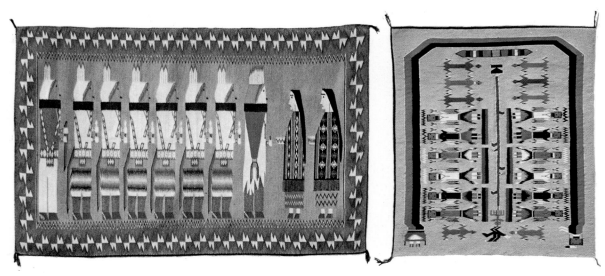

Links: Zeitgenössischer Yeibichai-Teppich von Betty Bia. 157,5 × 104 cm. Rechts: Sandmalerei-Teppich von Daisy Morgan, um 1950. 157,5 × 132 cm.

APPLIZIERTE TEPPICHE

Die Produktion maschinell gefertigter Teppiche begann nach 1830. Die ersten Teppiche mit aufgenähten Litzen oder Borten wurden hergestellt; etwa zur gleichen Zeit kam auch die Technik des Applizierens, des Aufnähens der Muster, auf. Diese Technik wurde entwickelt, da die Stoffstreifen viel dicker waren als Garn und daher nicht durch den Untergrund aus Baumwollstoff oder Leinen gefädelt werden konnten. Bei einem applizierten Teppich liegt daher der Stoff auf der Oberseite, während auf der Unter- oder Rückseite nur die Fadenstiche zu sehen sind.

Die meisten dieser applizierten Teppiche scheinen zwischen 1825 und 1860 entstanden zu sein. Gegen Ende der fünfziger Jahre des vorigen Jahrhunderts mit dem Aufschwung der bestickten Teppiche kamen sie schnell aus der Mode.

BESTICKTE TEPPICHE

Die ersten Stickteppiche entstanden wahrscheinlich zwischen 1840 und 1850 noch auf einer Grundlage aus Leinen, Werg oder Hanf. Als man etwas später die indische Jute einführte, gewann diese Technik rasch an Beliebtheit, da das Jutegewebe sich durch seine Festigkeit und seine Durchlässigkeit hervorragend als Basis für die Stickteppiche eignet.

Die bestickten Teppiche sind eine original nordamerikanische Erfindung. Zuerst wurden sie in Maine und New Hampshire sowie in den atlantischen Provinzen und anderen Gegenden Ostkanadas hergestellt. Im Nordosten, wo die strengen Wintermonate Fischerei und Landwirtschaft zum Erliegen bringen, entwickelte sich das Teppichsticken zu einer Heimarbeit, die fast in jeder Familie betrieben wurde.

Gegen Ende des 19. Jh. wurden Stickteppiche in ganz Nordamerika produziert, obwohl ihre Herstellung noch immer als ländliches Handwerk galt und die Teppiche für kultivierte viktorianische Häuser viel zu derb waren.

Die populärsten Motive waren Tiere, Häuser und Blumen. Menschen, Schiffe und Landschaften erforderten mehr Geschicklichkeit und erscheinen daher weniger häufig.

Ursprünglich gewannen die Teppichsticker ihre Farbstoffe aus Hölzern, Pflanzen und Beeren. Später, mit Einführung der synthetischen Farben, erweiterte sich die Farbskala.

Rechte Seite, oben: Früher amerikanischer Stickteppich. Die deutschen und holländischen Siedler in Pennsylvania hatten eine hochentwickelte Handarbeitstradition mitgebracht. Viele der schönsten Stickteppiche kamen aus dieser Region. Smithsonian Institution, Washington.

Links: Stickteppich, 19. Jh. Diese Technik fand mit der Einführung der indischen Jute große Verbreitung in den Vereinigten Staaten. Bisweilen werden diese Stücke auch als »eingezogene« Teppiche bezeichnet. Smithsonian Institution, Washington. Rechts: Strickteppich, 19. Jh. Diese Stücke bestanden aus aneinandergenähten Baumwollstoff- oder Leinenstreifen, die zu Knäueln aufgewickelt und dann verstrickt wurden. Smithsonian Institution, Washington.

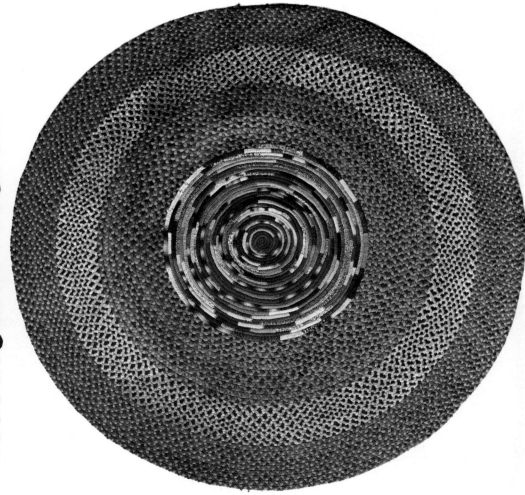

Links: »Die Tilton-Familie«, 1837 von Joseph H. Davis in Wasserfarbe gemalt. Das Bild zeigt einen frühen amerikanischen Teppich. Colonial Williamsburg, Williamsburg.
Unten links: Die populärsten Motive der Stickteppiche waren florale Muster. Smithsonian Institution, Washington. Unten Mitte: »Flauschig« gehäkelter Wollteppich. Diese Stücke entstanden in ähnlicher Technik wie die gestrickten, nur verwendete man Wollstoffstreifen. Smithsonian Institution, Washington. Unten rechts: »Knabe auf einem Schablonenteppich«, Gemälde aus dem frühen 19. Jh. Der Schablonenteppich bestand wahrscheinlich aus Wachstuch oder Kanevas. Colonial Williamsburg, Williamsburg.

Gestickter Bildteppich mit
Löwen-Motiv. Smithsonian
Institution, Washington.

Im 20. Jh. entwickelte sich die Teppichstickerei in großen Teilen der Vereinigten Staaten und Kanadas zu einer Heimindustrie. Größte Berühmtheit erlangte die Grenfell-Missionsstation auf der Halbinsel Labrador. Die Cheticamp Hooked Rug Industry auf Cape Breton Island in Neuschottland wurde von Alexander Graham Bell und seiner Frau aufgebaut.

In den Vereinigten Staaten gründete Lucy Thomson 1902 die Subbekakasheny Industry in Belchertown im Staat Massachusetts, deren Muster sich an indianischen Motiven orientierten. Ebenfalls mit indianisch inspirierten Mustern arbeitete die von Helen Albee gegründete Abenakee Hooked Rug Community in Pequaket in New Hampshire. Weitere bedeutende Zentren entstanden zwischen 1920 und 1930: die South End Home Industry in Boston, die Society of Deerfield Industries in Massachusetts, das Pine Burr Studio in Apison in Tennessee, die Blue Ridge Weavers in Tryon in North Carolina, die Rosemont Industries in Marion in Virginia, die Wooton Fireside Industries in Kentucky, das Carcassonne Community Center in Gander in Kentucky, die Shenandoah Community Workers in Bird Heaven in Virginia und die Asbury Tennessee Community Industry.

MUSTER

Der bekannteste Musterhersteller war Edward Sands Frost aus Maine. Er übertrug die Muster auf Metallschablonen und druckte sie dann auf Jute. Ursprünglich war Frost Hausierer. Zwischen 1864 und 1876 verhökerte er seine handkolorierten Mustervorlagen an die Hausfrauen. Typische Muster waren Tiere umgeben von geometrischen oder floralen Bordüren. Frost verwendete aber auch orientalische Motive und Freimaurersymbole. Später übernahmen Versandfirmen wie Montgomery Ward die alten Frost-Muster.

Die ältesten Teppichmuster wurden wahrscheinlich um 1850 von Chambers and Lealand in Lowell in Massachusetts hergestellt. Diese Firma war auf gedruckte Stickmuster spezialisiert, produzierte aber auch große Holzdruckstöcke mit eingelegten Kupfermustern für Teppiche.

Kauf
und
Pflege

Salorenjuval der S-Gruppe, wahrscheinlich frühes 19. Jh. 142 × 78,5 cm.

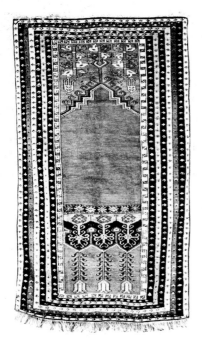

*Ladik-Gebetsteppich
spätes 18. oder frühes 19. Jh.
190 × 106,5 cm.*

*Cremegrundiger Herat
mit Botehs, 19. Jh.
190 × 142 cm.*

Die Beratung über den Kauf eines Kunstwerks ist immer schwierig. Sie setzt voraus, daß der Berater besser Bescheid weiß als der Beratene, und zwar nicht nur in kommerzieller Hinsicht, sondern auch in bezug auf die ungleich schwierigere Frage des Geschmacks. Schließlich haben Teppiche wie auch Möbel oder Silber neben ihrem dekorativen Wert auch noch eine Funktion zu erfüllen, d.h., eine Beratung muß auch den Grund für den Kauf in Betracht ziehen.

Es gibt im wesentlichen zwei Möglichkeiten, einen Teppich zu kaufen, nämlich auf einer Auktion oder bei einem Händler. Damit übergehen wir die dritte Möglichkeit eines Kaufs aus Privathand. Auch gehen wir in unseren Betrachtungen davon aus, daß es sich um Teppiche und sonstige Weberzeugnisse von einigem ästhetischen Wert handelt. Die meisten Warenhäuser bieten neue Teppiche aus Persien, Afghanistan, Pakistan, Hongkong sowie aus Europa und den Vereinigten Staaten an. Zum Teil sind diese Stücke von recht vernünftiger Qualität, wenngleich zu beachten ist, daß sie fast durchweg maschinell und mit synthetisch gefärbten Garnen hergestellt sind. Abgesehen von den besten persischen Stücken, die wiederum relativ selten zu haben und dementsprechend teuer sind, wirken diese Warenhausteppiche auch meist ziemlich leblos. Vom künstlerischen Standpunkt lohnt es sich kaum, sich mit ihnen zu befassen. Außerdem ist nicht einzusehen, weshalb sie überhaupt gekauft werden, solange man für den gleichen Preis durchaus auch schöne handgewebte Teppiche bekommen kann, die mit pflanzlichen Farben gefärbt sind.

Für den Laien ist es wohl am vernünftigsten, er wendet sich an einen erfahrenen Händler. Wir sagen das nicht, weil wir etwas gegen Auktionshäuser haben, ganz im Gegenteil, sondern weil der Kauf eines Teppichs mehr ist als nur ein Auswählen nach optischen Gesichtspunkten mit anschließendem Bezahlen. Der Käufer muß darauf vertrauen können, daß das Stück in annehmbarem Zustand ist, daß das Gewebe nicht zerschlissen ist und in kürzester Zeit irreparabel auseinanderfällt, daß es frei von Mottenfraß ist usw. Bei einem Händler kann man davon ausgehen, daß er das Stück gereinigt und falls nötig repariert hat oder daß er den Käufer zumindest über die Reparaturmöglichkeiten und die etwaigen Kosten beraten kann. Außerdem kann er Aufschluß geben über die verwendeten Farbstoffe sowie – nach bestem Wissen – über Alter und Herkunft des betreffenden Stücks. Mit anderen Worten: Ein seriöser Händler sagt dem Käufer genau, was er kauft. Was den Preis betrifft, so haben wir die Erfahrung gemacht, daß seriöse Teppichhändler im Gegensatz zur landläufigen Meinung sehr fair sind. Ihre Preise richten sich nach ihrer persönlichen Einschätzung des Werts eines Teppichs, sowohl vom ästhetischen als auch vom kommerziellen Standpunkt aus, unter Berücksichtigung ihrer eigenen Kosten sowie der ortsüblichen Preise für vergleichbare Stücke. Händler, die auf bestimmte Teppicharten spezialisiert sind, verlangen bisweilen Preise, die vergleichsweise hoch erscheinen mögen, doch haben sie es andererseits meist mit ebenso spezialisierten Sammlern zu tun, die den Wert eines Stückes durchaus schätzen können. Der Laie sollte sich dadurch jedoch nicht abschrecken lassen, denn wenn es im Bereich des Kunstmarkts eine Regel gibt, so ist es die, daß die besten Exemplare, ungeachtet ihres Preises, den sie *aufgrund* ihrer Vorzüglichkeit kosten, mit nahezu absoluter Sicherheit nicht an Wert verlieren – vorausgesetzt natürlich, daß sie entsprechend pfleglich behandelt werden. Was die Händler betrifft, so sprechen wir natürlich von denjenigen, die die Teppiche mehr als Kunstwerk denn als Gebrauchsgegenstand betrachten. Es haben sich nämlich in den letzten Jahren in Europa, den Vereinigten Staaten und im Mittleren Osten Hunderte von Einzelhändlern niedergelassen, die sich vorwiegend mit orientalischer Massenware beschäftigen, und diese sind kaum besser, oft sehr viel schlechter als die kleinen Warenhäuser. Selbst wenn sie das eine oder andere ältere Stück von einiger Qualität am Lager haben, so wissen sie nach unseren Erfahrungen oft weniger darüber als der interessierte Laie. Man muß also nicht nur den Teppich, sondern auch den Händler mit Sorgfalt und Bedacht wählen.

Die Bestimmung der Herkunft und Entstehungszeit vieler Arten von Orientteppichen ist noch immer ein umstrittenes Problem. Wie wir in unserem Kapitel über die alten bzw. antiken Stücke gesehen haben, ist man sich nicht einmal bei den bedeutendsten Exemplaren aus dem 15., 16. und 17. Jh. völlig einig. Das gleiche gilt selbst noch für Arbeiten aus dem 19. Jh. Händler wie auch Auktionshäuser sind natürlich in der Regel bemüht, die bestmöglichen Informationen zu geben, doch in bezug auf die Auktionen gilt noch immer die Regel: *Caveat Emptor!* (Käufer, sei auf der Hut!) Denn dort werden die Waren verkauft, wie sie gezeigt und katalogisiert sind, und das Risiko trägt der Käufer. Auch wenn jedes Jahr zahlreiche wirklich ausgezeichnete Teppiche durch die Auktionshäuser Europas und Amerikas gehen, braucht man doch große Erfahrung, um auf einer Auktion erfolgreich einkaufen zu können. Natürlich kann jeder Händler den Privatkunden über einen bevorstehenden Auktionsverkauf beraten und dann in dessen Auftrag handeln. Auch die Auktionshäuser bieten dem Kunden kostenlose Beratung, falls dieser es wünscht.

Man kann Teppiche eigentlich nicht durchweg als »Antiquitäten« definieren. Natürlich spielt das Alter eine wichtige Rolle, doch gute Teppiche von hervorragender Qualität wurden auch noch im 20. Jh. hergestellt. In bestimmten Fällen (Nomadenteppiche, Kelims, Kaukasier u. a.) ziehen die Verfasser von Katalogen es aus psychologischen Gründen vor, ein Stück als »spätes 19. Jh.« zu bezeichnen anstatt als »frühes 20. Jh.«, obwohl praktisch weder das eine noch das andere mit Bestimmtheit entschieden werden kann. Zweifellos würden die wenigen Perser oder Kaukasier, die mit einem Datum aus dem frühen 20. Jh. versehen sind, wie etwa der schöne Perepedil, der im November 1976 bei Sotheby's verkauft wurde und der die Jahreszahl 1324 der Hedschra (also 1906) trug, von den Verkäufern als »spätes 19. Jh.« bezeichnet werden, wenn die Inschrift nicht so eindeutig dagegen spräche. Für die Beurteilung eines Teppichs ist also weniger sein Alter als vielmehr seine Qualität von ausschlaggebender Bedeutung. Ein besonders anschauliches Beispiel hierfür war ein Kum-Teppich von etwa 4,2 m Länge, der am 10. Dezember 1976 bei Sotheby's verkauft wurde. Er war mit dem Namen Ahmed Imad Sayyid signiert, hatte sehr schöne leuchtende Pflanzenfarben und eine feste Knotung. Seine feine Zeichnung basierte auf einem Medaillonmuster aus dem 16. Jh. Obwohl das Muster nicht dem Originalkonzept entsprach, war das Stück doch eine exzellente Arbeit und erzielte einen Preis von 16 500 Pfund.

Nun sind 16 500 Pfund natürlich ein stolzer Preis für einen modernen Teppich, doch darf man nicht vergessen, daß der kommerzielle Druck in den letzten Jahren so stark zugenommen hat, daß heute kaum noch ein Stück in so ausgezeichneter Qualität produziert werden könnte. Würde man heute einen solchen Teppich in Auftrag geben, wären die reinen Produktionskosten nicht sehr viel niedriger. Dieser – zugegeben nicht geringe – Preis kann jedenfalls als Indiz dafür gelten, was, abgesehen von der handwerklichen Qualität, für eine moderne Version eines Musters aus dem 16. Jh. gezahlt wird. Medaillonteppiche aus der safawidischen Periode kommen heute so gut wie nicht mehr auf den Markt. Zwei Exemplare, die in den sechziger Jahren den Besitzer wechselten, können jedoch einen Anhaltspunkt bezüglich des Werts solcher Stücke geben. Über die Kress Foundation erwarb das Metropolitan Museum den Anhalt-Teppich, und das Bostoner Museum of Fine Arts kaufte den Seiden-Jagdteppich von Baron Maurice de Rothschild. Beide Stücke gelten als Meisterwerke safawidischer Weberei. Ihr Kaufpreis belief sich nach verläßlichen Quellen auf 1 000 000 Dollar bzw. 600 000 Dollar. Diese Transaktionen fanden jedoch schon vor zehn Jahren statt. Seither gab es wenige Stücke von vergleichbarer Bedeutung. 1976 bot Colnaghi's in London einen der beiden seidenen Doria-Polenteppiche an (der andere befindet sich im Metropolitan Museum); angeblich erzielte er 250 000 Pfund. Die Höchstpreise, die auf Auktionen heute gezahlt werden, liegen zwischen 200 000 und 400 000 DM. Der wiederentdeckte Schah-Abbas-Seiden-Kelim mit Medaillon kam 1976 bei Sotheby's trotz seines schlechten Zustands für 63 800 Pfund unter den Hammer. In den letzten zwanzig Jahren tauchte auf keiner Auktion mehr ein weiterer Teppich auf, der qualitativ mit den drei oben erwähnten Stücken vergleichbar wäre. Allerdings muß man sagen, daß der prächtige Polenteppich, der 1969 beim Kevorkian-Verkauf von Sotheby's für nur 6600 Pfund an das J. P. Getty Museum verkauft wurde, heute vermutlich annähernd 100 000 Pfund wert ist.

Oben: Seidener Heris Gebetsteppich, 19. Jh. 187,5 × 142 cm.
Unten: Seiden-Heris mit floralem Rautenmuster, 19. Jh. 305 × 254 cm.

In den letzten zwei oder drei Jahren wirkten sich fraglos die »Petrodollars« auf die Preise insbesondere der persischen Stücke aus. Zwischen 1974 und 1977 sind die Preise um ein Mehrfaches gestiegen. Ein ganzer Teil der 1969 und 1970 bei den Kevorkian-Verkäufen verkauften Teppiche gelangte in den letzten beiden Jahren wieder auf den Markt mit durchschnittlich um das Achtfache gestiegenen Preisen. Die Hauptkäufer sind Perser, die eine besondere Vorliebe für gut erhaltene Seidenteppiche mit leuchtenden Farben haben, und gerade solche Stücke sind am stärksten im Preis gestiegen. Dramatischster Beweis hierfür sind die 210 000 Dollar, die im Februar 1977 bei Sotheby Parke Bernet in New York für einen Seiden-Heris aus dem 19. Jh. gezahlt wurden. Es war der höchste Preis, den je ein Teppich auf einer Auktion erzielt hat. Man kann sich leicht vorstellen, was dieses Stück noch ein paar Jahre zuvor wert gewesen wäre. Im April 1976 verkaufte Sotheby's in London einen anderen Seiden-Heris mit großem Lebensbaum sowie Tier- und Vogelmotiven. Obwohl er weder so attraktiv noch so gut erhalten war wie das New Yorker Stück, erzielte er doch 19 800 Pfund. Acht Jahre zuvor kostete er bei Christie's noch 2500 Pfund. Der Verkaufspreis des New Yorker Stücks betrug mehr als das Dreifache des höchsten Schätzwertes der Experten. Ende der sechziger Jahre, als der Druck durch die orientalischen Käufer noch nicht so groß war, hätte sein Wert kaum über 9000 bis 14 000 Dollar gelegen.

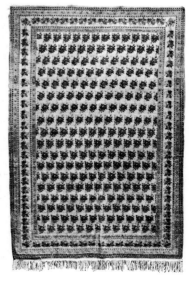

Sennehteppich mit deutlich europäischem Einfluß, 19. Jh. 210 × 155 cm.

Die Käufer aus Persien und dem übrigen Mittleren Osten waren jedoch nicht die einzigen Kräfte, die den Teppichmarkt in Bewegung brachten. Deutsche und amerikanische Sammler waren besonders aktiv und zeigten großes Interesse an Dorf- und Nomadenteppichen des

Dreifach-Bogen-Teppich aus Ladik, spätes 18. oder frühes 19. Jh. 208,5 × 134,5 cm.

Bergama-Siebenbürgen-Gebetsteppich mit Doppelnische, 18. Jh. 183 × 134,5 cm.

Seiden-Heris, 19. Jh. 381 × 274 cm, bislang der teuerste Teppich, der je bei einer Auktion verkauft wurde (210 000 Dollar, Februar 1977, bei Sotheby Parke Bernet, New York).

19. Jh. aus der Türkei und dem Kaukasus, aus Persien und von den Turkmenen. Die Preise für solche Stücke, die zwar insgesamt unter den oben erwähnten blieben, dürften sich in der gleichen Zeitspanne im selben Maße vervielfacht haben. Ähnliches gilt für gute Kelims und andere Flachwebereien aus dem späten 18. und dem 19. Jh., die etwa in den vergangenen fünf Jahren (nicht zuletzt dank der Bemühungen von David Black und Clive Loveless) von eifrigen Sammlerspezialisten aufgekauft wurden. Für die besten Exemplare der von uns beschriebenen Knüpfteppicharten hätte man 1977 zwischen 15 000 und 40 000 DM hinblättern müssen. Spitzenkelims lagen zwischen 10 000 und 12 000 DM. Als Höchstpreise für die neuerdings ernsthaft gesammelten Belutschenteppiche mußte man mit 8000 bis 10 000 DM rechnen, obwohl feste Vorstellungen von Höchstpreisen leicht erschüttert werden, wenn man es mit besonders guten Exemplaren zu tun hat.

Man muß zugeben, daß selbst 10 000 DM für normale Einkommensverhältnisse eine beträchtliche Summe bedeuten, doch andererseits wurden die oben erwähnten Preise nur für die wirklich besten Exemplare oder für solche Stücke bezahlt, deren Liebhaber einer sehr wohlhabenden Klientel mit besonderem Geschmack angehören. Ernsthafte Teppichsammler sind wie vielleicht alle Sammler bereit, ungewöhnliche Summen für Dinge zu bezahlen, die sie für besonders selten oder bedeutend halten. Ihr Interesse ist im wesentlichen akademisch, d. h., sie suchen z. T. nach Merkmalen und Besonderheiten, die für den Laien kaum interessant sind. Ein leidenschaftlicher Sammler turkmenischer Teppiche etwa – und von ihnen gibt es heute nicht wenige – bezahlt gern einen hohen Preis für ein Exemplar der »S-Gruppe«, denn er weiß, daß diese Stücke selten und für eine eingehende Untersuchung der turkmenischen Weberei unerläßlich sind. Der gebildete Laie jedoch, der sich vielleicht an den Farben und Mustern der Turkmenen erfreut, wird kaum großen Wert auf solche Details legen, die nur dem wirklich auf die »geheime« Wissenschaft der Teppiche Eingeschworenen etwas sagen.

Der interessierte Laie sucht in erster Linie einen ästhetisch schönen Teppich, dessen Preis sich mit seinen Mitteln vereinbaren läßt und den er zu Hause auch verwenden, d. h. auf den Boden legen kann. Es ist klar, daß ständige Benutzung auf jedem Teppich – unabhängig von seiner Qualität – Spuren hinterlassen wird: Ein Teppich, der im Wohnzimmer einer lebendigen Familie liegt, leidet. Der Käufer muß also den Preis eines Teppichs gegen die Art der Benutzung, der er ihn aussetzen will, abwägen. Er sollte dabei bedenken, daß ein Orientteppich nicht unbedingt dazu geschaffen ist, auf harten Holzböden zu liegen und mit ebenso harten Lederschuhen begangen zu werden. Jeder erfahrene Teppichhändler könnte von Fällen erzählen, wo er alte Teppiche in bestem Zustand verkauft hat, um sie nur wenige Jahre später bis auf das Grundgewebe abgetreten wiederzufinden. Und solche Geschichten passieren keineswegs nur mit Teppichen aus dem 19. Jh., sondern ebenso mit Stücken aus dem 16. Jh.

Nach alledem könnte der Leser glauben, es wäre nicht ratsam, einen guten Teppich auf den Boden zu legen. Doch hierzu ist zu sagen, daß die meisten dieser Stücke unter Umständen verwendet werden, die der Hersteller nicht voraussehen konnte, d. h., natürlich müssen solche Teppiche mit großer Sorgfalt behandelt werden. Ein Stück, bei dem große Teile des Flors verwüstet sind, ist beinahe irreparabel. Selbst wenn eine Restaurierung noch möglich ist, kommt sie in jedem Fall sehr teuer. Als generelle Regel kann man sagen, daß hochwertige und alte Stücke auf keinen Fall allzusehr strapaziert werden sollten. Dies gilt natürlich ganz besonders für Seidenteppiche. Außerdem sollten sie auf eine weiche Unterlage gelegt und, wenn möglich, vor direkter Sonnenbestrahlung geschützt werden. Im Idealfall hängt man sie an die Wand. Auch Kelims, die sich ohnehin nicht gut als Bodenbelag eignen, sollten aufgehängt werden.

Darüber hinaus braucht ein Teppich natürlich auch regelmäßige Pflege und Reinigung. Klopfen von der Rückseite her ist dem Staubsaugen vorzuziehen. Im Normalfall genügt aber auch Staubsaugen, das stets mit dem Flor, nie dagegen, erfolgen sollte. Ein bei einem Händler gekaufter Teppich ist normalerweise gereinigt. Für die übliche Pflege kann ein milder Reinigungsschaum verwendet werden, der mit einem Schwamm oder einer weichen Bürste sanft in den Flor gerieben wird. Schließlich wischt man mit einem sauberen feuchten Tuch nach (der Teppich sollte nie mehr als nur ganz leicht feucht werden). Teppichschaum aus der Sprühdose ist möglichst zu vermeiden, da solche Mittel meist chemische Aufheller enthalten. Starke Flecken und sehr groben Schmutz sollte man von einem Fachmann behandeln lassen. Dasselbe gilt auch für jede Art von Beschädigung. Die meisten Händler bieten einen Reinigungs- und Reparatur-Service an. Vor dem Kauf eines Teppichs mit offensichtlichen Flecken oder Beschädigungen sollte in jedem Fall ein Experte befragt werden, ob und wie sich der Schaden beheben läßt, denn manche Schäden sind zu reparieren, andere nicht. Und es gibt unsichtbare Flecken, die man nicht beseitigen kann – Hunde-Urin ist ein typisches Beispiel.

Fazit: Jeder Teppich muß nach den Kriterien seiner Qualität, seines Alters, seines Zustands und seiner Seltenheit beurteilt werden.

Begriffe und Erläuterungen

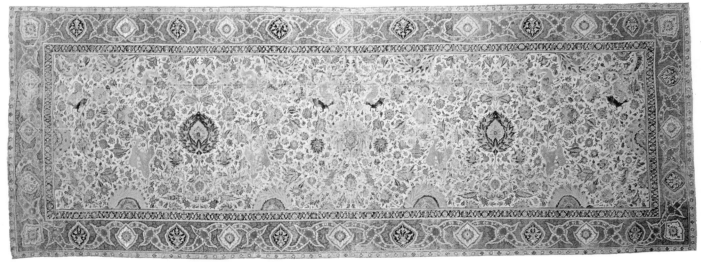

Weißgrundiger Mogul-Jagdteppich, erste Hälfte des 17.Jh., wahrscheinlich aus Jaipur.
760 × 292 cm. Islamisches Museum, Berlin.

Abrasch	Unterschiede der Farbdichte, die sich bei einem Teppich als unregelmäßige horizontal verlaufende Schattierungen bemerkbar machen. Sie entstanden dadurch, daß die einzelnen Wollstränge zu verschiedenen Zeiten in ungleich dichten Farbflüssigkeiten gefärbt wurden. Obwohl er ein zufälliges Ergebnis ist, kann Abrasch die Schönheit eines Teppichs wesentlich verbessern.
A'in-i Akbari	dritter Teil des *Akbarname*, die »*Einrichtungen Akbars*«; enthält eine Übersicht über das Mogulreich.
Akbarname	Chronik der Regierungszeit des Kaisers Akbar; verfaßt von Abu'l-Fasl.
Alaun	Kalium-Aluminium-Sulfat, wird als →Beize verwendet.
Anilin	aus Teer gewonnener chemischer Farbstoff; wurde erstmals um 1860 hergestellt und ist seit etwa 1880 im ganzen Mittleren Osten verbreitet. Kommt vorwiegend in den Farben Rot, Blau und Purpur vor. Benannt nach *Anil*, der Indigopflanze. Die Farben sind nicht sehr beständig. Leuchtendes Orangerosa z. B. verblaßt an den Spitzen zu Walnußbraun.
Beize	chemisches Mittel zur Behandlung der Wolle, um die Farbe zu fixieren; kann die Farben verfälschen und ätzend wirken.
Boteh	sehr verbreitetes Motiv persischen Ursprungs (persisch *boteh* = Blätterbüschel). Ähnelt einer Birne oder einem Tannenzapfen und wurde im Westen auch unter dieser Bezeichnung bekannt. Die phantasievollen symbolischen Interpretationsversuche reichen von der Flamme des Zarathustra über den Abdruck einer Faust in feuchtem Beton bis zur Krümmung des Flusses Jamuna u. a. In Europa vor allem bekannt als Hauptmotiv des »Paisley-Musters«.

Boteh-*Motiv*

Ch'ang	chinesischer Endlosknoten, auch Buddhaknoten. Als der unentwirrbare Knoten des Schicksals das siebente der acht buddhistischen Symbole.

Chinesischer Endlosknoten

Chinesische Gitter	ein Muster aus ineinandergreifenden Swastiken. Wird bisweilen als *Wan*-Muster bezeichnet; *Wan* (eine Swastika) ist das chinesische Zeichen für 10000.

Chinesisches Gitter (Filigran)

Chromfarbstoff	deckkräftiger synthetischer Farbstoff, der Kaliumbichromat enthält; wird neben neueren Synthetikfarben heute in allen großen Teppichzentren der Welt verwendet. Die Farben wirken oft tot und grell.
Cochenille	karminroter Farbstoff, ähnlich wie →Lac, doch leuchtkräftiger; wird aus den zerriebenen Körpern der mexikanischen und westindischen Scharlachschildlaus gewonnen; seit dem 16. Jh. nach Europa importiert, in den Mittleren Osten erst seit Ende des 18. Jh. Bis zum 18. Jh. glaubte man, es handle sich um Samen oder Beeren einer Eiche.
Damaszener	in der alten Teppichliteratur aufgrund von europäischen Inventarlisten aus dem 16. und 17. Jh. als Bezeichnung für mamlukische und bisweilen anatolische Teppiche bzw. Muster verwendet. Man nahm an, die Stücke wären in Damaskus möglicherweise entstanden.
Diwan	Geschichtsbuch oder Sammlung von Gedichten eines Autors; auch Sofa bzw. mit Sofas ausgestatteter Raum; schließlich auch Beratungszimmer oder Ratsversammlung.

Djidjim, Djedjim	Wandbehang, Türvorhang oder Webtechnik, bei der mehrere Webstreifen zu einem Stück zusammengefügt werden. Näheres in dem Abschnitt über »Flachgewebe«.
Dschufti	»falscher« Knoten (türkisch oder persisch), wobei die Knoten um vier statt um zwei Kettfäden geschlungen werden; vergröbert das Gewebe und halbiert die Produktionszeit; war im späten 19. Jh. in Persien sehr verbreitet, obwohl zeitweise offiziell verboten.
Enden	Randstreifen an den Schmalseiten des Teppichs, meist in Kelimtechnik gewebt, bei turkmenischen Teppichen auch geknüpft; die Fransen bestehen aus den überstehenden Enden der Kettfäden.
Granatbaumrinde	ergibt einen dunkelgelben Farbstoff.
Gül Henai	*»Blume des Propheten«;* florales Muster, das vermutlich auf den Hennastrauch *(Lawsonia)* zurückzuführen ist oder, wie Edwards glaubt, auf die Gartenbalsamine aus der Gattung *Impatiens* (Springkraut). Ist vorwiegend in Hamadan und Umgebung und in schematisierter Form auch bei den Gashgai zu finden.
Hedschra	Beginn des islamischen Kalenders am 16. Juli 622, als der Prophet Mohammed von Mekka nach Medina floh. Genau lassen sich die islamischen Datumsangaben in die christliche Zeitrechnung umrechnen, indem man das Jahr der Hedschra durch 33,7 teilt, das Ergebnis von der ursprünglichen Jahreszahl abzieht und schließlich 622 addiert. Für eine ungefähre Umrechnung genügt es, zur islamischen Jahreszahl 583 zu addieren. Die arabischen Zahlen sehen aus wie folgt: Bei einer ganzen Reihe von datierten Teppichen des späten 19. und 20. Jh. sind offensichtlich Manipulationen vorgenommen worden, um die Stücke älter erscheinen zu lassen. So war es z. B. leicht, das Jahr 1300 der Hedschra in 1200 zu verwandeln, indem man nur einige wenige Knoten änderte. Bei Daten des 19. und 20. Jh. ist das Symbol für 1000 häufig weggelassen, so daß das Datum nur mit seinen drei letzten Ziffern erscheint. War die letzte Ziffer eines Jahres jedoch eine Null, die durch einen Punkt dargestellt wird, so wurde diese weggelassen und statt dessen das Zeichen für 1000 am Anfang ausgeschrieben. Demzufolge konnten die arabischen Zeichen für 121 entweder 1121 (1710 u. Z.) oder 1210 (1796 u. Z.) bedeuten. Bei den späten datierten Teppichen, hauptsächlich aus dem Kaukasus, sind bisweilen das islamische und das christliche Datum nebeneinander angegeben. Die datierten armenischen Teppiche folgen meistens dem christlichen Kalender; einzigartig ist die Datierung des Gothar-Teppichs. Nach 1914 sind nur noch sehr wenige datierte Stücke bekannt.
Heratimuster	(auch *Mahi* oder Fischmuster genannt), entstand wahrscheinlich in Ostpersien und besteht aus sich wiederholenden Blüten, die von zwei gesägten Lanzenblättern umgeben sind. Wahrscheinlich das verbreitetste aller orientalischen Blumenmuster.

Herati-Motiv

Indigo	blauer Farbstoff, der aus den Blättern der Indigopflanze *(Indigofera)*, einer tropischen Gattung der *Papilionaceae* (Schmetterlingsblütler), gewonnen wird. Zur Herstellung werden gemahlene Indigoblätter, roter Lehm, Pottasche, Traubenzucker und gelöschter Kalk miteinander vergoren.
Kalif	Oberhaupt der Moslemgemeinschaft mit religiöser und politischer Hoheit.
Kelim	(auch *Kilim, Khilim, Kileem, Gilim, Ghilim, Gelim, Dilim u. a.*), Art der →Flachgewebe, vorwiegend aus Anatolien.
Kermes (Chermes)	zerstoßene Körper der Weibchen einer bestimmten Insektenart, aus denen ein roter Farbstoff ähnlich wie Cochenille und Lac gewonnen wird. Das Insekt lebt auf der Kermeseiche *(Quercus Coccifera)*.
Kette	Längsfäden des Teppichuntergrundes.

Koran (Qur'an)	das heilige Buch des Islam, enthält die Offenbarungen Allahs an Mohammed, seinen Propheten. Nach dem Tode des Propheten im Jahre 632 wurden die Offenbarungen durch sog. Huffas, die sie auswendig gelernt hatten, mündlich weitergegeben. 633, als mehrere Huffas in religiösen Kriegen umgekommen waren, beschloß man, die Offenbarungen schriftlich niederzulegen. Der Koran wurde daher von Said ibn Thabit, dem Sekretär des Propheten, zusammengestellt und 651 von Othman, dem dritten Kalifen, kodifiziert. Diese Version wurde in vier identischen Kopien hergestellt und in Mekka, Medina, Basra und Kufa aufbewahrt. Der Koran gilt als das getreu wiedergegebene Wort Gottes; es sind daher keinerlei Abweichungen erlaubt (einzige Ausnahme sind einige kleinere Korrekturen, die 933 von Ibn Mujahid vorgenommen wurden). Selbst die Vokale und Akzente müssen unverändert beibehalten bleiben, da sie dem Sprachrhythmus Gottes entsprechen sollen.
Krapp (Färberröte)	rotbrauner Farbstoff, der aus den Wurzeln der *Rubia tinctorum* gewonnen wird.
Kufisch	eine Form der arabischen Schrift; wird vor allem bei anatolischen Teppichen als Bordürenschmuck verwendet; benannt nach einer irrtümlichen Zuordnung zu Kufa in Mesopotamien. Wichtigste Schriftform des Koran. Sonstige arabische oder persische Schriftformen: *Al-ma'il*, *Nashki*, mit den Varianten *Nastaliq*, *Ta'aliq*, *Rihani*, *Thuluth* und *Shikasta*.

Typische kufische Bordüre

Lac	(oder *Laq*, wörtlich: »Hunderttausende«), bezeichnet ein tiefes Purpurrot, das aus den harzigen Ausscheidungen der *Tachardia lacca* (Asiatische Lackschildlaus) gewonnen wird; das Insekt kommt in Indien vor; es bedeckt die Zweige gewisser Bäume mit Harz, um die Weibchen festzuhalten. Der Farbstoff wird wie bei Cochenille und Kermes aus dem Extrakt der weiblichen Körper gewonnen, die zusammen mit dem Harz gesammelt werden.
Lampas	eine Art Jacquard-Weberei, bei der das Muster reliefartig erhaben ist.
Mina-Khani-Muster	florales Muster, das angeblich nach Mina Khan benannt sein soll. Das Muster besteht aus großen Palmetten und kleinen weißen Blüten, die von einem Gitter aus Stengeln umgeben sind. In stilisierter Form auf zahlreichen Nomadenteppichen zu finden (Belutschen).

Mina-Khani-*Motiv*

Molke	wäßriger Teil der Milch; wird mit Krapp vermischt und ergibt ein spezifisches Rosa, das für Sultanabad-Teppiche verwendet wurde.
Palas	kaukasische Bezeichnung für *Kelim*.
Palmette	herzförmige Blüte mit zahlreichen Blütenblättern.

Typische Palmette

Resedagelb	Extrakt der *Reseda lutuola*, ergibt einen gelben Farbstoff.
Saph	Familiengebetsteppich mit mehreren Mihrabs.

Sarköy	(oder *Sharkyoy*), Bezeichnung für Kelims aus Thrakien.
Schah-Abbas-Muster	florales Muster aus großen Palmetten; vorwiegend auf den Vasenteppichen mit »zwei- und dreidimensionalem Gitter« zu finden.
Schahname	das »Buch der Könige«, ein von Firdausi von Tus († 1020) verfaßtes Epos aus dem vorislamischen Persien. Sehr schön illustrierte Kopien aus dem 14., 15. und 16. Jh. sind erhalten.
Schild	schildförmiges Medaillon als Verlängerung oder Fortsetzung eines großen Zentralmedaillons; vorwiegend bei persischen Teppichen.
Schuß	Querfäden des Teppichuntergrundes.
Sileh	(auch *Silé, Sillé, Zilé*, möglicherweise von einem heute vergessenen kaukasischen Ortsnamen abgeleitet), der glatt gewebte Sileh ähnelt dem Sumakh; typisch sind die großen S-Motive, bei denen es sich wahrscheinlich um eine abstrahierte Form des Drachen-Motivs handelt (→Flachgewebe).
Spandrillen	architektonischer Begriff für den Bogenzwickel, den Raum zwischen den Kurven eines Bogens und dem ihn umgebenden Fries (Mihrab-Bogen bei Gebetsteppichen).
Sumakh	(auch *Soumak, Summak, Sumacq, Sumak*, möglicherweise von Schemacha, einer Stadt im Südostkaukasus, abgeleitet), eine Wirktechnik (→Flachgewebe).
Swastika	Hakenkreuz; chinesisches Symbol für 10000 *(wan)* und für Glück; in vielen Kulturen ein Sonnensymbol. Vom präkolumbianischen Amerika bis Ostasien in fast allen Kulturen verbreitet.

 *Typische Swastika-Muster*

Tiras	offizielle Teppichbetriebe, meist unter königlicher Leitung.
Tschintamani	buddhistisches Symbol aus China, von dem wahrscheinlich das »Kugel-und-Streifen«-Motiv der Ushak-Teppiche und anderer türkischer Arbeiten abgeleitet ist.
Verbundgewebe	technischer Terminus für Teppiche mit mehrfach gelagerten Kett- oder Schußfäden; eine Form der →Flachgewebe.
Verneh	(auch *Verné*, möglicherweise von einem heute vergessenen kaukasischen Ortsnamen abgeleitet), technisch handelt es sich bei diesen Stücken entweder um Sumakh- oder um Brokatteppiche (manchmal auch eine Mischung aus beidem); stilistisch bezeichnet man mit Verneh ein Muster, das aus Quadraten zusammengesetzt ist, in denen geometrische Motive und/oder Tierfiguren (vorwiegend langschwänzige Vögel) dargestellt sind.
Vierblatt	Medaillonform.
Waqf	private Schenkung an eine religiöse Institution (etwa eine Moschee).
Webkante	die äußeren Kettfäden, die zur Stabilisierung umgenäht werden; bei den Nomadenteppichen häufig mit Ziegenhaar verstärkt.
Weinblätter	ergeben einen gelben Farbstoff, wie die herbstlichen Apfelblätter.
Yin-Yang	chinesisches Symbol für das weibliche und das männliche Element; besteht aus einem Kreis mit zwei fötalen Motiven.

 Yin-Yang-*Symbol*

Literatur

Dieses Literaturverzeichnis enthält die Veröffentlichungen, die vom Autor bei der Erarbeitung dieses Buches benutzt wurden, deren Ergebnisse in den Textkapiteln mitgeteilt wurden und mit denen er sich z. T. kritisch auseinandergesetzt hat. Außerdem werden wichtige und grundlegende Handbücher aufgeführt, die dem Benutzer zusätzliche Informationen und weitere Abbildungen und Literaturhinweise bieten.

Techniken und Materialien der Teppichherstellung
Emery, Irene: *The Primary Structure of Fabrics,* Textile Museum, Washington 1965

Neben dieser Spezialveröffentlichung enthalten zahlreiche der im folgenden Abschnitt genannten umfassenden Werke wichtige Hinweise zu diesem Thema.

Orientalische und afrikanische Teppiche
Abbot Hall Art Gallery: *The Turkoman of Iran* (Ausstellungskatalog), Kendal 1971
Allgrove, Joan, u.a.: *The Qashqa'i of Iran* (Ausstellungskatalog), Manchester 1976
American Art Association: *The V. & L. Benguiat Private Collection of Rare Old Rugs* (Verkaufskatalog), New York 4./5. Dezember 1925
Archer, Mildred: *Gardens of Delight,* in *Apollo,* September 1968
Arthur, Leo: *Chinesische Teppichvorlagen,* Wien u. Leipzig 1926
Arts Council of Great Britain exhibition at the Hayward Gallery, London: *The Arts of Islam* (Ausstellungskatalog), London 1976
Azadi, Siawosch: *Turkmenische Teppiche,* Hamburg 1970
Azadi, Siawosch, und Meister, P. W.: *Persische Teppiche,* Hamburg u. Frankfurt 1971
Bausback, Peter: *Antike Meisterstücke orientalischer Knüpfkunst,* Mannheim 1975 und 1976
Beattie, May: *Background to the Turkish Rug,* in *Oriental Art,* Bd. IX, 3, 1963
Beattie, May: *Couple-Columned Prayer Rugs,* in *Oriental Art,* Bd. XIV, 4, 1968
Beattie, May: *The Thyssen-Bornemisza Collection of Oriental Rugs,* Castagnola 1972
Beattie, May; *Carpets of Central Persia* (Ausstellungskatalog), Sheffield 1976
Benardout, Raymond: *Catalogue of Turkoman Weavings* (Ausstellungskatalog), London 1974
Benardout, Raymond: *Turkish Rugs* (Ausstellungskatalog), London 1975
Benardout, Raymond: *Tribal and Nomadic Rugs* (Ausstellungskatalog), London 1976
Benardout, Raymond: *Fashion in Rugs,* in *Antique Finder,* Bd. 15, Nr. 11, 1976
Bennett, Ian: *Schönheit echter Orientteppiche,* München u. Gütersloh 1974
Berenson, Bernhard: *Lorenzo Lotto,* London 1956
Bidder, Hans: *Teppiche aus Ost-Turkestan,* Tübingen 1964
Black, David: *In Praise of Allah, Prayer Kilims from the Near East* (Ausstellungskatalog), London 1975
Black, David (mit Beiträgen von Jon Thompson u.a.): *Rugs of the Wandering Baluchi* (Ausstellungskatalog), London 1976
Black, David, und Loveless, Clive (mit Beiträgen von Yanni Petsopoulos, Jon Thompson u.a.): *The Undiscovered Kilim,* London 1977
Blunt, Wilfred: *Isfahan, Pearl of Persia,* London 1966
Bode, Wilhelm von, und Kühnel, Ernst: *Vorderasiatische Knüpfteppiche aus alter Zeit,* Neuausgabe, Braunschweig 1955
Bogolyubov, A. A.: *Carpets of Central Asia* (Hrsg. Jon Thompson), Ramsdell 1973
Boucher, J.; Jones, H. McCoy, und Yohé, R.: *Persian Tribal Rugs,* Washington 1971
Breck, Joseph, und Morris, Frances: *The James F. Ballard Collection of Oriental Rugs,* New York 1923
Calatchi, R. de: *Orientteppiche,* München 1968
Cammann, S. V. R.: *Symbolic Meaning in Oriental Rug Patterns,* in *Textile Museum Journal,* Bd. III, Washington 1972
Campana, Michele: *Orientteppiche,* München 1973
Christie, Manson und Wood: *Fine Eastern Rugs and Carpets* (Verkaufskatalog), London 13. Januar 1975
Christie, Manson und Wood: *Fine Eastern Carpets and Rugs (including the property of the late Joseph V. McMullan)* (Verkaufskatalog), London 12. Juni 1975
Christie, Manson und Wood: *Important Eastern Rugs and Carpets* (Verkaufskatalog), London 14. April 1976
Christie, Manson und Wood: *Important Eastern Rugs and Carpets* (Verkaufskatalog), London 5. November 1976
Con, J. M.: *Carpets from the Orient,* New York 1966
Denwood, P.: *The Tibetan Carpet,* London 1974
Dickie, James: *The Iconography of the Prayer Rug,* in *Oriental Art,* Bd. XVIII, Nr. 4, 1973
Dilley, A. H.: *Oriental Rugs and Carpets* (überarbeitet von M. S. Dimand), New York 1959
Dimand, M. S.: *The Ballard Collection of Oriental Rugs,* New York 1935
Dimand, M. S.: *Peasant and Nomad Rugs of Asia,* New York 1961
Dimand, M. S. (mit einem Beitrag von Jean Mailey): *Rugs in the Metropolitan Museum, New York,* New York 1973

Dimand, M. S.: *Persian Silk Carpets,* in *The Connoisseur,* Juli 1975
Dreczko, Werner: *Teppiche des Orients,* 7. Aufl., Recklinghausen 1975
Edwards, A. C.: *The Persian Carpet,* Neuausgabe, London 1975
Eiland, Emmett und Murray: *Oriental Rugs from Western Collections* (Ausstellungskatalog), University of California Art Museum, 1973
Eiland, M. L.: *Oriental Rugs,* 2. Aufl., New York 1976
Ellis, Charles Grant: *Mysteries of the Misplaced Mamluks,* in *The Textile Museum Journal,* Bd. II, Washington 1967
Ellis, Charles Grant: *The Ottoman Prayer Rug,* in *The Textile Museum Journal,* Bd. II, Washington 1969
Ellis, Charles Grant: *The Portuguese Carpets of Gujarat,* in *Islamic Art in the Metropolitan Museum* (Hrsg. R. Ettinghausen), New York 1972
Ellis, Charles Grant: *Early Caucasian Rugs,* Textile Museum Journal, Washington 1976
Enderlein, Volkmar: *Zwei ägyptische Gebetsteppiche im Islamischen Museum,* in *Forschungen und Berichte, Staatliche Museen zu Berlin,* Band 13, 1971
Erdmann, Kurt: *Orientalische Teppiche,* Berlin 1935
Erdmann, Kurt: *Europa und der Orientteppich,* Mainz 1962
Erdmann, Kurt: *Siebenhundert Jahre Orientteppich,* Herford 1966
Erdmann, Kurt: *Der orientalische Knüpfteppich,* Neuausgabe, Tübingen 1974
Ettinghausen, Richard: *New Light on Early Mamluk Carpets,* in *Aus der Welt der Islamischen Kunst;* Festschrift für Ernst Kühnel, Berlin 1962
Franses, Jack: *European and Oriental Rugs,* London 1970
Franses, Jack: *Tribal Rugs from Afghanistan and Turkestan* (Ausstellungskatalog), London 1973
Fremantle, Richard: *Florentine Gothic Painters,* London 1975
Gans-Ruedin, Erwin: *Handbuch der orientalischen und afrikanischen Teppiche,* 2. Aufl., München 1974
Gans-Ruedin, Erwin: *Orientteppiche des 19. und frühen 20. Jahrhunderts,* München 1975
Gardiner, Roger F., und Allan, Max: *Oriental Rugs from Canadian Collections* (Ausstellungskatalog), Toronto 1975
Gascoigne, Bamber: *Die Großmoguln,* München 1973
Ghirshman, R.: *Iran, from the Earliest Times to the Islamic Conquest,* Harmondsworth 1954
Grote-Hasenbalg, W.: *Der Orientteppich,* Berlin 1922
Grübe, E.: *The Ottoman Empire,* in *Metropolitan Museum Bulletin,* Januar 1968
Gulbenkian, Calouste: *Oriental Art, Collection of the Calouste Gulbenkian Foundation,* Lissabon 1963
Hackmack, Adolf: *Der chinesische Teppich,* Hamburg 1926
Hambly, Gavin: *Cities of Moghul India,* New York 1968
Haskins, J. F.: *Imperial Carpets from Peking* (Katalog), Pittsburgh 1975
Hofrichter, Zdenko: *Armenische Teppiche,* Wien 1937
Hubel, Reinhard G.: *Ullstein Teppichbuch,* 3. Aufl. (bearb. von H. Jacoby), Frankfurt–Berlin–Wien 1972
Iten-Maritz, J.: *Der anatolische Teppich,* München 1975
Jacobsen, Charles W.: *Oriental Rugs, a Complete Guide,* 11. Aufl., New York 1971
Jacoby, Heinrich: *ABC des echten Teppichs,* Neuausgabe, Tübingen 1966
Jacoby, Heinrich: *How to Know Oriental Carpets and Rugs,* London 1967
Jones, H. McCoy, und Boucher, J. W.: *Weavings of the Tribes in Afghanistan* (Ausstellungskatalog der Hajji Baba Society), Washington 1973
Jones, H. McCoy, und Boucher, J. W.: *Baluchi Rugs* (Ausstellungskatalog der Hajji Baba Society), Washington 1974
Jones, H. McCoy, und Boucher, J. W.: *The Ersari and their Weavings* (Ausstellungskatalog der Hajji Baba Society), Washington 1975
Kendrick, A. F., und Tattersall, C. E. C.: *Handwoven Carpets* (Nachdruck der Ausgabe von 1922), New York 1973
King, Donald: *Industries, Merchants and Money,* in *The Flowering of the Middle Ages* (Hrsg. Joan Evans), London 1966
King, Donald: *Islamic Week Sale of Carpets,* in *Art at Auction, the Year at Sotheby Parke Bernet 1975/76,* London 1976
King, Donald: *The »Doria« Polonaise Carpet,* in *Persian and Moghul Art,* P. & D. Colnaghi & Co. Ltd. (Ausstellungskatalog), London 1976
Kühnel, Ernst, und Bellinger, L.: *The Textile Museum Catalogue Raisonné: Cairene Rugs and others technically related, 15th–17th centuries,* Washington 1957
Kühnel, Ernst: *Die Kunst des Islam,* Stuttgart 1963
Landreau, A. N., und Pickering, W. R.: *From the Bosporus to Samarkand. Flatwoven Rugs,* Textile Museum, Washington 1969
Lauts, Jan: *Carpaccio,* London 1962
Lefèvre and Partners: *Rare Oriental Carpets* (Verkaufskatalog), London 26. November 1976,
Lefèvre and Partners: *Central Asian Carpets* (mit einem Beitrag von Jon Thompson), London 1976

Lefèvre and Partners: *Rare Oriental Carpets* (Verkaufskatalog), London 11. Februar 1977

Lefèvre and Partners: *Rural and Nomadic Carpets* (Verkaufskatalog), London 25. März 1977

Lefèvre and Partners: *Turkish Carpets from the 16th to the 19th Century* (mit einem Beitrag von Jon Thompson), London 1977

Lefèvre and Partners: *Central Asian Carpets* (Supplement One), London 1977

Lettenmaier, Josef Günther: *Das große Orientteppichbuch*, 6. Aufl., Wels–München 1977

Lewis, G.: *The Book of Dede Korkut*, Harmondsworth 1974

(Liberty's): *Liberty's 1875–1975* (Ausstellungskatalog), Victoria and Albert Museum, London 1975

Lings, Martin, und Safadi, Yasin Hamid: *The Qur'an* (Ausstellungskatalog), Los Angeles County Museum 1959

Lorentz, Hans A.: *Chinesische Teppiche*, München 1975

Mackie, Louise W.: *The Splendor of Turkish Weaving* (Ausstellungskatalog), Textile Museum, Washington 1973

Mackie, Louise W.: *The Mayer Collection of Rugs* (Ausstellungskatalog mit Beiträgen von R. Ettinghausen u. M. S. Dimand), Textile Museum, Washington 1974

Mackie, Louise W.: *Prayer Rugs* (Ausstellungskatalog mit Beiträgen von R. Ettinghausen und M. S. Dimand), Textile Museum, Washington 1974

McMullan, Joseph V.: *Islamic Carpets*, München 1965

McMullan, Joseph V.: *Islamic Carpets from the Collection of Joseph V. McMullan* (Ausstellungskatalog), The Arts Council of Great Britain, London 1972

McMullan, Joseph V., und Baird, Virgil H.: *Islamic Rugs*, in *The Connoisseur*, März–April 1973

McMullan, Joseph V., und Reichert, Donald O.: *The George Walter Vincent and Belle Townsley Smith Collection of Islamic Rugs*, Springfield, Mass., o.J.

Milhofer, Stefan A.: *Das goldene Buch des Orientteppichs*, Hannover 1962

Milhofer, Stefan A.: *Die Teppiche Zentralasiens*, Hannover 1968

Milhofer, Stefan A.: *Orientteppiche*, Hannover 1974

Mills, John: *Carpets in Pictures*, National Gallery, London 1975

Moschkowa, W. G., und Morosowa, A. S.: *Die Teppiche der Völker Mittelasiens* (übers. von B. Rullkötter), Berlin 1970

Moss, H. M. Ltd.: *The World of Rugs*, London 1973

Mumford, J. K.: *Oriental Rugs*, New York 1900

Neugebauer und Troll, S.: *Handbuch der orientalischen Teppichkunde*, Leipzig 1930

O'Bannon, George W.: *The Turkoman Carpet*, London 1975

Oettinger, R. von: *Meisterstücke orientalischer Knüpfkunst*, Berlin 1914

Orendi, Julius: *Das Gesamtwissen über antike und neue Teppiche des Orients*, Wien 1930

Poinssot, L., und Revault, J.: *Tapis tunisiens*, 4 Bde., Paris 1950–1957

Pope, A. U.: *Introduction to Persian Art*, London 1930

Pope, A. U., und Ackermann, P. (Hrsg.): *A Survey of Persian Art*, 6 Bde., Oxford 1938/39, Neuausgabe, New York 1970

Reed, C. D.: *Turkoman Rugs*, Cambridge, Mass., 1966

Reed, Stanley: *Orientteppiche*, Stuttgart 1974

Revault, Jacques: *Designs and Patterns from North African Carpets and Textiles*, New York 1973

Ricard, P.: *Corpus des tapis marocains*, Paris 1923

Rice, David Talbot, und Gray, Basil: *The Illustrations to the »World of History« of Rashid al-Din*, Edinburgh 1976

Robinson, B. V., und Gray, Basil: *The Persian Art of the Book*, Oxford 1972

Ropers, H.: *Morgenländische Teppiche*, Braunschweig 1958

(Royal Academy): *International Exhibition of Persian Art*, London 1931

Rudenko, Sergei: *Frozen Tombs of Siberia*, London 1970

Sanghui, R., Ghirshman, R., und Minorsky, V.: *Persia, the Immortal Kingdom*, London 1971

Sarre, F., und Trenkwald, H.: *Altorientalische Teppiche*, Leipzig u. Wien 1926–1929

Schlosser, Ignaz: *Der schöne Teppich in Orient und Okzident*, Heidelberg 1960

Schmutzler, Emil: *Altorientalische Teppiche in Siebenbürgen*, Leipzig 1933

Schürmann, Ulrich: *Teppiche aus dem Kaukasus*, Braunschweig 1964

Schürmann, Ulrich: *Orientteppiche*, Wiesbaden 1966

Schürmann, Ulrich: *Zentralasiatische Teppiche*, Frankfurt 1969

Smith, V. S.: *A History of Fine Art in India and Ceylon*, Oxford 1930

Sotheby & Co.: *A Collection of Highly Important Oriental Carpets, sold by order of the Kevorkian Foundation* (Verkaufskatalog); Part I, London 5. Dezember 1969; Part II, London 11. Dezember 1970

Sotheby Parke Bernet: *Islamic Carpets and Rugs from the 16th to the 19th Centuries* (Verkaufskatalog), London 14. April 1976

Sotheby Parke Bernet: *Fine Islamic Rugs from the 16th Century* (Verkaufskatalog), London 18.–19. November 1976

Sotheby Parke Bernet: *Fine Oriental Rugs and Carpets, etc.* (Verkaufskatalog), London 10. Dezember 1976

Sotheby Parke Bernet: *Fine Caucasian, Turkoman, Baluchistan and Afghan Rugs, Carpets, Textiles, etc.* (Verkaufskatalog), London 11. Februar 1977

Sotheby Parke Bernet: *Fine Oriental Carpets and Rugs* (Verkaufskatalog), London 6. Mai 1977

Spink and Son, Ltd.: *The George de Menasce Collection*, Part I (Ausstellungskatalog), London 1971

Stead, Rexford: *The Ardabil Carpets*, Los Angeles 1974

Tanavoli, P.: *Lion Rugs from Fars* (Ausstellungskatalog), Washington 1975

Thatcher, A.: *Travels in Central Asia*, London 1864

Tiffany Studios: *Antique Chinese Rugs*, New York 1969

Trilling, James: *Mongol Hordes and Persian Miniatures*, in *The Times Literary Supplement*, 15. April 1977

Troll, S.: *Altorientalische Teppiche*, Wien 1951

Welch, A.: *Shah Abbas and the Arts of Isfahan*, New York 1973

Welch, Stuart C.: *The Art of Mughal India*, New York 1963

Welch, Stuart C.: *Persische Buchmalerei*, München 1976

Wilkinson, J. V. S.: *Mughal Painting*, London 1948

Wirth, Eugen: *Der Orientteppich und Europa*, Erlangen 1976

Zick, Johanna: *Eine Gruppe von Gebetsteppichen und ihre Datierung*, in *Berliner Museen, Berichte aus der ehem. Preuß. Kunstsammlung*, N. F. Jg. 11, 1961

Zipper, Kurt: *Orientteppiche – Das Lexikon*, Braunschweig 1970

Zipper, Kurt: *Türkische Teppiche*, Braunschweig 1972

Europäische Teppiche

Dreczko, Werner: *Teppiche Europas*, Recklinghausen 1962

Häberle, A.: *Die deutsche Teppichfabrikation*, Stuttgart 1919

Jacobs, Bertram: *Axminster Carpets*, Leigh-on-Sea 1969

Jarry, Madeleine: *Carpets of Aubusson*, Leigh-on-Sea 1969

Jarry, Madeleine: *The Carpets of the Manufacture de la Savonnerie*, Leigh-on-Sea o.J.

Jarry, Madeleine: *Wandteppiche des 20. Jahrhunderts*, München 1975

Mankowski, T.: *Influences of Islamic Art in Poland*, in *Ars Islamica*, Bd. II, 1935

Tattersall, C. E. C., und Reed, S.: *British Carpets*, London 1966

Tzigara-Samurcas: *L'Art du Peuple Roumain*, Paris 1925

Watson, J. F. B.: *The Wrightman Collection*, Bd. II, Metropolitan Museum of Art, New York

Amerikanische Teppiche

Amsden, Charles: *Navajo Weaving*, Santa Ana 1934

Faraday, Cornelia Bateman: *European and American Carpets and Rugs*, Grand Rapids 1929

Matthews, Washington: *Navajo Legends*, Philadelphia 1897

Underhill, Ruth: *The Navajos*, Norman 1958

Warner, John Anson: *The Life and Art of the North American Indian*, London 1975

Waters, Frank: *Masked Gods: Navaho and Pueblo Ceremonialism*, Chicago 1950

Danksagung

Herausgeber und Verlag danken zahlreichen Museen und anderen Einrichtungen für die Fotos von Teppichen in ihren Sammlungen und für Informationen über diese Stücke, ebenso den Handelshäusern Christie's in London, Sotheby Parke Bernet in London und New York, Lefèvre and Partners, Raymond Benardout und anderen Händlern und Verkaufsfirmen, die – wie üblich – sehr hilfreich mitgearbeitet haben.

Besonderen Dank schulden sie vielen Einzelpersonen, die ihre Kenntnisse und Erfahrungen zur Verfügung stellten, vor allem David Black und Clive Loveless, den Partnern einer der aktivsten Teppichfirmen in London, C. John, Victor Franses, Michael Franses, Jack Franses, der jetzt der Teppichexperte bei Sotheby's in London ist, Dr. Jon Thompson, Edmund de Unger, Jackie und Michael Pruskin, Michael Whiteway, Jay Jones aus Kalifornien und vielen anderen.

Der Herausgeber drückt außerdem seinen Dank an die Mitautoren aus: Isabelle Anscombe, Harmer Johnson, Gerald Schurr und John Siudmak, dem Teppichexperten von Christie's, der bei der Vorbereitung des Kapitels über die Orientteppiche sehr geholfen hat. Er dankt auch Anne-Marie Ehrlich für die unermüdliche Bildbeschaffung.

Herausgeber und Verlag danken auch für die Erlaubnis von Zitaten kurzer Textabschnitte, die von Dr. Joan Allgrove, Dr. May Beattie, dem Metropolitan Museum in New York (für Zitate aus »Rugs in the Metropolitan Museum« von M. S. Dimand), den Verlagen Faber and Faber, London, und The University of California Press (für Zitate aus der englischen Ausgabe von »Siebenhundert Jahre Orientteppich« von Kurt Erdmann) und von The Arts Council of Great Britain und Donald King (für Zitate aus dem Katalog der Ausstellung »Arts of Islam« in der Hayward Gallery, London 1976) erteilt wurden.

Register

Dieses Register erfaßt die Länder, Landschaften, Städte und Dörfer, in denen Teppiche produziert wurden oder werden, wichtige Typen von Teppichen und anderen Knüpfarbeiten, berühmte Einzelstücke, bedeutende Sammlungen, ferner Personen, die Teppiche entwarfen, herstellten, ihre Herstellung veranlaßten oder förderten, die durch technische Fortschritte bei der Herstellung erwähnenswert sind oder als Besitzer einen Namen in der Welt der Teppiche haben, außerdem Sachbegriffe der Teppichherstellung und der auf Teppichen zu findenden Ornamente.
Die *kursiv* gesetzten Zahlen verweisen auf Abbildungen oder Texte zu Abbildungen.

A

Abbas I. 11, 44, 47, 49, 62, 64f., 80, 82, 132, 140, 241
Abbas II. 44, 64, *64*
Abbasiden 28,33
Abd ar-Rachman III. 218
Abd ül-Medschid I. 212
Abdus Samad 122
Abrasch 329
Abruzzi 274
Abu Bakr 27
Abul Fasl'Allahami 72, 125
Acht Kostbarkeiten 192f.
Adam, Robert *294, 296, 297*
Ada-Milas 211
Adler-Kasak 151, 153, 165
Adlermotive 147
Adraskan 173, 177
Adrianopel 90
Afghanen, Afghanistan 33f., 160, 163, 168ff., 172f., 221, 241, 249
Afscharen 37, 64, 221, 234, 241, 249
Aga Mohammed Khan Kadschar 221
Aghlabiden 218
Agra *35, 124f.,* 133, 304
Ägypten 11, 15, 33, 40, 265
ägyptische Teppiche 112
Ahmed Imad Sayyid 337
Ainabad 249
Aina-Kap 161
Aina Kotschak 163
Ainalu 243
A'in-i Akbari 125, 340
Ajatlyk 160
Ajjubiden 33
Akanthusblätter 129
Akbar 34, 72, *123, 124,* 125, *127,* 278
Akbarname *35,* 64, 108, *123, 124, 127,* 340
Ak-Kuyunli 31, 43
Akstafa 153, *155, 254,* 255, *256*
Alaun 340
Albers, Anni 313
Alcatraz *6,* 262, *264,* 267
Algerien 220
Alhambra 262, 267
Ali (Ali ibn Ali Talib) 27, 248
Ali Akbar Khani 173
Ali Riza Khan 60
Al-ma'il 342
Almeria 262
Almohaden 218
Almoraviden 218
Alpujarra 268ff.
Altaigebirge 38
Altman-Teppich *55, 56,* 131
Amber 72, 129, 131, *132*
Amber-Gartenteppich 125
Amdo 196
Amersfoort 262
amerikanische Teppiche 323ff.
Amir Ibn al-Ass 33
Amitabha-Buddha 193
Anatolien *22,* 100, 115, 197ff., *230, 251,* 342
anatolische Kelims 251
Angelico, Fra *92,* 93
Anhalt-Teppich 49, 51, 65, 337
Anilin 18, 324, 340
An-Nadjaf 82
Anna Katharina Konstanza, Prinzessin 80
applizierte Teppiche 332
Apscheron 155
Aqsu 181

Arabatschen 160, 168f., *169*
Araber 27, 33, 243
Arabesken 41, 43, 45, 49, *52,* 53, 57, 59f., *60,* 62, *100,* 102, *103,* 104, 108, 117, 128f., 141, 176, *189, 214, 226, 234,* 239, 268
Arabeskenbordüre 48
arabische Schrift 342
Arak 221, 224f., 229, 231, 233f., 249f.
Ardebil, Ardebilteppiche 44–49, *46,* 51, 62, 64ff., *68,* 77, 131, *214,* 223, 249
Armenien 138, 140f., 146f., 152
Arthur, Mary 327
Art Nouveau 305, 308
Aschchabad 164
Aserbeidschan 38, 43, 64, 138, 141, 144ff., 241, 250
Asmalyk *161,* 162, 169, 226
Assurbanipal 38, *41,* 248
asymmetrischer Knoten *17*
At-djoli *158,* 161
Atlas 220
At-torba 162
At-tschetschi 162
Aubusson *261,* 268, 284–290, *285, 286, 287, 288, 289*
Aufseeser, Hans 317
»Augenblender« *324*
Aurangseb 34, *137,* 245
Avshan-Muster *141*
Avunya 205
Axminster 292, 296ff., 302
Aynard-Teppich *135*

B

Babur 34, 122
Bachtiari 41, 234, *237, 239,* 241, 249
Badjiz 173
Bagdad *26,* 28f., 41
Bagschaich 224, 249
Bahadur Schah Safar*137*
Baharlu 243
Bai Sonkor *31, 41*
Bajazid II. 103
Baker-Teppich 69, 85f.
Baku 147, *155,* 205
Balhuri 173
Balikeshir 205
Balischt 172
Ballard-Baumteppich 133
Ballard-Sammlung 102, 104
Baltimore-Vasenteppich 57
Bartolo, Domenico di 90, *90,* 92
Basiri 243
Bassano, Jacopo 96
Bauhaus 312, *312*
Baummotive 64
Baumschildmuster 77
Baumteppiche 44, 60, 75, *77, 80, 126,* 145, 223, 239
Baumwolle 15, 17, 20f.
Bayetarot 323
Bayeta-Serape 323
Beduinenteppiche 220
Beert, Osias 244
Beg. Jakub 171
Begay, Alice *327,* 328
Begay, Hilda 324
Begay, Louise 328
Begay, Maggie 328
Begay, Mary 328
Begay, Sarah 330
Behague-Teppich 61
Behzad 49
Beize 18, 340
Belgien 262
Bell, Alexander Graham 334
Bell, Robert 128
Bell, Vanessa 319
Belutschen, Belutschenteppiche *15,* 21, 40, 172ff., *174, 177–179,* 196, 221, 241, 243, 249, 256, 338
Benguiat-Sammlung *216*
Benguiat-Teppich 62
Berber 218
Bergama 100, 204ff., *205, 207, 208,* 209, 211, *212,* 251, 261
Bergama-Siebenbürgen *207,* 212, *338*
Berger, Otti 313

Berliner »Drachen-und-Phönix-Teppich« 7, 90, *91,* 92f., 100, 140
Berliner Kranich-Teppich *51*
Berliner Pardisah-Kelim 84
Beschir, Beschiren 160, 167, *167,* 168, 172, *174, 178,* 241
bessarabische Brücke *270, 272*
bessarabischer Kelim *271,* 273
Bestattungsteppich 160
bestickte Teppiche 251, 332
Bettvorhänge 255
Beyer, Lis 313
Beyshehir 40, 209
Bia, Bettie *331*
Bia, Helen 329
Bibikabad 249
Bichitar *125*
Bidjar 15, 64, 224f., *226,* 229, 232, 233, 249
Bidschof 153, 155, *255*
Bigelow, Erasmus 300
Bigman, Lucy *325*
Bildteppiche *215,* 226, *229, 230, 234, 240, 243,* 313, *323, 324,* 330, *330,* 332, *334*
Bilverdi 224
Birdschend 249
Blackmore 297, 298
»Blätter«-Drachen 192
Bliss-Kelim 84
Bloomfield, George 325
Blumenkränze 66
Blumenmotive 11, *31,* 38, 40, 43, 60, 64, 66, 84, 96, 102, 112, 116, 128, 146, 149f., 159f., 176f., 186, 212, 226, 267, 341
Blumenteppiche 64f., 144
Blumentopfmotive 277
Blüten →Blumenmotive
Boktsche 161
Borch, Gerard ter *81*
Bordone 105
Bordschalu 224, 249
Bordüre 38, 40, 45, *125,* 199
Börner, Hélène 312
Bortschaly *146,* 149
Bostoner Jagdteppich 53, 125f.
Boteh 152, 157, *167,* 211, 226, *229, 237,* 239, 241, *336,* 340, *340*
Boteh-Chila 155, *155*
Boteh-Medaillon 153
Bou 160
Bouçicaut 95
Bou-Merdas 256
Bowes, Benjamin 294
Bozchelu 249
Brahni 173f.
Branicki-Teppich 53, *55,* 65, 79
Brautsänfte 161
Brautteppiche 201
Breughel, Jan 244
Brighton 296, *296, 297,* 298, *298*
Brintons 298, 307
Brod 273
Brokat 21, 343
Brokat-Sumakh 21
Brokatteppiche 82, 251
Brokat-Verneh *254, 256*
Broom, John 294
Brown, Anna *327*
Brown, Nora 329
Brummer, Eva 311
Brunsson, Johanna 308
Brüsseler Teppich 262, 293, 299
Bryant, Julia 330
Buccleugh-Teppiche, Herzog von Buccleugh *61,* 105, 128, 278
Buchara 37, 41, 160, 163, 168, 181
Buchara-Suzani *257*
Buchillustrationen 41
Buck, Lottie 327
Buddha *194*
Buddhaknoten 340
buddhistische Symbole 193
Bujiden 29
Bünyan-Webstuhl 13
Buonaccorso, Niccolò di *92,* 93
Burnt Water 328f., *329*
Bursa 11, 15, 17, 20, 90, 103, 112, 117, *118, 120,* 201, 208, 215
Büschelteppich *314*
Buschteppich *78*
Byzanz 43

X, Y

Z

Abbildungsnachweis

(o = oben, m = Mitte, u = unten; l = links, r = rechts)